***ACCESO GRATIS** a la Lectura en la Nube*

Para visualizar el libro electrónico en la nube de lectura envíe junto a su nombre y apellidos una fotografía del código de barras situado en la contraportada del libro y otra del ticket de compra a la dirección:

ebooktirant@tirant.com

En un máximo de 72 horas laborales le enviaremos el código de acceso con sus instrucciones.

La visualización del libro en **NUBE DE LECTURA** excluye los usos bibliotecarios y públicos que puedan poner el archivo electrónico a disposición de una comunidad de lectores. Se permite tan solo un uso individual y privado

VIDA FAMILIAR E INFANCIA EN UNA SOCIEDAD GLOBALIZADA CON PERSPECTIVA DE GÉNERO

VIDA FAMILIAR E INFANCIA EN UNA SOCIEDAD GLOBALIZADA CON PERSPECTIVA DE GÉNERO

LORENA SALES PALLARÉS
M.ª ÁNGELES ZURILLA CARIÑANA
Coordinadoras

tirant lo blanch
Valencia, 2024

En caso de erratas y actualizaciones, la Editorial Tirant lo Blanch publicará la pertinente corrección en la página web www.tirant.com.

EDITA: TIRANT LO BLANCH
C/ Artes Gráficas, 14 - 46010 - Valencia
TELFS.: 96/361 00 48 - 50
FAX: 96/369 41 51
Email: tlb@tirant.com
www.tirant.com
Librería virtual: www.tirant.es
DEPÓSITO LEGAL: V-674-2024
ISBN: 978-84-1197-906-1

Si tiene alguna queja o sugerencia, envíenos un mail a: atencioncliente@tirant.com. En caso de no ser atendida su sugerencia, por favor, lea en www.tirant.net/index.php/empresa/politicas-de-empresa nuestro procedimiento de quejas.

Responsabilidad Social Corporativa: http://www.tirant.net/Docs/RSCTirant.pdf

Índice

Introducción: Vida familiar e infancia en una sociedad globalizada con perspectiva de género

LORENA SALES PALLARÉS[1]

Universidad de Castilla-La Mancha

La obra que el lector tiene en sus manos es fruto de un proyecto de investigación interuniversitario y multidisciplinar, concedido por el Ministerio de Ciencia e Innovación bajo el título de "El derecho al respeto a la vida familiar transfronteriza en una Europa compleja: cuestiones abiertas y problemas de la práctica".

El punto de partida que inició nuestros esfuerzos fue la percepción de que vivimos en una sociedad que ha mutado con una fuerza tremenda en un corto espacio de tiempo. Aunque los cambios tecnológicos y científicos son los más llamativos, la transformación que en el plano social se ha llevado a cabo es de mucho mayor calado y profundidad.

Hasta hace solo unos años conceptos como familia, género, matrimonio o infancia no revestían la importancia y alcance que encarnan hoy en nuestra sociedad, y por ello, las soluciones jurídicas recogidas en nuestras normas no precisaban de soluciones que abordaran la complejidad a la que hoy han de hacer frente éstas. Europa misma está en un periodo de cambio profundo donde la movilidad internacional no hace sino exacerbar este cambio radical.

---

1 Profesora Titular de Derecho internacional privado. ORCID ID: 0000-0002-7163-0902. Este trabajo es parte del proyecto de I+D+i "El derecho al respeto a la vida familiar transfronteriza en una Europa compleja: cuestiones abiertas y problemas de la práctica", PID2020-113061GB-I00, financiado por MCIN/AEI/10.13039/501100011033, del cual la autora es miembro del equipo investigador.

Una vida internacional, como la que vivimos hoy, impone entender que las relaciones transfronterizas son una parte ineludible de la sociedad que nos hemos dado y, por tanto, revisar la vida familiar implicará atender a la realidad social en la que vivimos, globalizada, transfronteriza, multisectorial...diversa, al fin y al cabo.

Reconocía Úrsula von der Leyen en su discurso sobre el estado de la Unión Europea en septiembre de 2020, que cerca de 2 millones de niños tenían problemas transfronterizos en el reconocimiento de su filiación en el seno de la Unión Europea. La cifra y el significado jurídico que esto tiene para un buen número de ciudadanos europeos, y su derecho a disfrutar del derecho a una vida familiar plena, pasa por hacer uso del Derecho como parámetro de la calidad de las soluciones jurídicas que se están implementando en la actualidad. Desde esta perspectiva será posible revisar y proponer mejoras que ayuden a conciliar y realizar este derecho, que se recoge en artículos como el 12 de la Declaración Universal de Derechos Humanos de 1948, el 17 del Pacto Internacional de Derechos Civiles y Políticos de 1966, pero sobre todo, en el art. 8 del Convenio Europeo de Derechos Humanos (CEDH). En él, con el título "Derecho al respeto a la vida privada y familiar", garantiza en su primer apartado que: "Toda persona tiene derecho al respeto de su vida privada y familiar, de su domicilio y de su correspondencia", tenor que ha reproducido en el ámbito de la Unión Europea el art. 7 de la Carta de Derechos Fundamentales de la Unión Europea (CDFUE), incidiendo así en la garantía del derecho dentro del ámbito del Derecho de la Unión.

La revisión del respeto a la vida familiar y su disfrute no es el único tema que nos preocupa, y es que un pilar en el que asentamos nuestros trabajos es acercarnos a cada una de las temáticas propuestas en los diferentes Capítulos que integran esta obra, con perspectiva de género. Y ello porque pensamos que se requiere una visión global capaz de percibir las necesidades y los matices de un mundo globalizado e internacional, donde conceptos como género o violencia deben jugar un papel determinante y estar presenten en el modo mismo de concebir el tratamiento jurídico de las relaciones familiares transfronterizas. De este modo podremos identificar las cuestiones abiertas en la práctica y analizar las soluciones vigentes, ofreciendo respuestas satisfactorias, eficientes y garantistas al problema de la discontinuidad espacial en las situaciones familiares, con énfasis en el entorno europeo.

La reacción que cabe esperar del Derecho ante el reto que supone la ponderación del derecho al respeto a la vida familiar con el derecho fundamental a la igualdad y la no discriminación por razón de sexo, no puede ni debe ser abordada de manera compartimentada. De ahí que seamos un grupo multidisciplinar con vocación de trabajar de manera cooperativa y no simplemente la suma de áreas diversas.

La obra que aquí presentamos reflexiona de este modo sobre la infancia, la violencia y el género, pero lo hace desde una perspectiva de género manifestada desde los temas abordados, pero sobre todo a través de los resultados y aplicaciones previstos en la legislación actual. Utilizando el respeto a la vida familiar como eje vertebrador de la obra, el abordaje de los temas mantiene en esta aproximación una visión de género que impregna el trabajo, pero que al mismo tiempo es en sí misma una categoría a desarrollar centrada en el estudio de los problemas prácticos que plantea la ponderación del derecho a la vida familiar con otros derechos.

Para acometer la presente obra el nutrido grupo de especialistas que la ha hecho posible ha trabajado desde la multidisciplinariedad, de modo que, junto con especialistas de Derecho internacional privado, en estas páginas también se encontrarán trabajos desde áreas como el Derecho civil, el Derecho penal o el Derecho eclesiástico del Estado. No se trata de abordajes sectoriales sino de trabajos con un mismo objetivo: la búsqueda de respuestas eficaces, garantistas y equitativas a los desafíos actuales que plantean las relaciones familiares transfronterizas, abordadas desde temas y enfoques concretos. Ello es así hasta el punto de que, como el lector puede apreciar de la lectura del índice, la distribución de los Capítulos no obedece al área de pertenencia, sino que se ha articulado el libro buscando un hilo conductor que nos lleve a conocer cada uno de los tres ejes que vertebran la obra: la infancia, la violencia y el género sin que en ningún caso se perciban como trabajos individuales.

La atención a la infancia y la relación de los menores con el derecho a desarrollar una vida familiar es el punto de partida en el que se desarrollan los primeros trabajos, dedicados a plantear cuestiones como la competencia judicial internacional y su tan delicada relación con el interés superior del menor. Este principio es revisado aprovechando la entrada en vigor del Reglamento 2019/1111 que supuso una nueva redacción de un art. 10 en donde cobra un especial protagonismo el interés del menor, elemento central, fundamento y criterio interpretativo de toda la regulación prevista en este instrumento jurídico europeo, que empezamos hace apenas un año a aplicar. De igual modo se presta atención a los menores cuando han sido víctimas de cualquier tipo de violencia y a los mecanismos de reconocimiento y ejecución de medidas de protección en el marco europeo, así como a las deficiencias que se han detectado tras revisar con un enfoque de género las medidas que la Unión Europea mantiene en la actualidad a través de diversos Reglamentos y Directivas.

Este primer bloque dedicado a la infancia aborda en su parte final dos temas que suscitan el mayor interés y dificultad. Por un lado, se aborda el estudio del interés superior del menor en la Ley 4/2023 para la igualdad real y efectiva de las personas trans y para la garantía de los derechos de las personas LGTBI, y por otro, se aborda la también espinosa realidad del derecho a la identidad y la vida privada de los menores nacidos por gestación por sustitución. En ambos casos el punto focal es el menor, revisando en el primer caso la norma para determinar cómo pueden confluir de manera adecuada derechos como la identidad sexual de un menor, los tratamientos médicos sobre estos, y la responsabilidad parental sobre ese menor en casos de discrepancia. De igual profundidad y calado, el abordaje desde la jurisprudencia emanada del TEDH y del TJUE de los conflictos generados en el marco de la gestación por sustitución, donde a los problemas derivados de la determinación de la filiación de los niños nacidos en estas circunstancias, se unen las dificultades de conciliar el derecho a la identidad de estos menores y su derecho al disfrute a la vida privada y familiar.

En los siguientes capítulos que se abordan hasta finalizar el libro, no dejan de plantearse cuestiones que afectan a la infancia, aunque en esta segunda parte del libro, la violencia de género entra de lleno a mediatizar las cuestiones que sirven para reflexionar sobre problemas concretos. Así nos encontramos con un capítulo dedicado a revisar los problemas de los menores y la violencia de género desde una perspectiva civilista, que se complementa con el capítulo dedicado a la revisión del tema de los alimentos debidos a los menores abordados como delitos contra las relaciones familiares. Pero si hay una problemática en la que la violencia de género golpea con mayor gravedad a los menores es sin duda a las cuestiones que se suscitan con la sustracción internacional y con los matrimonios infantiles. El análisis de la Guía de Buenas Prácticas sobre la interpretación y aplicación del art.13.1.b) del Convenio de La Haya de 25 de octubre de 1980 sobre los aspectos civiles de la sustracción internacional de menores, no solo es riguroso, sino que se ha revisado con la perspectiva de género para poner de manifiesto la patente invisibilización del problema de género en la Guía. También los problemas derivados de esta falta de sensibilidad y adecuación a una realidad social, que convive con los supuestos de sustracción internacional hasta el punto de representar en estos momentos el prototipo, pero para los que paradójicamente deja sin protección cuando el secuestro es la respuesta de la víctima a la violencia ejercida contra ella. No es menor la problemática de los matrimonios infantiles perpetrados en España, sobre todo porque la solución pasa por una respuesta holística alejada de la actual regulación con la que se cuenta.

El último capítulo del libro es un puente al seminario "Estereotipos de Género en una sociedad globalizada" organizado por el proyecto y celebrado el pasado 5 de octubre de 2023 en Madrid, en la Universidad Pontificia Comillas, y aborda desde un estudio jurisprudencial la discriminación que pueden sufrir las mujeres musulmanas por razón de su vestimenta en los espacios públicos. Si el género ha sido durante todo el libro la piedra angular sobre la que abordar cuestiones diversas, la atención aquí recae en cómo la elección de llevar o no una prenda puede transmutarse desde una cuestión encuadrada en una dimensión externa. La posición mantenida por el TEDH servirá de hilo para analizar la relación existente entre la discriminación por razón de género y las convicciones religiosas en la esfera pública, para dejar resonando la pregunta de si con las regulaciones restrictivas del uso del velo o prendas similares que portan las mujeres musulmanas, no estamos provocando estereotipos de género que juegan en contra de la mujer.

Nuestro mayor deseo es mostrar a través de todas estas aportaciones, la dificultad a la que el Derecho se enfrenta en la actualidad para conjugar el disfrute de un derecho a la vida familiar de una sociedad globalizada desde la mirada de género en aras a la protección de la infancia. Mostrar las deficiencias, proponer mejoras, y aportar soluciones, han sido los objetivos que hemos pretendido alcanzar y en los que seguimos trabajando.

Interés del menor, igualdad y ejercicio de la autonomía de la voluntad en los litigios internacionales sobre responsabilidad parental

ENRIQUE FERNÁNDEZ MASIÁ[1]
Universidad de Castilla-La Mancha

Sumario: I. Introducción. II. Un modelo de competencia judicial internacional fundamentando en el interés superior del menor. III. Una elección de foro para los litigios transfronterizos en materia de responsabilidad parental. IV. Una elección de foro condicionada. 1. La vinculación estrecha del menor con el Estado miembro cuyos tribunales han sido elegidos. 2. La elección de los órganos jurisdiccionales de un Estado miembro por las partes, así como por cualquier otro titular de la responsabilidad parental. 3. El interés del menor como condicionante último del ejercicio de la competencia por los tribunales nacionales elegidos. IV. Cese de la competencia. Bibliografía.

I. INTRODUCCIÓN

1. El 1 de agosto de 2022 ha comenzado a aplicarse el Reglamento (UE) 2019/1111 del Consejo, de 25 de junio de 2019, relativo a la competencia, el reconocimiento y la ejecución de resoluciones en materia matrimonial y de responsabilidad parental, y sobre la sustracción internacional de menores (versión refundida) -en adelante Reglamento Bruselas II *ter*-, en sustitución del Reglamento (CE) núm. 2201/2003 del Consejo, de 27 de noviembre de

---

[1] Profesor Titular de Derecho Internacional Privado. ORCID ID: 0000-0002-2062-967X. Este trabajo es parte del proyecto de I+D+i "El derecho al respeto a la vida familiar transfronteriza en una Europa compleja: cuestiones abiertas y problemas de la práctica", PID2020-113061GB-I00, financiado por MCIN/ AEI/10.13039/501100011033, del cual el autor es miembro del equipo investigador.

2003, relativo a la competencia, el reconocimiento y la ejecución de las resoluciones judiciales en materia matrimonial y de responsabilidad parental, por el que se deroga el Reglamento (CE) núm. 1347/2000 –en adelante Reglamento Bruselas II *bis*-. Tras más de quince años de aplicación de este último texto europeo, la revisión y actualización del mismo se había convertido en una necesidad y, en donde, la jurisprudencia del Tribunal de Justicia de la Unión Europea –en adelante TJUE- ha adquirido un protagonismo estelar, pues gran parte de las modificaciones y cambios significativos se han producido como consecuencia de ésta[2].

El Reglamento Bruselas II *ter* supone un paso más en la evolución del Derecho internacional privado de la familia en la Unión Europea[3] y, especialmente, diseña un nuevo marco jurídico europeo aplicable a las cuestiones de Derecho procesal civil internacional relativas a los litigios transfronterizos en materia de responsabilidad parental[4]. La identificación de la autoridad competente

---

2 Una excelente aproximación a esta jurisprudencia se encuentra en los trabajos de CASTELLANOS RUIZ, M.ª José, "El TJUE y el Reglamento Bruselas II-bis: litigios sobre divorcio" y SANCHEZ CANO, M.ª Jesús, "El Tribunal de Justicia de la Unión Europea y el Reglamento Bruselas II-bis: litigios sobre menores", en CALVO CARAVACA, Alfonso Luis y CARRASCOSA GONZÁLEZ, Javier (Coords.), *El Tribunal de Justicia de la Unión Europea y el Derecho internacional privado,* Cizur Menor, Thomson Reuters-Aranzadi, 2021, pp.217-247 y pp.249-263, respectivamente.

3 Sobre la regulación de las relaciones de familia en el contexto europeo, CAMPUZANO DÍAZ, Beatriz, "La política legislativa de la UE en DIPR de Familia. Una visión de conjunto", *Cuadernos de Derecho Transnacional,* vol.5, n.º 2, 2013, pp.234-264; PALAO MORENO, Guillermo, "Los reglamentos europeos en materia de familia: cuestiones abiertas y problemas prácticos", en CUARTERO RUBIO, M.ª Victoria y VELASCO RETAMOSA, José Manuel (Dirs.), *La vida familiar internacional en una Europa compleja. Cuestiones abiertas y problemas de la práctica,* Valencia, Tirant lo Blanch, 2021, pp.23-31.

4 Vid., entre otros, RODRÍGUEZ PINEAU, Elena, "La refundición del Reglamento Bruselas II bis: de nuevo sobre la función del Derecho Internacional Privado europeo", *Revista Española de Derecho Internacional,* Vol.69, n.º 1, 2017, pp. 139-165; CARRILLO POZO, Luis Francisco, *Res-*

para la adopción de medidas de protección de los menores, la cooperación entre autoridades y el régimen jurídico aplicable a la validez y la eficacia extraterritorial de las decisiones en esta materia encuentran respuesta en este nuevo instrumento jurídico europeo[5]. Quedan fuera, por tanto, de su ámbito, las cuestiones relativas al Derecho aplicable a la responsabilidad parental, donde será preciso consultar las soluciones incluidas en el Convenio de la Haya de 19 de octubre de 1996, sobre la competencia, la ley aplicable, el reconocimiento, la ejecución y la cooperación en materia de responsabilidad parental y de medidas de protección de los niños–en adelante Convenio de la Haya de 1996-[6].

2. Las reglas de competencia judicial internacional en el Reglamento Bruselas II *ter* se incorporan en el capítulo II, distinguiendo como ya hacía su antecesor, entre las aplicables a las cuestio-

---

ponsabilidad parental: un estudio de Derecho procesal civil internacional, Valencia, Tirant lo Blanch, 2021; GONZÁLEZ MARIMÓN, María, *Menor y responsabilidad parental en la Unión Europea*, Valencia, Tirant lo Blanch, 2021.

5 La coincidencia de las cuestiones de Derecho internacional privado que quedan reguladas en este Reglamento en relación con la responsabilidad parental y las medidas de protección de los menores, salvo en lo que se refiere a los aspectos de la ley aplicable, con las contempladas en el Convenio de la Haya de 1996, obliga a resolver las relaciones entre ambos instrumentos normativos –art.97 del Reglamento Bruselas II *ter*-, tal y como nos señala, CAMPUZANO DÍAZ, Beatriz, "Las relaciones con otros Convenios internacionales", en CAMPUZANO DÍAZ, Beatriz, (Dir.), *Estudio del Reglamento (UE) 2019/1111 sobre crisis matrimoniales, responsabilidad parental y sustracción internacional de menores*, Cizur Menor, Thomson-Reuters Aranzadi, 2022, pp.348-349. Volveremos sobre esta específica cuestión más adelante en este trabajo, vid. n.º 10.

6 En este sentido, el Considerando 92 del Reglamento Bruselas II *ter* señala que: "*la legislación aplicable en materia de responsabilidad parental debe determinarse de conformidad con las disposiciones del capítulo III del Convenio de La Haya de 1996. Al aplicar dicho Convenio en un procedimiento ante un órgano jurisdiccional de un Estado miembro en el que se aplique el presente Reglamento, la referencia que se hace en el artículo 15, apartado 1, de dicho Convenio a «las disposiciones del capítulo II» de dicho Convenio debe entenderse como una referencia a «las disposiciones del presente Reglamento*".

nes matrimoniales –Sección Primera-, de las aplicables en materia de responsabilidad parental –Sección Segunda-. Mientras que las primeras apenas han sufrido variaciones o cambios[7], más allá de buscar resolver ciertas dudas interpretativas planteadas, mediante una simplificación de la regla del foro residual del art.6, las normas de competencia judicial internacional en materia de responsabilidad parental incorporan algunas importantes novedades[8].

Entre ellas, y aunque no es propiamente una innovación en relación con su posible utilización, pues ya venía incluida en el art.12 del Reglamento Bruselas II *bis*, la atribución de competencia a unos tribunales nacionales mediante el ejercicio de la autonomía de la voluntad cobra especial relevancia –aunque bien es verdad que se pasa de una prórroga de la competencia a una verdadera elección de foro-. En efecto, la nueva redacción del art.10 del Reglamento Bruselas II *ter* introduce importantes modi-

---

7 El art.3 del Reglamento Bruselas II *ter* sigue acogiendo la misma lista de foros alternativos para determinar la competencia judicial internacional de los tribunales de los Estados miembros en materia de crisis matrimoniales, sin tomar en consideración la petición que, gran parte de la doctrina, había defendido de incorporar un foro basado en la autonomía de la voluntad lo que, por otra parte, habría permitido aliviar las dificultades que pueden plantearse por la dispersión jurisdiccional del pleito en los casos internacionales, mediante una concentración ante unos únicos órganos jurisdiccionales de las distintas posibles cuestiones que pueden derivarse de una crisis matrimonial. En este mismo sentido, RODRÍGUEZ PINEAU, Elena, "El nuevo Reglamento (UE) 2019/1111 en materia matrimonial, responsabilidad parental y sustracción internacional de menores", *La Ley. Derecho de familia*, n.º 26, 2020, p.5.

8 Los antiguos artículos 6 y 7 del Reglamento Bruselas II *bis* habían suscitado algunas dudas y dificultades a la hora de su interpretación, por lo que ahora se refunden en el art.6 del Reglamento Bruselas II *ter*, presentándose de manera más diáfana las circunstancias que permiten acudir a las normas estatales de competencia judicial internacional en materia de crisis matrimoniales, SÁNCHEZ JIMÉNEZ, M.ª Ángeles, "Alcance de la operatividad de los foros de competencia de las legislaciones de los Estados miembros en materia de divorcio, separación y nulidad matrimonial", *Bitácora Millennium DIPr*, n.º 12, 2020, p.21.

ficaciones[9], la gran mayoría, consecuencia de plasmar a nivel normativo la interpretación jurisprudencial realizada por el TJUE, en los distintos casos donde se había tenido que pronunciar en relación con el juego del art.12 del Reglamento Bruselas II *bis*[10]. Las nuevas exigencias planteadas en este art.10 del Reglamento Bruselas II *ter* para considerar válida la elección de foro realizada y, en donde cobra un especial protagonismo el interés del menor, elemento central, fundamento y criterio interpretativo de toda la regulación prevista en este instrumento jurídico europeo[11], serán objeto de estudio y análisis en el presente trabajo.

---

9 Sobre los trabajos preparatorios que han dado lugar a la nueva redacción incorporada en el art.10 del Reglamento Bruselas II *ter* y como el concreto texto incluido en la Propuesta de Reglamento presentada por la Comisión en 2016 fue cambiado de forma significativa en las deliberaciones del Consejo a finales del 2018, puede consultarse CAMPUZANO DÍAZ, Beatriz, "Los acuerdos de elección de foro en materia de responsabilidad parental: un análisis del art. 10 del Reglamento (UE) 2019/1111", *Revista Electrónica de Estudios Internacionales*, n.º 40, 2020, pp. 2-6.

10 Especialmente, Sentencia del TJUE de 1 de octubre de 2014, asunto C-436/13, *E.*, ECLI:EU:C:2014:2246; Sentencia del TJUE de 11 de noviembre de 2014, asunto C-656, *L.*, ECLI:EU:C:2014:2364; Sentencia del TJUE de 21 de octubre de 2015, asunto C-215715, *Gogova*, ECLI:EU:C:2015:710 y, por último, Sentencia del TJUE de 19 de abril de 2018, asunto C-565716, *Saponaro*, ECLI:EU:C:2018:265.

11 El Derecho internacional privado del siglo XXI se configura como un "Derecho internacional privado puerocéntrico", en donde el principio del interés del menor actúa tanto como principio inspirador en la adopción de las normas jurídicas como principio interpretativo fundamental de éstas. En este sentido, se pronuncian CALVO CARAVACA, Alfonso Luis y CARRASCOSA GONZÁLEZ, Javier, "Protección de menores", en CALVO CARAVACA, Alfonso Luis y CARRASCOSA GONZÁLEZ, Javier, (Dirs.), *Tratado de Derecho internacional privado*, T.II, 2ª ed., Valencia, Tirant lo Blanch, 2022, pp.2073-2074. Para una visión especialmente crítica sobre si este principio se plasma finalmente de manera efectiva en este texto europeo, puede consultarse CARRILLO POZO, Luis Francisco, "El Reglamento Bruselas II ter y el interés del menor: elementos para un debate", *Bitácora Millennium DIPr*, n.º 14, 2021.

II. UN MODELO DE COMPETENCIA JUDICIAL INTERNACIONAL FUNDAMENTADO EN EL INTERÉS SUPERIOR DEL MENOR

3. El modelo de competencia judicial internacional en materia de responsabilidad parental en el Reglamento Bruselas II *ter* gira en torno a la existencia de una regla general –art.7- junto con una serie de reglas especiales –art.8 a 16-. Estas reglas de competencia han de resolver los problemas para identificar la autoridad competente para conocer de las cuestiones relativas a "*la atribución, el ejercicio, la delegación o la finalización de la responsabilidad parental*" –art.1.b) del Reglamento Bruselas II *ter*-. Es un modelo de competencia que, como nos recuerda el Considerando 20 del Reglamento Bruselas II *ter*, se ha concebido en función del interés superior del menor y ha de aplicarse de acuerdo con éste[12].

El concepto de responsabilidad parental, un concepto verdaderamente extraño en muchos de los Ordenamientos jurídicos internos de los Estados miembros de la Unión Europea, pero que es ampliamente utilizado tanto a nivel internacional como europeo y que, ha de ser delimitado mediante interpretación autónoma y uniforme por parte del TJUE[13], encuentra su definición en el art.2.2.7 del Reglamento Bruselas II *ter*, donde se señala que a los efectos de este Reglamento se entiende por: "*responsabilidad parental, los derechos y obligaciones conferidos a una persona física o jurídica en virtud de una resolución, por ministerio de la ley o por un acuerdo con efec-*

---

12 Este Considerando 20 impone, además, como criterio interpretativo que cualquier referencia al interés superior del menor ha de realizarse "*a la luz del artículo 24 de la Carta de los Derechos Fundamentales de la Unión Europea (en lo sucesivo, «Carta») y de la Convención de las Naciones Unidas sobre los Derechos del Niño, de 20 de noviembre de 1989, tal y como son aplicadas por las legislaciones y procedimientos nacionales*".

13 En este sentido, PALAO MORENO, Guillermo, "Artículo 1. Ámbito de aplicación", en PALAO MORENO, Guillermo (Dir.), *El nuevo marco europeo en materia matrimonial, responsabilidad parental y sustracción de menores. Comentarios al Reglamento (UE) n.º 2019/1111*, Valencia, Tirant lo Blanch, 2022, p.49.

tos jurídicos, en relación con la persona o los bienes de un menor, incluidos en particular los derechos de custodia y visita". Con esta definición tan amplia se asegura, en principio, que cualquier situación relacionada con un menor pueda quedar cubierta y, en consecuencia, ser resuelta mediante las normas contempladas en el Reglamento Bruselas II *ter*[14].

Las citadas reglas contempladas determinan, en consecuencia, la competencia judicial internacional para conocer de los litigios transfronterizos sobre responsabilidad parental –atribución, ejercicio, delegación o finalización-, dentro de la Unión Europea que, a modo ejemplificativo y sin ánimo de exhaustividad[15], podrán versar, de acuerdo con lo previsto en el propio art.1.2 del Reglamento Bruselas II *ter*, sobre: el derecho de custodia y el derecho de visita; la tutela, la curatela y otras instituciones análogas; la designación y las funciones de toda persona u organismo encargado de ocuparse de la persona o de los bienes de un menor, de representarlo o de prestarle asistencia; el acogimiento de un menor en un establecimiento o un lugar de acogida; y por último, las medidas de protección del menor ligadas a la administración, conservación o disposición de los bienes de un menor.

4. La regla general de competencia judicial internacional en materia de responsabilidad parental no ha cambiado en el Reglamento Bruselas II *ter* respecto a lo dispuesto ya en el Reglamento Bruselas II *bis*. Prevista hoy en día en el art.7.1 Bruselas II *ter*, -antes art.8.1 Bruselas II *bis*- y, tomando en consideración la necesaria salvaguarda del interés del menor, la regla se fundamenta en el

---

14 GONZÁLEZ MARIMÓN, María, *Menor y responsabilidad parental en la...*, op.cit., p.61.

15 Tal y como señala GONZÁLEZ MARIMÓN, María, *Menor y responsabilidad parental en la...*, op.cit., p.62, apoyándose en la jurisprudencia del TJUE, el listado incluido en esta disposición no constituye un *numerus clausus*, sino que es meramente ilustrativo y no cubriría todas las cuestiones que potencialmente podrían ser susceptibles de entrar dentro del ámbito de aplicación material del Reglamento Bruselas II *ter*.

criterio de proximidad[16]. En concreto, se señala que "*los órganos jurisdiccionales de un Estado miembro serán competentes en materia de responsabilidad parental respecto de un menor que resida habitualmente en dicho Estado miembro en el momento en que se acuda al órgano jurisdiccional*". En consecuencia, es el lugar de residencia habitual del menor, siempre que esté situada en un Estado miembro de la UE, el que traduce la idea de proximidad en la que debe basarse la competencia en esta materia[17]. Como ha declarado el TJUE, los tribunales nacionales de la residencia habitual del menor son los que están mejor situados para apreciar y valorar aquellas medidas que deben adoptarse precisamente en interés de éste[18].

Al no contar con una definición autónoma expresa, cuestión que tampoco se encarga de dar solución el nuevo Reglamento Bruselas II *ter*[19], el criterio de residencia habitual del menor ha

---

16 El Considerando 20 del Reglamento Bruselas II *ter* señala que "para salvaguardar el interés superior del menor, la competencia debe en primer lugar determinarse con arreglo al criterio de proximidad. Por consiguiente, son los órganos jurisdiccionales del Estado miembro en el cual el menor tiene su residencia habitual los que deben ser competentes...".

17 Como declara GONZÁLEZ MARIMÓN, María, esta opción del legislador de la UE de emplear la residencia habitual del menor como criterio principal de competencia judicial internacional se ubica en la tendencia generalizada de utilizar este elemento en todas las normas de protección del menor, tanto en el sector de competencia como en el de ley aplicable, "Un paso más en el proceso de armonización del derecho privado europeo: la concreción por el TJUE del concepto de residencia habitual del menor recogido en el Reglamento Bruselas II bis", *Revista Boliviana de Derecho*, n.º 30, julio 2020, p.474.

18 STJUE de 15 de julio de 2010, asunto C-256/09, *Purrucker*, ECLI:EU:2010:437, Fdo.91; STJUE de 15 de febrero de 2017, asunto C-499/15, *W. y V.*, ECLI:EU:C:2017:118, Fdo. 51.

19 En este sentido, ESPINOSA CALABUIG, Rosario, "Artículo 7. Competencia general", en PALAO MORENO, Guillermo, *El nuevo marco europeo en materia matrimonial...*, op.cit., p.120, señala que la causa principal puede encontrarse en las divergencias legislativas y jurisprudenciales que tradicionalmente han existido y todavía subsisten en los Ordena-

sido interpretado, a lo largo del tiempo de aplicación del Reglamento Bruselas II *bis*, en numerosas ocasiones por parte del TJUE en su jurisprudencia, a partir de dos principios fundamentales como son la proximidad y el interés del menor, y en donde se ha tomado en consideración no sólo el lugar donde se haya presente físicamente el menor, sino todo un conjunto de factores materiales y temporales que muestran la integración de éste en un entorno social y familiar[20].

5. No obstante, la regla general de competencia está sometida a distintas excepciones. Así, en el art. 7.2 del Reglamento de Bruselas II *ter* se señala que "*el apartado 1 del presente artículo estará sujeto a lo dispuesto en los artículos 8 a 10*". En consecuencia, una de las reglas especiales en las que es posible desplazar la aplicación de la regla general en circunstancias específicas, es la contemplada en el art.10 del Reglamento Bruselas II *ter* y, por tanto, hacer competentes a unos tribunales nacionales distintos a los de la residencia habitual del menor. El Considerado 20 del Reglamento Bruselas II *ter* confirma esta idea, al señalar que hay situaciones contempladas en el propio Reglamento donde no serán competentes los órganos jurisdiccionales del Estado miembro en el cual el menor

---

mientos de los Estados miembros, lo que ha impedido lograr una definición de la residencia habitual efectiva.

20 Puede consultarse sobre dicha jurisprudencia europea, DURÁN AYAGO, Antonia, "La competencia judicial internacional en materia de responsabilidad parental. La regla general (artículo 7)", en CAMPUZANO DÍAZ, Beatriz, (Dir.), *Estudio del Reglamento (UE) 2019/1111 sobre crisis matrimoniales* ..., op.cit., pp.74-75; CARRASCOSA GONZÁLEZ, Javier, "Litigación internacional, responsabilidad parental y foro de la residencia habitual del menor en Un Estado miembro. Un estudio jurisprudencial", en CEBRIÁN SALVAT, Asunción y LORENTE MARTÍNEZ, Isabel (Dirs.), *Protección de menores y Derecho internacional privado*, Granada, Comares, 2019, pp.308-320. Para este último autor, este foro de competencia judicial internacional potencia la buena administración de justicia, dado que los tribunales competentes otorgarían una respuesta con una alta calidad jurídica y operarían con una mayor rapidez, siendo la mejor solución para los intereses del menor, pp.311-312.

tenga su residencia habitual, "*por ejemplo cuando se produce un cambio de residencia del menor o en caso de acuerdo entre los titulares de la responsabilidad parental*". Como expone M. González Marimón, mientras que el foro de la residencia habitual del menor puede identificarse con el interés del menor *in abstracto*, esta situaciones especiales, entre las que se encuentra el foro relativo a la elección de las partes, tratan de salvaguardar al interés del menor *in concreto*, introduciendo una flexibilidad que es del todo necesaria en esta materia tan compleja como es la relativa a los litigios transfronterizos sobre cuestiones de responsabilidad parental[21].

III. UNA ELECCIÓN DE FORO PARA LOS LITIGIOS TRANSFRONTERIZOS EN MATERIA DE RESPONSABILIDAD PARENTAL

6. Ya hemos señalado como, a pesar de mantener la esencia del art.12 Reglamento Bruselas II *bis*, el nuevo art.10 del Reglamento Bruselas II *ter* se refiere de manera expresa a la "*elección del órgano jurisdiccional*". Una incorporación de una nueva terminología que acaba con la referencia a la "*prórroga de la competencia*", desapareciendo en consecuencia, las dos situaciones hasta entonces contempladas de dicha prórroga de los arts.12.1 y 12.3 del Reglamento Bruselas II *bis* y su sustitución por una opción general de poder elegir los tribunales nacionales para la resolución de los litigios transfronterizos en materia de responsabilidad parental[22]. No es extraño, por tanto, que se pueda decir, que en el Reglamento Bruselas II *ter*, el procedimiento en materia de responsabilidad

---

21 GONZÁLEZ MARIMÓN, María, *Menor y responsabilidad parental en la…*, op.cit., p.178.

22 CAMPUZANO DÍAZ, Beatriz, "La competencia judicial internacional en materia de responsabilidad parental, las reglas especiales (artículos 8, 9 y 10)" en CAMPUZANO DÍAZ, Beatriz, (Dir.), *Estudio del Reglamento (UE) 2019/1111 sobre crisis matrimoniales …*, op.cit., p.89.

parental haya adquirido una autonomía propia[23], suponiendo una verdadera novedad en relación con la regulación prevista en el Reglamento Bruselas II *bis*.

En efecto, la nueva regulación contempla una regla única de competencia, eliminando la distinción de las reglas de sumisión en función de que exista o no un procedimiento matrimonial u de otro tipo distinto, al que vincular el litigio sobre el menor. Aunque, sin embargo, el propio Reglamento en su Considerando 23 parece seguir acordándose de estos dos supuestos de prórroga contemplados en el Reglamento Bruselas II *bis*, quizás, en gran medida, porque en la práctica será en relación con un procedimiento donde la pretensión principal sea una crisis matrimonial o una cuestión patrimonial o sucesoria donde se plantee como una pretensión accesoria o vinculada a ésta, la relativa a la responsabilidad parental. Así, en concreto se afirma en este Considerando 23 que:

> *en condiciones específicas determinadas en el presente Reglamento, debe ser posible que la competencia en materia de responsabilidad parental sea también establecida en un Estado miembro donde haya pendiente un procedimiento de divorcio, separación legal o nulidad matrimonial entre los progenitores o en otro Estado miembro con el que el menor tenga un vínculo estrecho....*

7. Ciertamente, la eliminación expresa de la prórroga de la competencia, sobre todo, en aquellos supuestos de vinculación de las cuestiones de responsabilidad parental con un procedimiento principal relativo a una crisis matrimonial, tal y como estaba configurada en el art. 12.1 del Reglamento Bruselas II *bis*, sin sometimiento a condiciones adicionales más allá de que dicha prórroga respondiese al interés del menor, puede suponer un aumento de la complejidad, ya de por sí inherente, en estos litigios de Dere-

---

23 HONORATI, Costanza, "La proposta di revisione del regolamento bruxelles II-bis: Più tutela per i minori e più efficacia nell'Esecuzione delle decisioni", *Rivista di diritto internazionale privato e processuale*, vol. 52, n.° 2, 2017, p.254.

cho de familia internacional. El objetivo de intentar minimizar la dispersión jurisdiccional del pleito en estos supuestos, mediante la posible concentración ante unos mismos órganos jurisdiccionales de las distintas pretensiones –fin perseguido por la regulación prevista en el art.12.1 del Reglamento de Bruselas II *bis*-[24], encuentra hoy nuevos requisitos adicionales tras la actual redacción del art.10 del Reglamento Bruselas II *ter* y la incorporación de una regla única de competencia.

En efecto, en todo caso, hoy se requiere para que dicha concentración sea efectiva, que los tribunales competentes para conocer de la crisis matrimonial –cuya competencia se fundamentará en los foros previstos en el art.3 del Reglamento Bruselas II *ter*-, sean elegidos por las partes para conocer de la responsabilidad parental y que el menor tenga necesariamente una estrecha vinculación con el Estado miembro cuyos tribunales nacionales están conociendo del asunto, plasmada singularmente en alguno de los criterios previstos en dicho art.10 Bruselas II *ter*, amén de que dicha elección responda al interés superior del menor. La falta de coordinación entre las circunstancias que fundamentan los foros del art.3 Bruselas II *ter* y los criterios de conexión estrecha del menor del art.10 de este mismo texto legislativo[25], pueden convertirse en un obstáculo real para posibilitar la acumulación de acciones, lo que merece un juicio negativo a los efectos de la concentración

---

24 DURÁN AYAGO, Antonia, "Ejercicio de los derechos de custodia y de visita en un mundo globalizado: riesgos y disfunciones. Especial referencia al *forum divortii* en el contexto europeo", en CEBRIÁN SALVAT, Asunción y LORENTE MARTÍNEZ, Isabel (Dirs.), *Protección de menores y Derecho...*", op.cit., p.94.

25 Ello es verdaderamente lógico dado que los foros previstos para las crisis matrimoniales del art.3 Bruselas II *ter*, se fundamentan en las circunstancias fácticas o jurídicas que atañen a ambos cónyuges o a uno de ellos, mientras que los criterios de conexión estrecha del art.10 de Bruselas II *ter*, se basan en condiciones de proximidad del menor con un Estado miembro.

del pleito ante unos únicos órganos jurisdiccionales nacionales[26]. Aunque los operadores jurídicos han de ser conscientes de ello, sin embargo, hemos de señalar que esta consecuencia no se dará en la práctica, en una gran mayoría de los supuestos, ya que generalmente los niños tienen la misma nacionalidad y residencia habitual que sus progenitores y, son estos mismos criterios los que habrán fundamentado la competencia judicial internacional de los tribunales que estén conociendo de la crisis matrimonial[27].

8. Con el establecimiento de este régimen unitario para los acuerdos de elección del órgano jurisdiccional en esta materia se viene a plasmar legislativamente a nivel europeo ahora ya como regla general, lo señalado a nivel jurisprudencial por parte del TJUE en su sentencia de 11 de noviembre de 2014, en el caso *L.*[28], en donde se planteó la duda de si era necesario la existencia de un procedimiento conexo pendiente ante el órgano jurisdiccional ante quien se pretendía hacer valer la prórroga de la competencia conforme al art.12.3 del Reglamento Bruselas II *bis*. La interpretación del TJUE en este caso, favoreció el margen de actuación de la autonomía de la voluntad en los casos que versan sobre cuestiones de responsabilidad parental y ello porque amplió el ámbito de actuación del citado art.12.3, ya que lo consideró aplicable, no sólo para casos donde dichas cuestiones estuviesen vinculadas o fuesen accesorias respecto a un procedimiento principal distinto a una causa matrimonial, sino también respecto a procesos que versen exclusivamente sobre responsabilidad parental[29].

---

26 SÁNCHEZ JIMÉNEZ, M.ª Ángeles, "Acción de responsabilidad parental vinculada a un proceso de divorcio en el nuevo Reglamento (UE) 2019/1111", *Revista Española de Derecho Internacional*, Vol. 72, n.º 2, 2020, pp.156-157.

27 CARRILLO POZO, Luis Francisco, "El Reglamento Bruselas II ter y...", op.cit., p.26.

28 Cit.

29 JIMÉNEZ BLANCO, Pilar, "Nota a la STJ (Sala 2ª) de 1 de octubre de 2014, asunto C-436/13, *E. y B.* y STJ (Sala 3ª) de 11 de noviembre de 2014, asunto C-656/13, *L. y M.*", *Revista Española de Derecho Internacional*, vol. 67, n.º 2, 2015, p.201.

En concreto, en el citado asunto, el TJUE señaló que:

> *el artículo 12, apartado 3, del Reglamento (CE) n.º 2201/2003 del Consejo, de 27 de noviembre de 2003, relativo a la competencia, el reconocimiento y la ejecución de resoluciones judiciales en materia matrimonial y de responsabilidad parental, por el que se deroga el Reglamento (CE) n.º 1347/2000, debe interpretarse en el sentido de que, en el caso de un procedimiento en materia de responsabilidad parental, dicha disposición permite fundamentar la competencia de un tribunal de un Estado miembro que no es el de la residencia habitual del menor, aun cuando no exista ningún otro procedimiento pendiente ante el tribunal elegido"*[30].

En esta sentencia, en consecuencia, se consagra una apertura hacia la autonomía de la voluntad a favor de los tribunales de un Estado miembro distinto del de la residencia habitual de menor que, junto con el condicionamiento al cumplimiento de una serie de conexiones que tratan de plasmar la vinculación estrecha del menor con el territorio de dicho Estado y, siempre bajo la espada de Damocles que supone que esta elección ha de beneficiar los intereses superiores del menor, ha encontrado una posterior plasmación legislativa en la nueva redacción del art.10 del Reglamento Bruselas II *ter*, como tendremos ocasión de comprobar.

9. Por lo afirmado hasta ahora, podemos subrayar la amplitud de la respuesta aportada, en donde la atribución de competencia mediante la autonomía de la voluntad de las partes podrá jugar para todos los litigios transfronterizos que se refieran a cuestiones relativas a la responsabilidad parental, ya sea en procedimientos donde dicha cuestiones sean las únicas que hayan de resolverse, que serán los menos en la práctica, o donde dichas cuestiones se presenten como accesorias o vinculadas a una pretensión principal, que serán los que más[31]. Más aún, de acuerdo con lo previsto

---

30 Cit., Fdo. 60.

31 Es revelador que, en la Propuesta de Reglamento de la Comisión del año 2016, se incorporaba ya el art.10, que venía a sustituir al art.12 Reglamento Bruselas II *bis*, bajo el título "*elección de órgano jurisdiccional para los procedimientos autónomos y accesorios*". Como nos recuerda CAM-

de manera expresa por el art.9 del Reglamento Bruselas II *ter* –al contrario de lo que ocurría con el Reglamento Bruselas II *bis*[32]-, la elección de foro prevista en el art.10 del Reglamento Bruselas II *ter*, también podrá jugar en relación con los supuestos de traslado o retención ilícita de un menor[33].

En efecto, el art.9 del Reglamento Bruselas II *ter* comienza señalando que "*sin perjuicio del artículo 10*", el tribunal competente en materia de responsabilidad parental, en caso de traslado o retención ilícito, será el del Estado miembro de residencia habitual del menor anterior a la realización de dicho acto ilícito[34]. Se

---

PUZANO DÍAZ, Beatriz, "Lo acuerdos de elección de foro...", op.cit., p.4, con ello, claramente se quería llamar la atención sobre que esta disposición podía fundamentar la competencia en materia de responsabilidad parental, tanto cuando una cuestión en esta materia se plantease con carácter accesorio a una crisis matrimonial, como cuando se pudiera plantear aisladamente de forma autónoma.

32 Planteándose por ello, numerosas dudas interpretativas sobre la operatividad de la autonomía de la voluntad como foro de competencia en los casos de sustracción internacional de menores, lo que había conducido a buscar doctrinalmente alguna solución parcial mediante la aplicación de los artículos 12.3 y 15 del Reglamento Bruselas II *bis*, pero que, en todo caso, hacían necesaria una aclaración al respecto, que pudiera, además, facilitar la homologación de los acuerdos de mediación en este ámbito. Sobre esta cuestión, vid. CHÉLIZ INGLÉS, M.ª Carmen, *La sustracción internacional de menores y la mediación. Retos y vías prácticas de solución*, Valencia, Tirant lo Blanch, 2019, pp.287-326.

33 Cuestión distinta y que va más allá de la previsión legal, pero que va a incidir decisivamente en su puesta en práctica ante los tribunales y, en lo que estamos absolutamente de acuerdo, es corroborar lo difícil que cuesta imaginar en estos casos de secuestro internacional de menores, donde hay un enfrentamiento grave entre las posiciones de las partes implicadas, que pueda llegarse a un acuerdo sobre los órganos jurisdiccionales competentes para conocer de las cuestiones relativas a la responsabilidad parental. En este mismo sentido, CAMPUZANO DÍAZ, Beatriz, "Los acuerdos de elección de foro...", op.cit., p.8.

34 Más que comprenderse como un foro que excepciona la regla general de competencia basada en la residencia habitual del menor, esta norma ha de entenderse como un fortalecimiento de la misma en el caso

permite, en consecuencia, la posibilidad de que los progenitores pacten en favor de los tribunales nacionales del Estado al que ha sido trasladado ilícitamente el menor, pudiendo decidir, en consecuencia, éstos sobre el fondo de asunto[35]. Con esta previsión, se está favoreciendo el fomento de la mediación en este ámbito[36], ya que se evita la fragmentación de la competencia judicial internacional en los casos de la necesaria homologación de un acuerdo de mediación cuando dicho acuerdo haya sido alcanzado tanto en relación con la restitución o no del menor, como también sobre las cuestiones relativas a la responsabilidad parental. Si no fuera

---

de sustracción internacional de menores, pues su finalidad es la protección del menor en estos supuestos otorgando la competencia a los tribunales nacionales de la residencia habitual del menor, HONORATI, Costanza y LIMANTE, Agnè, "Jurisdiction in Child Abduction Proceedings (Article 10, 11)", en HONORATI, Costanza (ed.), *Jurisdiction in Matrimonial Matters, Parental Responsibility and International Abduction. A Handbook on the Application of Brussels IIa Regulation in National Courts*, Giappichelli, Torino, 2017, p.105.

35 ESPINOSA CALABUIG, Rosario, "Artículo 9. Competencia en caso de traslado o retención ilícitos de un menor", en PALAO MORENO, Guillermo (dir.), *El nuevo marco europeo en materia matrimonial, responsabilidad parental y sustracción de menores*..., op.cit., p.148.

36 El art.25 del Reglamento Bruselas II *ter* que lleva por título "*formas alternativas de resolución de litigios*", supone dar un espaldarazo definitivo a la utilización de la mediación en este sector, al señalar que "*lo antes posible y en cualquier fase del procedimiento, el órgano jurisdiccional invitará a las partes, directamente o, si procede, con la asistencia de las autoridades centrales, a que consideren si están dispuestas a recurrir a la mediación o a otra vía alternativa de resolución de litigios, a menos que ello sea contrario al interés superior del menor, no sea adecuado en el caso particular o conlleve un retraso indebido del procedimiento*". Vid. sobre el fomento de la mediación dentro del Reglamento Bruselas II *ter*, ESPLUGUES MOTA, Carlos, "El Reglamento Bruselas II ter y el recurso a los MASC en materia de responsabilidad parental y sustracción internacional de menores", *Cuadernos de Derecho Transnacional*, vol. 13, n.º 2, 2021, pp.159-172; GONZÁLEZ MARIMÓN, María, "El fomento de la mediación en casos de sustracción internacional de menores en el Reglamento Bruselas II ter", en BARONA VILAR, Silvia (ed.), *Meditaciones sobre mediación*, Valencia, Tirant lo Blanch, 2022, pp.399-418.

así, los órganos jurisdiccionales del Estado miembro a donde ha sido trasladado el menor de forma ilícita tendrían únicamente competencia para poder decidir sobre el posible retorno o no del menor, pero, en principio, no para decidir sobre la cuestión de fondo y, en consecuencia, no podrían darle efecto jurídico al acuerdo amistoso al que pudiera haberse llegado en materia de responsabilidad parental[37]. Así lo contempla de forma expresa el Reglamento Bruselas II *ter*, en su Considerando 43, en línea con lo dispuesto en su Considerando 22, al declarar que:

> *cuando, en el curso de un procedimiento de restitución conforme al Convenio de La Haya de 1980, los progenitores lleguen a un acuerdo no solamente sobre la restitución o no restitución del menor, sino también sobre otras cuestiones de responsabilidad parental, el presente Reglamento debe permitirles, en determinadas circunstancias, convenir en que el órgano jurisdiccional al que se haya recurrido con arreglo al Convenio de La Haya de 1980 sea competente para dar efecto jurídico vinculante a su acuerdo, ya sea incorporándolo a una resolución aprobándolo, o de otra forma prevista por la legislación y el procedimiento nacionales. Los Estados miembros que han concentrado la competencia deben, por consiguiente, considerar la posibilidad de permitir que el órgano jurisdiccional al que se ha sometido el procedimiento de restitución con arreglo al Convenio de La Haya de 1980 ejerza también la competencia acordada o aceptada por las partes en virtud del presente Reglamento en materia de responsabilidad parental si el acuerdo entre las partes se ha alcanzado durante dicho procedimiento de restitución.*

10. El siguiente punto que es preciso cuestionarse se refiere a si el foro electivo del art.10 del Reglamento Bruselas II *ter* se

---

[37] En este sentido, GONZÁLEZ BEILFUSS, Cristina, "La sustracción de menores en el nuevo Reglamento 2019/1111", en AA.VV., *Relaciones transfronterizas, globalización y Derecho. Homenaje al Prof. Dr. José Carlos Fernández Rozas*, Cizur Menor, Civitas-Thomson Reuters, 2020, p.389, señala que "*en un contexto de traslado o retención ilícita de la prórroga de la competencia puede ser especialmente útil en aquellos supuestos en los que se haya conseguido un arreglo amistoso, a través de la mediación o de cualquier otra forma, y se necesite que el tribunal competente en cuanto al fondo de la responsabilidad parental lo homologue para que resulte jurídicamente vinculante*".

aplicará para todos los supuestos transfronterizos en esta materia, donde se hubiera ejercitado la elección de foro por las partes en favor de los tribunales de un Estado miembro, con independencia del lugar de residencia del menor[38]. Y en este sentido, hemos de señalar que este foro del art.10 del Reglamento Bruselas II *ter* será de aplicación, en principio, únicamente, cuando las partes pacten en favor de la competencia de las autoridades de un Estado miembro, siempre que el menor tenga su residencia habitual en otro Estado miembro. Ello es consecuencia inmediata de la regla general de aplicación del art.97.1 del Reglamento Bruselas II *ter* y que señala como, con respecto a las normas de competencia judicial internacional, el Reglamento Bruselas II *ter* se aplica con carácter preferente sobre el Convenio de la Haya de 1996, cuando el menor tenga su residencia habitual en un Estado miembro[39]. No

---

38 Vid. sobre esta cuestión, con carácter general, CAMPUZANO DÍAZ, Beatriz, "El nuevo Reglamento (UE) 2019/1111: análisis de las mejoras en las relaciones con el Convenio de La Haya de 19 de octubre de 1996 sobre responsabilidad parental", *Cuadernos de Derecho Transnacional*, Vol. 12, n.º 1, 2020, pp.102-114.

39 Incluso en tal caso, y por lo que se refiere a la posibilidad de elección de los tribunales competentes por las partes, el art.97.2 a) del Reglamento Bruselas II *ter* dispone que "*no obstante lo dispuesto en el apartado 1, a) si las partes han convenido en la competencia de un órgano jurisdiccional de un Estado parte del Convenio de la Haya de 1996 en el que no se aplique el presente Reglamento, se aplicará el artículo 10 del Convenio*". En consecuencia, ello va a suponer que si las partes convienen la competencia de los tribunales nacionales de un Estado contratante del Convenio de la Haya de 1996 que no sea Estado miembro de la Unión Europea, las exigencias de validez de dicho acuerdo serán las previstas en el art.10 del texto convencional, *aunque el menor tenga su residencia habitual en un Estado miembro de la Unión Europea*. En todo caso, sin embargo, hay que tener en cuenta que en este precepto del texto convencional se permite la prórroga de la competencia en favor de los tribunales nacionales que están conociendo de una crisis matrimonial para la adopción de las medidas de protección respecto al menor que reside en otro Estado contratante del Convenio, cumpliendo además los requisitos de la residencia habitual de alguno de los progenitores al tiempo de la demanda en el Estado contratante cuyos órganos jurisdiccionales han sido elegidos y que uno

podrá jugar, sin embargo, cuando el menor tenga su residencia habitual en un tercer Estado contratante del Convenio de la Haya de 1996, pues en tal caso, las normas de competencia judicial internacional de este texto convencional se aplican con preferencia sobre las del Reglamento Bruselas II *ter*[40]. En este último caso, sí que será posible, sin embargo, que las partes pudiesen prorrogar la competencia de los órganos jurisdiccionales de un Estado miembro que conoce de una crisis matrimonial, para resolver también las cuestiones vinculadas relativas a la responsabilidad parental, respecto de un niño que tuviese residencia habitual en un Estado contratante del Convenio de la Haya que no fuese Estado miembro, siempre que se cumpliesen los requisitos previstos en el art.10 del Convenio de la Haya de 1996, que serviría, en tal supuesto, de fundamento para la competencia de estos tribunales nacionales de dicho Estado miembro.

Mayores dudas se plantean hoy respecto al posible pacto conforme a los requisitos del art.10 Bruselas II *ter* en favor de los tribunales de un Estado miembro cuando el menor tenga su residencia habitual en un tercer Estado. Y ello porque, si bien el Reglamento Bruselas II *bis* contemplaba esta posibilidad de forma expresa en su art.12.4 al señalar lo siguiente: "*cuando el menor tenga su residencia habitual en el territorio de un tercer Estado que no sea parte contratante del Convenio de la Haya de 19 de octubre de 1996 relativo a la competencia, la ley aplicable, el reconocimiento, la ejecución y la cooperación en materia de responsabilidad parental y de medidas de protección de los niños, se presumirá que la competencia basada en el presente artículo es en beneficio del menor, en especial cuando un procedimiento resulte imposible en el tercer Estado de que se trate*", este *forum necessitatis* ha desaparecido del articulado

---

de ellos tiene al menos la responsabilidad parental respecto al niño, y que, dicha competencia responde al interés superior del niño.

40 REIG FABADO, Isabel, "Artículo 97. Relación con el Convenio de La Haya de 1996", en PALAO MORENO, Guillermo, *El nuevo marco europeo en materia matrimonial, responsabilidad parental y sustracción de menores...*, op.cit., pp.767-768.

del Reglamento Bruselas II *ter*[41]. Aun así, y sin poder contar con una explicación a esta desaparición en los trabajos preparatorios y documentos de trabajo del proceso de negociación de este instrumento europeo, se defiende la aplicación de este foro electivo del art.10 también en el supuesto de que el menor tenga su residencia habitual en un tercer Estado, siempre eso sí, que se cumplan todas las exigencias y requisitos previstos en dicho precepto, y que serán analizados más adelante, cuestión que aunque nos merece una juicio favorable, en razón de la necesaria búsqueda del interés superior del menor también en estos supuestos, necesitaría de una interpretación en este sentido por parte del TJUE. En apoyo de esta posición se señala, por una parte que, a pesar de que pudiera pensarse que este supuesto se ha eliminado del texto de Bruselas II *ter*, pues quedaría regulado por las normas de competencia judicial internacional del Convenio de la Haya de 1996, no se encuentra mucho sentido a esta postura puesto que en el art.10 de este texto convencional que regula la prórroga de la competencia, se hace referencia expresamente a los niños con residencia habitual en un Estado contratante[42], no contemplándose el supuesto que estamos analizando. Por otra parte, además, se defiende que la exigencia de cumplimiento de los requisitos de vinculación previstos en el art. 10 Bruselas II *ter*, junto con la toma en consideración del interés superior del menor en todos los casos por parte del tribunal que está conociendo, garantizan que el ejercicio de la autonomía de la voluntad en favor de los tribunales de un Estado miembro cuando el menor tiene su residencia habitual en un tercer Estado, responda siempre de forma efectiva en ese caso concreto al interés superior del menor[43].

---

41 A juicio de DURÁN AYAGO, Antonia, de forma incomprensible, "La actitud del demandado...", op.cit., p.724.

42 CAMPUZANO DÍAZ, Beatriz, "Los acuerdos de elección de foro...", op.cit., p.34.

43 BERNARDO SAN JOSÉ, Alicia, "Las normas de competencia judicial internacional en materia de responsabilidad parental en el Reglamento (UE) 2019/1111 del Consejo de 25 de junio de 2019", *Cuadernos de De-*

IV. UNA ELECCIÓN DE FORO CONDICIONADA

11. El juego de la autonomía de la voluntad en esta materia viene claramente influenciado por las especiales características de las relaciones familiares. Y ello porque en estas situaciones, la potenciación de los intereses de las partes que utilizan la autonomía de la voluntad para elegir los tribunales competentes siempre se ve limitada e influida decisivamente por la consideración del interés superior del menor a la hora de validar dicha atribución de competencia. La autonomía de la voluntad ha sido protagonista destacada de manera tradicional, como criterio para la determinación de la competencia judicial internacional y de la ley aplicable en aquellos ámbitos materiales en donde se presume que existe una igualdad en el poder negociador de las partes, especialmente en Derecho de los contratos internacionales. Sin embargo, las relaciones familiares mantienen una naturaleza muy diferente, donde la característica consustancial a las mismas se puede decir que es su carácter interdependiente[44].

Y ello conduce necesariamente a una forma diferente de enfocar el juego de este criterio en este ámbito, fundamentada en la propia naturaleza de la relación familiar y la salvaguarda del interés del menor como consideraciones que deben primar en este tipo de asuntos, a pesar de que podamos afirmar que tanto razones de economía procesal en relación con la concentración de litigios, como de otorgamiento de seguridad jurídica y previsibilidad para las partes implicadas, son importantes ventajas que

---

recho Transnacional, Vol.12, n.º 2, octubre 2020, pp.1273-1274; GONZÁLEZ MARIMÓN, María, *Menor y responsabilidad parental...*, op.cit., p.215.

44 GONZÁLEZ MARIMÓN, María, *Menor y responsabilidad parental...*, op.cit., p.182. Además, GONZÁLEZ BEILFUSS, Cristina "Reflexiones en torno a la función de la autonomía de la voluntad conflictual en el Derecho internacional privado de la familia", *Revista Española de Derecho Internacional*, Vol.72, n.º 1, 2020, pp.109-114, subraya la especial naturaleza de las relaciones familiares en las que típicamente se lleva a cabo las labores de cuidado necesarias como consecuencia de la vulnerabilidad y la dependencia del ser humano en distintas etapas vitales.

se derivan para la utilización de la autonomía de la voluntad en esta clase de litigios de gran complejidad y donde se requiere una importante dosis de flexibilidad para poder llegar a soluciones adecuadas. Las anteriores consideraciones, como tendremos ocasión de exponer, pensamos que se han visto reflejadas claramente en la redacción del art.10 del Reglamento Bruselas II *ter*[45], especialmente en relación con la exigencia de cumplimiento de los requisitos de conexión estrecha del menor, con el cumplimiento de determinados aspectos relativos al momento y forma en que puede llegarse al acuerdo o, por último, con la elevación de los intereses superiores del menor como garantía última de la atribución de competencia.

12. Dicho lo anterior, el art.10 del Reglamento Bruselas II *ter* se nos presenta, como ya hemos señalado, como un nuevo exponente de la cada vez mayor aceptación de la autonomía de la voluntad en el ámbito del Derecho internacional privado europeo de familia[46], aunque no es menos cierto también, que dicha autonomía de la voluntad se ve ciertamente condicionada por los requisitos contemplados en este precepto. Así lo viene a señalar expresamente el art.10.1 al declarar que "*los órganos jurisdiccionales de un Estado miembro tendrán competencia en materia de responsabilidad parental cuando se cumplan las siguientes condiciones...*".

Las limitaciones al ejercicio de la autonomía de la voluntad en litigios transfronterizos en materia de responsabilidad parental se traducen en el necesario cumplimiento cumulativo de tres requisitos, que son contemplados expresamente en el art.10.1 del

---

45 Compárese con CARRILLO POZO, Luis F., quién señala al respecto, que ha pesado de forma decisiva la ponderación de los intereses generales en Derecho de familia, aunque considera que la autonomía de la voluntad se ha supervisado sobre bases no siempre aceptables, "El Reglamento Bruselas II ter y...", op.cit., pp.25-26.

46 Tendencia emergente en los nuevos instrumentos de la UE, en palabras de GONZÁLEZ BEILFUSS, Cristina, "Reflexiones en torno a la función de la autonomía de la voluntad...", op.cit., p.101.

Reglamento de Bruselas II *ter*[47]. En concreto, serían los siguientes: 1) vinculación estrecha del menor con el Estado miembro cuyos tribunales son los elegidos, mostrándose dicha conexión con una serie de circunstancias que constatan la citada vinculación; 2) el necesario acuerdo de las partes, así como cualquier otro titular de la responsabilidad parental, para elegir los órganos jurisdiccionales competentes, un acuerdo que habrá de cumplir una serie de exigencias formales y temporales para considerarse válido; 3) y, por último, en tercer lugar, que dicho ejercicio de la autonomía de la voluntad en ese concreto caso responda al interés superior del menor[48].

Veamos con más detenimiento como se plasman estas exigencias que, aunque puedan parecer similares, a primera vista, a aquellas que venían siendo contempladas en el art. 12 del Reglamento Bruselas II *bis*, encuentran importantes diferencias que, en gran medida, vienen impuestas por la progresiva jurisprudencia del TJUE sobre este último precepto donde se ha intentado solventar los problemas interpretativos que se habían ido planteando en la aplicación del citado último precepto.

---

47 Muy crítico con estos condicionamientos impuestos a la autonomía de la voluntad en este ámbito se muestra CARRILLO POZO, Luis F., quién advierte que, con la exigencia de cumplimiento de los mismos, este instrumento, que podría haber servido como un medio para concentrar los diversos aspectos litigiosos que se derivan de un proceso tan complejo como es un procedimiento de crisis matrimonial, se ha convertido en algo farragoso, inconcreto, fuente de costes e incertidumbre, "El Reglamento Bruselas II ter y...", op.cit., pp.26-27.

48 De acuerdo con SANTANA PÁEZ, Emelina, "Artículo 10. Elección del órgano jurisdiccional", en PALAO MORENO, Guillermo, *El nuevo marco europeo en materia matrimonial, responsabilidad parental y sustracción de menores...*, op.cit., p.159, la concurrencia cumulativa de estas tres condiciones habrá de ser valorada y examinada por parte de los órganos jurisdiccionales del Estado miembro a los que se les ha atribuido la competencia mediante el ejercicio de la autonomía de la voluntad, para que ante un juicio positivo de cumplimiento de las mismas, se pueda admitir a trámite la demanda.

1. La vinculación estrecha del menor con el Estado miembro cuyos tribunales han sido elegidos

13. La primera de las condiciones a las que hemos hecho referencia para que pueda considerarse como válida la elección de foro realizada en materia de responsabilidad parental, es que dicha elección deberá ser hecha en favor de unos tribunales nacionales de un Estado miembro con los que el menor esté estrechamente vinculado. Se nos presenta, en consecuencia, esta exigencia de conexión estrecha del menor para todos los supuestos de elección de foro, convirtiéndose en un requisito general en el art.10 Bruselas II *ter*, lo que anteriormente solo era exigible en aquellos casos de prórroga de la competencia del art.12.3 Bruselas II *bis*[49].

Con la exigencia de cumplimiento de este requisito se pone claramente de manifiesto que la autonomía de la voluntad en este ámbito adquiere unos contornos específicos donde el interés del menor traducido en una vinculación estrecha de este último con el Estado miembro cuyos tribunales han sido elegidos, tiene un papel protagonista y principal respecto a los intereses de las partes que ejercen la elección del foro. El art.10.1 del Reglamento Bruselas II *ter* no permite, en consecuencia, una libertad absoluta a las partes para decidir la competencia de los órganos jurisdiccionales de un Estado miembro, sino que condiciona o, en otras palabras, guía, dirige esta elección de foro, pues ésta sólo será posible "*cuando el menor esté estrechamente vinculado a ese Estado miembro*". La proximidad como criterio "fuerte" que fundamenta de manera única el foro general en materia de responsabilidad parental, no es del todo abandonada, sino que presenta un nivel de interven-

---

49 Recordemos que el art.12.3 Reglamento Bruselas II *bis* señala que: "*los órganos jurisdiccionales de un Estado miembro tendrán igualmente competencia en materia de responsabilidad parental en procedimientos distintos de los contemplados en el apartado 1: a) cuando el menor esté estrechamente vinculado a ese Estado miembro, en especial por el hecho de que uno de los titulares de la responsabilidad parental tenga en él su residencia habitual o porque el menor es nacional de dicho Estado miembro...*".

ción menor que, en todo caso, se plasma en la necesidad de cumplimiento de esta exigencia de vinculación estrecha del menor con el Estado miembro cuyos tribunales son elegidos[50].

Para que pueda considerarse cumplido este requisito de proximidad, el art.10.1 del Reglamento Bruselas II *ter* enumera una serie de circunstancias que, en todo caso, tienen un carácter ejemplificativo, sin considerarse, por tanto, una lista cerrada de criterios[51]. Ello se puede deducir de la lectura de este precepto, donde previamente a enumerar los supuestos en que puede considerarse la estrecha vinculación del menor con el Estado miembro cuyos tribunales son elegidos, se utiliza la expresión "*en especial por el hecho de que*". En consecuencia, el requisito de la estrecha vinculación quedaría plenamente satisfecho cuando se dé cualquiera de los tres criterios enumerados, pero nada impide que esta exigencia pueda también mostrarse con cualesquiera otros factores o índices que en el caso concreto permitiesen considerar esa especial vinculación del menor con el Estado cuyos tribunales nacionales han sido elegidos[52].

---

50 Este planteamiento está también presente en el trabajo de CAMPUZANO DÍAZ, Beatriz, "Los acuerdos de elección de foro...", op.cit., p.9, quién señala al respecto cómo "*en el art. 10.1.a) del Reglamento 2019/1111 se requiere que el menor esté estrechamente vinculado con el Estado miembro cuyos órganos jurisdiccionales son elegidos, en especial, por alguna de las circunstancias que se enumeran. Lógicamente, en esta enumeración no se contempla la residencia habitual del menor, que sirve para conformar el foro general de competencia judicial internacional. Son otros factores, que van a traducir un grado de proximidad algo menor, a pesar de que en el art. 10 se enfatice la necesidad de que el menor esté estrechamente vinculado a ese Estado miembro*".

51 HERRANZ BALLESTEROS, Mónica, "El Reglamento (UE) 2019/1111 relativo a la competencia, el reconocimiento y la ejecución de resoluciones en materia matrimonial y de responsabilidad parental y sobre la sustracción internacional de menores (versión refundida): principales novedades", *Revista Española de Derecho Internacional*, Vol.73, n.º 2, 2021, p.238.

52 Así, CARRILLO POZO, Luis F., "El Reglamento Bruselas II ter y...", op.cit., p.27, señala como ejemplos, a que exista patrimonio localizado en dicho Estado, o bien coincida con la residencia de la persona

Los tres criterios contemplados en el art.10.1 del Reglamento de Bruselas II *ter*, que serían ejemplos claros de esa necesaria vinculación estrecha del menor con el Estado miembro cuyos órganos jurisdiccionales son elegidos, son los siguientes: a) que al menos uno de los titulares de la responsabilidad parental tenga en dicho Estado miembro su residencia habitual o; b) que el menor hubiese tenido antiguamente en ese Estado miembro su residencia habitual o; c) que el menor ostente la nacionalidad de ese Estado miembro[53]. Como se puede observar, se trataría de las

---

que previsiblemente va a hacerse cargo del menor en el futuro. Este autor, sin embargo, se muestra especialmente preocupado por la posible práctica que pueden llevar a cabo los tribunales al valorar el cumplimiento de este requisito, pues estima poco probable que se estime por los órganos jurisdiccionales la existencia de vinculación estrecha del menor cuando se esté en presencia de indicios distintos a los expresamente recogidos en el precepto. Compárese con CAMPUZANO DÍAZ, Beatriz, "Los acuerdos de elección de foro…", op.cit., p.12, para quién entre las otras circunstancias que permitirían dar por cumplido este requisito de vinculación estrecha del menor, hace referencia a los indicios adicionales previstos en el art.12.4 del Reglamento Bruselas II *ter*, en relación con los casos de remisión de competencia a un órgano jurisdiccional de otro Estado miembro y que también son considerados en el art.13 del Reglamento Bruselas II *ter* para los supuestos de transferencia de competencia que es solicitada por un órgano jurisdiccional de un Estado miembro que no tiene competencia. Sobre el requisito específico de vínculo estrecho del menor en los casos de remisión y transferencia de la competencia, Vid. ESPINOSA CALABUIG, Rosario, "Artículo 12", op.cit., pp.182-185; RODRÍGUEZ VÁZQUEZ, M.ª Ángeles, "La remisión y la transferencia de competencia en materia de responsabilidad parental en el Reglamento (UE) 2019/1111", *Cuadernos de Derecho Transnacional*, Vol. 12, n.º 2, 2020, pp. 716-717.

53 Es verdad que puede resultar paradójico, como señala GUZMÁN PECES, Montserrat, que se utilice la conexión "nacionalidad" en esta materia de protección de menores, cuando lo que se busca es incluir conexiones que reflejen en mayor medida el centro efectivo de la vida de la persona, "Los criterios de competencia en el Reglamento (UE) 2019/1111: especial referencia a la autonomía de la voluntad y al "interés superior del menor"", *Anuario Español de Derecho Internacional Privado*, T.XIX, 2019-2020, p.201. Crítico con la inclusión de este factor de

mismas circunstancias que se exigían ya en el art.12.3 del Reglamento Bruselas II *bis*, a lo que se ha añadido como innovación, el criterio de la antigua residencia habitual del menor.

Estos criterios o cualesquiera otros, habrán de ser evaluados y valorados por los órganos jurisdiccionales que estén conociendo del asunto, como ya se ha señalado, permitiendo llegar a la conclusión de la necesaria vinculación exigida, teniendo que darse ésta en el momento de la iniciación del litigio[54].

2. La elección de los órganos jurisdiccionales de un Estado miembro por las partes, así como por cualquier otro titular de la responsabilidad parental

14. Hay que llamar la atención, antes de nada, que es precisamente en relación con la libre aceptación de la competencia por todas las partes donde mayores modificaciones se han introducido en la nueva regulación prevista en el art.10 del Reglamento Bruselas II *ter*, como consecuencia de las dudas interpretativas planteadas por la terminología empleada por el art.12.1 y 12.3 del Reglamento Bruselas II *bis*, especialmente en relación con el requisito relativo a que las partes del procedimiento[55] hayan aceptado la competencia ya sea expresamente o "*de cualquier otra forma de manera inequívoca en el momento de presentar el asunto ante el órgano jurisdiccional*". Para dar cierta luz a esta cuestión, el TJUE en su jurisprudencia, en primer lugar, ha seguido una interpretación restrictiva en relación con el

conexión se muestra igualmente CARRILLO POZO, Luis F., "El Reglamento Bruselas II ter y...", op.cit., p.27.

54 De acuerdo con CARRILLO POZO, Luis F., "El Reglamento Bruselas II ter y...", op.cit., p.27, si tal conexión desapareciese en el transcurso del procedimiento, el principio básico de la *perpetuatio iurisdictionis* permitiría que el tribunal que estuviera conociendo continuase con el proceso hasta su terminación.

55 Literalmente mientras que el art.12.1 hace referencia a los cónyuges o los titulares de la responsabilidad parental, el art.12.3 se refiere a todas las partes en el procedimiento.

carácter inequívoco de la aceptación de la competencia por las partes[56]. Y, en segundo lugar, ha sido también bastante claro sobre la necesidad de que dicha aceptación de la competencia ha de acreditarse en el momento de inicio del procedimiento, tal y como éste último se encuentra regulado en el art.16 del Reglamento Bruselas II *bis*[57]. Estas pautas de interpretación impiden poder considerar que en este caso pudiera aceptarse la competencia mediante sumi-

---

[56] Así, el TJUE, en el asunto *Gogova,* en Sentencia de 25 de octubre de 2015, *cit.*, señaló cómo el art.12.3 del Reglamento Bruselas II *bis* constituía una excepción al criterio de proximidad, conforme al cual, corresponde en primer lugar a los órganos jurisdiccionales del Estado miembro de la residencia habitual del menor conocer de las acciones de responsabilidad parental respecto de ese menor. En consecuencia, el requisito relativo al carácter inequívoco de la aceptación por todas las partes en el procedimiento de la competencia de los órganos jurisdiccionales ante los que se planteado el litigio debe interpretarse de manera estricta, Fdo.41. De acuerdo con esta interpretación restrictiva, en este caso, el TJUE descartó que podía considerarse que hubiese aceptación por parte del demandado, en razón de que el mandatario *ad litem* que representaba a la parte demandada, designado de oficio por el tribunal ante la imposibilidad de notificar a ésta última la demanda, no hubiese alegado la falta de competencia de dicho órgano jurisdiccional, Fdo.43. Ya previamente, en el asunto *L.*, el TJUE declaró, en su Sentencia de 12 de noviembre de 2014, que no puede considerarse que hay aceptación por todas las partes de la competencia de un tribunal cuando una de las partes insta ante éste la sustanciación de un procedimiento en materia de responsabilidad parental y, la "*parte demandada en este primer procedimiento inicie posteriormente un segundo procedimiento ante el mismo tribunal y alegue, con ocasión de la primera actuación que le incumba en el primer procedimiento, la incompetencia del tribunal*", cit., Fdo.59. Por el contrario, el TJUE, en su Sentencia de 19 de abril de 2018, en el asunto *Saponaro,* cit., sí consideró que debía considerarse que hay aceptación inequívoca de la competencia de los tribunales en aquellos supuestos donde ambas partes presentan la demanda de forma conjunta, Fdo.25.

[57] A más tardar en el momento de la presentación de la demanda o documento equivalente, ante el tribunal elegido, Sentencias del TJUE de 1 de octubre de 2014, caso *E.*, cit., Fdo.38 y, de 12 de noviembre de 2014, caso *L.*, cit., Fdos.55 y 56.

sión tácita de las partes[58], en clara contraposición a lo que ha sido la práctica de algunos tribunales de nuestro país[59], y cuya actuación pudiera encontrar cierta justificación –pero de ninguna manera acomodo legal-, en la configuración del proceso de crisis matrimonial en nuestro Derecho como un proceso único donde han de resolverse todas las cuestiones controvertidas –véase arts.769, 774.3 y 774.4 de la LEC-[60].

15. La nueva normativa contemplada en el Reglamento Bruselas II *ter* trata de exponer de una manera más clara y estructurada esta segunda exigencia, esencialmente, en todo lo relativo al momento y la forma en que debe manifestarse la voluntad de las partes de atribuir la competencia a los órganos jurisdiccionales de un Estado miembro. En concreto, el art. 10 del Reglamento Bruselas II *ter* permite que pueda conocer de la responsabilidad parental un órgano jurisdiccional de un Estado miembro distinto

---

58 DURÁN AYAGO, Antonia, "Ejercicio de los derechos de custodia...", op.cit., pp.97-99; CALVO CARAVACA, Alfonso y CARRASCOSA GÓNZALEZ, Javier, "Protección de...", op.cit., p.2103.

59 Vid. CAMPUZANO DÍAZ, Beatriz, "Los acuerdos de elección de foro...", op.cit., pp.20-21.

60 Como afirma CASTELLANOS RUIZ, Esperanza, en el Derecho procesal español, en los arts.769, 774.3 y 774.4 de la LEC se establece la acumulación de competencias en favor del juez del divorcio, de modo que atrae a las acciones que derivan legalmente o judicialmente del divorcio, como son los problemas derivados de responsabilidad parental respecto de los hijos menores o la obligación de alimentos en favor de dichos menores, "La vis atractiva del juez del divorcio internacional sobre la responsabilidad parental y lo alimentos derivados del divorcio: cuestiones abiertas y problemas de la práctica", en CUARTERO RUBIO, M.ª Victoria y RETAMOSA VELASCO, José Manuel, *La vida familiar internacional en una Europa compleja...*, op.cit., p.241. Compárese con GONZALEZ BEILFUSS, Cristina, "Experiencias de los tribunales españoles en los procesos relativos a crisis matrimoniales: algunos retos y cuestiones controvertidas", en OTERO GARCÍA-CASTRILLÓN, Carmen (Dir.), *Justicia civil en la Unión Europea. Evaluación de la experiencia española y perspectiva de futuro*, Madrid, Dykinson, 2017, p. 202, quién fundamenta la acumulación de competencias en los arts. 90 y 91 Cc.

del de la residencia habitual del menor en virtud del acuerdo de las partes, cuando se cumpla como un segundo requisito, que las partes, así como cualquier otro titular de la responsabilidad parental[61], hayan convenido libremente la competencia, al menos en el momento de presentar el asunto ante el órgano jurisdiccional o hayan aceptado expresamente la competencia durante dicho procedimiento y el órgano jurisdiccional se haya asegurado de que todas las partes han sido informadas de su derecho a no aceptar la competencia.

Este art.10 del Reglamento Bruselas II *ter*, en consecuencia, distingue entre dos modalidades de manifestación de la voluntad de las partes. Una primera consistiría en admitir, sin ningún tipo de dudas, la posibilidad de realizar acuerdos de elección de foro. Dicha posibilidad quedaría abierta hasta el momento en que el asunto se presente ante el órgano jurisdiccional, límite temporal que ha de entenderse conforme a lo previsto en el art.17 del Reglamento Bruselas II *ter*. Este acuerdo se vería sometido a los requisitos formales contemplados en el art.10.2 del Reglamento Bruselas II *ter* y, en consecuencia, el consentimiento de las partes deberá manifestarse en un acuerdo escrito, con fecha y firma, en-

---

[61] El concepto de titular de la responsabilidad parental es definido por el art.2.2.8 del Reglamento de Bruselas II *ter* como "*cualquier persona, institución u organismo que tenga la responsabilidad parental sobre un menor*". Como nos recuerda CAMPUZANO DÍAZ, Beatriz, lo habitual serán aquellas situaciones en donde las partes sean los progenitores del menor como titulares de la responsabilidad parental –así lo considera repetidamente el Considerado 23-, pero no debe descartarse que pudiera haber otras personas –por ejemplo abuelos, en consonancia con la jurisprudencia del TJUE en el asunto *Valcheva* y el derecho de visita de los abuelos a sus nietos-, instituciones, organismos o terceros que puedan estar desarrollando funciones parentales en virtud de una resolución, por ministerio de ley o por un acuerdo con efectos jurídicos, "La competencia judicial internacional en materia…", op.cit., p.91. Más adelante aclaramos que debe entenderse por parte en el procedimiento y su necesario consentimiento para la atribución de competencia, vid. n.º 17.

tendiéndose, por otra parte, que se considera hecha por escrito, toda comunicación efectuada por medio electrónicos que proporcione un registro duradero del acuerdo.

La segunda de las modalidades previstas se refiere a la aceptación de la competencia por todas las partes de manera expresa durante el procedimiento. En tal caso, el órgano jurisdiccional tendrá que asegurarse que las partes han sido informadas de su derecho a no aceptar la competencia[62]. El consentimiento en este caso deberá expresarse formalmente mediante su constancia en el acta judicial con arreglo al Derecho y el procedimiento nacionales. Aunque pudiera afirmarse que estamos ante una cierta forma de sumisión tácita[63], la necesaria exigencia de aceptación expresa de la competencia del órgano jurisdiccional, conjuntamente con la consignación obligatoria en el acta judicial, alejan, en cierto modo, a esta segunda modalidad del citado criterio de competencia basado, no olvidemos, únicamente en el comportamiento procesal de las partes. Con esta novedosa previsión se busca, además, adecuar la regulación sobre la aceptación de la competencia al desarrollo lógico de algunos procedimientos de este tipo, que suelen venir vinculados, en una mayoría de las ocasiones, a un litigio sobre crisis matrimonial. Es verdad, en efecto, que parece difícil imaginar, en un contexto de importante enconamiento de las posiciones de las partes en aquellos casos de divorcios conten-

---

62 Como señala SANTANA PÁEZ, Emelina, "Artículo 10", op.cit., pp.162-163, no existe en Derecho español, trámite especial al efecto, por lo que dicha información debería hacerse por parte del Letrado de la Administración de Justicia en el Decreto de admisión de la demanda para que fuese conocida por la parte demandada. Por su parte, BAYO DELGADO, Joaquín, defiende la necesidad de añadir un nuevo párrafo al art.38 de la LEC, que contemplase la obligación de incluir dicha información en la cédula de emplazamiento, "A propósito del nuevo Reglamento (UE) 219/1111", *Revista Española de Derecho Internacional,* Vol.74, n.º 2, 2022, pp.501-502.

63 BERNARDO SAN JOSÉ, Alicia, "Las normas de competencia judicial internacional en…", op.cit., p.1270, señala que en este caso quizá podría hablarse de una suerte de sumisión tácita confirmada o ratificada.

ciosos, se pudiera llegar a un acuerdo de elección de foro en materia de responsabilidad parental, previamente a la presentación de la demanda.

El Reglamento Bruselas II *ter* en su art.10.4, determina únicamente en relación a esta segunda modalidad de aceptación de la competencia que se realiza durante el procedimiento, que la competencia del órgano jurisdiccional elegido será exclusiva. Esta caracterización incide de manera notable tanto en el tratamiento de la transferencia de la competencia –art.12.5-, como en de la litispendencia –art.20 apartados 4 y 5-.

16. Aunque, en principio, el art.10 del Reglamento Bruselas II *ter* repite el esquema de los restantes instrumentos jurídicos elaborados en materia de Derecho de familia y, en consecuencia, no se ocupa de la validez material de acuerdo de elección de los acuerdos[64], la toma en consideración de las específicas circunstancias que rodean a los litigios en este ámbito está presente en determinados aspectos que pretenden guiar la actuación del órgano jurisdiccional a la hora de valorar si se ha producido la aceptación de su competencia. La posible vulnerabilidad de una de las partes en estas relaciones familiares obliga al órgano jurisdiccional a una actuación cautelosa y garantista, que tenga como fin la protección de la parte más débil y vulnerable en dichas relaciones.

Así, por lo que hace referencia a la primera modalidad de manifestación de la voluntad, se exige en el propio art.10.b) del Reglamento Bruselas II *ter*, que el consentimiento de las partes para aceptar la competencia se haya otorgado "*libremente*". Por lo tanto, es preciso que el acuerdo de elección de foro se haya dado en libertad y que no sea fruto de una imposición forzosa de la voluntad de una parte sobre la otra. La preocupación del legislador europeo sobre esta posible desigualdad entre las partes plasmada en la falta de un convenio pactado de manera libre, es patente en el Considerando 23 del Reglamento Bruselas II *ter*, donde de

64 CAMPUZANO DÍAZ, Beatriz, "La competencia judicial internacional en materia...", op.cit., p.94.

manera explícita se señala como el órgano jurisdiccional deberá examinar que el acuerdo es fruto de una elección libre y tomada con pleno convencimiento de causa por las partes interesadas y que no ha sido aprovechando la posición de vulnerabilidad o de dificultad de una de las partes. Por tanto, adquiere una importancia decisiva el necesario control de competencia en materia de responsabilidad parental que debe realizar cada órgano jurisdiccional de un Estado miembro cuando se inicia un procedimiento en esta materia, pues en ningún caso se puede menoscabar el objetivo buscado de protección de la parte más débil en estos supuestos en la práctica y que, por tanto, la mera existencia de un acuerdo de elección de foro, pudiera conducir a que automáticamente el tribunal elegido considerase satisfecho este requisito.

Del mismo modo, el necesario control y protección de una parte débil y, especialmente vulnerable, por parte del órgano jurisdiccional se hace preciso en la segunda modalidad de aceptación de la competencia mediante el ejercicio de la autonomía de la voluntad, tal y como se recoge de igual manera en el Considerando 23[65]. Y es precisamente la incorporación de la exigencia de comprobación por parte del órgano jurisdiccional de que todas las partes, dentro del proceso, sean informadas de su derecho a no aceptar la competencia, conjuntamente con la consignación en el acta judicial del consentimiento otorgado de manera expresa, el instrumento específico con el que cuenta el tribunal para articular la protección de la parte débil en aquellos supuestos de aceptación de la competencia durante el procedimiento. Un mecanismo que incluso va más allá en relación con las cautelas protectoras previstas en otros casos de instrumentos europeos donde al considerar a la sumisión tácita se utiliza el necesario deber de información a todas las partes de su derecho a impugnar la com-

65 Así se señala que "antes de ejercer su competencia a tenor...de la aceptación de tal elección, el órgano jurisdiccional debe examinar si tal... aceptación es fruto de una elección libre y tomada con pleno conocimiento de causa por las partes interesadas, y no de que una parte haya aprovechado las dificultades o la vulnerabilidad de la otra".

petencia del órgano jurisdiccional y de las consecuencias de comparecer o no[66].

17. Por último, hay que hacer mención al art.10.2 segundo párrafo del Reglamento Bruselas II *ter*, donde se introduce de manera expresa la solución a la controvertida cuestión de cómo y cuándo ha de considerarse otorgado el consentimiento a la competencia del tribunal de aquellas partes del procedimiento que se incorporan a éste una vez que el mismo ya se ha iniciado. Este precepto señala que "*las personas que pasen a ser partes en el procedimiento tras la presentación de la demanda ante el órgano jurisdiccional podrán dar su consentimiento con posterioridad. De no haber oposición expresa, se considerará que existe consentimiento implícito*".

El Considerando 23 explica la introducción de esta disposición al declarar que "*según la jurisprudencia del Tribunal de Justicia, toda persona distinta de los progenitores que, según la legislación nacional, tenga condición de parte en el procedimiento incoado por los progenitores debe ser considerada parte en el procedimiento a efectos del presente Reglamento; por tanto, la oposición de dicha parte a la elección de foro efectuada por los progenitores del menor en cuestión, después de la fecha de incoación del procedimiento ante el órgano jurisdiccional, debe impedir que se establezca la aceptación de la prórroga de la competencia por todas las partes en el procedimiento en dicha fecha*". En efecto, con la inclusión del segundo párrafo del art.10.2 del Reglamento Bruselas II *ter* se recoge de manera expresa en la nueva regulación sobre el ejercicio de la autonomía de la voluntad en este ámbito, lo que ya había señalado el TJUE en su Sentencia de 19 de abril de 2018, en el asunto *Saponaro*, especialmente tanto en relación al concepto de parte como cuando se entiende que ésta va a aceptar la competencia del tribunal que ha sido elegido.

---

[66] En este sentido, el art.26.2 del Reglamento Bruselas I *bis*, o el art.8 de los Reglamentos 2016/1103 y 2016/1104 relativos a los regímenes económicos matrimoniales y efectos patrimoniales de las uniones registradas, respectivamente.

Así, en primer lugar, las dudas se planteaban en relación a si con la expresión "*todas las partes en el procedimiento*" del art.12.3 Bruselas II *bis*, que deben aceptar la prórroga en el momento de presentar la solicitud, se hacía o no referencia de manera exclusiva a los titulares de la responsabilidad parental. Hay que recordar que, en este caso, el Ministerio Fiscal, de acuerdo al Derecho griego, había de considerarse parte de pleno derecho en el procedimiento, por lo que se cuestionó si también debía de considerarse parte a los efectos de aplicación del art.12.3 Bruselas II *ter*. El TJUE confirmó que "*un fiscal que, según el Derecho nacional, tiene la condición de parte procesal en acciones como las del litigio principal y representa el interés del menor constituye una parte en el procedimiento*"[67], conforme a lo previsto en el art.12.3 Bruselas II *bis* y, en consecuencia, también debe aceptar la prórroga de la competencia para que ésta pueda ser ejercida válidamente por parte de los órganos jurisdiccionales elegidos. Por lo tanto y como primera consecuencia, el concepto de parte a los efectos de aplicación del art.10 Reglamento Bruselas II *ter*, debe ser interpretado conforme a la ley procesal del foro. En Derecho procesal civil español se entiende, a pesar del diferente tenor literal de los dos párrafos del art.749 de la LEC y, en donde sólo en los supuestos del primero párrafo se reconoce expresamente la condición de parte al Ministerio Fiscal, mientras que, en los demás casos contemplados en el segundo párrafo, entre lo que se incluirían los litigios que estamos examinando, se exige su intervención de manera preceptiva, que dicha distinción no debe tener ninguna incidencia esencial sobre la consideración de la posición procesal del Ministerio Fiscal como parte siempre que alguno de los interesados en el procedimiento sea menor, persona con discapacidad o esté en situación de ausencia legal[68].

En consonancia con lo afirmado hasta ahora y, dada la oposición mostrada por el Ministerio Fiscal en este procedimiento concreto a la prórroga de la competencia ejercida por los padres, era preciso, además, en el citado asunto *Saponaro*, conjugar este

---

67 Cit., Fdo.29.

68 SANTANA PAEZ, Emelina, "Artículo 10", op.cit., pp.166-167.

rechazo posterior a la aceptación de competencia, pues esta oposición "no puede ignorarse" en palabras del TJUE, con lo previsto en el art.12.3 del Reglamento Bruselas II *bis* que es bastante claro sobre que el momento en que debe expresarse la aceptación por todas las partes, es el momento en que se presenta el asunto ante el órgano jurisdiccional– y así lo había confirmado además la jurisprudencia del TJUE[69]-. Para ello, el TJUE en este asunto declaró que cuando:

> *un fiscal sea considerado, según el Derecho nacional aplicable, como parte de pleno derecho en un procedimiento de responsabilidad parental, la oposición expresada por esa parte respecto a la elección del órgano jurisdiccional efectuada por los progenitores del menor de que se trate después del momento en que se presentó el asunto ante el órgano jurisdiccional impide que pueda considerarse aceptada la prórroga de la competencia por todas las partes en el procedimiento en ese momento. En cambio, a falta de tal oposición, puede considerarse que el consentimiento de dicha parte es implícito y que concurre el requisito de aceptación de la prórroga de la competencia de forma inequívoca por todas las partes en el procedimiento en el momento de presentar el asunto ante el órgano jurisdiccional*[70].

3. El interés del menor como condicionante último del ejercicio de la competencia por los tribunales nacionales elegidos

18. La exigencia de cumplimiento de este requisito para la aceptación de la prórroga de la competencia ya venía contemplada de manera expresa en los dos supuestos de los art.12.1 y 12.3 del Reglamento Bruselas II *bis*. En efecto, tanto en los casos de prórroga de la competencia en el ámbito de las causas matrimoniales vinculadas a la responsabilidad parental, como en aquellos supuestos de la prórroga de la competencia por vinculación estrecha del menor con un Estado miembro, se condiciona a que la competencia atribuida a los órganos jurisdiccionales de un Es-

---

[69] Tal y como ya hemos visto previamente, vid. n.º 14.

[70] Cit., Fdo. 32.

tado miembro distinto del de la residencia habitual del menor "*responda al interés superior del menor*". Eliminados los dos supuestos de prórroga de competencia, dándose paso de forma directa a la elección de foro en materia de responsabilidad parental[71], el condicionamiento a esta elección de los órganos jurisdiccionales competentes se mantiene ahora de manera independiente, señalando expresamente de esta forma el art.10.1.c) del Reglamento Bruselas II *ter*, que el ejercicio de la competencia ha de responder, en todo caso, al interés del menor.

Las razones que fundamentan la necesaria ponderación y valoración del interés del menor en cada caso concreto por parte del tribunal elegido para que éste acepte su competencia, debemos encontrarlas en las especiales características que informan a los litigios de Derecho de familia internacional y, especialmente, en aquellos en los que se ventilan cuestiones de responsabilidad parental, tal y como ya hemos señalado. Es verdad que, como se precisa la concurrencia cumulativa de este requisito, junto con los dos anteriores, se puede llegar a concluir que, en la inmensa mayoría de los supuestos, cumpliéndose esas dos exigencias previas, el ejercicio de la competencia por parte del órgano jurisdiccional garantizará que se está velando por los intereses del menor y que es adecuado para éste que pueda resolver sobre el fondo del asunto[72]. Pero como excepción a la regla general de competencia

---

71 FORCADA MIRANDA, Francisco Javier, *Comentarios prácticos al Reglamento (UE) 2019/1111. Competencia, Reconocimiento y Ejecución de Resoluciones en materia Matrimonial, Responsabilidad Parental y Sustracción Internacional de Menores*, Madrid, Sepín, 2020, p.124.

72 Así lo apunta GONZÁLEZ MARIMÓN, María, *Menor y responsabilidad parental...*, op.cit., p.211, aunque finalmente no considera correcta esta manera de actuar. En esta línea argumental pueden citarse las Conclusiones presentadas el 17 de diciembre de 2017, por parte del Abogado General E. Tanchev, en relación con el asunto *Saponaro*, ECLI:EU:C:2017:942, donde éste se preguntaba si había de valorarse de manera autónoma el interés del menor, pues podía considerarse suficiente para dar por cumplida con esta exigencia, la concurrencia positiva de los criterios de vinculación del menor y el acuerdo de los

plasmada en el foro de la residencia habitual del menor, que no olvidemos traduce la idea de proximidad que salvaguarda los intereses del menor en este ámbito, una válida elección de foro ha de presuponer que, en estos supuestos, los tribunales elegidos son más adecuados para salvaguardar dicho interés del menor, lo que invita al órgano jurisdiccional a que evalúe de forma autónoma e independiente en la práctica y para cada caso concreto, la concurrencia de este especial condicionamiento con independencia de los otros dos.

Al fin y al cabo, esto último es lo que pretende el legislador europeo con la actual redacción del art.10 Bruselas II *ter*–la consideración como condición autónoma del interés del menor que debe ser objeto de especial escrutinio en cada caso concreto- y, que no hace otra cosa, que confirmar lo ya señalado por el TJUE en su jurisprudencia. De esta manera, por ejemplo, en la Sentencia del TJUE de 1 de octubre de 2014, en el asunto *E.*, se declara que:

> *por lo tanto, debe considerarse que, cuando se inicie un procedimiento ante un órgano jurisdiccional con arreglo al artículo 12, apartado 3, del Reglamento n.° 2201/2003, únicamente puede preservarse el interés superior del menor examinando, en cada caso particular, si la prórroga de competencia que se pretende es conforme con ese interés superior*[73].

---

titulares de la responsabilidad parental. En concreto, se declara que "*el tenor del artículo 12, apartado 3, letra b), del Reglamento Bruselas II bis, que exige que «la competencia responda al interés superior del menor», puede dar la impresión de que esto constituye un factor adicional necesario para que la prórroga sea efectiva. Desde mi punto de vista, el «interés superior del menor» en este contexto no es un factor autónomo, sino más bien un recordatorio de la razón de ser del conjunto de normas de competencia contemplado en el Reglamento Bruselas II bis*", Fdos.63 y 64.

73 Cit., Fdo.47. Afirmación que es luego reiterada por parte del TJUE, tanto en su Sentencia de 11 de noviembre de 2014, en el asunto *L.*, cit., Fdos.49 y 58, como en la de 19 de abril de 2018, en el asunto *Saponaro*, cit., Fdo.33.

La valoración judicial de la concurrencia de este requisito debe enfocarse de una manera flexible y abierta, en la que se pueden tomar en consideración los distintos elementos y circunstancias que pueden darse en un caso concreto en esta materia. De manera especial, en la actualidad, adquiere una importancia decisiva en estos litigios la posibilidad real de dar al menor el derecho a ser oído en el procedimiento –lo que exigirá facilidades para hacer efectivo este derecho-, con el fin de vislumbrar por parte del tribunal, si realmente la elección de foro responde verdaderamente al interés superior del menor[74]. En esta línea, hay que recordar que, de manera general, se señala en el Considerado 2 respecto al Reglamento Bruselas II *ter* que, en sus disposiciones se "*aclara el derecho del menor a que se le brinde ocasión de expresar su opinión en los procedimientos que le afecten*", y de manera particular, el art.21 del Reglamento Bruselas II *ter*, contempla la obligación de los órganos jurisdiccionales de los Estados miembros, cuando están ejerciendo su competencia en esta materia, de dar a los menores -que tengan capacidad para formarse sus propios juicios-, la posibilidad real y efectiva de expresar libremente sus opiniones, ya sea de forma directa o, a través de un representante o un organismo apropiado[75].

---

[74] SANTANA PÁEZ, Emelina, "Artículo 10", op.cit., p.165. En un sentido similar se pronuncian, CALVO CARAVACA, Alfonso y CARRASCOSA GONZÁLEZ, Javier, para quienes, una vez que los tribunales españoles se han declarado competentes, el hecho de que el menor se encuentre fuera del territorio español no exime de realizar la audiencia y/o exploración del menor, apoyándose en lo así indicado por parte del TS en se Sentencia de 19 de julio de 2021, "Protección de...", op.cit., pp.2106-2017.

[75] Es verdad que hay que reconocer que este último precepto no apunta cómo la audiencia del menor debe ser realizada, dejando tal cuestión, a la legislación y procedimientos nacionales, con lo que, de este modo, el principio de autonomía procesal se sigue preservando y la participación del menor sigue sin estar armonizada, tal y como señalan QUEIROLO, Ilaria, CARPANETO, Laura y MAOLI, Francesca, "Reconstructing Human Rights Instruments on Child Participation: The Right of the Child to Information in Civil Proceedings", en CARPANETO, Lau-

El TJUE ha tenido la ocasión de manifestar su opinión en su Sentencia de 19 de abril de 2018, en el asunto *Saponaro*, sobre cómo debería de realizarse esta valoración y los posibles aspectos a considerar para entender que, en el caso concreto, la prórroga de la competencia respondía al interés superior del menor. En este caso, en donde los progenitores habían presentado en nombre del menor, una solicitud de autorización para repudiar una herencia ante los órganos jurisdiccionales de un Estado miembro distinto del de la residencia habitual del menor, el TJUE ha considerado que la prórroga de la competencia en favor de estos tribunales responde al interés del menor, en razón de la circunstancia de que la residencia del causante en el momento de su fallecimiento, su patrimonio, objeto de la sucesión, y el pasivo de la herencia estaban situados en el Estado miembro del órgano jurisdiccional elegido[76].

IV. CESE DE LA COMPETENCIA

19. Un último aspecto se refiere a la vigencia temporal de la competencia que ha sido otorgada al tribunal elegido por las partes para decidir sobre las cuestiones relativas a la responsabilidad parental conforme al art.10 del Reglamento Bruselas II *ter*. Esta cuestión es resuelta en el art.10.3 del Reglamento Bruselas II *ter*, al establecer que la competencia ejercida en virtud de la autonomía de la voluntad de las partes cesará, salvo acuerdo en contrario de

---

ra y MAOLI, Francesca (eds.), *Children's Right to Infomation in EU Civil Actions. Improving Children's Right to Information in Cross-Border Civil Cases*, Pisa, Pacini, 2021, p.44. Por lo que respecta a nuestro país y cómo se articula el derecho del menor a ser oído en el Derecho procesal civil español, puede consultarse, ESPLUGUES MOTA, Carlos, QUINZA REDONDO, Pablo y GONZÁLEZ MARIMÓN, María, "Children`s Right to Information in Civil Proceedings in Spain", en CARPANETO, Laura y MAOLI, Francesca (eds.), *Children's Right to Infomation Children's Right to Information...*, op.cit., pp.263-300.

76 Cit., Fdo.40.

las partes, en cuanto la resolución dictada en el procedimiento de que se trate no sea ya susceptible de recurso ordinario, o bien, haya concluido el procedimiento por cualquier otra razón o motivo, como podría ser, la retirada de la demanda.

Como en otras cuestiones que hemos ido analizando en relación con el juego de la autonomía de la voluntad en este ámbito, esta limitación temporal encuentra también su fundamento en la toma en consideración del interés superior del menor, que se traduce como ya hemos señalado en materia de competencia, en el criterio de proximidad que hay que exigir a los órganos jurisdiccionales que conocen de esta materia. En este supuesto, por tanto, se trataría de respetar, de acuerdo con el Considerando 24 del Reglamento Bruselas II *ter*, "*la exigencia de proximidad para cualquier nuevo procedimiento en el futuro*", por lo que es conveniente y se adecúa a esta idea, que la competencia del órgano jurisdiccional no se mantenga una vez que concluye el procedimiento que está pendiente, teniendo que ser verificada y valorada dicha competencia en cada caso concreto y, de forma particular, en el momento que se inicie un nuevo proceso en esta materia.

Con esta inclusión de este apartado 3 en el art.10 del Reglamento Bruselas II *ter*, se viene plasmar normativamente lo afirmado por parte del TJUE en su jurisprudencia en relación al momento en que debe considerarse extinguida la competencia en materia de responsabilidad parental de los órganos jurisdiccionales elegidos por las partes. En concreto, el TJUE en su Sentencia de 1 de octubre de 2014, caso *E.*, tuvo que resolver sobre la vigencia temporal de la competencia otorgada conforme al supuesto de prórroga contemplado en el art.12.3 Bruselas II *bis*. En este caso, al contrario del supuesto de la prórroga de competencia en procedimientos vinculados a una crisis matrimonial, no existía una solución específica para esta cuestión[77]. El TJUE, expuso con no-

---

[77] En efecto, el art.12.2 del Reglamento de Bruselas II *bis* dispone que: "*la competencia ejercida en virtud del apartado 1 cesará: a) en cuanto sea firme la resolución estimatoria o desestimatoria de la demanda de divorcio, separación*

table claridad que, aunque pudiera considerarse que la prórroga de la competencia aceptada por los titulares de la responsabilidad parental sobre un menor responde al interés superior de éste, no era posible admitir que tal competencia prorrogada pudiera seguir respondiendo a dicho interés, una vez que hubiese concluido el procedimiento para el que fue prorrogada y durante toda la minoría de edad de la persona en cuestión[78]. En consecuencia, el TJUE concluyó que:

> *la competencia en materia de responsabilidad parental, prorrogada, en virtud del artículo 12, apartado 3, del Reglamento n.º 2201/2003, en favor de un órgano jurisdiccional de un Estado miembro ante quien los titulares de la responsabilidad parental han incoado de común acuerdo un procedimiento, se extingue al recaer una resolución firme en el marco de dicho procedimiento*[79].

BIBLIOGRAFÍA

BAYO DELGADO, Joaquín, "A propósito del nuevo Reglamento (UE) 219/1111", *Revista Española de Derecho Internacional*, Vol.74, n.º 2, 2022, pp.499-506.

BERNARDO SAN JOSÉ, Alicia, "Las normas de competencia judicial internacional en materia de responsabilidad parental en el Reglamento (UE) 2019/1111 del Consejo de 25 de junio de 2019", *Cuadernos de Derecho Transnacional*, Vol.12, n.º 2, octubre 2020, pp.1243-1289.

CALVO CARAVACA, Alfonso Luis y CARRASCOSA GONZÁLEZ, Javier, "Protección de menores", en CALVO CARAVACA, Alfonso Luis y CARRASCOSA GONZÁLEZ, Javier, *Tratado de Derecho internacional privado*, T.II, 2ª ed., Valencia, Tirant lo Blanch, 2022, pp.2071-2284.

---

judicial o nulidad matrimonial, o b) en cuanto sea firme una resolución sobre responsabilidad parental, en aquellos casos en que en el momento indicado en la letra a) aún estén en curso procedimientos relativos a la responsabilidad parental, o c) en los casos considerados en las letras a) y b), en cuanto hayan concluido los procedimientos por otras razones".

78 *Cit.*, Fdo.46.

79 *Cit.*, Fdo.50.

CAMPUZANO DÍAZ, Beatriz, "La política legislativa de la UE en DIPR de Familia. Una visión de conjunto", *Cuadernos de Derecho Transnacional*, vol.5, n.º 2, 2013, pp. 234-264.

CAMPUZANO DÍAZ, Beatriz, "Los acuerdos de elección de foro en materia de responsabilidad parental: un análisis del art. 10 del Reglamento (UE) 2019/1111", *Revista Electrónica de Estudios Internacionales*, n.º 40, 2020.

CAMPUZANO DÍAZ, Beatriz, "El nuevo Reglamento (UE) 2019/1111: análisis de las mejoras en las relaciones con el Convenio de La Haya de 19 de octubre de 1996 sobre responsabilidad parental", *Cuadernos de Derecho Transnacional*, Vol. 12, n.º 1, 2020, pp.102-114.

CAMPUZANO DÍAZ, Beatriz, "La competencia judicial internacional en materia de responsabilidad parental, las reglas especiales (artículos 8, 9 y 10)" en CAMPUZANO DÍAZ, Beatriz (Dir.), *Estudio del Reglamento (UE) 2019/1111 sobre crisis matrimoniales, responsabilidad parental y sustracción internacional de menores*, Cizur Menor, Thomson-Reuters Aranzadi, 2022, pp.79-98.

CAMPUZANO DÍAZ, Beatriz, "Las relaciones con otros Convenios internacionales", en CAMPUZANO DÍAZ, Beatriz (Dir.), *Estudio del Reglamento (UE) 2019/1111 sobre crisis matrimoniales, responsabilidad parental y sustracción internacional de menores*, Cizur Menor, Thomson-Reuters Aranzadi, 2022, pp.343-359.

CARRASCOSA GONZÁLEZ, Javier, "Litigación internacional, responsabilidad parental y foro de la residencia habitual del menor en un Estado miembro. Un estudio jurisprudencial", en CEBRIÁN SALVAT, M.ª Asunción y LORENTE MARTÍNEZ, Isabel (Dirs.), *Protección de menores y Derecho internacional privado*, Granada, Comares, 2019, pp.307-324.

CARRILLO POZO, Luis Francisco, "El Reglamento Bruselas II ter y el interés del menor: elementos para un debate", *Bitácora Millennium DIPr*, n.º 14, 2021, pp.1-35.

CARRILLO POZO, Luis Francisco, *Responsabilidad parental: un estudio de Derecho procesal civil internacional*, Valencia, Tirant lo Blanch, 2021.

CASTELLANOS RUIZ, Esperanza, "La vis atractiva del juez del divorcio internacional sobre la responsabilidad parental y lo alimentos derivados del divorcio: cuestiones abiertas y problemas de la práctica", en CUARTERO RUBIO, M.ª Victoria y VELASCO RETAMOSA, José Manuel (Dirs.), *La vida familiar internacional en una Europa compleja. Cuestiones abiertas y problemas de la práctica*, Valencia, Tirant lo Blanch, 2021, pp.237-268.

CASTELLANOS RUIZ, M.ª José, "El TJUE y el Reglamento Bruselas II-bis: litigios sobre divorcio", en CALVO CARAVACA, Alfonso y CARRASCOSA GONZÁLEZ, Javier (Coords.), *El Tribunal de Justicia de la Unión Europea y el Derecho internacional privado*, Cizur Menor, Thomson Reuters-Aranzadi, 2021, pp.217-247.

CHÉLIZ INGLÉS, M.ª Carmen, *La sustracción internacional de menores y la mediación. Retos y vías prácticas de solución*, Valencia, Tirant lo Blanch, 2019.

DURÁN AYAGO, Antonia, "Ejercicio de los derechos de custodia y de visita en un mundo globalizado: riesgos y disfunciones. Especial referencia al *forum divortii* en el contexto europeo", en CEBRIÁN SALVAT, M.ª Asunción y LORENTE MARTÍNEZ, Isabel (Dirs.), *Protección de menores y Derecho internacional privado*, Granada, Comares, 2019, pp. 91-102.

DURÁN AYAGO, Antonia, "La competencia judicial internacional en materia de responsabilidad parental. La regla general (artículo 7)", en CAMPUZANO DÍAZ, Beatriz (Dir.), *Estudio del Reglamento (UE) 2019/1111 sobre crisis matrimoniales, responsabilidad parental y sustracción internacional de menores*, Cizur Menor, Thomson-Reuters Aranzadi, 2022, pp.71-78.

ESPINOSA CALABUIG, Rosario, "Artículo 7. Competencia general", en PALAO MORENO, Guillermo (Dir.), *El nuevo marco europeo en materia matrimonial, responsabilidad parental y sustracción de menores. Comentarios al Reglamento (UE) n.º 2019/1111*, Valencia, Tirant lo Blanch, 2022, pp.117-132.

ESPINOSA CALABUIG, Rosario, "Artículo 9. Competencia en caso de traslado o retención ilícitos de un menor", en PALAO MORENO, Guillermo (Dir.), *El nuevo marco europeo en materia matrimonial, responsabilidad parental y sustracción de menores. Comentarios al Reglamento (UE) n.º 2019/1111*, Valencia, Tirant lo Blanch, 2022, p.141-149.

ESPINOSA CALABUIG, Rosario, "Artículo 12. Remisión de competencia a un órgano jurisdiccional de otro Estado miembro", en PALAO MORENO, Guillermo (Dir.), *El nuevo marco europeo en materia matrimonial, responsabilidad parental y sustracción de menores. Comentarios al Reglamento (UE) n.º 2019/1111*, Valencia, Tirant lo Blanch, 2022, pp.175-188.

ESPLUGUES MOTA, Carlos, "El Reglamento Bruselas II ter y el recurso a los MASC en materia de responsabilidad parental y sustracción internacional de menores", *Cuadernos de Derecho Transnacional*, vol. 13, n.º 2, 2021, pp.132-173.

ESPLUGUES MOTA, Carlos, QUINZÁ REDONDO, Pablo y GONZÁLEZ MARIMÓN, María, "Children's Right to Information in Civil Proceedings in Spain", en CARPANETO, Laura y MAOLI, Francesca (eds.), *Children's Right to Infomation in EU Civil Actions. Improving Children's Right to Information in Cross-Border Civil Cases*, Pisa, Pacini, 2021, pp.263-300.

FORCADA MIRANDA, Francisco Javier, *Comentarios prácticos al Reglamento (UE) 2019/1111. Competencia, Reconocimiento y Ejecución de Resoluciones en materia Matrimonial, Responsabilidad Parental y Sustracción Internacional de Menores*, Madrid, Sepín, 2020.

GONZÁLEZ BEILFUSS, Cristina, "Experiencias de los tribunales españoles en los procesos relativos a crisis matrimoniales: algunos retos y cuestiones controvertidas", en OTERO GARCÍA-CASTRILLÓN, Carmen (Dir.), *Justicia civil en la Unión Europea. Evaluación de la experiencia española y perspectiva de futuro*, Madrid, Dykinson, 2017, pp.197-209.

GONZÁLEZ BEILFUSS, Cristina, "La sustracción de menores en el nuevo Reglamento 2019/1111", en AA.VV., *Relaciones transfronterizas, globalización y Derecho. Homenaje al Prof. Dr. José Carlos Fernández Rozas*, Cizur Menor, Civitas-Thomson Reuters, 2020, pp.383-398.

GONZÁLEZ BEILFUSS, Cristina, "Reflexiones en torno a la función de la autonomía de la voluntad conflictual en el Derecho internacional privado de la familia", *Revista Española de Derecho Internacional*, Vol.72, n.º 1, 2020, pp.101-116.

GONZÁLEZ MARIMÓN, María, "Un paso más en el proceso de armonización del derecho privado europeo: la concreción por el TJUE del concepto de residencia habitual del menor recogido en el Reglamento Bruselas II bis", *Revista Boliviana de Derecho*, n.º 30, julio 2020, p.470-495.

GONZÁLEZ MARIMÓN, María, *Menor y responsabilidad parental en la Unión Europea*, Valencia, Tirant lo Blanch, 2021.

GONZÁLEZ MARIMÓN, María, "El fomento de la mediación en casos de sustracción internacional de menores en el Reglamento Bruselas II ter", en *Meditaciones sobre mediación*, S. Barona Vilar (ed.), Valencia, Tirant lo Blanch, 2022, pp.399-418.

GUZMAN PECES, Montserrat, "Los criterios de competencia en el Reglamento (UE) 2019/1111: especial referencia a la autonomía de la voluntad y al "interés superior del menor"", *Anuario Español de Derecho Internacional Privado*, T.XIX, 2019-2020, pp.189-213.

HERRANZ BALLESTEROS, Mónica, "El Reglamento (UE) 2019/1111 relativo a la competencia, el reconocimiento y la ejecución de resoluciones en materia matrimonial y de responsabilidad parental y sobre la sustracción internacional de menores (versión refundida): principales novedades", *Revista Española de Derecho Internacional*, Vol.73, nº. 2, 2021, pp.229-260.

HONORATI, Costanza y LIMANTE, Agnè, "Jurisdiction in Child Abduction Proceedings (Article 10, 11)", en HONORATI, Costanza (ed.), *Jurisdiction in Matrimonial Matters, Parental Responsibility and International Abduction. A Handbook on the Application of Brussels IIa Regulation in National Courts*, Giappichelli, Torino, 2017, pp.92-153.

HONORATI, Costanza "La proposta di revisione del regolamento bruxelles ll-bis: Più tutela per i minori e più efficacia nell'Esecuzione delle decisioni", *Rivista di diritto internazionale privato e processuale*, vol. 52, n.º 2, 2017, pp.247-282.

JIMÉNEZ BLANCO, Pilar, "Nota a la STJ (Sala 2ª) de 1 de octubre de 2014, asunto C-436/13, *E. y B.* y STJ (Sala 3ª) de 11 de noviembre de 2014, asunto C-656/13, *L. y M.*", *Revista Española de Derecho Internacional*, vol. 67, n.º 2, 2015, pp.198-202.

PALAO MORENO, Guillermo, "Comentario al artículo 1", en PALAO MORENO, Guillermo, (Dir.), *El nuevo marco europeo en materia matrimonial, responsabilidad parental y sustracción de menores. Comentarios al Reglamento (UE) n.º 2019/1111*, Valencia, Tirant lo Blanch, 2022, pp.39-54.

PALAO MORENO, Guillermo, "Los reglamentos europeos en materia de familia: cuestiones abiertas y problemas prácticos", en CUARTERO RUBIO, M.ª Victoria y VELASCO RETAMOSA, José Manuel (Dirs.), *La vida familiar internacional en una Europa compleja. Cuestiones abiertas y problemas de la práctica*, Valencia, Tirant lo Blanch, 2021, pp.23-45.

QUEIROLO, Ilaria, CARPANETO, Laura y MAOLI, Francesca, "Reconstructing Human Rights Instruments on Child Participation: The Right of the Child to Information in Civil Proceedings" en CARPANETO, Laura y MAOLI, Francesca (eds.), *Children's Right to Infomation in EU Civil Actions. Improving Children's Right to Information in Cross-Border Civil Cases*, Pisa, Pacini, 2021, pp.3-52.

REIG FABADO, Isabel, "Artículo 97. Relación con el Convenio de La Haya de 1996", en PALAO MORENO, Guillermo, *El nuevo marco europeo en materia matrimonial, responsabilidad parental y sustracción de menores. Comentarios al Reglamento (UE) n.º 2019/1111*, Valencia, Tirant lo Blanch, 2022, pp.765-772.

RODRÍGUEZ PINEAU, Elena, "El nuevo Reglamento (UE) 2019/1111 en materia matrimonial, responsabilidad parental y sustracción internacional de menores", *La Ley. Derecho de familia*, n.º 26, 2020, pp.1-26.

RODRÍGUEZ PINEAU, Elena, "La refundición del Reglamento Bruselas II bis: de nuevo sobre la función del Derecho Internacional Privado europeo", *Revista Española de Derecho Internacional*, Vol.69, nº.1, 2017, pp. 139-165.

RODRÍGUEZ VÁZQUEZ, M.ª Ángeles, "La remisión y la transferencia de competencia en materia de responsabilidad parental en el Reglamento (UE) 2019/1111", *Cuadernos de Derecho Transnacional*, Vol. 12, n.º 2, 2020, pp.706-723.

SÁNCHEZ CANO, M.ª Jesús, "El Tribunal de Justicia de la Unión Europea y el Reglamento Bruselas II-bis: litigios sobre menores", en CALVO CARAVACA, Alfonso Luis y CARRASCOSA GONZÁLEZ, Javier (Coords.), *El Tribunal de Justicia de la Unión Europea y el Derecho internacional privado,* Cizur Menor, Thomson Reuters-Aranzadi, 2021, pp.249-263.

SÁNCHEZ JIMÉNEZ, M.ª Ángeles, "Acción de responsabilidad parental vinculada a un proceso de divorcio en el nuevo Reglamento (UE) 2019/1111", *Revista Española de Derecho Internacional,* Vol. 72, n.º 2, 2020, pp.143-162.

SÁNCHEZ JIMÉNEZ, M.ª Ángeles, "Alcance de la operatividad de los foros de competencia de las legislaciones de los Estados miembros en materia de divorcio, separación y nulidad matrimonial", *Bitácora Millennium DIPr,* n.º 12, 2020, pp.17-34.

SANTANA PÁEZ, Emelina, "Artículo 10. Elección del órgano jurisdiccional", en PALAO MORENO, Guillermo, en *El nuevo marco europeo en materia matrimonial, responsabilidad parental y sustracción de menores. Comentarios al Reglamento (UE) n.º 2019/1111,* Valencia, Tirant lo Blanch, 2022, pp.155-170.

Reconocimiento y ejecución de medidas europeas provisionales y cautelares de protección del menor-víctima como mecanismo de prevención

LUCÍA I. SERRANO-SÁNCHEZ[1]

Universidad de Málaga

---

1 Profesora Ayudante doctora, Área de Derecho internacional privado, Universidad de Málaga. Email: luciaserrano@uma.es. ORCID: https://orcid.org/0000-0001-5596-5465. Esta publicación es parte del Proyecto de I+D+I: "El derecho al respeto a la vida familiar transfronteriza en una Europa compleja: cuestiones abiertas y problemas de la práctica" - PID2020-113061GB-I00, financiado por MCIN/AEI/10.13039/501100011033; Proyecto Generación de conocimiento 2021 del Ministerio de Ciencia e Innovación, PID2021-125718NB-100: Nuevos retos y reformas pendientes de la justicia penal de menores; del Proyecto internacional: "Aspectos internacionales en la protección de las personas migrantes y refugiadas: la trasversalidad de la perspectiva de género", otorgado por la Secretaría de Investigación de la Universidad Siglo 21 de Córdoba, Argentina. Y Proyecto del Plan propio de la Universidad de Málaga: "Litigios familiares transfronterizos y patrimoniales transfronterizos de iberoamericanos residentes en España y españoles residentes en Iberoamérica. Un análisis jurídico abordado desde las dos orillas", IP: Lucía Serrano Sánchez, concedido en el 2023.

I. INTRODUCCIÓN

Las niñas, niños y adolescentes con residencia habitual en un Estado miembro de la UE, pueden ser víctimas de violencia en cualquiera de sus vertientes (género, doméstica, intrafamiliar, víctimas de trata, abuso sexual, violencia vicaria, matrimonio forzado, etc.) a manos de sus propios progenitores, tutores legales o adultos responsables, de las nuevas parejas de sus progenitores, de las parejas de los propios menores, o de otros familiares o adultos responsables de estos, o de otras personas no responsables. Entre todas las violencias mencionadas, en este trabajo nos centramos en las violencias de género, doméstica o intrafamiliar, y en la protección transfronteriza de las personas menores de edad a través de normas europeas de reconocimiento y ejecución.

La razón principal de esta selección está en la adhesión de la UE, en nombre de todos los Estados miembros, al Convenio del Consejo de Europa sobre prevención y lucha contra la violencia contra las mujeres y la violencia doméstica – en adelante, Convenio de Estambul-[2]. Una adhesión que ha sido propulsada por el TJUE a través de su Dictamen 1/19 de 6 de octubre de 2021 -Asunto *Avis* 1/19-[3], y que entendemos que, deberá implementarse en

---

2 PARLAMENTO EUROPEO. Convenio del Consejo de Europa sobre prevención y lucha contra la violencia contra las mujeres y la violencia doméstica. DOUE núm. 143, de 2 de junio de 2023. De este Convenio actualmente solo formaban parte 21 de los 27 Estados miembros de la UE: Austria, Bélgica, Croacia, Chipre, Dinamarca, Estonia, Finlandia, Francia, Alemania, Grecia, Irlanda, Italia, Luxemburgo, Malta, Países Bajos, Polonia, Portugal, Rumania, Eslovenia, España, y Suecia. La UE ha firmado este Convenio en nombre de todos los Estados miembros, precisando en su reserva del Convenio que solo afecta a las materias sobre las que se ha cedido soberanía por parte de los Estados miembros, por lo que será aplicable a partir del 1 de octubre de 2023. Información disponible en: https://www.coe.int/en-GB/web/conventions/full-list?module=signatures-by-treaty&treatynum=210.

3 TJUE, Asunto *Avis* 1/19, Dictamen 1/19 del Tribunal de Justicia de 6 de octubre de 2021. Disponible en: https://curia.europa.eu/juris/document/document.jsf?text=Reglamento%2B606%252F2013&docid

el Derecho internacional privado institucional que afectan a las y los menores de edad. Prestamos especial atención a las normas de reconocimiento y ejecución de medidas de protección de menores víctimas de violencia de género, doméstica o intrafamiliar, porque ofrecen un mecanismo de protección preventiva que evita la revictimización de las personas menores de edad, con independencia del cambio de residencia habitual del menor de un Estado miembro a otro. Permiten extender u homologar la protección adoptada en el país de origen al país de destino, y limitar los derechos relacionados con el ejercicio o atribución de responsabilidad parental del progenitor no custodio, condenado o imputado por algún tipo de maltrato o violencia contra su hijo/a, ya bien sea como víctima directa o indirecta.

En este análisis nos centramos en dos instrumentos que han sido mencionados expresamente en el Dictamen 1/19 en sus párrafos 4, 105 y 117: 1) el Reglamento 606/2013 del Parlamento Europeo y del Consejo, de 12 de junio de 2013 relativo al reconocimiento mutuo de medidas de protección en materia civil[4]- en adelante, Reglamento 606/2013-; y 2) la Directiva 2011/99/UE del Parlamento Europeo y del Consejo de 13 de diciembre 2011 sobre la orden europea de protección -en adelante, Directiva 2011/99-[5]. Unas normas de reconocimiento y ejecución que se complementan con la Decisión Marco 2002/584/JAI de 13 de junio de 2002 relativa a la orden de detención europea y a los procedimientos de entrega entre Estados miembros -en delante, Decisión Marco 2002/584[6]-, y la Directiva 2012/29/UE del Parlamento Europeo y del Consejo, de 25 de octubre de 2012, por la que se establecen

=247081&pageIndex=0&doclang=ES&mode=req&dir=&occ=first&part=1&cid=213989#ctx1.

4 DOUE núm. L 181/4, de 29 de junio de 2013.

5 DOUE núm. L 338/2, de 21 de diciembre de 2011. Esta Directiva ha sido transpuesta al ordenamiento jurídico español por la Ley 23/2014 de 20 de noviembre, de reconocimiento mutuo de resoluciones penales en la UE, BOE núm.282, de 21 de noviembre de 2014.

6 DOUE núm. L 190/1, de 18 de julio de 2002.

mínimas sobre los derechos, el apoyo y la protección de las víctimas de delitos -en adelante, Directiva 2012/29[7]-.

Para nuestra sorpresa el Dictamen mencionado no contempla al derogado Reglamento núm.2201/2003 relativo a la competencia, el reconocimiento y la ejecución de resoluciones judiciales en materia matrimonial y de responsabilidad parental - RB II *bis*[8], ni a su sucesor, el Reglamento núm.2019/1111 de 25 de junio de 2019 relativo a la competencia, el reconocimiento y la ejecución de resoluciones en materia matrimonial y de responsabilidad parental, y sobre la sustracción internacional de menores -RBII *ter*-[9]. Todo ello, pese a que parte de la doctrina española haya demandado la implementación del Convenio de Estambul en esta norma de responsabilidad parental (Ruiz Sutil, 2018)[10]. Una incorporación que se ve reducida a la referencia a la violencia sobre la mujer, y no a la violencia doméstica, hasta en tres ocasiones en el RBII ter (Considerandos 43 y 88, y art.89). Una de las medidas cautelares de protección del menor, entendemos como víctima secundaria de violencia de género, que precisamente recoge el RB II ter está relacionada con el deber de no divulgación ni confirmación sobre su nueva dirección cuando esté en peligro su salud, seguridad, libertad, o de otra persona como consecuencia de violencia sobre la mujer. Una garantía procedimental que se identifica con una medida de protección cautelar que debe ser mantenida por las autoridades españolas en casos de sustracción internacional de menores, reconocimiento y ejecución de resoluciones en materia de responsabilidad parental, y en la cooperación en materia de responsabilidad parental (art.89.1).

---

7 DOUE núm. L 315/57, de 14 de noviembre 2012. Esta Directiva se ha transpuesto a la Ley 4/2015, de 27 de abril, del Estatuto de la víctima del delito, BOE núm.101, de 28 de abril de 2015.

8 DOUE núm. L 338/1, de 23 de diciembre de 2003.

9 DOUE núm. L 178/1, de 2 de julio de 2019.

10 Vid. RUIZ SUTIL, Carmen, "Implementación del Convenio de Estambul en la refundición del Reglamento Bruselas II bis y su repercusión en la sustracción internacional de menores", *Cuadernos de derecho transnacional*, Vol.10, núm. 2, 2018, p.622, párrafo 16.

Entendemos entonces que, para aplicar las herramientas de reconocimiento y ejecución de medidas de protección, se debe producir el cambio de residencia habitual del menor de un Estado miembro a España. Pero, al ser personas menores de edad, esa decisión de cambio de residencia habitual no le corresponde al propio menor, sino a las persona física o jurídica que, en virtud de resolución, por ministerio de la ley o por un acuerdo con efectos jurídicos, se le haya conferido derechos y obligaciones con la persona o bienes de un menor, incluidos, en particular los derechos de custodia y guarda (art.2.7 RB II ter).

En el caso español, quién tiene la patria potestad es quién elige la residencia del menor, y se ejerce por ambos progenitores (art.154 CC)[11]. Sin embargo, advierte el Preámbulo de la Ley 8/2021, de 4 de junio, de protección integral a la infancia y la adolescencia frente a la violencia que "no debe confundirse patria potestad con los conceptos autónomos de custodia y guarda del RB II ter y del CH 1996, pues en la normativa internacional, estos dos términos comprenden el derecho a decidir sobre el lugar de residencia de la persona menor de edad, siendo un concepto autónomo que no coincide con el contenido de lo que se entiende por guarda y custodia en nuestras leyes internas". Por lo tanto, se produce un cambio lícito de residencia habitual, si así lo prevé

---

[11] Con respecto al cambio de residencia se debe tener en cuenta la reforma del art.154 CC, introducida por la DF 2ª de la LO 8/2021, de 4 de junio, de protección integral a la infancia y la adolescencia frente a la violencia (BOE núm.134, de 5 de junio de 2021). De acuerdo con el Preámbulo núm. II de la citada ley este artículo del Código civil español "se modifica a fin de establecer con claridad que la facultad de decidir el lugar de residencia de los hijos menores de edad forma parte del contenido de la potestad que correspondiente a ambos progenitores". Continúa señalando que "ello implica que, salvo suspensión, privación de la potestad o atribución exclusiva de dicha facultad a uno de los progenitores, se requiere el consentimiento de ambos o, en su defecto, autorización judicial para el traslado de la persona menor de edad, con independencia de la medida que se haya adoptado en relación con su guarda o custodia".

la legislación interna sobre responsabilidad parental del país de origen del menor.

No obstante, existe un alto porcentaje de cambio de residencia habitual de menores que se producen en un contexto de sustracción internacional en el que la persona que sustrae es la progenitora custodia, quién a su vez es víctima de violencia de género (70%)[12], y se ve obligada a permanecer geográficamente cerca de su maltratador, teniendo graves repercusiones para ella y los hijos habidos en común[13]. Un dato estadístico que revela la importancia del análisis de la violencia de género, doméstica, e intrafamiliar en este trabajo. Además, desvela, por un lado, que en la mayoría de las ocasiones no se cuenta con la autorización del otro progenitor o en su defecto de una autorización judicial para el cambio de residencia habitual del menor. Y, por otro lado, que, aunque existan medidas de protección del menor cautelares o provisionales en el Estado de origen de este, no se está acudiendo a las herramientas de Derecho internacional privado para la protección preventiva transfronteriza del menor mediante el reconocimiento y ejecución de medidas provisionales o cautelares de protección adoptadas en el país de origen.

Advertimos que este trabajo no se centra en el análisis de casos de sustracción de menores por progenitoras víctimas de violencia de género y en el procedimiento de restitución del menor al país de residencia habitual y en sus causas de denegación, sino en el es-

---

12 El 70 % de los secuestros internacionales se producen por mujeres que ostentan la custodia y son víctimas de violencia de género. Este porcentaje se señala en el Prefacio de la profesora Thalia Kruger basándose en datos estadísticos recolectados de las autoridades centrales de distintos Estados parte y analizados previamente por el Profesor Nigel Lowe. *Vid.* TRIMMINGS, Katarina, DUTTA, Anatol, HONORATI, Costanza, ZUPAN, Mirela (eds.), *Domestic violence and parental child aduction. The protection of abducting mothers in return proceedings*, Intersentia, Cambridge, 2022, pp. V y VI.

13 RUIZ SUTIL, Carmen, *Las violencias de género en entornos transfronterizos,* Dykinson, Madrid, 2023, p.76.

tudio del reconocimiento de medidas provisionales y cautelares de protección europeas como una protección preventiva del menor-víctima de violencia doméstica, intrafamiliar, o de género, quien goza de libertad de circulación. Nos referimos a las niñas, niños, y adolescentes europeos. También, a los menores extranjeros con residencia habitual en un Estado miembro, donde se adoptan medidas de protección cautelares o provisionales. Una resolución judicial que goza, asimismo, de libertad de circulación entre Estados miembros bajo el principio de reconocimiento mutuo.

Como se puede deducir, la complejidad de la investigación albergada en este capítulo de libro, y expuesta a través de las cuestiones planteadas, parte de la cuestionada relación entre el Convenio de Estambul y el acervo de la Unión Europea, aplicable en este caso al reconocimiento y ejecución en España de resoluciones judiciales y administrativas de un Estado miembro que contengan medidas de protección de menores sumergidos en un contexto de violencia doméstica, género, o intrafamiliar, en el Estado de origen[14]. Una cuestión candente dentro del seno de la UE que no termina de identificar exactamente qué instrumentos deberían aplicarse con carácter preferencial y, por el contrario, cuáles otros tendrían que serlo con carácter subsidiario y complementario.

Con base en lo anterior, nuestro aporte en este trabajo está en discernir tipos de medidas provisionales/cautelares de protección de menores e instrumentos aplicables, autoridades españolas competentes para su reconocimiento y ejecución de las medidas de protección del menor, y causas de denegación del reconocimiento y ejecución[15]. Un análisis que se realizará desde la pers-

---

14 El acervo comunitario es el conjunto de derechos y obligaciones comunes que constituyen el corpus del Derecho de la Unión y se integra en los sistemas jurídicos de los 27 Estados miembros de la UE. Información disponible en: *https://neighbourhood-enlargement.ec.europa.eu/enlargement-policy/glossary/acquis_es*.

15 Las medidas de protección en la mayoría de las ocasiones, con algunas excepciones analizadas en este trabajo, son definidas por las leyes materiales de los Estados miembros. Si nos referimos a la ley material

pectiva de género, prestando especial atención a la interpretación por parte de Tribunales españoles y del TJUE[16].

española, se introduce en el ordenamiento jurídico español la noción de violencia de género en el ámbito familiar y la adopción de medidas de protección de menores sumergidos en este tipo de violencia a través de la LO 8/2021. Una norma que permite la suspensión del régimen de visitas de menores de maltratadores que estén siendo juzgados. Sin embargo, según los medios de comunicación, solo se suspendió las visitas a un 14% de padres maltratadores en el año 2022, pese a contar ya con esta ley. Vid. KOHAN, Marisa, "La Justicia suspendió las visitas a solo el 14% de padres maltratadores en 2022, pese a la ley de Infancia", 10 de marzo de 2023, *Diario Publico.es*. Disponible en: https://www.publico.es/mujer/justicia-concedio-14-retirada-visitas-padres-maltratadores-2022-pesar-ley-infancia.html. Estos datos nos indican que se siguen derivando a los puntos de encuentro familiar a estos menores, y que no se les está considerando ni víctimas primarias ni secundarias de violencia de género. Una ley estatal que pudiera ser contradictoria a la mantenida en ciertas Comunidades autónomas referidas a puntos de encuentro familiar. Sobre Andalucía Vid. SERRANO SÁNCHEZ, Lucía, "La actual regulación de los puntos de encuentro familiar en Andalucía: una quiebra en la protección de la y el menor (I)", *REDS*, núm.8, 2016, pp.265-275; y "La actual regulación de los puntos de encuentro familiar en Andalucía: una quiebra en la protección de la y el menor (II)", *REDS*, núm.9, 2016, pp.166-177.

16 Somos conscientes del reto de incorporar el enfoque de género en el análisis del Derecho internacional privado, pues en numerosas ocasiones se ha denunciado la ausencia de incorporación de la perspectiva de género en la misma. Vid. ESPINOSA CALABUIG, Rosario, "La (olvidada) perspectiva de género en el derecho internacional privado", *Freedom, Security and Justice: European Legal Studies*, núm.3, 2019, pp.36-57; LARA AGUADO, Ángeles, "Neutralidad del Derecho internacional privado en cuanto al género. Una forma de violencia de género institucional", *Anales de la cátedra Francisco Suárez*, Protocolo II, 2022, pp.293-326; CUARTERO RUBIO, María Victoria, "La alegación de violencia doméstica en el proceso de restitución internacional de menores", en MARTÍN LÓPEZ, Teresa y VELASCO RETAMOSA, José Manuel, *La igualdad de género desde la perspectiva social, jurídica y económica*, Editorial Civitas, 2014, pp.74-101.

II. AUTORIDADES ESPAÑOLAS COMPETENTES EN EL RECONOCIMIENTO Y EJECUCIÓN DE MEDIDAS PROVISIONALES Y CAUTELARES DE PROTECCIÓN DEL MENOR-VÍCTIMA

Como cuestión previa al reconocimiento y ejecución de medidas cautelares de protección del menor-víctima de violencia doméstica, intrafamiliar, o de género, está la propia asignación de la condición de víctima, primaria o secundaria, del menor, en el Estado de procedencia del propio menor. Una calificación no armonizada y cuestionada en la ley interna de los Estados miembros de la UE y en los extracomunitarios. En ese sentido, la Profa. Soto Moya señala que, en algunas ocasiones, al menor se le considera por la legislación interna y jurisprudencia víctima por la presencia de la violencia ejercida contra su madre, sin requerir que sea sujeto-objeto de la violencia. Siendo entonces el menor la víctima indirecta de la violencia de género, y protegido del mismo modo como si fuera víctima de violencia directa. Y, en otras ocasiones, si la violencia afecta a la madre solamente, se interpreta de tal modo que se excluye al menor, hijo/a de ambos progenitores, como víctima de violencia de género, exigiendo en esta última ocasión que sea el propio menor el que sea víctima directa de la violencia[17]. De esta clasificación del menor encajado en la catego-

---

[17] El estatus de víctima del menor no siempre es reconocido en los Estados miembros de la UE o en terceros Estados. En ese sentido, la Profa. Mercedes Soto Moya realiza un análisis brillante de Derecho comparado en el que nos demuestra que no siempre se contempla al menor como víctima de la violencia de género o doméstica. Con un amplio muestreo, nos acredita la diversidad de interpretación jurisprudencial y legislativa de varios Estados sobre su noción de menor como víctima. Entre los países que contemplan que protegen al menor por considerarlo víctima de violencia de género directa e indirecta están Suecia, Canadá, EE. UU., Nueva Zelanda, y el Derecho inglés, aunque existen las propias contradicciones desde instancias jurisdiccionales. Entre los segundos, según la autora, está Italia. Y en última ocasión está la esquizofrenia jurídica de algunos países como España, algunas veces

ría de víctima de violencia de género, doméstica o intrafamiliar, dependerá la autoridad que haya emitido el certificado de protección de conformidad con el Reglamento 606/2013, o de la orden europea de protección de conformidad con la Directiva 2011/99. Certificado u orden que puede llegar acompañada o no de una petición de reconocimiento y ejecución de una resolución por la que se establecen otras medidas de protección complementarias que han podido adoptarse de acuerdo con el RB II ter, limitando o suspendiendo el ejercicio de la responsabilidad parental del presunto progenitor maltratador.

Pasamos a descifrar quiénes son las autoridades competentes en reconocer y ejecutar medidas de protección de menores víctimas de violencia doméstica, género o intrafamiliar en España, y como aplican estas normas.

1. En aplicación del Reglamento 606/2013 y de la Directiva 2011/99

Si atendemos al Reglamento 606/2013, la autoridad española competente para el reconocimiento y ejecución de una medida europea de protección del menor-víctima de violencia, es el Juzgado de 1ª Instancia o, en su caso, de Familia del domicilio de

---

se considera al menor como víctima directa de violencia de género y solo se le protege entonces, y en otras ocasiones, se protege al menor, siendo víctima directa o indirecta de la violencia de género. Vid. SOTO MOYA, Mercedes, "Capítulo XXV. Fundido a negro tras el retorno de menores sustraídos por sus madres víctimas de violencia de género a sus países de residencia originaria", en LARA AGUADO, Ángeles, *Protección de menores en situaciones transfronterizas: análisis multidisciplinar desde las perspectivas de género, de los derechos humanos y de la infancia,* Tirant lo Blanch, 2023, pp.878-882. En el caso de España ha existido una evolución normativa de la legislación de protección de menores como víctimas de violencia, aunque aún se necesitan mejoras. Vid. SERRANO SÁNCHEZ, Lucía, "La actual regulación de los puntos de encuentro familiar en Andalucía: una quiebra en la protección de la y el menor (I)", *REDS,* núm.8, 2016, pp.269-271.

la víctima. Esto es así, porque el menor ha sido clasificado como víctima de violencia doméstica o intrafamiliar en el país de origen. Estos mismos Juzgados son los competentes para reconocer, y adaptar o transformar una medida de protección europea en una española, conforme a la ley material española. La autoridad competente para resolver sobre la solicitud de denegación del reconocimiento y en su caso de ejecución se realiza ante la Audiencia Provincial correspondiente[18].

No obstante, actualmente se debate sobre si los Juzgados de violencia sobre la mujer, y los Juzgados de restitución, también debieran declararse competentes, tanto para la emisión de medidas de protección de conformidad al Reglamento 606/2013 como para el reconocimiento y ejecución de medidas de protección, así como sobre su coordinación con el RB II ter. En ese sentido, Joaquín Bayo Delgado denuncia que existe una confusión entre la naturaleza del órgano jurisdiccional y las medidas de protección. La naturaleza del Juzgado de violencia sobre la mujer es mixta, y las medidas de protección que adoptan son civiles. Además, aboga por introducir en el art.779 LEC la mención expresa al Reglamento 606/2013 para promover su uso[19]. En nuestra opinión, no solo se trata de implementar este Reglamento en nuestra ley procesal interna, sino, también, en obligar a proporcionar más datos sobre el estatus legal asignado a este menor en el país de origen del certificado u orden europea, y las razones por las que ha adoptado tal decisión.

Buscamos jurisprudencia española en la que se esté identificando cuando se aplica por las autoridades españolas el Regla-

---

18 Datos proporcionados por el Estado español a la UE en virtud de las obligaciones a las que se somete a través del Reglamento 606/2013. Vid. EUROPEAN JUSTICE, *Reconocimiento mutuo de medidas de protección en materia civil*, Información disponible en: https://e-justice.europa.eu/352/ES/mutual recognition of protection measures in civil matters?SPAIN&member=1.

19 Vid. BAYO DELGADO, Joaquín, "Práctica española de Derecho internacional privado", *REDI*, vol.74 (2), 2022, p.504.

mento 606/2013 o la Directiva 2011/99 al reconocimiento y ejecución de medidas de protección, y encontramos dos sentencias: 1) la SSAPB de 21 de febrero de 2018[20]; y 2) la SSAPB de 1 de marzo de 2018[21]. La SSAP de 21 de febrero de 2018 se dicta en un contexto de traslado ilícito a España de un menor búlgaro por la progenitora no custodia. El progenitor custodio contaba con una orden europea de protección expedida con el certificado anexo al Reglamento por un Tribunal regional de Sofía el 11 de noviembre de 2016 a favor del padre, a quien concede la guarda del niño y en contra de la madre, quién disponía de visitas del menor. Una orden que se dejó sin efecto por la propia autoridad búlgara alegando que "no constaba necesidad de protección del padre, ni abuso mental, físico o emocional del menor por parte de la madre, y que sus capacidades son objeto de otro proceso". El padre interpuso recurso de apelación contra esta resolución y fue inadmitido a trámite por extemporáneo. A su vez, al mismo tiempo que se activa el procedimiento de restitución del menor a su residencia habitual en Bulgaria, la progenitora se opone a la restitución del menor alegando que ella ha sido víctima de violencia doméstica en Bulgaria, que se sometería a una situación intolerable al menor y que no se ejerció la custodia efectiva por parte del padre. Unas alegaciones que fueron escuchadas por la autoridad española, pero que no quedaron suficientemente acreditadas y que dieron lugar al retorno del menor a Bulgaria.

Y la SSAPB de 1 de marzo de 2018 se dicta en un contexto en el que se alega un conflicto negativo de competencia para reconocimiento y ejecución de un certificado europeo expedido por autoridad británica, cuyo contenido, a efectos de reconocimiento y ejecución en España es el siguiente: "la prohibición del marido de una ciudadana británica, de nacionalidad iraní y residente en Barcelona, de agredir, intimidar o amenazar con violencia a su

---

20 Vid. Audiencia Provincial de Barcelona, SSAPB de 21 de febrero de 2018. Roj: SAP B 1638/2018 - ECLI:ES: APB: 2018:1638.

21 Vid. Audiencia Provincial de Barcelona, SSAPB de 1 de marzo de 2018. Roj: AAP B 435/2018 - ECLI:ES: APB: 2018:435A.

mujer o a ningún miembro de su familia; la prohibición al mismo de comunicación, acercamiento, remisión de cartas o mensajes relativos al hijo común, menor de edad, salvo las que se realicen a los abogados de la actora; la prohibición de acercamiento a menos de 500 metros a la madre o al hijo, o al centro escolar o lugar en el que se encontrare la madre o el hijo. La solicitud de reconocimiento y ejecución de este certificado europeo con este contenido emitido de conformidad con el Reglamento 606/2013 por la autoridad británica provoca este conflicto competencial por contemplar medidas de protección de naturaleza penal dentro de la misma. Esto provoca que el Juzgado de 1ª instancia al que se le despacha desde el decanato el reconocimiento y ejecución de esta orden europea de protección se inhiba a favor del Juzgado de violencia sobre la mujer, y este, a su vez, se declare incompetente por haberse emitido la orden europea de protección de conformidad con el Reglamento 606/2013. A través de esta Sentencia se hace una interpretación autónoma del concepto de "medidas de protección civiles" del Reglamento 606/2013. Considera la Audiencia Provincial de Barcelona que, si al estar equiparando o adaptándose las medidas de protección adoptadas en la orden europea de protección a las propias del ordenamiento jurídico español se les otorga naturaleza penal, entonces la autoridad competente para el reconocimiento y ejecución de este certificado europeo deben ser los Juzgados de violencia sobre la mujer. Y ello es así, porque la víctima de violencia de género aquí es la progenitora. No solo se presta atención a la adaptación de las medidas de protección, sino, también al articulado de la Directiva 2011/99, así como la Ley 23/2014. Ambas normas indican que las autoridades competentes para reconocer y ejecutar decisiones de protección europea en materia de violencia ejercida contra las mujeres son los jueces de instrucción o los de violencia sobre la mujer"[22].

La jurisprudencia española estaría arrastrando a que conocieran del reconocimiento y ejecución de medidas de protección de

---

22 La SSAPB de 1 de marzo de 2018 así lo establece en el Fundamento jurídico quinto. Roj: AAP B 435/2018 - ECLI:ES: APB: 2018: 435A.

menores-víctimas de violencia (indirecta) de género la misma autoridad competente para reconocer y ejecutar las medidas de protección de la progenitora víctima directa de violencia de género.

Si atendemos a la Directiva 2011/99, y su transposición al ordenamiento jurídico español por la Ley 23/2014, las autoridades españolas competentes para el reconocimiento y ejecución de una orden europea de protección son los Juzgados de instrucción y los Juzgados de violencia sobre la mujer, donde resida la víctima o tenga la intención de residir[23]. En determinadas ocasiones se pueden declarar competentes también los Juzgados que ya hubieran reconocido y ejecutado resoluciones de libertad vigilada o de medidas alternativas a la prisión provisional, aunque no siempre sea recomendable a estas autoridades judiciales cuando se pretende reconocer una orden europea de protección emitida conforme a la Directiva 2011/99 (art.131 Ley 23/2014)[24].

Las autoridades españolas que pueden emitir una orden europea de protección de conformidad con la Directiva 2011/99, además del Juzgado de instrucción y Juzgado de violencia contra la mujer, son el Juzgado central de instrucción, el Juzgado de lo penal, el Juzgado central de lo penal, el Juzgado de vigilancia penitenciaria, el Juzgado central de vigilancia penitenciaria, la Audiencia provincial, y el Juzgado de menores[25].

En resumidas cuentas, para la aplicación del Reglamento 606/2013 o la Directiva 2011/99 al reconocimiento y ejecución de una orden europea de protección, expedida de conformidad

---

23 Vid. BORGES BLÁZQUEZ, Raquel, "El reconocimiento mutuo de las medidas de protección de víctimas en la UE: la transposición de la Directiva 2011/99/UE sobre la orden europea de protección al ordenamiento jurídico español", *Revista de estudios europeos*, núm.71, 2018, p.81.

24 Vid. RODRÍGUEZ MEDEL-NIETO, Carmen y SEBASTIÁN MONTESINOS, Ángeles, "Capítulo 6. Orden Europea de protección", en RODRÍGUEZ MEDEL-NIETO, Carmen, *Manual práctico de reconocimiento mutuo penal en la UE. Preguntas, respuestas y formularios, de la Ley 23/14 de 20 de noviembre*, Tirant lo Blanch, 2015, p.488.

25 Ibidem, p.493.

con cualquiera de esas normas en España, así como para el reparto judicial o distribución competencial por razón de la materia, se deberá atender al principio de especialidad del Derecho internacional. En este caso se traduce en la adopción de medidas de protección que encajan con la materia de violencia de género o doméstica en España. Esto es, si una de las víctimas que se intenta proteger en España es un menor clasificado en el Estado de origen como víctima de violencia doméstica, género, o intrafamiliar, se debe adaptar la orden europea de protección del Reglamento 606/2013 y equiparar a una orden europea de protección de la Directiva 2011/99. Y viceversa, si la "orden europea de protección" (certificado europeo) es emitida de conformidad con la Directiva 2011/99 y resulta que el menor no ha sido clasificado como víctima de violencia doméstica, intrafamiliar o de género, pero se ha considerado que hay altas probabilidades de se pueda poner en peligro su vida o integridad física, psicológica o emocional del menor, esta orden europea de protección debería ejecutarse en España de conformidad con el Reglamento 606/2013.

Lo que queremos señalar mediante la confrontación de esta interpretación jurisprudencial y estudio normativo es que la aplicación de ambos instrumentos no es excluyente, sino complementaria entre sí. Y ello es así porque no hay reglas de concurrencia o relación con otros textos, que indiquen qué norma de estas dos (Reglamento 606/2013 y Directiva 2011/99) es finalmente aplicable por la autoridad española competente, con independencia de la autoridad de expedición en otro Estado miembro de dicha orden europea de protección. Esto es, cuando existan dos normas con el mismo rango jerárquico llamadas a aplicar para el reconocimiento y ejecución de una orden europea de protección, se deberá atender al "contenido" y no al "continente" de esta.

Por último, en pro de la identificación de la autoridad española competente y del principio de eficacia máxima, consideramos conveniente que antes del reparto o despacho judicial a la autoridad competente para el reconocimiento y ejecución de la orden europea de protección, se proceda a la identificación del texto aplicable por la autoridad competente. Pues solo así, se podría conocer el procedimiento de reconocimiento y ejecución de esas medidas de protección en España con carácter previo y sin producir una dilación indebida en el reconocimiento mutuo de medidas de protección demandado por ambos instrumentos.

2. En aplicación del Reglamento 2019/1111

El hecho de que las anteriores autoridades españolas sean competentes para reconocer y ejecutar determinadas medidas de protección de conformidad con el Reglamento 606/2013 y Directiva 2011/99, no significa que, a su vez, no sean competentes para la adopción de medidas de protección cautelares o provisionales, así como para reconocer y ejecutar medidas de protección extranjeras del menor adoptadas en otro Estado miembro de conformidad con el RBII ter (art.100.1 RB II ter) o el RB II bis (art.100.2 RB II ter).

En cuanto al reconocimiento y ejecución de medidas provisionales o cautelares en materia de responsabilidad parental, el TJUE se ha pronunciado en dos ocasiones: SSTJUE de 26 de abril de 2012 -Asunto C-92/12 PPU,[26] y de 9 de octubre de 2014 -Asunto C-376/14 PPU-[27]. La primera de las sentencias citadas versa sobre el reconocimiento y ejecución de la resolución judicial irlandesa por la que se adopta un acogimiento forzoso de un menor en régi-

---

[26] STJUE, de 26 de abril de 2012. Asunto C-92/12 PPU. Disponible en: https://curia.europa.eu/juris/document/document.jsf?text=%2522medidas%2Bprovisionales%2522%2Band%2B%2522Reglamento%2B%2528CE%2529%2Bn%25C2%25BA%2B2201%252F2003%2522&docid=122181&pageIndex=0&doclang=ES&mode=req&dir=&occ=first&part=1&cid=686040#ctx1.

[27] STJUE, de 9 de octubre de 2014. Asunto C-376/14 PPU. Disponible en: https://curia.europa.eu/juris/document/document.jsf?text=%2522medidas%2Bprovisionales%2522%2Band%2B%2522Reglamento%2B%2528CE%2529%2Bn%25C2%25BA%2B2201%252F2003%2522&docid=158432&pageIndex=0&doclang=ES&mode=req&dir=&occ=first&part=1&cid=686040#ctx1.

men cerrado en un establecimiento situado en Reino Unido, país dónde se encuentra la progenitora del menor residiendo. País que había aceptado el traslado del menor a su territorio en virtud del art.56.2 RB II bis. Una resolución que se ejecuta por el tiempo indicado en la resolución del acogimiento transfronterizo. Señala el TJUE que debe presentarse solicitud de declaración de ejecutoriedad en el otro Estado miembro con una particular celeridad, sin que los recursos interpuestos contra tal resolución del órgano jurisdiccional del Estado miembro requerido puedan tener efecto suspensivo. El menor es remitido por la autoridad irlandesa que adopta las medidas provisionales o cautelares de protección del menor (art.20 RBII bis), competente para la resolución del fondo del asunto, a otro Estado miembro con vinculación especial (art.15 RB II bis).

La STJUE de 9 de octubre de 2014 -Asunto C.376/14 PPU-, versa sobre el reconocimiento y ejecución de una resolución judicial ejecutiva provisionalmente de un tribunal francés que autorizaba el cambio de residencia habitual de un menor con su progenitora de Francia a Irlanda. Se afirma que ese traslado fue lícito, pero que al ser recurrida posteriormente y fijada la residencia del menor en el domicilio del progenitor que permanece en Francia, la no restitución de este puede considerarse una retención ilícita, aunque deberá apreciarse si el menor aún mantiene la residencia habitual en dicho Estado miembro. Sin embargo, señala la *High Court* de Irlanda en su sentencia de 13 de agosto de 2013 que la menor tenía su residencia habitual en Irlanda desde que la madre la había llegado a ese país con intención de instalarse en él. Luego, podría tratarse de un traslado lícito que termina convirtiéndose en un cambio de residencia habitual lícito del menor a través de un reconocimiento y ejecución de una resolución ejecutiva provisional.

No encontramos jurisprudencia alguna que se pronuncie sobre cuestiones prejudiciales planteadas por autoridades españolas que aplican el RB II *bis* o el RB II *ter*.

Para conocer la autoridad competente para el reconocimiento y ejecución de este tipo de resoluciones judiciales en materia de responsabilidad parental debemos acudir a la ley procesal interna española. La autoridad española competente para el reconocimiento y ejecución a efectos ejecutivos sería el Juzgado de primera instancia de la persona a quién se refieren los efectos de la resolución judicial extranjera, tanto recaída en un procedimiento contencioso como en uno de jurisdicción voluntaria (art.22, letra e, en correlación con el art.85.5 LOPJ). Esto es, será competente el Juzgado de primera instancia de la nueva residencia habitual del menor. La Audiencia provincial intervendría en caso de interposición de recurso de apelación frente a la resolución española. No obstante, consideramos que, en el caso de la protección transfronteriza de los menores-víctimas de violencia de género o doméstica, deberían declararse también competentes las mismas autoridades que estuvieran conociendo del reconocimiento de la orden o certificado europeo de protección.

En el supuesto de la emisión de un certificado relativo a las resoluciones en materia de responsabilidad parental por un Estado miembro y a su reconocimiento y ejecución en España, estaríamos ante un reconocimiento automático cuando se ha producido un traslado "lícito" del menor y se pretende reconocer la resolución judicial, documentos públicos o acuerdos registrados que versa sobre materia de responsabilidad parental, (patria potestad, guarda, custodia, derecho de visita, tutela o curatela)[28]. A efec-

---

28 Los profesores José Carlos Fernández Rozas y Sixto Sánchez Lorenzo afirman que se aplican las mismas normas específicas que para el reconocimiento y ejecución de resoluciones judiciales a documentos públicos y acuerdos registrados en materia de responsabilidad parental. La eliminación del exequatur en el RB II *ter* es una de las características que destacan en comparación con su antecesor. Vid. FERNANDEZ ROZAS, José Carlos y SÁNCHEZ LORENZO, Sixto, "2.3. Reconocimiento de decisiones", en FERNANDEZ ROZAS, José Carlos y SÁNCHEZ LORENZO, Sixto, *Derecho internacional privado. Décimo primera edición,* 2020, p.426. Las resoluciones dictadas entre el 1 de marzo de 2001 y 1 de marzo de 2005 deben seguir el régimen de reconocimiento similar al recogido en el

to declarativo entendemos que solo se ha tenido que presentar la documentación a las autoridades migratorias en la que quede acreditado que el adulto que acompañaba al menor puede trasladarlo de un Estado miembro a otro, sin la previa autorización del otro progenitor o en su defecto de la autoridad judicial. Esto es, exhibirá copia de la resolución judicial auténtica, recaída en un procedimiento contencioso o de jurisdicción voluntaria, y un certificado relativo a las resoluciones en materia de responsabilidad parental expedido con el formulario del Anexo III[29] (art.31.1). Esto es así porque no se requiere ningún procedimiento especial para el reconocimiento (art.30 RBII ter), y porque las resoluciones dictadas en otro Estado miembro sobre responsabilidad parental que fueren ejecutivas en tal país, asimismo lo serán en España (art.34.1 RBII *ter*).

Reglamento 1347/2000. El Reglamento 2201/2003 se aplicará al reconocimiento de decisiones dictadas después del 1 de marzo de 2005, y el Reglamento 2019/1111 a decisiones y actos dictados a partir del 1 de agosto de 2022. Vid. FERNANDEZ ROZAS, José Carlos, y SÁNCHEZ LORENZO, Sixto. *Derecho internacional privado. Décimo segunda edición*, 2022, p.433.

29 Se trata del certificado relativo a las resoluciones en materia de responsabilidad parental. Entre su contenido, viene reflejado en el Anexo III, está: el Estado miembro de origen; órgano jurisdiccional que expide el certificado; órgano jurisdiccional que dictó la resolución; resolución; menor o menores a los que se refiere la resolución; derechos de custodia atribuidos de conformidad con la resolución; derechos de visita reconocidos de conformidad con la resolución; y otros derechos de conformidad con la resolución; medidas provisionales o cautelares mandadas por la resolución; si es recurrible la resolución; si tiene fuerza ejecutiva en el Estado de origen; fecha de expedición del certificado, y si la resolución se ha notificado o trasladado a la parte o partes contra las cuales se pide la ejecución de la resolución; si la resolución se dictó en ausencia; si los menores han sido capaces de formarse su propio juicio; si se ha dado a los menores la posibilidad real y efectiva de expresar su opinión; nombre de las personas que han recibido asistencia jurídica; costas y gastos del procedimiento.

Por ese motivo, cuándo realizamos una búsqueda de jurisprudencia española sobre el reconocimiento y ejecución de medidas de protección provisionales o cautelares del RB II bis o RB II ter no encontramos sentencias. Solo localizamos jurisprudencia española sobre modificación de medidas definitivas adoptadas en otro Estado miembro, o la adopción de medidas de responsabilidad parental derivadas de una crisis matrimonial. En ese sentido, cabe mencionar la Sentencia núm.57/2022 del Juzgado de 1ª instancia e instrucción de Aoiz[30], en la que se presenta el título ejecutivo de la Sentencia de 28 de noviembre de 2019 dictada por el Tribunal de alta instancia de Marsella, Sala 4ª, en virtud de la cual se atribuyó en exclusiva al demandante el ejercicio de la patria potestad del menor y la guarda y custodia exclusiva en su favor[31]. Asimismo, se le reconocía a la progenitora un régimen de visitas fundando en el libre acuerdo alcanzado entre las partes y, en su defecto, de la segunda mitad de todas las vacaciones escolares en los años pares y la primera mitad en los años impares. La modificación parcial de las medidas de protección del menor sólo afectó al derecho de visita de este, debiendo ejercerse este en el Punto de Encuentro Familiar de Pamplona.

---

[30] Juzgado de 1ª Instancia e instrucción de Aoiz, Sentencia núm.57/2022, de 2 de mayo de 2022. Roj: SJPII 610/2022 - ECLI:ES:JPII: 2022: 610.

[31] Si se aplicó el Derecho francés para la resolución del fondo del asunto, este distingue entre tener y ejercer la patria potestad. Los progenitores que ejerzan conjuntamente la patria potestad sobre un hijo deben tomar decisiones conjuntas como pueden ser el cambio de residencia habitual. *Vid.* EUROPEAN JUSTICE, *Responsabilidad de los padres: custodia de los hijos y derechos de contacto en Francia*, Disponible en: https://e-justice.europa.eu/302/EN/parental_responsibility_child_custody_and_contact_rights?FRANCE&init=true.

III. MEDIDAS DE PROTECCIÓN CAUTELARES Y PROVISIONALES SUJETAS A RECONOCIMIENTO Y EJECUCIÓN

Una vez que se ha determinado la autoridad española competente para el reconocimiento y ejecución de medidas de protección provisionales del menor-víctima de violencia, pasamos, a continuación, a analizar: qué medidas provisionales o cautelares pueden adoptarse en el país de origen para proteger al menor-víctima de violencia de género, doméstica e intrafamiliar, y el instrumento aplicable.

1. En el Reglamento 606/2013 y la Directiva 2011/99

Comenzamos advirtiendo que ni el Reglamento 606/2013 ni la Directiva 2011/99 contienen reglas de competencia judicial internacional o de Ley aplicable[32], al contrario de lo que sí sucede en el RBII *ter*[33]. Estos dos instrumentos solo contienen reglas de re-

---

32 Anatol Dutta señala que, a pesar de estar en debate antes de la aprobación de ambos instrumentos (Reglamento 606/2013 y Directiva 2011/99), no se adoptaron reglas de competencia o de Ley aplicable. La razón pudiera ser porque se estaba introduciendo la obligación de ejecución de medidas de protección extranjeras, sin revisión de fondo y con unas causas muy tasadas para la denegación del reconocimiento y ejecución de una decisión europea. Unas resoluciones caracterizadas por la gran variedad de soluciones existentes en los sistemas de los diferentes Estados miembros. Vid. DUTTA, Anatol, "Medidas de protección transfronterizas en la Unión Europea", *AEDIPr*, t.XIV-XV, 2014-2015, pp.143-145.

33 Señala la Profa. Rocío Caro que, con el objetivo de reducir el riesgo de sustracciones o retenciones ilícitas en los litigios sobre custodia de menores, el RB II bis, instaura un sistema de confianza mutua a dos niveles: 1) competencia judicial internacional, reduciendo los casos por los que se pueden declarar competente una autoridad distinta a la competente para resolver el fondo del asunto; y 2) eficacia extraterritorial de decisiones, exigiendo reconocimiento sin posibilidad de control de competencia ni del fondo. Vid. CARO GÁNDARA, Rocío, "De la desconfianza recíproca

conocimiento y ejecución. A través de ambas normas, se pueden reconocer y ejecutar medidas provisionales o cautelares[34]. Ello es así, porque la eficacia transfronteriza del certificado expedido de conformidad con el Reglamento tiene una duración máxima de 12 meses (art.4.4 Reglamento 606/2013) y para emitir la orden europea de protección no se está exigiendo una resolución firme, pudiéndose, por tanto, solicitar el reconocimiento de una medida de protección cautelar adoptada en el proceso de instrucción (art.130.2 Ley 23/2014)[35].

¿Qué medidas provisionales o cautelares se pueden adoptar y reconocer y ejecutar por el Reglamento y/o la Directiva? son casi exactamente iguales[36]: 1) prohibición o regulación de la entrada

---

al reconocimiento mutuo, una laboriosa transición: el Reglamento II bis como banco de pruebas", *Diario La Ley*, 2011.

34 Debemos señalar que la Directiva 2011/99, a diferencia del Reglamento 606/2013, hace referencia expresa a los menores como víctimas, y personas especialmente vulnerables, en el Considerando 15 y en el art.7 a. Y la Directiva 2012/29, a pesar de no contener reglas de reconocimiento y ejecución, en su Considerando 38 alude a los servicios específicos que los menores, sean víctimas directas o indirectas, deben recibir. Entendemos que el catálogo de derechos recogido en esta Directiva sería el mínimo que han de recibir en otro Estado miembro donde se encuentren.

35 Esta es una precisión ya realizada en la Directiva y apuntada por Tertsch en el contexto de su transposición a otros países. Vid. TERTSCH, Tatjana, "Cross border recognition under Directive 2011/99/UE", en TRIMMINGS, Katarina, DUTTA, Anatol, HONORATI, Constanza and ZUPAN, Mirela, *Domestic violence and parental child abduction. The protection of abducting mothers in return proceedings,* Intersentia, Cambridge, 2022, p.21. En España, este reconocimiento y ejecución de medidas cautelares viene contemplado y limitado en el art.130.2 Ley 23/2014.

36 Esta es una afirmación de la Dra. Katixa Etzebarria que hemos verificado mediante la observación del Reglamento, la Directiva, incluso, la Ley que transpone a esta Directiva en el ordenamiento jurídico español. Vid. ETZEBARRIA ESTANKONA, Katixa, "La protección de las víctimas de violencia de género en la Unión Europea. Especial referencia al reconocimiento mutuo de medidas de protección en materia civil", *Rev. Bras. De Direito Processal Penal,* vol.5, núm.2, 2019, pp.961-998.

en el lugar en el que el menor protegido resida o que frecuenta o en el que permanece de manera habitual; 2) prohibición o regulación de cualquier tipo de contacto con el menor protegido (incluidos contactos telefónicos, por correo electrónico, postal, fax, o cualquier otro medio); y 3) prohibición o regulación del acercamiento al menor protegido a una distancia menor de la prescrita[37].

La Directiva 2011/99 agrega, además, el deber de reserva de la dirección y otros datos de contacto de la víctima frente a la persona causante del riesgo en su art.9.3. Esta última medida de protección cautelar o provisional sería adoptada por el Estado de ejecución. En ocasiones, tal medida de protección podría revertirse frente a la víctima de violencia de género, doméstica o intrafamiliar, por la imposibilidad de demostración del quebrantamiento de la orden europea de protección[38].

Si las medidas de protección cautelares o provisionales del menor que se pueden adoptar en el Estado de origen son casi exactamente iguales, ¿cómo se identifica el instrumento aplicable? Se debe atender al debate doctrinal sobre la materia, a los ámbitos de aplicación de cada instrumento, y a la interpretación jurisprudencial.

El debate doctrinal gira entorno a la identificación al reconocimiento y ejecución de las medidas de protección provisionales o cautelares del menor atendiendo a la naturaleza de las medidas de protección adoptadas en el país de origen (Requejo Isidro,

---

37 Vid. Art.3 Reglamento 606/2013, art.5 Directiva 2011/99, y art.130.2 Ley 23/2014.

38 Vid. SSAPB de 13 de junio de 2019. Roj: SAP B 15399/2019 - ECLI:ES: APB: 2019: 15399.

2015[39]; y Calvo Caravaca y Carrascosa González, 2022)[40], la naturaleza de la autoridad que emite las medidas de protección (Garriga Suau, 2013)[41], la norma por la que se emite la "orden europea de protección" y del tipo de resolución que se pretende reconocer (Tertsch, 2022)[42]. En ese sentido, la Profa. Requejo Isidro señala que se pueden distinguir entre medidas de protección en materia civil (Reglamento 606/2013) y en materia penal (Directiva 2011/99)[43]. Esta clasificación inicial atiende al ámbito material de aplicación de ambos instrumentos. La Directiva 2011/99 se circunscribe a la adopción de medidas de protección en materia penal con el fin de proteger al menor en el marco de un acto delictivo. Sirva de ejemplo, el abuso sexual del menor por su progenitor no custodio, el asesinato de su madre por su padre, o la violencia física o psicológica ejercida sobre el menor. Para que el menor de 18 años (art.2.1, letra c) tenga la condición de víctima reconocida de conformidad con la Directiva 2011/99 no es necesario que haya compartido el mismo hogar. La violencia padecida puede ser tanto física, como sexual, psicológica o económica, y puede causar lesiones corporales, emocionales, psíquicos, o económicos (Considerando 18, y art.2.1, letra a, apartado i). Aunque se tratase del caso de un menor que no fuera víctima directa, sino indirecta de violencia doméstica, se le reconoce la condición de

---

39 Vid. REQUEJO ISIDRO, Marta, "El Reglamento (UE) N.° 606/2013 del Parlamento Europeo y del Consejo, de 2 de junio de 2013, relativo al reconocimiento de medidas de protección en materia civil", *International Journal of Procedural Law,* Vol. 5, núm.1, 2015, pp.51-70.

40 Vid. CALVO CARAVACA, Alfonso Luis y CARRASCOSA GONZÁLEZ, Javier, *Tratado de Derecho internacional privado. Tomo 2,* Tirant lo Blanch, 2022, p.1842.

41 Vid. GARRIGA SUAU, Georgina, "El Reglamento (UE) núm.606/2013, del Parlamento Europeo y del Consejo, de 12 de junio de 2013, relativo al reconocimiento mutuo de medidas de protección en materia civil", *REDI,* Vol. LXV, núm.2, 2013, p.383.

42 TERTSCH, Tatjana, "Cross border recognition under Directive...", op.cit., pp.15-38.

43 REQUEJO ISIDRO, Marta, "El Reglamento (UE) N.° 606/2013...", op.cit., pp.51-70.

víctima, y se puede, por ende, acudir a la Directiva (Considerando 19, y art.2.1, letra a, apartado ii, y art.2.1, letra b). En el caso del Reglamento 606/2013, su ámbito material de aplicación se circunscribe a medidas de protección en materia civil dictadas por una autoridad de expedición en el sentido del art.3.4.

Sin embargo, advierte Tertsch que esta diferenciación en la naturaleza de la medida de protección adoptada en otro país a la hora de aplicar uno u otro instrumento al reconocimiento de la medida de protección no es tan fácil. En primer lugar, porque no existe jurisprudencia del TJUE sobre cómo calificar la naturaleza de la medida de protección. Y, en segundo lugar, porque algunos Estados adoptan medidas cuasi-criminales, como por ejemplo Dinamarca y Suecia, por lo que no es tan sencillo. A su modo de entender, la única manera de diferenciar cuándo una medida de protección es civil o penal en origen sería atendiendo a si finalmente se ha emitido o no una orden europea de protección. Si la hay, se puede proceder al reconocimiento y ejecución de conformidad con el art.5 Directiva 2011/99. En caso contrario, puede aplicarse el Reglamento 606/2013[44].

Asimismo, los Profesores Calvo Caravaca y Carrascosa González han afirmado que el concepto de "materia civil" del Reglamento 606/2013 debe interpretarse de manera autónoma, y de conformidad con los principios del Derecho de la UE[45]. Además, se ha señalado que impera la naturaleza penal de las medidas de protección a las que se refiere el art.3.1 del Reglamento 606/2013, y que la aplicación de esta norma para la adopción de medidas de protección en materia civil, en ocasiones, es desplazado por el RB II ter[46]. Añade la Profa. Garriga Suau que la naturaleza de la autoridad que dicta tal medida de protección en el país de origen no

---

44 TERTSCH, Tatjana, "Cross border recognition under Directive...", op.cit., p.21.

45 CALVO CARAVACA, Alfonso Luis; y CARRASCOSA GONZÁLEZ, Javier, *Tratado de Derecho internacional...*, op.cit., p.1842.

46 GARRIGA SUAU, Georgina, "El Reglamento (UE) núm.606/2013...", op.cit., pp.383-384.

implica que la medida de protección deba calificarse como penal o civil, aunque sí representa un indicio para tener en cuenta[47].

Lo anterior nos lleva a preguntar si se diferencia en algo más la orden europea de protección (Directiva 2011/99) y el certificado europeo con medidas de protección (Reglamento 606/2013). Para la expedición de la orden europea de protección de conformidad con la Directiva 2011/99, existen un conjunto de requisitos básicos que se han de cumplir. En ese sentido, la Sentencia de 12 de agosto de 2015 del Juzgado de Violencia sobre la mujer de Algeciras[48] señala que la víctima ha de solicitar la adopción de la orden europea de protección, por sí misma o a través de su tutor o representante legal. Y que la víctima ha de residir, permanecer o tener la intención de hacerlo en otro Estado miembro de la UE. También se valoran la duración del período en que la persona protegida tiene intención de permanecer en el Estado de ejecución, y la necesidad de la protección.

El reconocimiento y ejecución de estas medidas de protección se realiza, primero, mediante la emisión de una orden europea de protección de conformidad con uno u otro instrumento. La emisión de esta orden europea por uno u otro instrumento, y su reconocimiento y ejecución por la autoridad española, depende, en primer lugar, del ámbito temporal. El Reglamento 606/2013 se aplica a medidas de protección dictadas después del 11 de enero de 2015, independientemente de cuándo se hayan iniciado los procedimientos (art.22, párrafo segundo). Y la Directiva 2011/99 entró en vigor el 10 de enero de 2012 (art.24), pero no se traspuso al ordenamiento jurídico español hasta noviembre del año 2014 mediante la Ley 23/014, de 20 de noviembre, de reconocimiento mutuo de resoluciones penales en la Unión Europea. Como la Directiva tiene eficacia directa vertical y unilateral entendemos que

---

47 GARRIGA SUAU, Georgina, "El Reglamento (UE) núm.606/2013...", op.cit., p. 383.

48 Juzgado de Violencia sobre la mujer, Sede Algeciras, Sentencia de 12 de agosto de 2015. Roj: AJVM CA 2/2015 - ECLI:ES: JVMCA:2015:2A Id Cendoj: 11004480012015200001.

los particulares pudieron invocar el reconocimiento y ejecución de las medidas de protección adoptadas de conformidad con la Directiva desde su entrada en vigor. No obstante, debemos señalar que no hemos localizado jurisprudencia dictada por Tribunales españoles sobre reconocimiento y ejecución de medidas de protección del Reglamento 606/2013 hasta el año 2018, y de la Directiva 2011/99 hasta el año 2015.

Con respecto al ámbito espacial de la Directiva 2011/99 debe advertirse que solo forman parte de esta 12 de 27 Estados miembros de la UE (Bélgica, Bulgaria, Estonia, España, Francia, Italia, Hungría, Polonia, Portugal, Rumanía, Finlandia y Suecia). El Reino Unido formaba parte de este instrumento, pero después del período transitorio, como ya ha sido transpuesta a su ordenamiento jurídico, seguirá en cierta manera aplicándose. En cuanto a su ámbito espacial del Reglamento 606/2013, esta norma se aplica a todos los Estados miembros. Incluido el Reino Unido después del Brexit cuando se trate de certificados expedidos antes del final del período transitorio. Esto es, antes del 31 de diciembre de 2020 (art.67.3, f, del Acuerdo sobre la retirada del Reino Unido de Gran Bretaña e Irlanda del Norte de la UE y de la Comunidad Europea de la Energía Atómica)[49]. Dinamarca no formaría parte de este instrumento (Considerando 41), y sí lo haría en esta ocasión Irlanda (Considerando 40).

Una vez descifrado el debate doctrinal, comparando los ámbitos de aplicación de ambos instrumentos, analizadas las similitudes y diferencias entre ambos, nos cuestionamos qué se entrega con la demanda o solicitud de reconocimiento y ejecución a la autoridad española competente, y qué otras diferencias pueden existir. Se le entregará un certificado con información relevante sobre la medida de protección adoptada en el país de origen. Si se aplica el Reglamento 606/2013 por el Estado de origen, a la autoridad española encargada del reconocimiento y ejecución de la medida de protección se le habrá entregado un certificado

---

[49] DOUE núm. C 384 I/1, de 12 de noviembre de 2019.

expedido por el Estado de origen de conformidad con el art.5 y el Anexo I, Formulario 1[50]. Para la suspensión o revocación del reconocimiento o ejecución de la medida de protección de conformidad con el art.14, se emitirá por el país de origen el certificado del Anexo I, formulario 2[51]. Por el contrario, si se ha aplicado la Directiva 2011/99 se emitirá orden europea de protección de conformidad con el modelo del Anexo I de esta norma[52]. Y se

---

50 Este formulario recoge entre otra información: la fecha en que se dictó la medida de protección; fecha desde que la medida de protección es ejecutoria; de manera opcional, el número de referencia de la medida de protección; de manera opcional, la autoridad que dictó la medida de protección si es diferente de la autoridad que expide el certificado; fecha de expedición de certificado; número de referencia del certificado; autoridad que expide el certificado; información relativa a la persona protegida; información relativa a la persona causante del riesgo; especificación de la medida de protección certificada por el certificado; duración de los efectos del reconocimiento; información sobre los requisitos para la expedición del certificado contemplados en el art.6; y otros, como pudieran ser si la persona protegida ha recibido asistencia jurídica gratuita en otro Estado miembro.

51 En este caso la información suministrada en el formulario gira principalmente entorno a la autoridad que suspendió o revocó la medida de protección, suspendió o limitó su ejecutoriedad, o revocó el certificado de conformidad con el art.9.1, letra b. Este segundo certificado puede solicitarlo tanto la persona protegida como la persona causante del riesgo.

52 Este formulario recoge información: sobre el Estado de emisión y de ejecución de la orden europea de protección; información relativa a la persona protegida; si la persona protegida ha decidido residir o reside ya en el Estado de ejecución, o ha decidido permanecer o permanece en el mismo; si se ha entregado a la persona protegida o a la persona causante del peligro dispositivo técnico para hacer cumplir la medida de protección; autoridad competente que emitió la orden europea de protección; identificación de la medida de protección sobre cuya base se emitió la orden europea de protección; resumen de hechos y descripción de las circunstancias, incluida, en su caso, la tipificación de la infracción, que dieron lugar a la imposición de la medida de protección mencionada previamente; indicaciones relativas a las prohibiciones o restricciones impuestas por la medida de protección a la perso-

notificará el incumplimiento de la medida adoptada en virtud de la orden europea de protección de conformidad con el modelo del Anexo II[53].

La diferencia entre uno u otro certificado radica en que mientras la Directiva 2011/99 contempla para hacer efectiva la medida de protección adoptada sobre la persona protegida dispositivos electrónicos para hacerla cumplir, el certificado emitido de conformidad con el Reglamento 2016/2013 no lo hace. Luego, el cumplimiento de prohibiciones o restricciones impuestas a través de medidas de protección transfronterizas por la persona causante del riesgo dependerá de esta misma. Además, si se reconoce y ejecuta la medida de protección por el Reglamento y no por la Directiva, tampoco tiene un seguimiento sobre el cumplimiento o no de la medida de protección adoptada. Sin embargo, la Directiva sí prevé la emisión de un certificado sobre el incumplimiento de la medida de protección adoptada en virtud de la orden europea de protección. Esta es una de las razones por la que consideramos que debiera atenderse a la naturaleza de las medidas de protección que se pretenden reconocer y ejecutar en España, con independencia de que el Estado de origen haya emitido una

---

na causante del riesgo; información relativa a la persona causante del peligro a la que se le han impuesto las prohibiciones o restricciones; otras circunstancias que puedan influir en la evaluación del peligro que afecte a la persona protegida; otros datos útiles; y si se ha transmitido sentencia o resolución que da lugar a su reconocimiento y ejecución en España en este caso.

53 Este certificado recoge información: sobre los datos de identificación de la persona causante del peligro; datos de identificación de la persona protegida; detalles de la orden europea de protección; datos de la autoridad responsable de la ejecución de la medida de protección, si la hubiere, adoptada en el Estado de ejecución con arreglo a la orden europea de protección; incumplimiento de las prohibiciones o restricciones impuestas por las autoridades competentes del Estado de ejecución a raíz del reconocimiento de la orden europea de protección, y demás consideraciones que darían lugar a la adopción de cualquier decisión posterior; y datos de la persona a la que hay que dirigirse para recabar la información adicional sobre el incumplimiento.

orden europea de protección de conformidad con el Reglamento o la Directiva.

De esta previa distinción entre los certificados emitidos por uno u otro instrumento, pudiéramos pensar que lo que interesa es la aplicación siempre de la Directiva y que siempre se invocará por la persona interesada. No obstante, debemos advertir que se debe atender a todo lo anteriormente expuesto, más el objeto de reconocimiento y ejecución en España. Esto es, por el Reglamento 606/2013 se pueden reconocer tanto resoluciones de órganos jurisdiccionales como de autoridades administrativas que recojan medidas de protección de menores víctimas de violencia doméstica, u otro tipo de violencia. Para el reconocimiento de las resoluciones administrativas se someten a dos requisitos: que sean imparciales; y que se puedan recurrir ante una autoridad judicial (Considerando 13 y art.3.4 Reglamento 606/2013). Del mismo modo, pensamos que sería el caso de la Directiva 2011/99, solo que, en esta ocasión, las medidas de protección son dictadas con miras a la vigilancia de las medidas de libertad vigilada y penas sustitutivas o de prisión provisional (Considerando 16 Directiva 2011/99).

2. En el Reglamento 2019/1111

Se pueden reconocer y ejecutar también medidas de protección del menor-víctima de violencia por el RBII *ter*, y su antecesor, el RBII *bis*, siempre que se refieran a materia de responsabilidad parental. Esta norma, al contrario del Reglamento 606/2013 y de la Directiva 2011/99, no recoge un numerus clausus de medidas de protección, por lo que en este apartado haremos un esfuerzo de sintetizar las medidas de protección que se pueden reconocer y ejecutar por esta norma. Atendiendo a las reglas de concurrencia del Reglamento 606/2013 y la Directiva 2011/99, entendemos que las dos anteriores normas ya analizadas no se aplicarán al reconocimiento y ejecución de medidas de protección del menor relativas a responsabilidad parental (art.2.3 Reglamento 606/2013 y art.20.1 Directiva 2011/99).

¿Qué medidas de protección en materia de responsabilidad parental se pueden adoptar por el Estado competente en la resolución del fondo del asunto? Un sector de la doctrina española identifica estas medidas con supuestos de secuestro internacional de menores[54]. Nosotros, por el contrario, entendemos que estas medidas de protección pueden encajar en un supuesto de traslado lícito de menores cuando son víctimas de violencia doméstica, intrafamiliar, o de género, y en el reconocimiento y ejecución de medidas provisionales o cautelares de protección en materia de responsabilidad parental.

Para identificar cuándo se aplica el RBII *ter* al reconocimiento y ejecución de medidas de protección de menores-víctimas debemos atender, en primer lugar, al ámbito material de aplicación del RBII *ter*. La protección de los menores-víctimas vendría derivada de la atribución, ejercicio, delegación, restricción o finalización de la responsabilidad parental (art.1.1 b RBII *ter*). Una responsabilidad parental que puede ser establecida por una resolución, por

---

54 La profa. Rodríguez Vázquez relaciona estas medidas de protección provisionales o cautelares que se pueden reconocer con las recogidas en el art.27.5 RB II *ter*, relativas a un procedimiento de restitución de menor. Vid. RODRÍGUEZ VÁZQUEZ, M.ª Ángeles, "Capítulo 11. El régimen general de reconocimiento y ejecución de resoluciones judiciales", en CAMPUZANO DÍAZ, Beatriz (Dir.), *Estudio del Reglamento (UE) 2019/111 sobre crisis matrimoniales, responsabilidad parental y sustracción internacional de menores*, Thomson Reuters, Aranzadi, 2022, pp.220-221. Asimismo, la Profa. Carmen Ruiz Sutil señaló en su momento que el RBII *bis* no tenía en cuenta la circunstancia de la violencia de género en casos de secuestro internacional de menores. RUIZ SUTIL, Carmen, "El menor sustraído ilícitamente en contextos internacionales de violencia machista", en GARCÍA GARNICA, María del Carmen (Dir.), *Aproximación interdisciplinar a los retos actuales de protección de la infancia dentro y fuera de la familia*, Thomson Reuters Aranzadi, Cizur Menor (Navarra), 2019, pp. 581-605. Luego, este no sería el caso que nosotros estaríamos analizando en el que nos centramos en un traslado lícito del menor y en un reconocimiento y ejecución de medidas de protección del menor-víctima de violencia doméstica, género o intrafamiliar, con carácter preventivo.

ministerio de ley o por un acuerdo con efectos jurídicos (art.2.7 RBII *ter*). Preceptos estos últimos del RBII *ter* que deben interpretarse con su contenido remarcado en el art.1.2 RBII *ter* relativo a la custodia, guarda, visita, tutela, curatela del menor, etc.

Unas medidas de protección que no tienen el porqué de ser establecidas única y exclusivamente en un procedimiento contencioso-administrativo de crisis matrimoniales, sino que pueden derivar de cualquier otro tipo de relación con el menor[55]. Para la adopción de tales medidas de protección entendemos que deberá atenderse a las peculiaridades del contexto familiar de cada menor, y al nivel de riesgo para la integridad física, psicológica, emocional, libertad o vida del menor. Mas adelante, analizaremos en qué medidas concretas podrían traducirse.

Si atendemos al ámbito temporal, este Reglamento sólo será aplicado a procedimientos incoados, a los documentos públicos registrados o formalizados, y a los acuerdos registrados sobre responsabilidad parental, el 1 de agosto de 2022 o después de esa fecha (art.100.1 RBII *ter*). Si lo fueran antes de esa fecha, entonces para el reconocimiento y ejecución de esas medidas de protección sería aplicable el RBII *bis* (art.100.2 RBII *ter*). Las resoluciones judiciales tendrán que provenir de algún Estado miembro del RBII *ter* para ser reconocidas y ejecutadas en España de conformidad con este Reglamento. Son Estados parte todos los miembros de la UE, con excepción de Dinamarca (Considerando 96) y del Reino Unido desde el 31 de diciembre de 2020[56].

---

55 La Profa. M.ª Ángeles Sánchez Jiménez afirma que se busca la igualdad en la protección de todos los menores, con independencia de que esta venga derivada o no de una crisis matrimonial. Vid. SÁNCHEZ JIMÉNEZ, M.ª Ángeles, "Capítulo 1. Origen, objetivos y ámbito de aplicación", en CAMPUZANO DÍAZ, Beatriz (Dir.), *Estudio del Reglamento (UE) 2019/111 sobre crisis matrimoniales, responsabilidad parental y sustracción internacional de menores*, Thomson Reuters, Aranzadi, 2022, p.43.

56 Acuerdo sobre la retirada del Reino Unido de Gran Bretaña e Irlanda del Norte de la Unión Europea y de la Comunidad Europea de la Energía Atómica. DOUE, núm. C 384 I/1, de 12 de noviembre de 2019.

Una vez aclarado el ámbito material, temporal, y espacial, nos cuestionamos qué medidas de protección provisionales o cautelares pueden ser adoptadas por las autoridades españolas y cuáles por las autoridades competentes para conocer del fondo del asunto sobre responsabilidad parental.

Las autoridades españolas podrán dictar medidas provisionales, incluidas cautelares, en casos de urgencia en base a la presencia del menor en España, tales como: la guarda y el acogimiento del menor en un centro de protección de menores, o con su progenitora en recursos habilitados para víctimas de violencia de género, o su atención psicológica o revisión sanitaria (art.15.1 RBII *ter*)[57]. También podrá adoptar una medida de protección del menor-víctima de violencia de género, doméstica o intrafamiliar consistente en no divulgar ni confirmar al demandante ni a una tercera persona, información sobre la nueva dirección del menor, cuándo esté en peligro la salud, la seguridad o la libertad de este, o de otra persona como consecuencia de una situación de violencia sobre la mujer, y esta medida de protección haya sido demandada por la autoridad competente en la resolución del fondo del asunto en materia de responsabilidad parental (art.89.1 RBII *ter*)[58].

---

57 Vid. CAMPUZANO DÍAZ, Beatriz, "Capítulo 6. La competencia judicial internacional en materia de responsabilidad parental: las reglas especiales (arts.15 y 16)", en CAMPUZANO DÍAZ, Beatriz (Dir.), *Estudio del Reglamento (UE) 2019/111 sobre crisis matrimoniales, responsabilidad parental y sustracción internacional de menores,* Thomson Reuters, Aranzadi, 2022, pp.117-132.

58 El Grupo de expertos en la lucha contra la violencia contra la mujer y la violencia doméstica (GREVIO), en su último informe del período que trascurre de enero a diciembre de 2021, ha denunciado precisamente evaluaciones del riesgo inadecuadas en países europeos tales como Italia, Francia y Portugal. Son países que no examinan casos de determinación de custodia y derecho de visita cuándo existe violencia doméstica, y han relevado el lugar de residencia de mujeres y menores sumergidos en este contexto de violencia. Luego, la incorporación de esta medida de protección en el RBII *ter* consideramos que se trata de un avance en la materia. *Vid.* CONSEJO DE EUROPA, *3rd GENERAL REPORT ON GREVIO'S ACTIVITIES, covering the period from January to December*

Las autoridades competentes para resolver sobre el fondo del asunto en materia de responsabilidad parental también pueden adoptar medidas de protección cautelares o provisionales que pueden reconocerse y ejecutarse en España. Se podrá suspender parcial o totalmente el procedimiento de reconocimiento y ejecución cuándo esta resolución judicial sea recurrida en el país de origen (art.2.1 b en correlación con el art.33 RBII *ter*).

En concreto, en relación con la patria potestad puede privar o suspender de esta al progenitor maltratador, establecer el ejercicio en exclusiva a la progenitora custodia, atribuir a uno de los progenitores la facultad de decidir sobre el traslado de residencia del menor como medida relacionada con la condición de víctima del menor o de su progenitora, y la atención psicológica del menor etc. En relación con la guarda y custodia, puede suspenderla y decidir un cambio a favor de la progenitora, el establecimiento individual como consecuencia de que el progenitor esté incurso en proceso penal o cuándo existan indicios de maltrato o cuando no proceda su atribución compartida por existencia de condena frente al progenitor, estar incurso en un proceso penal, etc. Y en relación con régimen de visitas, puede que se establezca una prohibición de pernocta con el presunto maltratador y las entregas y recogidas del menor en un Punto de encuentro familiar del nuevo domicilio del menor, la suspensión del régimen de visitas por existencia de una orden de protección, condena penal, quebrantamiento de la orden de alejamiento, por maltrato psicológico hacia el menor, por estar el progenitor en prisión, por situación del riesgo o interés superior del menor, etc.

El catálogo de medidas de protección no está enumerado en el RBII *ter*, pensamos que por dos razones obvias: 1) la adopción de una u otra medida de protección, por la autoridad competente para resolver sobre el fondo del asunto en materia de responsabilidad parental, depende de la ley material aplicable a la resolu-

---

2021, 2021, p.42. Disponible en: https://rm.coe.int/prems-055022-gbr-2574-rapportmultiannuelgrevio-texte-web-16x24/1680a6e183.

ción del fondo del asunto; y 2) esta ley material aplicable puede incorporar o no como "criterio legal"[59] la situación de violencia de género, intrafamiliar, o doméstica, en la que está sumergida la persona menor de edad[60]. En ese sentido, GREVIO denuncia que la normativa de Bélgica, Italia, Polonia, y Eslovenia, no contempla este criterio legal.

Asimismo, puede ser debido a la inexistencia de una ley de naturaleza penal de protección de menores en contextos de violencia de género, doméstica o intrafamiliar, y a su interpretación conjunta y trasversal con la ley material aplicable para resolver las cuestiones de responsabilidad parental. Una situación que puede variar a partir de la adhesión del Parlamento Europeo al Convenio de Estambul mencionado en la introducción de este trabajo. A partir de esta adhesión se podría obligar a los Estados miembros del RBII *ter* a introducir como criterio legal la violencia doméstica, género o intrafamiliar a la hora de dictar una resolución judicial adoptando medidas de protección del menor en materia de responsabilidad parental.

---

59 CONSEJO DE EUROPA, *3rd GENERAL REPORT ON GREVIO'S ACTIVITIES, covering...*, op.cit.

60 La incorporación del enfoque de género en la interpretación de la legislación española ya venía siendo demandada por la Profa. Juana Gil Ruiz desde hace años. En nuestro caso estaríamos solicitando la extensión de esta obligación en la interpretación de la ley extranjera material aplicable para la adopción de medidas de protección de menores-víctimas de violencia de género, doméstica o intrafamiliar, en materia de responsabilidad parental. Vid. GIL RUIZ, Juana María, *El Convenio de Estambul como marco de Derecho antisubordiscriminatorio,* Dykinson, 2018.

IV. CAUSAS DE DENEGACIÓN DEL RECONOCIMIENTO Y EJECUCIÓN DE LAS MEDIDAS DE PROTECCIÓN DEL MENOR-VÍCTIMA

Una vez que ya hemos discernido entre los distintos tipos de medidas de protección del menor-víctima de violencia doméstica, género o intrafamiliar que pueden adoptarse en el país de origen y el instrumento aplicable, pasamos a analizar las causas de denegación del reconocimiento y ejecución de tales medidas de protección adoptadas en el país de origen. Analizaremos, en primer lugar, de forma conjunta el Reglamento 606/2013 y la Directiva 2011/99, por contener ambas normas medidas de protección muy similares. Y pasaremos, a continuación, a analizar las del RBII *ter*.

Desde aquí advertimos que no hemos localizado jurisprudencia en la que se analicen las causas de denegación del reconocimiento y ejecución del Reglamento 606/2013, de la Directiva 2011/99, y del RBII *ter*. Puede ser por contemplar las tres normas el reconocimiento mutuo como vía de atribución de efectos, eliminando procedimientos intermedios para la ejecución[61].

Si atendemos a las causas de denegación del reconocimiento y ejecución de las medidas de protección expedidas por el Reglamento 606/2013, existen dos causas tasadas en su art.13: 1) el orden público del Estado requerido; y 2) la inconciabilidad con una sentencia dictada o reconocida en el Estado miembro requerido[62]. En ningún caso se podrá entrar sobre el fondo del asunto,

---

[61] Una vía de atribución de efectos, la del reconocimiento mutuo, que ha sido analizada por la Profa. Cuartero Rubio haciendo referencia a la tutela en origen de los derechos fundamentales en múltiples instrumentos institucionales. CUARTERO RUBIO, María Victoria, *Cooperación judicial civil en la Unión Europea y tutela en origen de derechos fundamentales*, Thomson Reuters, Aranzadi, Pamplona, 2020.

[62] El Reglamento 606/2013 estaría recogiendo el principio de reconocimiento mutuo, pero eliminando procedimientos intermedios para la ejecución, y del mismo modo estaría sucediendo con la Directiva 2011/99. Y en el supuesto del Reglamento 2019/1111 se estaría pres-

y denegar alegando que el Derecho del Estado miembro requerido no permite una medida de este tipo fundada en los mismos hechos. Luego, de presentarse un certificado con medidas de protección emitido por el Estado miembro de origen ciñéndose a los arts.5-7 del Reglamento 606/2013, no se podrá denegar su reconocimiento y ejecución en España por la naturaleza de las medidas de protección en el país que las emite. En todo caso, tendrá que equipararlas a las medidas de protección existentes en su ordenamiento jurídico. En nuestro caso, serían medidas de protección de naturaleza penal como ya habíamos adelantado en el punto II de este trabajo.

Si atendemos a las causas de denegación del reconocimiento y ejecución de las medidas de protección expedidas de conformidad con la Directiva 2011/99, las causas de denegación se amplían hasta nueve causas sin contener las dos anteriores, a pesar de contener similares medidas de protección. Se trata de causas de denegación por defectos formales no subsanables, causas sustanciales y de fondo. Todas ellas establecidas en su art.10 y son: 1) que la orden europea de protección esté incompleta o no completada a tiempo; 2) la falta de adopción en el Estado de origen una o varias prohibiciones de las mencionadas en el art.5; 3) que la medida de protección referida a un hecho que no constituye infracción penal en el Derecho del Estado de ejecución; 4) que la medida de protección derivada de la ejecución de una pena o medida que, conforme al Derecho del Estado de ejecución, haya sido objeto de amnistía y corresponda a un hecho o conducta sobre el que tenga competencia con arreglo a dicho Derecho; 5) que la persona causante del riesgo o peligro goza de inmunidad conforme al Derecho del Estado de ejecución; 6) la existencia de prescripción de la actuación penal contra la persona causante del peligro conforme al Derecho del Estado de ejecución, si tal hecho o conducta es de su competencia de conformidad con su

---

cindiendo del procedimiento intermedio y, además, invirtiendo la sede del control. *Ibidem.* CUARTERO RUBIO, María Victoria. *Cooperación judicial civil...*, op.cit., pp.54 y 57-59.

Derecho nacional; 7) la vulneración del principio *non bis in ídem*; 8) que conforme al Derecho del Estado de ejecución, la persona causante del peligro no pueda considerarse penalmente responsable del hecho o conducta que haya dado lugar a la adopción de la medida de protección, por razón de su edad; y 9) que cuando la medida de protección se refiera a una infracción penal que, según el Derecho del Estado de ejecución, se considere cometida totalmente, su mayor parte o fundamentalmente dentro del territorio de su jurisdicción.

Lo anterior puede conducir a que se puedan reconocer y ejecutar con mayor facilidad las medidas de protección provisionales o cautelares emitidas por el Reglamento 606/2013 sin que puedan alegarse como causas de denegación las tasadas en la Directiva 2011/99, si se han emitido estas de conformidad con el Reglamento 606/2013.

Por último, si atendemos a las causas de denegación del reconocimiento y ejecución de las medidas de protección del RBII *ter* según su art.39 son: 1) orden público; 2) rebeldía involuntaria; 3) violación del derecho de audiencia antes de dictar la resolución; 4) inconciabilidad con una sentencia dictada en España o en otro Estado miembro o no miembro de residencia habitual del menor; 5) no se ha respectado el procedimiento de acogimiento del menor en otro Estado del art.82; 6) falta de audiencia al menor, excepto sin existen circunstancias para el trámite de urgencia de las medidas de protección provisionales o cautelares. Por lo tanto, las causas de denegación del reconocimiento y ejecución de la resolución judicial, por la que se limita la responsabilidad parental del progenitor, presunto/a maltratador/a del menor, también son más amplias a las recogidas en el Reglamento 606/2013.

V. CONCLUSIONES Y PROPUESTA

A modo de conclusión general consideramos que el reconocimiento y ejecución de medidas de protección europeas provisionales o cautelares de menores-víctimas de violencia de género, doméstica, o intrafamiliar, es el modo apropiado para la efectivización de los derechos de los menores-víctimas de violencia en todo el territorio europeo. Este reconocimiento y ejecución se identifica con una protección preventiva del menor que trata de ponerlo a salvaguarda mientras las autoridades competentes para la resolución del fondo del asunto sobre responsabilidad parental y sobre la violencia ejercida sobre el menor y/o sobre su madre, se pronuncian sobre ambas materias (responsabilidad parental, y violencia doméstica, género o intrafamiliar). Además, es el mecanismo idóneo para evadir a los progenitores y presuntos maltratadores/as de iniciar un procedimiento de restitución del menor al país de su residencia habitual en cuanto que acreditan fehacientemente los límites sobre el ejercicio de la responsabilidad parental que tiene el progenitor no custodio en el país de origen de la resolución judicial.

Como conclusiones particulares, destacamos las siguientes:

1. No hay un definición europea ni información sobre el Derecho doméstico de cada Estado miembro consultable sobre las medidas de protección provisionales y cautelares del menor-víctima de violencia de género, doméstica o intrafamiliar que se pueden adoptar de conformidad con el RBII *ter*. Se sugiere solicitar a los Estados miembros del RB II *ter* que comuniquen a las instituciones de la UE la ley interna a través de la que se pueden adoptar, si se determina como ley aplicable al fondo del asunto, las medidas provisionales o cautelares que se pueden adoptar, así como las definitivas, y la calificación autónoma que realizan de violencia de género, doméstica o intrafamiliar, y el encaje que tienen en estos tipos de violencias en las personas menores de edad.

2. No existe un registro comunitario sobre las medidas provisionales y cautelares que se han adoptado con cada menor que transita por el espacio europeo que materialice la cooperación internacional de autoridades en la misma línea que la establecida en el Reglamento 2022/850 del Parlamento europeo y del Consejo de 30 de mayo de 2022 relativo a un sistema informatizado para el

intercambio electrónico transfronterizo de datos en el ámbito de la cooperación judicial en materia civil y penal (sistema e-Codex).

Abogamos por la construcción de una base de datos europea que recoja en formato digital todas las medidas de protección de menores, europeos o extranjeros con residencia habitual en un Estado miembro de la UE, y víctimas de cualquier tipo de violencia, en la que se recopilen las resoluciones judiciales, documentos públicos, o acuerdos registrados, de todos los Estados parte del RBII *ter*, del Reglamento 606/2013 y de la Directiva 2011/99. Una base de datos que podrá ser consultada por las autoridades competentes en materia migratoria, policial, violencia de género, doméstica o intrafamiliar, y de responsabilidad parental. Al digitalizar las medidas de protección provisionales o cautelares adoptadas, se coadyuva a la verificación de la autenticidad de las resoluciones judiciales, documentos públicos o acuerdos registrados.

En la normativa de esta base de datos europea propuesta se recogerán no solo medidas de protección provisionales o cautelares, sino aquellas otras que tengan vocación de permanencia. Se registrará con carácter obligatorio el lugar de la residencia habitual del menor, de sus progenitores, persona jurídica o física responsable del menor, los pasaportes que posea, y nacionalidad o nacionalidades, así como un informe emitido por un equipo psicosocial que haya atendido al menor en el que se valorará el grado de riesgo de ser secuestrado o de poner en riesgo su integridad física, psíquica, emocional o su vida, y persona causante del riesgo. También se recogerá información sobre si se han emitido medidas de protección provisionales o cautelares complementarias a las emitidas por el RBII *ter* como pueden ser las adoptadas por el Reglamento 606/2013 y la Directiva 2011/99. En esta base de datos también se registrarán las prohibiciones de salida del país o países que se hayan establecido para la protección del menor.

3. No existe ningún tipo de instrucción o guía en la que se recabe información sobre las autoridades competentes en reconocimiento y ejecución de medidas cautelares o provisionales de protección de los menores-víctimas de violencia, doméstica o in-

trafamiliar, identificación del instrumento aplicable, y denegaciones de reconocimiento y ejecución de estas que se hayan llevado en España. Por ese motivo, abogamos por la elaboración de una guía sobre reconocimiento y ejecución de medidas de protección de menores-víctimas en España. En esta guía, que será un documento orientativo o informativo, se recogerán las autoridades españolas competentes para su reconocimiento y ejecución atendiendo a los efectos pretendidos por el solicitante. También, se darán instrucciones sobre la identificación del instrumento aplicable atendiendo a los ámbitos de regulación y aplicación del RB II *ter*, Reglamento 606/2013 y Directiva 2011/99. Se recogerá el principio de complementariedad o subsidiaridad entre las medidas de protección adoptadas por uno u otro instrumento. También, la obligación de adaptación para proporcionar la fuerza ejecutiva necesaria de las medidas de protección expedidas por el Reglamento 606/2013 en España. Asimismo, aparecerá regulado el procedimiento de reconocimiento y ejecución de cada una de las medidas de protección mencionadas. También un catálogo recogido de la base de datos europea mencionada y de la información proporcionada por Estados miembros sobre las medidas provisionales, cautelares, y permanentes de protección de menores-víctimas que se pueden adoptar en materia de responsabilidad parental y su forma de interpretación.

La finalidad primordial de las anteriores propuestas es reducir hasta el máximo el riesgo de los menores sumergidos en un contexto de violencia de género, doméstica o intrafamiliar, con residencia habitual en un Estado miembro de la UE de acabar siendo víctimas de violencia de cualquier tipo. Son propuestas orientadas a la incorporación del enfoque de género (demandado por el Convenio de Estambul), así como el enfoque de derechos de la niñez y la adolescencia.

REFERENCIAS

BAYO DELGADO, Joaquín, "Práctica española de Derecho internacional privado", *REDI*, vol.74, 2, 2022, pp.499-506.

BORGES BLÁZQUEZ, Raquel, "El reconocimiento mutuo de las medidas de protección de víctimas en la UE: la transposición de la Directiva 2011/99/UE sobre la orden europea de protección al ordenamiento jurídico español", *Revista de estudios europeos,* núm.71, 2018, pp.73-85.

CALVO CARAVACA, Alfonso Luis y CARRASCOSA GONZÁLEZ, Javier, *Tratado de Derecho internacional privado. Tomo 2,* Tirant lo Blanch, Valencia, 2022.

CAMPUZANO DÍAZ, Beatriz, "Capítulo 6. La competencia judicial internacional en materia de responsabilidad parental: las reglas especiales (arts.15 y 16)", en CAMPUZANO DÍAZ, Beatriz (Dir.), *Estudio del Reglamento (UE) 2019/111 sobre crisis matrimoniales, responsabilidad parental y sustracción internacional de menores,* Thomson Reuters, Aranzadi, Navarra, 2022, pp.117-132.

CARO GÁNDARA, Rocío, "De la desconfianza recíproca al reconocimiento mutuo, una laboriosa transición: el Reglamento II bis como banco de pruebas", *Diario La Ley,* 2011.

CUARTERO RUBIO, María Victoria, "La alegación de violencia doméstica en el proceso de restitución internacional de menores", en MARTÍN LÓPEZ, Teresa y VELASCO RETAMOSA, José Manuel, *La igualdad de género desde la perspectiva social, jurídica y económica,* Editorial Civitas, 2014, pp.74-101.

CUARTERO RUBIO, María Victoria, *Cooperación judicial civil en la Unión Europea y tutela en origen de derechos fundamentales,* Thomson Reuters, Aranzadi, Pamplona, 2020.

DUTTA, Anatol, "Medidas de protección transfronterizas en la Unión Europea", *AEDIPr,* t.XIV-XV, 2014-2015, pp.141-157.

ESPINOSA CALABUIG, Rosario, "La (olvidada) perspectiva de género en el derecho internacional privado", *Freedom, Security and Justice: European Legal Studies,* núm.3, 2019, pp.36-57.

ETZEBARRIA ESTANKONA, Katixa, "La protección de las víctimas de violencia de género en la Unión Europea. Especial referencia al reconocimiento mutuo de medias de protección en materia civil", *Rev. Bras. De Direito Processal Penal,* vol.5, núm.2, 2019, pp.961-998.

FERNÁNDEZ ROZAS, José Carlos y SÁNCHEZ LORENZO, Sixto, *Derecho internacional privado. Décimo primera edición,* Civitas, Thomson Reuters, Cizur Menor, Navarra, 2020.

FERNANDEZ ROZAS, José Carlos, y SÁNCHEZ LORENZO, Sixto. *Derecho internacional privado. Décimo segunda edición,* Civitas, Thomson Reuters, Cizur Menor, Navarra, *2022.*

GARRIGA SUAU, Georgina, “El Reglamento (UE) núm.606/2013, del Parlamento Europeo y del Consejo, de 12 de junio de 2013, relativo al reconocimiento mutuo de medidas de protección en materia civil”, *REDI,* Vol. LXV, núm.2, 2013, pp.382-387.

GIL RUIZ, Juana María, *El Convenio de Estambul como marco de Derecho antisubordiscriminatorio,* Dykinson, Madrid, 2018.

LARA AGUADO, Ángeles, “Neutralidad del Derecho internacional privado en cuanto al género. Una forma de violencia de género institucional”, *Anales de la cátedra Francisco Suárez,* Protocolo II, 2022, pp.293-326.

REQUEJO ISIDRO, Marta, “El Reglamento (UE) N.º 606/2013 del Parlamento Europeo y del Consejo, de 2 de junio de 2013, relativo al reconocimiento de medidas de protección en materia civil”, *International Journal of Procedural Law,* Vol. 5, núm.1, 2015, pp.51-70.

RODRÍGUEZ MEDEL-NIETO, Carmen y SEBASTIÁN MONTESINOS, Ángeles, “Capítulo 6. Orden Europea de protección”, en RODRÍGUEZ MEDEL-NIETO, Carmen (Dir.), *Manual práctico de reconocimiento mutuo penal en la UE. Preguntas, respuestas y formularios de la Ley 23/14 de 20 de noviembre,* Tirant lo Blanch, Valencia, 2015, pp.486-561.

RODRÍGUEZ VÁZQUEZ, M.ª Ángeles, “Capítulo 11. El régimen general de reconocimiento y ejecución de resoluciones judiciales”, en CAMPUZANO DÍAZ, Beatriz (Dir.), *Estudio del Reglamento (UE) 2019/111 sobre crisis matrimoniales, responsabilidad parental y sustracción internacional de menores,* Thomson Reuters, Aranzadi, 2022, pp.215-236.

RUIZ SUTIL, Carmen, “El menor sustraído ilícitamente en contextos internacionales de violencia machista”, en GARCÍA GARNICA, María del Carmen (Dir.), *Aproximación interdisciplinar a los retos actuales de protección de la infancia dentro y fuera de la familia,* Thomson Reuters Aranzadi, Cizur Menor (Navarra), 2019, pp. 581-605.

RUIZ SUTIL, Carmen, “Implementación del Convenio de Estambul en la refundición del Reglamento Bruselas II bis y su repercusión en la sustracción internacional de menores”, *Cuadernos de derecho transnacional,* Vol.10, núm. 2, 2018, pp.615-641.

RUIZ SUTIL, Carmen, *Las violencias de género en entornos transfronterizos. Interconexión de las perspectivas de extranjería, asilo y del derecho internacional privado,* Dykinson, Madrid, 2023.

SÁNCHEZ JIMÉNEZ, M.ª Ángeles, “Capítulo 1. Origen, objetivos y ámbito de aplicación”, en CAMPUZANO DÍAZ, Beatriz (Dir.), *Estudio del Re-*

glamento (UE) 2019/111 sobre crisis matrimoniales, responsabilidad parental y sustracción internacional de menores, Thomson Reuters, Aranzadi, 2022, pp.27-50.

SERRANO SÁNCHEZ, Lucía, "La actual regulación de los puntos de encuentro familiar en Andalucía: una quiebra en la protección de la y el menor (I)", *REDS,* núm.8, 2016, pp.265-275.

SERRANO SÁNCHEZ, Lucía, "La actual regulación de los puntos de encuentro familiar en Andalucía: una quiebra en la protección de la y el menor (II)", *REDS,* núm.9, 2016, pp.166-177.

SOTO MOYA, Mercedes, "Capítulo XXV. Fundido a negro tras el retorno de menores sustraídos por sus madres víctimas de violencia de género a sus países de residencia originaria", en LARA AGUADO, Ángeles, *Protección de menores en situaciones transfronterizas: análisis multidisciplinar desde las perspectivas de género, de los derechos humanos y de la infancia,* Tirant lo Blanch, 2023, pp.871-895.

TERTSCH, Tatjana, "Cross border recognition under Directive 2011/99/UE", en TRIMMINGS, Katarina, DUTTA, Anatol, HONORATI, Costanza and ZUPAN, Mirela, *Domestic violence and parental child abduction. The protection of abducting mothers in return proceedings,* Intersentia, Cambridge, 2022, pp.15-38.

TRIMMINGS, Katarina, DUTTA, Anatol, HONORATI, Costanza and ZUPAN, Mirela, *Domestic violence and parental child abduction. The protection of abducting mothers in return proceedings,* Intersentia, Cambridge, 2022.

El interés superior del menor en la ley 4/2023, para la igualdad real y efectiva de las personas trans y para la garantía de los derechos de las personas LGTBI

CARMEN GONZÁLEZ CARRASCO[1]

Universidad de Castilla-La Mancha

---

[1] Catedrática de Derecho civil en la UCLM. Responsable del Consejo académico MBELegal. Coordinadora del Master en Derecho sanitario y Bioética de la UCLM. Investigadora del Centro de Estudios de Consumo. Proyecto de I+D+i "*El derecho al respeto a la vida familiar transfronteriza en una Europa compleja: cuestiones abiertas y problemas de la práctica*" - PID2020-113061GB-I00, financiado por MCIN/ AEI/10.13039/501100011033 y Proyecto de Investigación "Protección de consumidores y riesgo de exclusión social: seguimiento y avances", PID2021-128913NB-I00, financiado por MCIN/AEI.
Todos los sitios web consultados lo han sido por última vez el 30 de julio de 2023.

I. INTRODUCCIÓN

1. El contexto de la Ley.

La disociación jurídica entre el sexo y el género y su reconducción al derecho al libre desarrollo de la personalidad libre de injerencias en la intimidad personal y familiar[2] se ha convertido en un objetivo legislativo a nivel mundial[3] que ya se había reflejado en algunas normas, tanto estatales como autonómicas, anteriores a la ley que constituye el objeto del presente trabajo.

Entre las primeras, se cuenta la Ley 3/2007 de 15 de marzo, reguladora de la rectificación registral de la mención relativa al sexo

---

2 La jurisprudencia del Tribunal Europeo de Derechos Humanos (TEDH) ha estado condicionada por el hecho de que el Convenio Europeo de Derechos Humanos (CEDH) no menciona de manera expresa el derecho a la identidad de género en el listado de derechos protegidos y que delimita la propia actuación del Tribunal. Y ante la falta de mención expresa del derecho a la identidad de género ha tenido que acudir al artículo 8 del Convenio, que consagra el derecho a la vida privada e impide injerencias en dicha esfera por parte del poder público -salvo que concurra causa de interés público que lo justifique y, por consiguiente, legitime dicha intromisión-, y ha tenido que interpretarlo de forma amplia para calificar como intromisión injustificada en la vida privada el hecho de impedir a las personas transgénero cambiar la mención registral del sexo (https://www.poderjudicial.es/cgpj/es/Poder-Judicial/Consejo-General-del-Poder-Judicial/Actividad-del-CGPJ/Informes/Informe-sobre-el-Anteproyecto-de-Ley-para-la-igualdad-real-y-efectiva-de-las-personas-trans-y-para-la-garantia-de-los-derechos-de-las-personas-LGTBI-). En el mismo sentido, CERVILLA GARZÓN, M.ª Dolores, "La transexualidad en la jurisprudencia del Tribunal Europeo de Derechos Humanos: apuntes sobre una evolución", *La Ley Derecho de familia*, Núm. 30, 2021, pp.21-44.

3 El informe "*For all. The Sustainable Development Goals and LGBTI People*" (2019) de la organización RFSL (*Swedish National Association for Sexual Equality*), explica la relación entre la agenda LGBTI y la Agenda 2030. Accesible en https://www.rfsl.se/wp-content/uploads/2019/04/FINAL_FORALL_RFSL_2019.pdf.

de las personas, hoy derogada por la propia Ley 4/2003 para la igualdad real y efectiva de las personas trans y para la garantía de los derechos de las personas LGTBI (Ley 4/2023 LGTBI)-, la Ley 8/2021, de 4 de junio, de protección integral a la infancia y la adolescencia frente a la violencia, la LO 10/2022, de 6 de septiembre, de garantía integral de la libertad sexual, la Ley Orgánica 3/2020, de 29 de diciembre, de Ordenación de la Educación (LOMLOE), así como la Ley 15/2022 de 12 de julio, integral para la igualdad de trato y no discriminación[4]. A ellas se suma el Proyecto de Ley de Familias[5], truncado en su tramitación por el final de la legislatura, que contempla la diversidad de modelos familiares y su protección.

Se trata de una política transversal, en cuanto se expande a todo el ordenamiento orientando la acción de los poderes públicos, y "vertical", desde el momento en que pretende marcar normati-

---

4 Artículo 2. Ámbito subjetivo de aplicación. 1. Se reconoce el derecho de toda persona a la igualdad de trato y no discriminación con independencia de su nacionalidad, de si son menores o mayores de edad o de si disfrutan o no de residencia legal. Nadie podrá ser discriminado por razón de nacimiento, origen racial o étnico, sexo, religión, convicción u opinión, edad, discapacidad, orientación o identidad sexual, expresión de género, enfermedad o condición de salud, estado serológico y/o predisposición genética a sufrir patologías y trastornos, lengua, situación socioeconómica, o cualquier otra condición o circunstancia personal o social.

5 BOCG XIV LEGISLATURA, Serie A: PROYECTOS DE LEY 14 de abril de 2023 Núm. 151-1 p. 1. PROYECTO DE LEY 121/000151 Proyecto de Ley de Familias, accesible en https://www.congreso.es/public_oficiales/L14/CONG/BOCG/A/BOCG-14-A-151-1.PDF. Las medidas de conciliación de la vida familiar y laboral previstas en el Proyecto de Ley se han incorporado finalmente a una norma "ómnibus", el Real Decreto-ley 5/2023, de 28 de junio, por el que, entre otras, se adoptan determinadas medidas en trasposición de la Directiva (UE) 2019/1158 del Parlamento Europeo y del Consejo, de 20 de junio de 2019, relativa a la conciliación de la vida familiar y la vida profesional de los progenitores y los cuidadores, y por la que se deroga la Directiva 2010/18/UE del Consejo.

vamente todas las etapas de la vida de las personas bajo el ropaje de la libertad de autodeterminación, libertad y diversidad sexual que constituyen en su razón de ser. Ello explica que la legislación sobre menores de edad en este ámbito haya experimentado un desarrollo progresivo basado en el tránsito desde una situación inicial de confianza en la familia como garante del mayor beneficio de la persona menor de edad a la progresiva desconfianza hacia la familia y correlativa disminución del papel de protagonista de los representantes del menor en la consecución de su interés superior, que a su vez es identificado de forma incuestionada con su autonomía personal, su capacidad para hacer posible su identidad sexual y su libertad para su expresión de género.

Las normas dictadas en nuestro país en consecución de estos objetivos en relación con los menores abarcan aspectos bien diferentes. Unas veces, los objetivos de la disociación entre sexo y género se pretenden conseguir con la retirada de financiación a centros concertados que han optado por la opción pedagógica de la educación diferenciada y la inclusión de contenidos obligatorios en todas las etapas educativas relativos al principio de igualdad de trato y no discriminación de las personas LGTBI, al respeto a la diversidad en materia de orientación sexual, identidad sexual, expresión de género y características sexuales y a la diversidad familiar (Ley Orgánica 3/2020, de 29 de diciembre, de Ordenación de la Educación, LOMLOE[6]); en otras normas, la "no aceptación" parental de la identidad sexual se considera indicador de riesgo para el menor (Ley Orgánica 8/2021, de 4 de junio, de protección integral a la infancia y la adolescencia frente a la violencia, reiterada en este punto por el art. 70 de la Ley 4/2023 LGTBI).

Pero la normativa "*trans*" tiene otras repercusiones de importancia en el derecho de familia. Por poner algunos ejemplos, la

---

6 Si bien estos aspectos ya se incluían en el currículo de las distintas etapas educativas en la Ley Orgánica 2/2006, de 3 de mayo, de Educación modificada por la LOMLOE.

ampliación de los términos padre y madre del Código civil a los de progenitor masculino con capacidad para gestar y del progenitor femenino sin capacidad de gestar, aun sin modificar expresamente la Ley 14/2006, de 26 de mayo, sobre de Técnicas de Reproducción humana asistida (LTRHA), han planteado serias dudas sobre la admisibilidad de la doble filiación materna de las parejas de mujeres no casadas[7], en la medida en que una de ellas

---

[7] Para REYES LÓPEZ, M.ª José, ("Cuestiones civiles en la Ley 4/2023, de 28 de febrero, para la igualdad real y efectiva de las personas trans y para la garantía de los derechos de las personas LGTBI" (*Instituto de Derecho Iberoamericano IDIBE. Tribuna,* mayo 4, 2023, disponible en *https://idibe.org/tribuna/cuestiones-civiles-la-ley-4-2023-28-febrero-la-igualdad-real-efectiva-las-personas-trans-la-garantia-los-derechos-las-personas-lgtbi*), la Ley 4/2023 abre la puerta a *"la posibilidad de que las parejas formadas por mujeres puedan proceder a la determinación de la filiación no matrimonial en los mismos términos que en el caso de tratarse de parejas heterosexuales que, con anterioridad a esta ley, solo era posible en el caso de existir un vínculo matrimonial. Baste detenerse al respecto en los arts. 120.1 y 124 CC en relación con el art. 44 LRC. En el primero de ellos, el término «madre» se ha asimilado al de progenitor gestante mientras que el segundo, el art. 124.2 CC, prevé la suspensión de la eficacia del reconocimiento del menor de edad hecho por el padre o progenitor no gestante en testamento o dentro del plazo para practicar la inscripción de nacimiento, a instancia de la madre o progenitor gestante y, en correlación con ello, la disposición final undécima modifica el artículo 44.6 LRC, exigiendo el consentimiento expreso de la madre o persona trans gestante para la eficacia del reconocimiento de hijo menor de edad. Se da la paradoja sin embargo de que el art. 7.3 LTRHA, que no ha sido derogado, sigue refiriéndose a la situación anterior basada en la existencia de un vínculo matrimonial y en la inexistencia de separación legal o, de hecho, por lo que el criterio es el opuesto al mantenido en el apartado 6º del art. 44 LRC".* Creo, no obstante, que el espíritu de la Ley Trans no es que el mero consentimiento constituya la filiación, acabando con la posibilidad de indagar en la categoría de reconocimientos de complacencia o conveniencia. Lo que ocurre es que tiene una laguna en un caso muy concreto: la pareja de mujeres no casadas en la que una es trans (antes era un hombre) y ha conservado órganos masculinos, precisamente para fecundar a su esposa. Según la LTRHA, efectivamente no modificada, no pueden inscribirse como madres ambas, lo cual viene corroborado por el art. 44.4LRC cuando afirma que cuando se determine por reconocimiento la filiación, por

tenga la condición de persona transexual pero haya conservado la capacidad reproductora de su sexo masculino sin necesitar por ello acudir a las técnicas de reproducción asistida humana, que solo permiten la doble filiación materna si existe un vínculo matrimonial entre la madre gestante y la no gestante (art. 7 LTRAH). A lo anterior cabe añadir que, aun cuando desde la entrada en vigor de la Ley 13/2005, de 1 de julio, reguladora del derecho a contraer matrimonio entre personas del mismo sexo, ha perdido sentido el veto al matrimonio entre personas del mismo sexo originario[8], la ausencia de publicidad del cambio de sexo registral reaviva la posibilidad de error en las cualidades esenciales de la persona como causa nulidad matrimonial (art. 73.4 CC)[9].

---

conformidad de padre o madre no gestante sin controversia, esta no puede resultar contraria a las presunciones establecidas en la legislación civil y deberán cumplirse, además, las condiciones previstas en la legislación civil para su validez y eficacia. Además, en el reconocimiento de la filiación no matrimonial con posterioridad a la inscripción de nacimiento realizada por declaración del padre o madre no gestante ante el encargado del Registro Civil, el apartado 6 establece, además del consentimiento de la madre o persona trans gestante, el mismo requisito de adecuación a las condiciones previstas en la legislación civil, lo que obliga a dos personas inscritas como mujeres a estar casadas, aunque una de ellas sea trans y conserve la capacidad de inseminar a su pareja. El único resquicio posible para dos mujeres (trans o no) no casadas es la posibilidad del expediente registral: "2.ª *Cuando el hijo se halle en la posesión continua del estado de hijo del padre o de la madre, justificada por actos directos del mismo padre o de su familia*", habida cuenta de que el TS ha entendido que la doble maternidad de mujeres no casadas puede determinarse por posesión de estado. Sobre ello, QUICIOS MOLINA, M.ª Susana, "Las relaciones de filiación de personas LGTBI tras la Ley 4/2023", *Cuadernos de Derecho Privado,* núm. 5, 2023, pp. 2-7.

8 SSTS 2 julio 1987 (Tol 409977), 15 julio 1988 (Tol 1735745), 3 marzo 1989 (Tol 1731668) y 19 abril 1991 (Tol 1728846). En contra, con criterio permisivo, RRDGRN 8 enero 2001 (Tol 242130) y 31 enero 2001 (RAJ 2001, 5095).

9 GARCÍA RUBIO, M.ª Paz, "Las repercusiones de las propuestas normativas sobre el género preferido en el ámbito de las relaciones familiares", *La Ley Derecho de Familia: Revista jurídica sobre familia y menores,* Núm.

Por otro lado, la posibilidad de cambio registral de la mención del nombre y el sexo durante la minoría de edad sin necesidad de informes médicos ni psicológicos, introducida por la Ley 4/2003 LGTBI), deroga la citada Ley 3/2007 e introduce cambios de extraordinaria relevancia en la Ley 15/2015, de 2 de julio, de la Jurisdicción Voluntaria y en la Ley 20/2011, de 21 de julio, del Registro Civil.

El consenso social no ha sido el caldo de cultivo de este bloque normativo estatal. Prueba de ello es que todas las normas citadas han sido objeto de recursos de inconstitucionalidad promovidos por varios partidos políticos que, ciñéndonos a la Ley 4/2023 LGTBI[10], consideran que, a pesar de su indudable carácter pro-

---

30, 2021 (Ejemplar dedicado a: Derecho Privado y Autodeterminación de Género), p. 86.

10 Por providencia de 9 de mayo de 2023, ha acordado admitir a trámite el recurso de inconstitucionalidad número 2428-2023, promovido por más de cincuenta diputados del Grupo Parlamentario Vox, contra el artículo 3 letra a) párrafo primero y letra b); artículo 3 letra i); artículos 17, 79.4.d) y el inciso final del artículo 82; artículos 3.g) y 19.2; artículo 23; artículo 24 párrafo segundo; artículo 27.2 inciso final; artículo 14 d) y artículo 42; artículo 43.1 y 2; artículo 44.3; artículo 46.4; artículo 47; artículos 52.2 y 54; artículo 70.3; artículo 79; artículo 80.2 y 3; disposición final primera, apartado cinco (artículo 120.5.º del Código Civil), apartado seis (artículo 124 párrafo segundo del Código Civil), apartado ocho (artículo 137.1 párrafo segundo del Código Civil), apartado nueve (artículo 139 del Código Civil) y apartado doce (artículo 958 bis del Código Civil); disposición final undécima, apartados uno (artículo 44 apartado 6 de la Ley del Registro Civil) y siete (disposición adicional décima de la Ley del Registro Civil); disposición final decimosexta, apartados dos (artículo 48 letra e párrafo segundo de la Ley del Estatuto Básico del Empleado Público), tres (artículo 49 letra a párrafo último de la Ley del Estatuto Básico del Empleado Público) y cuatro (artículo 49 letra c párrafo último de la Ley del Estatuto Básico del Empleado Público); y disposición final undécima, apartado tres (artículo 51.2.º de la Ley del Registro Civil), de la Ley 4/2023, de 28 de febrero, para la igualdad real y efectiva de las personas trans y para la garantía de los derechos de las personas LGTBI. Posteriormente, por providencia de 20 de junio de 2023, acordó admitir a trámite el recur-

gramático, las normas concernientes a las personas menores de edad contenidas en las leyes recurridas atentan contra aspectos básicos de la libertad educativa, la libertad ideológica y de conciencia, la protección del menor y el modelo constitucional de familia.

Resulta desconcertante, sin embargo, que en el ámbito autonómico, la mayoría[11] de las leyes LGTBI hayan ido por delante y, más allá de lo regulado por la legislación estatal, contengan normas sobre el derecho al tratamiento farmacológico y a las cirugías de reasignación de sexo referidas a menores, así como a la capacidad para otorgar el consentimiento informado a las mismas por sí o por sus representantes legales; y sobre todo llama la atención[12] de la normativa autonómica el hecho de que, pese a adentrarse en una cuestión tan delicada, hayan sido promovidas por gobier-

---

so de inconstitucionalidad número 3679-2023, promovido por más de cincuenta diputados del Grupo Parlamentario Popular en el Congreso, contra los artículos 19.2; 43, apartados 1 y 2; 44, apartados 3 y 9; 47, primer párrafo; y 79, apartados 3 b), 4 e) y 4 f), de la Ley 4/2023, de 28 de febrero, para la igualdad real y efectiva de las personas trans y para la garantía de los derechos de las personas LGTBI (BOE núm. 153, de 28 de junio de 2023, páginas 90250 a 90250).

11 La disparidad de criterios es, además, la nota característica de estas normas. Por poner un ejemplo, el artículo 30 de la Ley LGTBI de Castilla-La Mancha se remite a la normativa estatal, mientras que el artículo 16 de la Ley de Identidad de Género de la Comunitat Valenciana solo permite al menor consentir a través de sus representantes legales, el artículo 14 de la Ley de Identidad de Género de la Comunidad de Madrid permite al menor de 16 años o más consentir estos tratamientos e intervenciones, y el artículo 14 de la Ley de Identidad de Género de Aragón, marcada por las competencias otorgadas por el régimen foral aragonés en materia de persona y capacidad, permite al menor de 14 años o más consentir.

12 Véase GONZALO VALGAÑÓN, Altamira, "La protección de la infancia y la adolescencia en las leyes trans", en LARA AGUADO, M.ª Ángeles (dir.), *Protección de menores en situaciones transfronterizas: análisis multidisciplinar desde las perspectivas de género, de los derechos humanos y de la infancia*, Valencia, Tirant lo Blanch, 2023, pp. 286 y ss.

nos autonómicos de muy distinto signo político y aprobadas por unanimidad en todos ellos, mientras que la Ley 4/2023, que en el ámbito sanitario se limita a remitirse a la Ley 41/2002, haya sido objeto de un revuelo mediático mucho mayor.

El objetivo de este capítulo es analizar la incidencia de la ley 4/2023 LGTBI en las relaciones familiares, especialmente en el ejercicio de la patria potestad, en relación con el principio del interés superior del menor como valor prioritario en nuestro ordenamiento jurídico según la Constitución Española, los Tratados ratificados por España y la LO 1/1996 de protección jurídica del menor (Ley 1/1996, LOPJM), así como proponer un criterio de capacidad para la reasignación sexual en el ámbito sanitario – que la Ley 4/2023 LGBTBI no ha entrado a regular- acorde con la Ley 41/2002 básica reguladora de la autonomía del paciente y de derechos y obligaciones en materia de información y documentación clínica (Ley 41/2002, LAP), a la que la propia Ley 4/2023 LGTBI se remite en su artículo 57.

2. Antecedentes.

Como afirma la propia Exposición de Motivos de la Ley 4/2023, y se ha puesto de manifiesto de forma generalizada la literatura científica, los mimbres de la Ley 4/2023 estaban prácticamente tejidos por unos antecedentes provenientes del ámbito normativo autonómico y de la doctrina jurisprudencial, constitucional y europea[13].

Por una parte, la Ley 3/2007, de 15 de marzo, reguladora de la rectificación registral de la mención relativa al sexo de las perso-

---

13 Un recorrido por los antecedentes de la Ley 4/2023 https://www.poderjudicial.es/cgpj/es/Poder-Judicial/Consejo-General-del-Poder-Judicial/Actividad-del-CGPJ/Informes/Informe-sobre-el-Anteproyecto-de-Ley-para-la-igualdad-real-y-efectiva-de-las-personas-trans-y-para-la-garantia-de-los-derechos-de-las-personas-LGTBI-.

nas, ya había regulado -aunque inicialmente[14], solo para las personas mayores de edad-, la posibilidad de modificar la asignación registral de su sexo, sin necesidad de someterse a un procedimiento quirúrgico de reasignación de sexo y sin procedimiento judicial previo, aunque manteniendo entonces la necesidad de disponer de un diagnóstico de disforia de género que el artículo 44.3 de la ley 4/2023 LGTBI hace ahora innecesario.

En el ámbito autonómico, la Comunidad de Madrid aprobó la Ley 2/2016, de 29 de marzo, de identidad y expresión de género. En la Comunidad valenciana rige la Ley 8/2017, de 7 de abril, integral del reconocimiento del derecho a la identidad y expresión de género; en Aragón, la Ley 4/2018, de 19 de abril, de Identidad y Expresión de Género e Igualdad social y no Discriminación de la Comunidad Autónoma de Aragón, que fue seguida de la Ley 18/2018, de 20 de diciembre, de igualdad y protección integral contra la discriminación por razón de orientación sexual, expresión e identidad de género en la Comunidad Autónoma de Aragón. Existen normas muy similares en Andalucía (Ley 8/2017, de 28 de diciembre, para garantizar los derechos de igualdad de trato de las personas LGTBI y sus familiares), Baleares (Ley 8/2016, de 30 de mayo, para garantizar los derechos de lesbianas, gays, trans, bisexuales e intersexuales y para erradicar la LGTBI fobia), Canarias (Ley 8/2014, de 28 de octubre, para la no discriminación por identidad de género y reconocimiento de derechos de transexuales derogada por la disposición derogatoria única.1 de la Ley 2/2021, de 7 de junio), Cataluña (Ley 11/2014, de 10 de octubre, para garantizar los derechos de lesbianas, gays, bisexuales, transgéneros e intersexuales y para erradicar la homofobia, la bifobia y la transfobia), Extremadura (Ley 12/2015, de 8 de

14 La STC 99/2019, de 18 de julio, declaró inconstitucional el artículo 1.1 de la Ley 3/2007, de 15 de marzo, reguladora de la rectificación registral de la mención relativa al sexo de las personas, en la medida en que no incluye entre los legitimados a las personas menores de edad con «suficiente madurez» y que se encuentren en una «situación estable de transexualidad», criterio que se ha introducido en la Ley 4/2023 LGTBI.

abril, de igualdad social de lesbianas, gais, bisexuales, transexuales, transgénero e intersexuales y de políticas públicas contra la discriminación por orientación sexual e identidad de género en la Comunidad Autónoma de Extremadura), Galicia (Ley 2/2014, de 14 de abril, por la igualdad de trato y la no discriminación de lesbianas, gais, transexuales, bisexuales e intersexuales en Galicia), Murcia (Ley 8/2016, de 27 de mayo, de igualdad social de lesbianas, gais, bisexuales, transexuales, transgénero e intersexuales, y de políticas públicas contra la discriminación por orientación sexual e identidad de género en la Comunidad Autónoma de la Región de Murcia), Navarra (Ley foral 8/2017, de 19 de junio, para la igualdad social de las personas LGTBI+), País Vasco, Cantabria (Ley 8/2020, de 11 de noviembre, de Garantía de Derechos de las Personas Lesbianas, Gais, Trans, Transgénero, Bisexuales e Intersexuales y No Discriminación por Razón de Orientación Sexual e Identidad de Género). En la Comunidad de la Rioja, Ley 2/2022, de 23 de febrero, de reconocimiento a la identidad de género y expresión de género y derechos de las personas trans y sus familiares en la Comunidad Autónoma de la Rioja. La última norma aprobada en el ámbito autonómico es la de Castilla-La Mancha (Ley 5/2022, de 6 de mayo, de Diversidad Sexual y Derechos LGTBI en Castilla-La Mancha).

3. Cuestiones previas sobre el concepto de sexo y género y su disociación

Entre las nuevas estas nuevas definiciones que conduce la Ley 4/2023, el apartado i) del artículo define la "identidad sexual" como la "vivencia interna e individual del sexo tal y como cada persona la siente y autodefine, pudiendo o no corresponder con el sexo asignado al nacer". El apartado j) define la "expresión de género" como "la manifestación que cada persona hace de su identidad sexual", siendo esta última cosa bien distinta de la orientación sexual, cuya incidencia en nuestro ordenamiento jurídico familiar ya había sido objeto de regulación en las dos anteriores décadas del presente siglo. En definitiva, el sexo es realidad biológica y el género, equivalente en la norma a "identidad sexual" -aunque en realidad debería denominarse más acertadamente "identidad de género"- sería un concepto psicológico, una construcción cultural. La consecuencia es que con el sexo se nace, mientras que el género (identidad sexual en la nomenclatura legal) se elegiría como una manifestación más del libre desarrollo de la personalidad.

Pero la cuestión se complica cuando se comprueba que las dos primeras variantes pueden, a su vez, no coincidir. Puesto que la definición de "persona trans" se refiere a aquella cuya identidad sexual no se corresponde con el sexo asignado al nacer[15], no es necesario para alcanzar la consideración de persona *trans* la reasignación hormonal o quirúrgica de sexo, pero tampoco -y esto es más problemático- la adopción de expresiones de género acordes con el sexo sentido ni, según la propia ley, el cambio registral de nombre, ni de mención registral del sexo (arts. 51, 2 y 3). Una persona nacida varón puede solicitar el cambio de sexo registral a su sexo sentido (p. ej. género femenino), pero permanecer con su nombre originario (art. 44.4 II), y sin cambiar su expresión de género originaria, conforme a los cánones comúnmente establecidos para su sexo originario. Una persona menor transexual puede obviar la necesidad de solicitar el cambio de mención registral del sexo sentido, pero tendrá derecho a ser tratada en el seno de las relaciones con la Administración Pública con el sexo sentido de acuerdo al nombre elegido como expresión de su género identitario (art. 51.1), ¡sin que ello suponga la pérdida de los derechos que le otorgue su sexo registral! (art. 51.3). En definitiva, a la persona *transexual* le basta con sentir. Pero el sentimiento

---

15 El término transexual, frente al de "transgénero", que resultaría más adecuado a la amplitud conceptual expresado en la Ley 4/2023, persigue el objetivo de negar que las *personas con incongruencia de género* —el término que sustituye a transexualidad en la Clasificación Internacional de Enfermedades que la OMS ha revisado en 2019 y con el que se pretende eliminar todo vestigio de «patología»—, necesiten siempre un «tratamiento» para «cambiar de sexo».

no da cuenta de la función de identificación por el sexo (cuestión biológica) que rige en nuestro ordenamiento jurídico y del valor declarativo y no constitutivo de la publicidad registral. Ambas son expresiones del principio de seguridad jurídica de los terceros que se relacionan con el titular de los datos objeto de inscripción, pues una cosa es que la identidad sexual sea trasunto "*del principio de libre desarrollo de la personalidad (artículo 10.1 de la Constitución) y constituya igualmente una proyección del derecho fundamental a la intimidad personal consagrado en artículo 18.1 de la Constitución*" (Exp. Mot.), y otra bien distinta es pretender que deje de ser un dato que importa a los terceros en las relaciones con la persona. Como afirma María José Reyes López, el sexo como estado civil ha ido perdiendo la función que tenía atribuida en cuanto determinante de limitación de derechos. Pero, sin perjuicio de ello, como puso de relieve el dictamen emitido por el Consejo de Estado, el cambio de sexo, como acto inscribible en el Registro Civil ex artículo 4.4.º LRC, se halla afecto a los principios de orden público y de indisponibilidad que rigen esta materia de conformidad con lo dispuesto en el artículo 1814 CC.

Además, el esfuerzo intelectual de disociar sexo y género ha llevado a una disparidad conceptual inasumible entre la legislación del Estado y la de las Comunidades Autónomas, así como entre la normativa autonómica entre sí. Son llamativas las discrepancias entre algunas legislaciones autonómicas en la definición de persona *trans*. País Vasco y Canarias exigen ciertos requisitos para que una persona sea considerada *trans*, mientras que, en el resto de CCAA que regulan los derechos de este colectivo no exigen nada más que la disconformidad interna de la persona entre su sexo morfológico y su sexo sentido para ser considerado *trans*[16]. Además, la disparidad y la confusión conceptual son gene-

---

[16] TRUJILLO VILLAMOR, Elena, "¿El principio del fin de la identificación por sexo?", *Revista CESCO*, N.º 37/2021, pp.135-157, DOI: doi.org/10.18239/RCDC_2021.37.2719. Como afirma PABLO de LORA, ("¿Se puede cambiar de sexo?", *La Ley Derecho de Familia: Revista jurídica sobre familia y menores*, N.º 30, 2021 (Ejemplar dedicado a: Derecho

ralizadas. Ley 4/2018, de 19 de abril, de Identidad y Expresión de Género e Igualdad social y no Discriminación de la Comunidad Autónoma de Aragón, la palabra transexualidad solo se menciona al comienzo de la exposición de motivos y pasa a ser sustituida en el texto por la palabra trans -término mucho más amplio-, sin diferenciación alguna.

Finalmente, la disociación conceptual entre sexo y género ha sido objeto de numerosas críticas por parte de una parte importante del movimiento feminista[17]. Y es que, al fin y al cabo, la condición de «ser mujer» lleva aparejada un conjunto de posiciones

---

Privado y Autodeterminación de Género), pp. 1-20, p.8), "*la legislación no siempre ayuda. Tomemos, por ejemplo, la definición de trans que se establece en el artículo 1 de la Ley 2/2016, de 29 de marzo, de Identidad y Expresión de Género e Igualdad Social y no Discriminación de la Comunidad de Madrid: «[el término trans]... ampara múltiples formas de expresión de la identidad de género o subcategorías como transexuales, transgénero, travestis, variantes de género, queer o personas de género diferenciado, así como a quienes definen su género como "otro" o describen su identidad en sus propias palabras».*

Otras leyes autonómicas españolas se pronuncian en términos parecidos... Persona trans se convierte así, como antes apuntaba, en un cascarón vacío, uno de esos «significantes huecos» atrapables por populistas de cualquier laya en busca de hegemonía política, social o cultural. Quien autodefine su condición como «colchonero», «cani», «marxista analítico» o «compatibilista» ¿es una persona trans meramente porque describe su identidad «con sus propias palabras»? ¿En qué sentido inteligible estamos aquí hablando de identidad «de género»? Me temo que en ninguno".

17 Las asociaciones Confluencia Movimiento Feminista, Mujeres Progresistas Retiro, Red de Psicología Casandra, Profesionales Sanitarias Feministas, y Agrupación Amanda, esta última, asociación de madres de niñas con "disforia de género de inicio rápido". Un buen resumen de las causas de esta oposición puede encontrarse en el manifiesto de "Mujeres para la Salud". en https://www.mujeresparalasalud.org/por-que-estamos-preocupadas-por-la-ley-trans/. Véase también el capítulo de ARANGUREN SÁNCHEZ, Tasia, "El impacto del proyecto de ley trans sobre los derechos de las mujeres", en BANDRÉS GONDÁRAZ, Elena (coord.), Feminismo en la línea del tiempo, desde las (in)visibilidades al concepto de felicidad, Madrid, Dykinson, 2023. pp. 541 y ss.

normativas favorables o ventajosas sustentadas en la necesidad de paliar los efectos de discriminaciones pasadas, y la posibilidad de que dicho estatus se vea ocupado también por mujeres *trans* que son hombres biológicos no sólo ha de preocupar por el fraude de ley que pueda suponer en detrimento de las mujeres, sino porque en muchos casos supondrá una injustificada discriminación para todos los hombres (cis) que no se «sientan» o «identifiquen» con el género «mujer», o que, haciéndolo, no quieran instar la modificación de la mención registral del sexo en el Registro Civil[18]. En todas estas leyes, el género sustituye al sexo y el género no es físico, simplemente, se siente. Y al establecer en estas leyes el derecho a la libre autodeterminación del género, se está sancionando que los deseos, -*v.gr.* descendencia-, se conviertan en derechos, como demuestra el turismo reproductivo aparejado a la gestación subrogada[19]. Según el feminismo más clásico,

> *"la disociación sexo y género es un planteamiento que responde a un pensamiento individualista y liberal misógino, del que resultan perjudicados derechos fundamentales de menores y de las mujeres.... Debe existir otra forma de reparar otras desigualdades que afectan a otros colectivos, sin afectar ni poner en peligro los derechos de las mujeres. El hecho de denominar a las mujeres "personas gestantes", ya supone invisibilizarlas y tratar de borrarlas del mapa"*[20].

---

18 DE LORA, Pablo, "¿Se puede cambiar...", op.cit., p. 12.

19 Sobre ello, GONZÁLEZ CARRASCO, M. Carmen, "Gestación por sustitución, ¿regular o prohibir?", *Revista CESCO de Derecho de Consumo*, Núm. 22/2017, http://www.revista.uclm.es/index.php/cesco.

20 GONZALO VALGAÑÓN, Altamira, op. cit., pp. 294 y ss.

II. UNA DIFERENCIACIÓN PREVIA: MENORES INTERSEXUALES Y MENORES TRANSEXUALES ANTE EL PRINCIPIO DE "DESPATOLOGIZACIÓN"[21]

La tramitación parlamentaria de la Ley 4/2023 LGTBI vino acompañada de duras críticas dirigidas a la supuesta regulación de los tratamientos e intervenciones de reasignación sexual dirigidos a menores de entre doce y dieciocho años. Se difundió una errónea interpretación legal según la cual, los mayores de doce años podrían decidir someterse a operaciones de cambio de sexo y que a partir de los catorce años, podrían hacerlo sin autorización de sus padres ni intervención judicial. Pero lo cierto es que la Ley 4/2023 LGTBI no regula esta cuestión. Ha de tenerse en cuenta que la reivindicación fundamental del colectivo *trans* no es el acceso a los tratamientos médicos de reasignación, sino el reconocimiento institucional conforme al género correspondiente a su identidad sexual distinta a su vez del sexo de nacimiento, de forma independiente de la expresión física, cultural e incluso nominal de dicha identidad sexual. A lo anterior responde el mandato de *despatologización (sic)* expresado en varios lugares de la ley (arts. 19.1, 56, 44.3). Es por ello que su artículo 57 se remite a la Ley 41/2002, de 14 de noviembre, *básica reguladora de la autonomía del paciente y de derechos y obligaciones en materia de información y documentación clínica* (en adelante, LAP) en lo referido a la prestación del consentimiento informado, limitándose únicamente a exigir una atención sanitaria integral regida por el meritado principio.

---

21 Como tantos otros conceptos introducidos en la Ley 4/2023, el término no existe en el Diccionario de la RAE. Al respecto, véanse las críticas a la utilización de este y otras palabras inexistentes, como "contraacondicionamiento" en el Informe al Anteproyecto de Ley emitido por el CGPJ disponible en *https://www.poderjudicial.es/cgpj/es/Poder-Judicial/Consejo-General-del-Poder-Judicial/Actividad-del-CGPJ/Informes/Informe-sobre-el-Anteproyecto-de-Ley-para-la-igualdad-real-y-efectiva-de-las-personas-trans-y-para-la-garantia-de-los-derechos-de-las-personas-LGTBI-*.

Sin embargo, la Ley sí regula la capacidad para el acceso a las intervenciones de asignación de sexo en el caso de personas intersexuales.

Como recuerda Federico de Montalvo,

> *"(...) nuestros Tribunales se han referido a la diferencia entre intersexualidad y transexualidad en el marco del debate acerca de la cobertura asistencial con cargo al Sistema Público de Salud de las operaciones de reasignación en los estados intersexuales, señalando que, mientras el transexualismo se caracteriza por la identificación con el sexo opuesto, con convicción de pertenecer a él y deseo de cambio de sexo morfológico, la intersexualidad es un estado o cualidad en el que el individuo muestra caracteres sexuales de ambos sexos, como consecuencia de la configuración de sus cromosomas (SSTSJ Madrid 23 de septiembre de 2005)[22]".*

La intersexualidad viene definida en el artículo 3.g) de la Ley LGTBI como la condición donde una persona nace con unas características físicas (genitales, cromosómicas) que no se corresponden con las del cuerpo masculino o femenino[23]. Y en efecto, en ningún caso se trata de las personas transexuales, que la ley también define en el apartado k) del mismo artículo como persona cuya identidad sexual no se corresponde con el sexo asignado al nacer. Solo a los primeros se dirige el art. 19 (*Atención a la salud integral de las personas intersexuales*) con las reglas de consentimiento informado según la edad que el mismo establece.

---

22 DE MONTALVO JÄÄSKELÄINEN, Federico, *Menores de edad y consentimiento informado,* Valencia, Tirant lo Blanch, 2019, p. 288.

23 Por ello resulta contradictorio que la Ley 4/2023 LGTBI extienda a este supuesto de por sí patológico el principio de no patologización: (art. 19.1. *La atención a la salud de las personas intersexuales se realizará conforme a los principios de no patologización, autonomía, decisión y consentimiento informados, no discriminación, asistencia integral, calidad, especialización, proximidad y no segregación. Se asegurará, en todo caso, el respeto de su intimidad y la confidencialidad sobre sus características físicas, evitando las exploraciones innecesarias o su exposición sin un objetivo diagnóstico o terapéutico directamente relacionado*).

Así, en menores de doce años, la Ley 43/2023 LGTBI prohíbe todas aquellas prácticas de modificación genital en personas menores de doce años, salvo en los casos en que las indicaciones médicas exijan lo contrario en aras de proteger la salud de la persona. Salvo estas excepciones, ni el menor ni sus representantes legales están legitimados para solicitar, ni pueden consentir, estas prácticas de determinación genital, y si lo hicieran fuera de indicación médica, la conducta entraría dentro del tipo penal previsto y penado en el art. 156 del Código Penal o, en su caso, en la sanción administrativa muy grave tipificada en el art. 76.4 h) de la Ley 4/2023.

En menores entre doce y dieciséis años, solo se permiten dichas prácticas *a solicitud de la persona menor* siempre que, por su edad y madurez, pueda consentir de manera informada a la realización de dichas prácticas.

A partir de los dieciséis años, nada expresa la ley al respecto de estos menores, quienes, en virtud de la remisión expresa del artículo 57, podrán solicitar y consentir solos -cual es la regla general de las intervenciones de riesgo medio o bajo según la LAP, que elimina el consentimiento por representación a partir de dicha edad. Es dudoso que la remisión incluya también las reglas de excepción expresada en el párrafo segundo del art. 9.4 LAP, según el cual, "*no obstante lo dispuesto en el párrafo anterior, cuando se trate de una actuación de grave riesgo para la vida o salud del menor, según el criterio del facultativo, el consentimiento lo prestará el representante legal del menor, una vez oída y tenida en cuenta la opinión del mismo*", puesto que el carácter personalísimo de la determinación del sexo preferente impide ser representado por otro en esta decisión.

Obsérvese que la norma persigue dos efectos muy diferentes de la regulación contenida en el artículo 9 LAP. En primer lugar, establece la prohibición (no absoluta) de las intervenciones antes de los doce años de edad. En segundo lugar, a diferencia de la regulación contenida en la LAP, impide el consentimiento por representación cuando el menor mayor de doce y menor de dieciséis años no tiene madurez suficiente para consentir. En definitiva, el menor (y solo el menor) podrá solicitar y consentir la intervención de cuando sea suficientemente maduro para ello, y no podrá ser representado por sus padres o tutores en la decisión si carece de la necesaria madurez, sin perjuicio de la participación de los padres en el proceso conforme a la LO 1/1996 LOPJM, y al deber de los profesionales sanitarios de no actuar en contra del interés superior de estos menores en caso de grave riesgo para su salud o su vida, por aplicación del criterio general que cabe colegir del apdo. 6 del art. 9 LAP.

Estas reglas de legitimación restringida al menor intersexual concernido por el tratamiento encuentran su fundamento en el carácter personalísimo de la necesaria opción por uno de los sexos que, hasta la intervención, forma parte de las características físicas y biológicas de la persona, pero no deben excluir la necesidad de asistencia y participación de los representantes legales del menor en el proceso sanitario, previamente informados, como sugiere el apartado 3 del artículo 19 y como exige rotundamente el apartado 5.c) del art. 2 de la LO 1/1996 LOPJM desde su modificación por la disposición final 8.1 de la Ley Orgánica 8/2021, de 4 de junio, de modificación del régimen de protección de la infancia y la adolescencia. Además, la exclusión de los padres o representantes legales del menor en relación con la solicitud y la decisión de optar por uno u otro sexo biológico no conlleva su apartamiento en relación a la primera decisión sobre la mención de su sexo registral. La Ley 4/2023 afirma:

> *"Al inscribir el nacimiento de las personas intersexuales, en el caso de que el parte facultativo indicara la condición intersexual de la persona recién nacida, las personas progenitoras, de común acuerdo, podrán solicitar que la mención del sexo figure en blanco por el plazo máximo de un año. Transcurrido el plazo máximo de un año, la mención del sexo será obligatoria y su inscripción habrá de ser solicitada por las personas progenitoras"* (art. 74.2).

El principio de no patologización de la transexualidad extendido en el artículo 19.1 a la asistencia a la intersexualidad se ve contradicho por el deber de las Administraciones públicas de prestación de asesoramiento y apoyo, incluido el psicológico, a personas menores de edad intersexuales y sus familias, por la garantía de que las personas intersexuales cuenten con la posibilidad real y efectiva de acceder a las técnicas de congelación de tejido gonadal y de células reproductivas para su futura recuperación en las mismas condiciones que el resto de personas usuarias y por la garantía de formación suficiente, continuada y actualizada del personal sanitario, que tenga en cuenta las necesidades específicas de las personas intersexuales (art. 19, 3 y 4).

III. LA RECTIFICACIÓN DE LA MENCIÓN REGISTRAL DEL SEXO DE LAS PERSONAS MENORES DE EDAD

1. La inconstitucionalidad de la exclusión de los menores en la derogada ley 3/2007, reguladora de la rectificación registral de la mención relativa al sexo de las personas.

La Ley 3/2007, de 15 de marzo, hoy derogada por la Disp. Derogatoria única de la Ley 4/2023 LGTBI, permitió por primera vez en nuestro ordenamiento jurídico la rectificación registral de la mención del sexo y nombre a través de un expediente gubernativo a tramitar ante el Registro Civil del domicilio del solicitante.

En el párrafo primero de su art. 1 establecía que "*Toda persona de nacionalidad española, mayor de edad y con capacidad suficiente para ello, podrá solicitar la rectificación de la mención registral del sexo*"; añadiendo en su párrafo segundo que "*La rectificación del sexo conllevaría el cambio del nombre propio de la persona a efectos de que no resulte discordante con su sexo registral*". La norma excluía a las personas menores de edad del acceso al cambio registral del sexo y nombre. Solo las personas mayores de edad podían acceder a esta medida y ello siempre y cuando reunieran los requisitos previstos en su art. 4: tener un diagnóstico de disforia de género y acreditar dos años de tratamiento de adecuación fisiológica a las características aparejadas al sexo correspondiente a su identidad sexual.

En 2014, los progenitores de una persona nacida niña en el año 2002 solicitaron en su representación que aquella, de doce años de edad, pudiera cambiarse la mención del sexo registral. Desestimada la pretensión en primera y segunda instancia, los progenitores recurrieron en casación denunciando vulneración de los arts.10.1 y 24 de la CE, el derecho al libre desarrollo de la personalidad y el derecho a obtener la tutela judicial efectiva, así como la violación del principio de protección del superior del interés del menor.

La Sala Primera del TS elevó ante el TC cuestión de inconstitucionalidad

> *"respecto de la exigencia de ser mayor de edad que establece el artículo 1 de la Ley reguladora de la rectificación registral de la mención relativa al sexo de las personas, como requisito de legitimación para solicitar la rectificación de la mención registral el sexo, en relación a lo previsto en los artículos 10.1, 15, 18.1 y 43.1 CE".*

El TC dictó sentencia de Pleno 99/2019, de 18 de julio[24], ya comentada, estimando la cuestión de inconstitucionalidad que le había sido planteada y declarar la inconstitucionalidad del art. 1 de la ley, entendiendo que la misma solo afectaba en la medida en que quedaban bajo la prohibición de cambio de sexo registral los menores de edad con "suficiente madurez" en "situación estable de transexualidad"[25]. En definitiva, el TC entendió que las per-

---

24 Comentada por BERCOVITZ RODRÍGUEZ-CANO, Rodrigo, "Transexualidad y menor de edad", *Cuadernos Civitas de Jurisprudencia Civil*, núm. 112, 2020, pp. 307-344.

25 La STC contó con el voto particular de la Catedrática de Derecho civil Encarna Roca Trías, al que se adhirió Alfredo Montoya Melgar, quienes entendieron que tal declaración de inconstitucionalidad no hacía sino sumar confusión al panorama legal, al no determinarse la forma de acreditar la estabilidad en la situación de transexualidad y no fijarse los criterios de valoración de la madurez de la persona menor. Un análisis completo de esta STC y de su voto particular puede verse en BUSTOS MORENO, Yolanda B., "La legitimación de los menores de edad a los efectos del reconocimiento legal de su identidad de género. Estado de la

sonas menores de edad que se encuentren en la situación de ser diagnosticadas de disforia de género y esta situación sea estable, es decir, tenga duración en el tiempo, pueden acceder con la ley actualmente vigente al cambio registral de sexo, debidamente representados por sus progenitores o tutores. Ciertamente, en cada caso habrá que acreditar, tanto si la persona menor tiene madurez suficiente o no para tomar tan drástica decisión, así como la estabilidad en dicha situación de transexualidad.

Desde el planteamiento de la cuestión de inconstitucionalidad en 2016 en recurso de casación número 1583/2015 hasta que la STC fue dictada el día 19 de julio de 2019, varias Comunidades Autónomas (Madrid, Murcia, y Baleares que legislaron en el año 2016; en la Comunidad Valenciana y en Navarra, que lo hicieron en 2017 y en Aragón, en sus dos leyes del año 2018), de forma tan precipitada como competencialmente extralimitada, al menos las carentes de legislación foral especial, legislaron sobre el derecho del menor a cambiar su sexo y nombre en los registros administrativos de competencia autonómica.

El Tribunal Supremo, en su sentencia número 685/2019, de 17 de diciembre de 2019, ya dictó sentencia en consonancia con la doctrina constitucional dictada, si bien es cierto que ya desde la promulgación de la Ley, la jurisprudencia había interpretado de forma extensiva los requisitos para el cambio de la mención

---

cuestión tras la Sentencia del Tribunal Constitucional 99/2019, de 18 de julio de 2019", *Derecho Privado y Constitución*, núm. 36, 2020, pp. 79-130. Y es que, ciertamentem, como afirma MORENO ALEMÁN, Javier, "la clave de la cuestión está en diferenciar la disforia de género estable de una disforia de género de inicio brusco en periodos de especial vulnerabilidad como son la infancia y la adolescencia, que podría tener su origen en otros problemas tales como trastorno del espectro autista (TEA), trastorno por déficit de atención e hiperactividad (TDAH), trastornos obsesivocompulsivos (TOC), trastornos alimenticios (TAC), etc. Y en algunos casos, antecedentes de abusos sexuales y de acoso escolar" ("Cuestiones controvertidas sobre NNA Trans. Identidad de género y ejercicio de la patria potestad", en *Manual de Pediatría Social de SEPEAP*, 2023).

registral de sexo sin exigencia de intervención de reasignación sexual [SSTS 17 septiembre 2007 (Tol 1146766), 28 febrero 2008 (Tol 1347129), 18 julio 2008 (Tol 1353319) y 22 junio 2009 (Tol 1554270)].

El artículo 43 de la Ley 4/2023 LGTBI ha establecido la edad para la autodeterminación para rectificación de la mención del sexo registral y la actuación, cuando esta es necesaria, de los representantes legales del menor:

desde los doce a los catorce años, los menores pueden solicitar por sí mismos el cambio registral de sexo en un proceso de jurisdicción voluntaria que exige la asistencia de los padres o tutores o defensor judicial en caso de desacuerdo. Recordemos que es indicador de una situación de riesgo del menor "la no aceptación" parental de esta circunstancia, por lo que los representantes del menor harán bien en pensárselo dos veces antes de manifestarla ante el juez.

De los catorce años a los dieciséis años, el procedimiento de cambio de sexo registral es únicamente gubernativo, aunque con asistencia de los representantes legales del menor. En caso de discrepancia entre sí o con el menor, se nombrará un defensor judicial conforme a los artículos 235 y 236 del Código civil. Los mayores de dieciséis años podrán solicitar la rectificación registral de la mención del sexo de forma completamente autónoma, sin asistencia de sus progenitores. En este punto, la ley contraría lo dispuesto en una norma de rango superior, el art. 2 5.c) de la LO 1/1996, que desde su modificación por LO 8/2015, exige la participación de los representantes legales de la persona menor de edad en todos las medidas o procedimientos que se adopten en relación con ella.

La regulación legal expuesta ha permanecido a pesar de las objeciones manifestadas por el Consejo General del Poder Judicial y por el Consejo de Estado en sus respectivos informes al Anteproyecto de Ley, así como al informe emitido por el Consejo General de Colegios de Médicos de España; y también se aleja de las regulaciones vigentes en los países de nuestro entorno europeo.

En cuanto a lo primero, el Consejo General del Poder Judicial[26] y el Consejo de Estado[27] emitieron los preceptivos informes y dictámenes coincidentes en criticar la legitimación de menores de edad, proponiéndose la necesidad de aprobación judicial para todos los menores de 12 a 16 años de edad, en considerar conveniente acreditar la disforia o la discordancia de género mediante la aportación de un certificado médico o psicológico a los efectos del cambio de la mención del sexo registral, así como en subrayar la necesidad de establecer un periodo de reflexión adecuado antes de ratificar la petición de cambio de sexo.

En cuanto a lo segundo, la mayor parte de los países de nuestro entorno europeo ha sido cauteloso en el cambio de sexo registral en las etapas de la infancia y la adolescencia[28]. No tienen acceso al mismo las personas menores de edad en Dinamarca y Finlandia, y en Francia solo si están emancipados. Carecen de autonomía decisoria en todos los demás países, pues deben estar representados por sus progenitores o tutores. Sólo Noruega y Países Bajos reconocen legitimación a los menores, pero ello siempre que sean mayores de mayores de 16 años. En Suecia, los menores pueden realizar el cambio de sexo registral siempre que se presente un informe médico psiquiátrico confirmatorio del diagnóstico de transexualidad.

---

26 Disponible en https://www.poderjudicial.es/cgpj/es/Poder-Judicial/Consejo-General-del-Poder-Judicial/Actividad-del-CGPJ/Informes/Informe-sobre-el-Anteproyecto-de-Ley-para-la-igualdad-real-y-efectiva-de-las-personas-trans-y-para-la-garantia-de-los-derechos-de-las-personas-LGTBI-

27 Dictamen de 23 de junio de 2022, disponible en https://www.boe.es/buscar/doc.php?id=CE-D-2022-901.

28 Para estudio comparado de la legislación sobre la materia en todos los países europeos, Véase: GONZALO VALGAÑÓN, Altamira, op.cit., pp.280 y ss.

2. Cuestiones que suscitan los expedientes de cambio de mención registral del sexo.

La disposición final decimotercera de la ley 4/2023 LGTBI ha modificado la Ley 15/2015, de 2 de julio, de la Jurisdicción Voluntaria (LJV) introduciendo un nuevo Capítulo I *bis* en el Título II, «*De la aprobación judicial de la modificación de la mención registral del sexo de personas mayores de doce años y menores de catorce*». Destaca de sus trámites procesales la necesidad recogida en el art. 26 *quater* LJV:

> *"La solicitud deberá venir acompañada de cualesquiera medios documentales o testificales (sin tacha por familia, parentesco o amistad) acreditativos de que la persona que insta el expediente ha mantenido de forma estable la disconformidad a la que se refiere el apartado anterior". Y "tendrá en consideración en todo momento el interés superior de la persona menor de edad y le facilitará la información sobre las consecuencias jurídicas de la rectificación solicitada y toda la información complementaria que proceda, en un lenguaje claro, accesible y adaptado a sus necesidades".*

Ha de tenerse en cuenta también el art. 26 quinquies LJV ("Resolución"), según el cual:

> *"Previa audiencia de la persona menor, el Juez resolverá sobre la concesión o denegación de la aprobación judicial, considerando en todo caso el interés superior del menor de edad y previa comprobación de su voluntad estable de modificar la inscripción registral y de su madurez suficiente para comprender y evaluar de forma razonable e independiente las consecuencias de su decisión.*

En cuanto al expediente gubernativo regulado en los arts. 43 y ss. de la Ley 4/2023 LGTBI, al encargado del Registro Civil se le impone exigir una suerte de periodo de reflexión tras la comparecencia inicial, en la que recibirá información sobre las consecuencias jurídicas y el derecho de reversión. Tras la información facilitada por la persona encargada del Registro Civil, la persona legitimada suscribirá, de estar conforme, la comparecencia inicial reiterando su petición de rectificación registral del sexo mencionado en su inscripción de nacimiento. En el plazo máximo de tres meses desde la comparecencia inicial reiterando la solicitud de rectificación inicial, la persona encargada del Registro Civil deberá citar a la persona legitimada para que comparezca de nuevo y ratifique su solicitud, aseverando la persistencia de su decisión.

Reiterada y ratificada nuevamente la solicitud, la persona encargada del Registro Civil, previa comprobación de la documentación obrante en el expediente dictará resolución sobre la rectificación registral solicitada dentro del plazo máximo de un mes a contar desde la fecha de la segunda comparecencia. Se exige al funcionario la constatación de la estabilidad en la vivencia transexual, aunque sin imponer un plazo concreto de persistencia más allá de los tres meses que han de mediar *como máximo* entre la ratificación de la solicitud y su ratificación aseverando la persistencia de la situación.

Cabe preguntarse una vez más cómo se habrá de constatar la estabilidad en la vivencia transexual por el encargado del Registro Civil sin un informe psicológico que asegure la incongruencia de género existente y su persistencia continuada en el interesado, pues para la reasignación registral de sexo no puede exigirse informe médico o psicológico o de función corporal, conforme al criterio de no patologización (sic) recogido en la Ley. Según el art. 44.3:

> *"El ejercicio del derecho a la rectificación registral de la mención relativa al sexo en ningún caso podrá estar condicionado a la previa exhibición de informe médico o psicológico relativo a la disconformidad con el sexo mencionado en la inscripción de nacimiento, ni a la previa modificación de la apariencia o función corporal de la persona a través de procedimientos médicos, quirúrgicos o de otra índole".*

El art. 46 dota a la inscripción registral de carácter constitutivo, lo que no concuerda con el concepto de rectificación ni con la independencia entre nombre y sexo registral que se analizará seguidamente.

Finalmente, ha de tenerse en cuenta que se admite para todas las personas, -independientemente de su edad, como no podía ser de otra forma-, la reversión del cambio de sexo registral previamente producido (art. 47), pero dada la prohibición del art. 17, aquella nunca podrá ser producto de una terapia de reversión o *reacondicionamiento, aunque el interesado, por sí o representado, la consienta.* Esto es, se garantiza un período de reflexión y la reversión es posible, pero se deja a los menores -en realidad, a todas las personas- sin el apoyo profesional que considere necesario para resolver su incertidumbre. Lo cual supone una inadmisible vulneración de la autonomía personal y una conculcación del interés superior del menor.

Transcurridos seis meses desde la inscripción en el Registro Civil de la rectificación de la mención registral relativa al sexo, las personas que hubieran promovido dicha rectificación podrán recuperar la mención registral del sexo que figuraba previamente a dicha rectificación en el Registro Civil, siguiendo el mismo procedimiento establecido en para la rectificación registral. Pero según el art. 47.2:

> *"En el caso de que, tras haberse rectificado la modificación inicial, se quisiese proceder a una nueva rectificación, habrá de seguirse el procedimiento establecido en el capítulo I ter del título II de la Ley 15/2015, de 2 de julio, de la Jurisdicción Voluntaria".*

3. Criterios establecidos por la Instrucción de 26 de mayo de 2023, de la Dirección General de Seguridad Jurídica y Fe Pública (DGSJFP), sobre la rectificación registral de la mención relativa al sexo.

La instrucción regula la documentación que debe presentarse en el expediente gubernativo "*solo y exclusivamente*", extendiendo así la prohibición legal dirigida a los funcionarios encargados del Registro Civil de condicionar la solicitud a informes médicos a la prohibición del interesado de aportarlos:

- Escrito de solicitud, que deberá incluir los datos de identidad de la persona solicitante y, en su caso, la elección del nuevo nombre.

- Certificado literal de nacimiento de la persona interesada (salvo que dicho certificado pueda ser obtenido por la propia oficina de Registro).
- DNI de la persona interesada y, cuando esta sea menor de dieciséis años, también el de su/s representante/s legal/es.
- En el caso de menores de entre 12 y 14 años, testimonio de la resolución judicial que autorice el cambio de la mención registral del sexo.

La comparecencia se efectuará en un espacio reservado que proporcione un entorno de intimidad para la persona solicitante, especialmente, cuando se trate de menores de edad. Las preguntas se plantearán dirigiéndose a la persona declarante con el nombre que esta haya solicitado y se limitarán a las cuestiones necesarias para verificar su voluntad de modificar la mención registral relativa al sexo. Dentro de los estrictos términos de la Ley 4/2023, de 28 de febrero, el encargado velará porque no se produzca fraude de ley o abuso de derecho.

Parece que el órgano directivo es rehén del principio de no patologización, que le impide exigir informes o certificados de ningún tipo, de forma que es imposible aventurar de qué forma podrá el encargado del RC sin ellos verificar la verdadera voluntad de la persona solicitante, y con ello la inexistencia de abuso de derecho.

En el plazo máximo de tres meses desde la comparecencia anterior, se citará nuevamente a la persona legitimada para que comparezca en el Registro por segunda vez y ratifique su solicitud. Ratificada la solicitud y en el plazo máximo de un mes desde la fecha de la segunda comparecencia, la persona encargada del Registro ante el que se hubiera presentado dictará resolución sobre la rectificación registral solicitada.

Especialmente importante a los efectos de la protección jurídica del menor mayor de catorce años -edad expulsados de la garantía implícita en el procedimiento de jurisdicción voluntaria-, es lo dispuesto en la Directriz cuarta de la Instrucción[29], puesto que,

> *"a partir de la entrada en vigor el 30 de abril de 2021 de la Ley 20/2011, la intervención del Ministerio Fiscal en los procedimientos del Registro Civil se limita a los supuestos relacionados en el Decreto de la Fiscalía General del Estado de 6 de julio de 2021, entre los que no se encuentra el procedimiento de rectificación registral de la mención relativa al sexo de las personas por lo que no se le dará traslado para informe en este expediente".*

IV. CAMBIO DE NOMBRE CONFORME A LA IDENTIDAD SEXUAL DEL MENOR

La Ley 3/2007, de 15 de marzo, reguladora de la rectificación registral de la mención relativa al sexo de las personas, no preveía un expediente intermedio que permitiera adecuar el nombre al sexo acorde con la identidad sexual de la persona transexual. En su artículo 1.2, el cambio de nombre a uno correspondiente a un sexo distinto iría aparejado -como consecuencia necesaria- a una previa modificación del sexo objeto de mención registral.

Sin embargo, esta limitación se había superado a nivel práctico, pues, ciertamente[30], la Dirección General de los Registros y del Notariado había dictado la Instrucción de 23 de octubre de 2018[31], sobre cambio de nombre en el Registro Civil de perso-

---

29 GETE-ALONSO CALERA, Carmen, "La rectificación del sexo en la nueva legislación española (a propósito de Ley 4/2023, de 28 de febrero, para la igualdad real y efectiva de las personas trans y para la garantía de los derechos de las personas LGTBI", *Revista de Ciencias Sociales,* Núm. 82, 2023, pp. 15-53, p. 34.

30 DE VERDA Y BEAMONTE, José Ramón, "Transexualidad, minoría de edad, cambio de sexo y cambio de nombre", *IDIBE, Tribuna,* Octubre 2019, https://idibe.org/tribuna/transexualidad-minoria-edad-cambio-sexo-cambio-nombre/.

31 Instrucción de 23 de octubre de 2018, de la Dirección General de los Registros y del Notariado, sobre cambio de nombre en el Registro Civil

nas transexuales, en la que se establecieron dos directrices para orientar la actuación de los encargados del Registro Civil ante las solicitudes de cambio de nombre para la imposición de uno correspondiente a un sexo diferente del que resulta de la inscripción de nacimiento.

Así, en el supuesto de que un mayor de edad o un menor emancipado solicitara el cambio de nombre para la asignación de uno correspondiente al sexo diferente del resultante de la inscripción de nacimiento, tal solicitud sería atendida, con tal de que ante el encargado del Registro Civil, o bien en documento público, el solicitante declarase sentirse del sexo correspondiente al nombre solicitado, y que no le es posible obtener el cambio de la inscripción de su sexo en el Registro Civil, por no cumplir los requisitos del art. 4 de la Ley 3/2007, de 15 de marzo, reguladora de la rectificación registral de la mención relativa al sexo de las personas.

En relación con las personas menores de edad, sus padres, actuando conjuntamente, o quienes estuvieran llamadas a ejercer la tutela sobre los mismos, podrían solicitar la inscripción del cambio de nombre, que sería atendida en el Registro Civil, con tal de que, ante el encargado del Registro, o bien en documento público, los representantes del menor actuando conjuntamente declarasen que el mismo siente como propio el sexo correspondiente al nombre solicitado de forma clara e incontestable. La solicitud debía también ser firmada por el menor, si tenía más de doce años. Si el menor tuviera una edad inferior, debería en todo caso ser oído por el encargado del Registro Civil, mediante una comunicación comprensible para el mismo y adaptada a su edad y grado de madurez.

Con la regulación contenida en la Ley 4/2023 LGTBI, la mención registral del sexo y el nombre se independizan, y el cambio de nombre sin cambio de mención registral del sexo se endurece en relación con lo dispuesto en la Instrucción citada, cuya extra-

---

de personas transexuales (BOE núm. 257, de 24 de octubre de 2018, páginas 103340 a 103344).

limitación *contra legem* fue duramente criticada por la doctrina civilista[32].

El artículo 48 regula ahora expresamente el cambio de nombre en el Registro Civil de personas menores de edad. Según el mismo, las personas *trans* menores de edad, hayan iniciado o no el procedimiento de rectificación de la mención relativa al sexo, tienen derecho a obtener la inscripción registral del cambio de nombre por razones de identidad sexual, cumpliendo con los requisitos establecidos en la Ley 20/2011, de 21 de julio, del Registro Civil. Desde el momento de la inscripción del nuevo nombre, aun sin modificar dicha mención relativa al sexo en su inscripción de nacimiento, el art. 51 exige que las Administraciones públicas, las entidades privadas y cualquier persona natural o jurídica con la que se relacionen expidan todos los documentos de la persona menor de edad con constancia de su nombre tal como aparezca inscrito por la rectificación operada en el Registro Civil. Las mismas Administraciones públicas, entidades y personas estarán obligadas a dispensar a la persona menor de edad que haya cambiado su nombre en el Registro Civil el trato que corresponda a las personas del sexo con el que se identifica, sin que pueda producirse discriminación alguna por tal motivo y debiendo prevalecer siempre el principio de igualdad de trato.

Son varias las cuestiones que suscita esta regulación:

En primer lugar, la remisión a los registros exigidos por la LRC implica que ha de probarse el uso habitual del nuevo nombre (art. 52 LRC).

Además, la edad exigida por la LRC es la de dieciséis años (art. 57.3 LRC). Pero la solución incoherente -*ad maiorem ad minus*- en relación con la capacidad del menor de entre catorce y dieciséis

---

32 GARCÍA GARNICA, M.ª del Carmen, "El tratamiento de la identidad de género de las personas menores de edad en el ordenamiento jurídico español", en LARA AGUADO, M.ª Ángeles (coord.), *Protección de menores en situaciones transfronterizas: análisis multidisciplinar desde las perspectivas de género, de los derechos humanos y de la infancia*, op.cit., p. 316.

años para solicitar por sí solos el cambio de mención registral del sexo en expediente gubernativo con asistencia de sus padres o representantes legales. No se entiende por qué la ley otorga esta posibilidad -permitida por la Instrucción de 23 de octubre de 2018 precisamente por los obstáculos legales a la solicitud de cambio de mención registral del sexo- cuando los requisitos para el cambio de nombre (dieciséis años y prueba de su uso continuado) son más estrictos que para el cambio de dicha mención (catorce años y estabilidad en la identidad sexual).

Las anteriores trabas han venido a ser resueltas -de nuevo, *contra legem*- por una corrección de la DGSJFP al legislador, en sentido de ampliar a los menores de doce años legalmente representados la legitimación para el cambio de nombre con independencia de su falta de legitimación para la solicitud de rectificación de la mención registral del sexo, y eliminado en relación con todos los menores la prueba del uso habitual del nombre objeto de la solicitud previsto en el art. 52 LRC.

> *"La posibilidad de rectificación registral de la mención relativa al sexo está prevista en la Ley 4/2023, de 28 de febrero, para las personas a partir de doce años (art. 43). Sin embargo, hay menores de doce años que sienten con claridad una identidad sexual propia diferente de la asignada en el momento del nacimiento y la demora en la adopción de medidas en esos casos puede tener un efecto perjudicial en su desarrollo personal.*
>
> *Por otro lado, el artículo 48 de la Ley 4/2023, de 28 de febrero, prevé el derecho de los/las menores trans, «hayan iniciado o no el procedimiento de rectificación de la mención relativa al sexo», a obtener el cambio de nombre por razones de identidad sexual «cumpliendo con los requisitos establecidos en la Ley 20/2011, de 21 de julio, del Registro Civil». Y, en tal sentido, el artículo 52 de la referida Ley exige que se pruebe el uso habitual del nuevo nombre.*
>
> *La protección del interés del menor es un principio de orden público de nuestro ordenamiento jurídico y uno de los criterios para su apreciación es, precisamente, la salvaguarda del derecho a su desarrollo atendiendo a la satisfacción de sus necesidades emocionales y afectivas. Por ello, es necesario flexibilizar la interpretación del último inciso del artículo 48 de la Ley 4/2023 de manera que,*

ajustándose al espíritu de la nueva norma, no suponga perjuicio alguno respecto de la situación anterior establecida a partir de la publicación de la Instrucción de 23 de octubre de 2018, de la Dirección General de los Registros y del Notariado, sobre cambio de nombre en el Registro Civil de personas transexuales, según la cual, el cambio debía autorizarse en estos casos sin necesidad de acreditar el uso previo del nombre solicitado.

En consecuencia, los representantes legales de los menores de dieciséis años – incluso menores de doce- podrán solicitar el cambio de nombre de sus representados/as para adecuarlo al sexo sentido cuando este sea diferente del que se atribuye al nombre registrado en el momento del nacimiento sin más limitaciones que las previstas en el artículo 51 de la Ley 20/2011, del Registro Civil. El/la menor deberá ser oído en todo caso por la persona encargada del Registro Civil mediante una comunicación comprensible y adaptada a la edad y grado de madurez del menor".

Por lo tanto, la Ley 43/2023 LGTBI permite a toda persona menor (según la nueva Instrucción podría interpretarse que incluso menor de doce años) una expresión de género consistente en el cambio nombre registral independiente del cambio de mención registral de su sexo de origen que no se permite a las personas mayores de edad. Además, el cambio está, según la creación de Derecho derivada de la Instrucción, exento del requisito del uso habitual. El menor puede cambiar su nombre de acuerdo con su identidad sexual y exigir a terceros ser tratado por de acuerdo a su sexo sentido, acorde a su nuevo nombre, pero no acorde a su sexo registral, conservando sin embargo los derechos inherentes a su sexo registral, lo cual supone institucionalizar un fraude de ley a las medidas de acción positiva en favor de las niñas sin precedentes en nuestro sistema registral (art. 51.3).

También permite la Ley – ahora sí, a toda persona, con independencia de su edad- conservar el nombre a pesar de cambiar la mención del sexo registral (art. 44.4 II), culminando así la demolición del sistema de seguridad jurídica de terceros y el carácter declarativo tradicionalmente aparejados a la inscripción registral.

V. LA AUTONOMÍA DEL MENOR EN RELACIÓN CON LOS TRATAMIENTOS FARMACOLÓGICOS E INTERVENCIONES QUIRÚRGICAS DE REASIGNACIÓN DE SEXO

1. Las consecuencias de la remisión a la ley 41/2002, de autonomía del paciente.

A diferencia de lo que acontece en relación con los menores intersexuales, cuya capacidad para solicitar y consentir los tratamientos de definición sexual se regulan en el art. 19, la Ley 4/2003 LGTBI no contiene ninguna regulación al respecto de la edad para consentir las intervenciones o tratamiento sanitarios dirigidos a menores transexuales, únicamente establece el principio de "no patologización". Es de aplicación, por lo tanto, la Ley 41/2002, en concreto su artículo 9, en el que se encuentra incluido el apartado 4 (cuando se trate de una actuación de grave riesgo para la vida o salud del menor mayor de dieciséis años, según el criterio del facultativo, el consentimiento lo prestará el representante legal del menor, una vez oída y tenida en cuenta la opinión del mismo) y 6 (judicialización de la decisión de los representantes legales en caso de grave riesgo para la salud o la vida del menor y primacía de dichos valores como expresión del interés superior del menor).

Así se deriva de la remisión expresa contenida en el artículo 57 de la Ley 4/2023:

> *"Consentimiento informado: El otorgamiento del consentimiento informado previo se realizará de acuerdo con lo establecido en la Ley 41/2002, de 14 de noviembre, básica reguladora de la autonomía del paciente y de derechos y obligaciones en materia de información y documentación clínica".*

Ha de tenerse en cuenta, además, que la Ley 8/2021, de 2 de junio, de modificación de la legislación civil y procesal y de apoyos a las personas con discapacidad en el ejercicio de su capacidad jurídica, no ha derogado ni modificado el artículo 154 CC en relación con los menores. La representación del menor sigue apegada al criterio de su interés, y no al novedoso criterio de "la voluntad, deseos y preferencias" que ahora se contempla en el nuevo art. 349 CC en relación con las personas con discapacidad.

Para comprender cuál es el grado de capacidad exigido para este tipo de tratamientos e intervenciones de reasignación es necesario comprender que las operaciones de cambio de sexo se desarrollan en tres fases[33].

La primera se trata de un tratamiento hormonal bloqueador de la pubertad, durante la cual se utilizan distintos tratamientos de consecuencias generalmente reversibles (*v. gr.* los agonistas de la hormona liberadora de la gonadotropina). Pero no están indicados para otro uso que la pubertad precoz central (la que se produce a partir de los ocho años en niñas y diez en niños), y ya han aparecido probados efectos secundarios óseos y cerebrales indeseados. La ficha técnica de la más utilizada, la *Leuprorelina*, no está autorizada por la AEMPS, para menores. Los países pioneros en su aplicación a menores han vuelto sobre sus pasos, y solo los permiten en garantistas procesos de investigación clínica. Especialmente llamativo es ejemplo de Suecia. País pionero en el reconocimiento de la autodeterminación de las personas menores de edad en relación con su identidad sexual (su primera ley data de 1972), desde el año 2020 impide a las personas menores de edad el acceso a la transición farmacológica. El último ejemplo es Reino Unido, donde el *caso Tavistock* ha replantado el debate sobre el uso de bloqueantes puberales a menores. El Servicio Nacional de Salud del Reino Unido restringió el uso de los bloqueadores en jóvenes con disforia solo a entornos de investigación, mientras que Suecia y Finlandia han limitado también los tratamientos

---

33 DE MONTALVO JÄÄSKELÄINEN, Federico, "Problemas legales acerca del tratamiento médico de la disforia de género en menores transexuales", *Revista general de derecho constitucional*, núm. 24, 2017. Disponible en https://www.iustel.com/v2/revistas).

y puesto mayor énfasis en la exploración psicológica -prohibida por nuestra Ley- de los menores que solicitan ser sometidos a una "reasignación de sexo", antes de proceder con ninguna terapia farmacológica o quirúrgica.

La segunda fase consiste en un tratamiento hormonal cruzado, cuyas consecuencias son por lo general irreversibles, y donde los efectos secundarios se agravan.

Por último, la tercera fase se trata de la cirugía de reasignación sexual, consistente en mutilación o inutilización de órganos, completamente irreversible.

Debido a ello, estas tres fases deben ser evaluadas de manera independiente[34] de acuerdo con las normas del artículo 9 – en especial, 9.4 y 9.6 de la ley 41/2002, que están basadas la escala móvil de la capacidad del menor, atenta a cuatro variables: edad, madurez, riesgo y reversibilidad[35].

En lo que respecta a la primera fase o fase bloqueadora hormonal y a la segunda fase o terapia hormonal cruzada, siendo ambas farmacológicas, exigen sin embargo una diferenciación en relación con sus riesgos.

Durante la primera fase, normalmente se hace uso del bloqueo puberal a través de la hormona liberadora de gonadotropina el cual es, por lo general, reversible, por lo que en principio podría bastar con la edad de dieciséis años para consentirlo. Pero como ya se ha adelantado, muchos de los tratamientos médicos que bloquean la hormona liberadora de la gonadotropina están desaconsejados por la AEMPS para los adolescentes[36] por sus efec-

---

34 Véase el manifiesto de las asociaciones de pediatría: https://www.analesdepediatria.org/es-posicionamiento-tecnico-asociacion-espanola-pediatria-articulo-S1695403318301085.

35 DE MONTALVO JÄÄSKELÄINEN, Federico, *Menores de edad…*, op.cit., pp. 288 -294.

36 Como ejemplo se puede observar la ficha técnica del DECAPEPTYL, disponible en https://cima.aemps.es/cima/publico/detalle.

tos secundarios[37], a pesar de lo cual, su uso en el sistema sanitario español es habitual e incluso aparece recomendado en guías y protocolos de actuación sanitaria con menores con incongruencia de género a partir de los doce años[38]. No existe ficha técnica

html?nregistro=61665, o la del ELIGARD, disponible en: https://cima.aemps.es/cima/dochtml/ft/66620/FT_66620.html.

37 Descritos por en MARTÍNEZ DE LA OSSA SÁEZ-LÓPEZ, Rafael, MARCOS CANO, Ana María, "Problemas bioéticos en la atención de los menores trans", *Revista de Derecho de la UNED*, núm. 29, 2022, p. 398. Especialmente relevante en este punto se presenta el análisis realizado por los autores en relación con la Sentencia *Bell vs. Tavistock* dictada en el año 2020 por el Tribunal Supremo de Inglaterra y Gales (pp. 400 y ss.). La sentencia es trasunto de la demanda interpuesta por una menor *trans* una vez llegada a la edad adulta. En ella se decidió que si una menor de edad de dieciséis años (al igual que en nuestro país, se fija en dieciséis años la edad general para consentir tratamientos sanitarios) no es capaz de decidir por sí en función de la irreversibilidad del tratamiento, tampoco podían los padres consentir válidamente en su representación. En el caso se consideró que los padres no podían consentir válidamente un tratamiento de bloqueo puberal -que el tribunal considera terapia experimental- en representación de su hija debido a que, a pesar de la reversibilidad de sus efectos físicos, de suspenderse el tratamiento, la menor habría perdido de forma irreversible un período largo de su desarrollo biológico, psicológico y social irrecuperable (p. 401).

La sentencia (disponible en *High Court of Justice of England and Wales. Administrative Court. Divisional court, Bell v Tavistock*, Case N.° CO/60/2020, 01/12/2020, https://www.judiciary.uk/wp-content/uploads/2020/12/Bell-v-Tavistock-Judgment.pdf), fue revocada ("Sentencia del Caso Bell v Tavistock", Appeal N.°: C1/2020/2142 Case N.°: CO/60/2020, publicada el 17/09/20, disponible en: https://www.judiciary.uk/wp-content/uploads/2021/09/Bell-v-Tavistock-judgment-170921.pdf), pero el caso ha desencadenado una avalancha de reclamaciones de personas con incongruencia de género tratadas en su adolescencia, provocando el cierre de la clínica por parte de las autoridades británicas (https://www.eldebate.com/sociedad/20221018/auge-caida-tavistock-reino-unido-acabo-barra-libre-cambio-sexo-mil-denuncias_66576.html).

38 MORAL-MARTOS, Amadora *et alt.*, "Guía clínica de atención a menores transexuales, transgéneros y de género diverso", *Anales de Pediatría*, Vol. 96(4), 2022, https://doi.org/10.1016/j.anpedi.2022.02.002.

para estos medicamentos en relación con su uso en menores, lo que indica que no podrían ser utilizados si no se dispone de la autorización necesaria para su uso y dispensación *off label*, conforme artículo 24 del texto refundido de la Ley de Garantías y Uso Racional de los Medicamentos y Productos Sanitarios, aprobado por el Real Decreto Legislativo 1/2015, de 24 de julio, en el que se regula la disponibilidad de medicamentos en situaciones específicas y la posibilidad de autorizaciones especiales, desarrollado por Real Decreto 1015/2009, de 19 de junio, por el que se regula la disponibilidad de medicamentos en situaciones especiales.

En lo que respecta a la segunda fase, consistente en el tratamiento hormonal cruzado, esta conlleva consecuencias irreversibles, como infertilidad, cambios en la voz y redistribución de la grasa, además de riesgos relevantes[39], lo que conduce necesariamente a la aplicación del artículo 9.6 LAP, según el cual,

> *"En los casos en los que el consentimiento haya de otorgarlo el representante legal o las personas vinculadas por razones familiares o de hecho en cualquiera de los supuestos descritos en los apartados 3 a 5 -por lo tanto, también en el 4, que exige la representación del menor mayor de dieciséis años en actuaciones de grave riesgo para su salud o su vida-, la decisión deberá adoptarse atendiendo siempre al mayor beneficio para la vida o salud del paciente. Aquellas decisiones que sean contrarias a dichos intereses deberán ponerse en conocimiento de la autoridad judicial, directamente o a través del Ministerio Fiscal, para que adopte la resolución correspondiente, salvo que, por razones de urgencia, no fuera posible recabar la autorización judicial, en cuyo caso los profesionales sanitarios adoptarán las medidas necesarias en salvaguarda de la vida o salud del paciente, amparados por las causas de justificación de cumplimiento de un deber y de estado de necesidad".*

Bajo estas circunstancias, dado el carácter irreversible de la segunda fase y atendiendo a la superioridad del valor de la salud y la integridad física del menor sobre su autodeterminación sexual

---

[39] Véase tabla 8 (Ibidem).

y los beneficios de una transición temprana[40], sería aconsejable introducir una modificación en la Ley 41/2002 LAP para aplicar a este tratamiento la misma la edad de 18 años prevista en el art. 9 Ley 41/2002 LPA para los tratamientos de reproducción asistida. Entretanto, la decisión de los padres de consentir este tratamiento en representación del menor debería ser puesta en conocimiento del juez en virtud del art. 9.6 Ley 41/2002 LAP. Esta es la línea de cautela que, retrocediendo sobre sus pasos pioneros en la regulación de este tipo de tratamientos, siguen en la actualidad los países de nuestro entorno europeo.

En cuanto a la última fase, las consecuencias irreversibles de la mutilación y/o inutilidad orgánica aparejada a la reasignación sexual provocan que el menor no pueda en ningún caso prestar el consentimiento por sí mismo para someterse a la misma hasta haber cumplido la mayoría de edad plena de dieciocho años. Mucho más claro lo deja el Código Penal, el cual en sus artículos 149[41] y 156[42] establecen la pena de prisión de 12 años e inhabilitación

---

40 Recordemos que el TC, en la icónica (y tergiversada) STC 154/2002 de 18 de julio, entendió que el interés superior del menor (en el caso testigo de Jehová de trece años que se negaba a una transfusión contraria a sus creencias religiosas) era llegar indemne a la mayoría de edad para entonces ejercer en plenitud sus derechos fundamentales (Fdo. Jco. 2º). La STC dio paso a la Circular de la Fiscalía General del estado 1/2012, sobre el tratamiento sustantivo y procesal de los conflictos ante transfusiones de sangre y otras intervenciones médicas sobre menores de edad en caso de riesgo grave, disponible en: https://www.congreso.es/docu/docum/ddocum/dosieres/sleg/legislatura_10/spl_78/pdfs/79.pdf, la cual a su vez sirvió de base para la introducción de los apartados 4 y 6 en la Ley 41/2002 por ley 26/2015, de modificación del sistema de protección de la Infancia y la Adolescencia.

41 Artículo 149. 1. El que causara a otro, por cualquier medio o procedimiento, la pérdida o la inutilidad de un órgano o miembro principal, o de un sentido, la impotencia, la esterilidad, una grave deformidad, o una grave enfermedad somática o psíquica, será castigado con la pena de prisión de seis a doce años.

42 Artículo 155.En los delitos de lesiones, si ha mediado el consentimiento válida, libre, espontánea y expresamente emitido del ofendido, se im-

para cualquier facultativo médico que realice una "cirugía transexual" a un menor de edad, aunque cuente con su consentimiento o el de sus representantes legales.

2. ¿Es posible para el profesional sanitario solicitar informes médicos o psicológicos a fin de facilitar el cambio de sexo?

La cuestión que finalmente se plantea viene propiciada por la pregunta formulada a algunos comités autonómicos de bioética sobre la cuestión. No olvidemos que las CCAA ya habían incluido en sus carteras autonómicas de prestaciones a cargo del sistema autonómico de salud los tratamientos e intervenciones de cambio de sexo, y que algunas de ellas hacen especial referencia a los menores de edad[43].

---

pondrá la pena inferior en uno o dos grados.

No será válido el consentimiento otorgado por un menor de edad o una persona con discapacidad necesitada de especial protección.

Artículo 156. No obstante lo dispuesto en el artículo anterior, el consentimiento válida, libre, consciente y expresamente emitido exime de responsabilidad penal en los supuestos de trasplante de órganos efectuado con arreglo a lo dispuesto en la ley, esterilizaciones y cirugía transexual realizadas por facultativo, salvo que el consentimiento se haya obtenido viciadamente, o mediante precio o recompensa, o el otorgante sea menor de edad o carezca absolutamente de aptitud para prestarlo, en cuyo caso no será válido el prestado por éstos ni por sus representantes legales.

43 No es éste el lugar de analizar la cuestión competencial en el ámbito del consentimiento informado en el ámbito de la salud. Sin embargo, creo que es correcto entender, con PARRA LUCÁN, que tanto aquellas CCAA que no tienen un derecho civil propio en materia de capacidad y que sin embargo regulan aspectos relacionados con el consentimiento por representación, como aquellas otras que sí tienen un derecho civil propio en relación con esta cuestión, regulan el consentimiento informado en virtud de su competencia de ordenación de la sanidad, esto es, como derechos de los pacientes y deberes de los profesionales en virtud de su competencia en materia de sanidad, y no como normas sobre capacidad. De ahí el carácter básico que se atribuye la Ley 41/2002

La respuesta a esta pregunta está viciada en su origen, precisamente por la confusión en relación con el ámbito de aplicación de la Ley 4/2023 LGTBI, que no regula otros requisitos que los requeridos para el cambio registral de sexo, sin hacer alusión alguna a los tratamientos sanitarios dirigidos al cambio físico y funcional. Ya se ha podido comprobar cómo la Ley 3/2007, de 15 de marzo, *reguladora de la rectificación registral de la mención relativa al sexo de las personas,* reconoció a las personas trans mayores de edad y de nacionalidad española la posibilidad de modificar la asignación registral de su sexo, sin necesidad de someterse a un procedimiento quirúrgico de reasignación de sexo y sin procedimiento judicial previo, aunque manteniendo la necesidad de disponer de un diagnóstico de *disforia* de género. Lo que hace la Ley 4/2023 LGTBI es precisamente eliminar este último requisito (art. 44.3), que ya no podrá ser exigido por el encargado del Registro Civil ni por el Juez en procedimiento de Jurisdicción Voluntaria como condición *sine qua non de la aprobación del cambio registral.* Sin embargo, nada dice la ley sobre la posibilidad de que el profesional sanitario responsable de un tratamiento de cambio de sexo, en el análisis de la relación entre el riesgo y el beneficio de la intervención, pueda recabar un informe psicológico o psiquiátrico a fin de iniciar o continuar un tratamiento de este tipo. Únicamente un artículo de la ley, el 56, podría interpretarse en tal sentido.

Según el mismo:

> *"La atención sanitaria a las personas trans se realizará conforme a los principios de no patologización, autonomía, decisión y con-*

---

y de ahí también que las CCAA, incluidas las que tienen un derecho civil propio de la capacidad de obrar, establezcan el criterio de la territorialidad del acto y/o la vecindad administrativa, y no la vecindad civil del paciente, a la hora de determinar el ámbito de aplicación de sus normas sobre autonomía del paciente, teniendo en cuenta, además, que al personal sanitario no se le puede exigir el conocimiento de la vecindad civil de aquél (PARRA LUCÁN, M.ª Ángeles, "La capacidad del paciente para prestar válido consentimiento informado. El confuso panorama legislativo español", *Aranzadi civil: revista quincenal,* N.º 1, 2003, pp. 1901-1930).

sentimiento informados, no discriminación, asistencia integral, calidad, especialización, proximidad y no segregación.

Se asegurará, en todo caso, el respeto de su intimidad y la confidencialidad sobre sus características físicas, evitando las exploraciones innecesarias o su exposición sin un objetivo diagnóstico o terapéutico directamente relacionado".

Como puede observarse, además de que el título del artículo indica que la no patologización se exige en la asistencia sanitaria integral (no sólo en la específica para el tratamiento y/o la intervención de cambio de sexo), la norma viene seguida de otro principio no menos importante, que somete el otorgamiento del consentimiento informado previo a lo establecido en la Ley 41/2002, de 14 de noviembre, básica reguladora de la autonomía del paciente y de derechos y obligaciones en materia de información y documentación clínica. Entre los deberes del facultativo se encuentra el de informar sobre cualquier circunstancia que pueda condicionar la valoración del riesgo, las consecuencias previsibles y proponer las medidas dirigidas a maximizar el beneficio del paciente.

Lo anterior es más evidente si nos enfrentamos a una situación de minoría de edad. Pues aun poniéndonos en la tesitura de una hipotética adecuación e indicación para menores de edad en la ficha técnica de los medicamentos bloqueantes de la pubertad, e incluso de una reforma que despenalizase las conductas sanitarias consistentes en una mutilación genital, difícilmente sería exigible a un pediatra la puesta en marcha un proceso de cambio de sexo en un paciente, si alberga una duda de ciencia[44] sobre la

---

44 Véase al respecto el documento de posicionamiento: "Disforia de Género en la infancia y la adolescencia", del Grupo e Identidad y Diferenciación Sexual de la Sociedad Española de Endocrinología y Nutrición (GIDSEEN), publicado en la *Revista Española de Endocrinología Pediátrica* Vol. 6, núm. 1, año 2015. Según el mismo, "*el manejo interdisciplinar de la DG debe llevarse a cabo en unidades con equipos especializados (Unidades de Transexualidad e Identidad de Género, UTIGs) y considerando que cualquier*

estabilidad de la orientación sexual del menor y de su beneficio en relación con el tratamiento a iniciar. La salud del niño y el adolescente es integral, y por lo tanto no puede atender únicamente a la voluntad, deseos y preferencias del menor -que no son los criterios que guían la actuación de los adultos en relación con ellos- sin calibrar su adecuación a una orientación sexual vivida de forma estable y continuada, libre de injerencias de terceros, independiente de modas y de resistente a las posibles imposiciones de su grupo de iguales. El principio de estabilidad en una orientación sexual no acorde con su sexo de nacimiento y del interés del menor son requisitos a constatar exigidos por la propia Ley 4/2023 LGTBI a los funcionarios encargados del registro civil cuando de cambio de sexo registral se trata, y la propia LJV permite al Juez recabar cuantas pruebas considere oportunas para cerciorarse de la estabilidad de la identidad sexual del menor y de su madurez (art. 26 Ley 15/2015 LJV). Por lo tanto, tanto más necesarios serán para realizar cambios hormonales, físicos y funcionales que no gozan de la reversibilidad prevista en el art. 47 de la Ley 4/2023 LGTBI.

VI. EL INTERÉS SUPERIOR DEL MENOR TRANSEXUAL ANTE LAS IMPLICACIONES DE SU AUTODETERMINACIÓN SEXUAL EN LA LEY 4/2023 LGTBI

1. La identidad sexual, el interés superior del menor y los derechos-deberes inherentes al ejercicio de la patria potestad.

El artículo 70 de la Ley 4/2023 LGTBI, dedicado a menores LGTBI -lesbianas, gais, transexuales, bisexuales e intersexuales- menores

---

intervención sanitaria debe seguir los principios del rigor científico, la experiencia acumulada, los principios éticos y deontológicos y la prudencia necesaria ante tratamientos crónicos, agresivos e irreversibles" (p. 380).

de edad, establece que las Administraciones públicas, en el ámbito de sus competencias, adoptarán las medidas necesarias para garantizar a las personas LGTBI menores de edad el libre desarrollo de la personalidad y la integridad física, conforme a su orientación e identidad sexual, expresión de género o características sexuales, así como las condiciones materiales y afectivas que les permitan vivir dignamente y alcanzar el máximo bienestar, *valorando y considerando como primordial el interés superior de la persona menor de edad en todas las acciones y decisiones que le conciernan*[45]. Pero, como se ha reiterado a lo largo del presente capítulo, el artículo finaliza con un inquietante apartado 3 en el que se afirma que,

> *"la negativa a respetar la orientación e identidad sexual, expresión de género o características sexuales de una persona menor, como componente fundamental de su desarrollo personal, por parte de su entorno familiar, deberá tenerse en cuenta a efectos de valorar una situación de riesgo, de acuerdo con lo dispuesto en el artículo 17 de la Ley Orgánica 1/1996, de 15 de enero".*

Nos preguntamos en este apartado, a modo de conclusión, si el interés superior del menor puede identificarse con el derecho a lograr todas las condiciones legales, registrales y biológicas necesarias para expresar un género acorde a su identidad sexual cuando esta no se corresponde con su sexo biológico, y cuáles son los límites impuestos por la Ley 4/2023 LGTBI a la actuación de los padres en el ejercicio de la patria potestad sobre sus descendientes menores de edad. En definitiva, si el menor de edad es competente para definir su propia expresión de género o si los padres, en el ejercicio de la patria potestad, pueden y deben ahondar en otras posibles causas de la incongruencia[46] de género de su hijo

---

[45] El art. 11.2 apdo. l, de la ley 26/2015 se expresa en el mismo sentido al considera principio rector de la actuación de los Poderes Públicos "*El libre desarrollo de su personalidad conforme a su orientación e identidad sexual*".

[46] Este es el término que sustituye a "transexualidad" en la Clasificación Internacional de Enfermedades que la OMS ha revisado en 2019 y con el que se elimina todo vestigio de «patología». Sin embargo, la incongruencia de género no ha desaparecido de la clasificación, sino que

(autismo, depresión, trastorno hormonal o simple deseo de aceptación social dentro de su grupo de iguales).

En el ordenamiento jurídico español, el interés superior del menor como principio de prioritaria aplicación se encuentra consagrado en el artículo 2 de la LO 1/1996 LOPJM. Pero como bien se ha dicho,

> *"con suma frecuencia la frase "en defensa del interés superior del menor" es una frase hecha, vacía de contenido, un mantra, que en muchas ocasiones oculta bajo su invocación la toma de decisiones que nada tienen que ver con la protección de los derechos de la niña o del niño concernido por la resolución en cuestión"*[47].

Este artículo, tras la reforma operada por la LO 8/2015, de 22 de julio, de modificación del sistema de protección a la infancia y a la adolescencia, vino a introducir una escala de prioridades que, en su momento, ya había sido establecido por el Tribunal Supremo en su STS (1ª) de 31/07/2009 y por la Fiscalía General del estado en su Circular 1/2012, "*sobre el tratamiento sustantivo y procesal de los conflictos ante transfusiones de sangre y otras intervenciones médicas sobre menores de edad en caso de riesgo grave*"[48].

En primer lugar, prima la satisfacción de las necesidades básicas del menor, así como la protección de su derecho a la vida, su desarrollo y su supervivencia.

En segundo lugar, se establecen sus deseos, sentimientos y opiniones, así como su derecho a participar progresivamente según su edad y madurez en el proceso de determinación de sus intereses.

---

se ha trasladado de los trastornos mentales al apartado dedicado a la salud sexual. Ese mismo año 2019 se modificó el *Diagnostic and Statistical Manual of Mental Disorders* (DSM-V) de la Asociación Americana de Psiquiatría, en el que ya no se alude a *gender identity disorder* sino a *gender dysphoria* (disforia de género). DE LORA, Pablo, op.cit., p. 8.

47 GONZALO VALGAÑÓN, Altamira, "La protección...", op.cit., p.274.

48 Disponible en: https://www.congreso.es/docu/docum/ddocum/dosieres/sleg/legislatura_10/spl_78/pdfs/79.pdf.

En tercer lugar, se prioriza que viva en un entorno familiar adecuado y libre de violencia, preferiblemente en el seno de la familia de origen.

En último lugar, en virtud de la reforma operada por LO 8/2015, se añade su identidad, cultura, religión, convicciones, orientación e identidad sexual, e idioma.

A su vez, dicho artículo también establece una lista de ciertos elementos que, en todo caso, se deberán ponderar junto con los ya citados. Entre ellos se encuentran la edad del menor, su madurez, y la irreversibilidad del efecto del paso del tiempo en su desarrollo. Los anteriores elementos deberán ser valorados conjuntamente, conforme a los principios de necesidad y proporcionalidad, de forma que la medida que se adopte en el interés superior del menor no restrinja o limite más derechos que los que ampara.

Con razón se ha dicho que en el ámbito de los tratamientos médicos se produce una doble paradoja que hace mucho más complejo el debate, ya que, al mismo tiempo que se proclama que al recaer el acto médico sobre intereses y valores tan absolutos como es el cuerpo humano, la integridad física en traducción jurídica, la capacidad de decidir del sujeto debe ser máxima, incluso, siendo menor de edad, se plantea también el dilema de cómo permitir las consecuencias irreparables que en muchas ocasiones conlleva la autorización o rechazo al tratamiento[49]. La cuestión de los tratamientos dirigidos al cambio de sexo se torna especialmente dificultosa, porque se dirigen al corazón de la identidad de la persona[50]. Es la evitación de dichas consecuencias, y no un prejuicio legal sobre el mejor interés del menor, lo que únicamente

---

49 DE MONTALVO JÄÄSKELÄINEN, Federico, "Adolescentes y tratamiento médico: el nuevo paradigma de la autonomía del menor de edad en relación con el principio de su interés superior", *Rev. Adolescere*, Vol. X (2), 2022, pp. 5-19.

50 Sentencia *Tavistock*, punto 65.

puede limitar el papel prioritario de los padres en la definición del interés del menor y justificar la intervención del Estado.

Para ello se hace necesario, en primer lugar, que la norma reguladora de la situación conflictiva -en este caso, la Ley 4/2023 LGTBI- permita siempre su intervención en el proceso, más consultiva y menos decisoria cuanto mayor sea la edad y grado de madurez del menor. La norma en cuestión no responde a esta necesidad, pero la intervención de los padres viene impuesta por una norma anterior de rango superior, la Disposición final octava, a través de la modificación de la Ley Orgánica 1/1996, de 15 de enero, de Protección Jurídica del Menor, de modificación parcial del Código Civil y de la Ley de Enjuiciamiento Civil.

> *"La Ley Orgánica 1/1996, de 15 de enero, de Protección Jurídica del Menor, de modificación parcial del Código Civil y de la Ley de Enjuiciamiento Civil, queda modificada en los siguientes términos:*
>
> *Uno. Se modifica el primer párrafo y la letra c) del apartado 5 del artículo 2, que quedan redactados como sigue: «5. Toda resolución de cualquier orden jurisdiccional y toda medida en el interés superior de la persona menor de edad deberá ser adoptada respetando las debidas garantías del proceso y, en particular:*
>
> *[...]c) La participación de progenitores, tutores o representantes legales del menor o de un defensor judicial si hubiera conflicto de interés o discrepancia con ellos y del Ministerio Fiscal en el proceso en defensa de sus intereses. Se presumirá que existe un conflicto de interés cuando la opinión de la persona menor de edad sea contraria a la medida que se adopte sobre ella o suponga una restricción de sus derechos».*

No puede dejarse de lado que, a diferencia de lo que acontece con el ejercicio de las medidas de apoyo en el ejercicio de la capacidad de las personas con discapacidad, que la ley 8/2021 de 2 de junio, *por la que se reforma la legislación civil y procesal para el apoyo a las personas con discapacidad en el ejercicio de su capacidad jurídica* exige ejercer de acuerdo con el nuevo paradigma de adecuación a los *deseos, voluntades y preferencias*[51] *de la persona necesitada de medidas de apoyo* (art. 249 CC), el Código civil no ha sido modificado por dicha ley en relación con los criterios que ha de regir la actuación en representación de los menores de edad sometidos a patria potestad o tutela. En relación con ellos, sigue vigente el principio de actuación representativa siempre atenta al *interés* del menor (art. 154 CC). Todavía más clara es la propia LO 1/1996, de protección jurídica del menor, que tras la reforma operada por Ley Orgánica 8/2015, de 22 de julio, de modificación del sistema de protección a la infancia y a la adolescencia, permite limitar la capacidad del menor en atención a su interés superior (art. 2.1).

En segundo lugar, para garantizar el mejor interés del menor también es necesario que exista un mecanismo de control judicial capaz de limitar tanto las decisiones de las personas menores de edad consideradas maduras -y por lo tanto autónomas para consentir- cuando perjudiquen su interés superior a la salud o sean irreversibles, como las decisiones de los representantes legales cuando la representación exigida por la normativa aplicable -consintiendo o negando el consentimiento necesario- perjudique intereses prioritarios dentro de la escala establecida por el artículo.

51 No obstante, el Tribunal Supremo no tardó en matizar esta adecuación para aquellos casos en los que el propio trastorno de la persona con discapacidad (en el caso, síndrome de Diógenes) le impide valorar el alcance de su enfermedad y las consecuencias de su decisión: según la sentencia del Tribunal Supremo, sala de lo civil (pleno) núm. 589/2021, de 8 de septiembre, sería una crueldad social dejar al discapacitado a merced del deseo de perjudicarse a sí mismo con una conducta contraria a su salud. Sobre ello, GONZÁLEZ CARRASCO, M.ª del Carmen, "La prestación del consentimiento informado en materia de salud en el nuevo sistema de apoyos al ejercicio de la capacidad", *Derecho Privado y Constitución*, Núm. 39, 2021, pp. 213-247; LÓPEZ CÁNOVAS, Ángeles, "¿Se ha de seguir siempre la voluntad, deseos y preferencias de las personas con discapacidad, o se pueden prever aún en contra de su voluntad? (comentario de la sentencia del Tribunal Supremo, sala de lo civil (pleno) núm. 589/2021, de 8 de septiembre)", *Revista del Centro de Estudios Jurídicos y de Postgrado* CEJUP, Núm. 2, 2022, pp. 146-158.

En el ámbito de la salud del menor transexual, este control no lo establece la Ley 4/2023 LGTBI porque, sencillamente, los tratamientos hormonales e intervenciones sanitarias de reasignación sexual no forman parte de su regulación, sino de la LAP a la que la Ley 4/2023 LGTBI se remite expresamente (art. 53). Pero en el ámbito registral, la norma ha perdido la oportunidad de seguir la propuesta de los Informes evacuados por el Consejo General del Poder Judicial, del Consejo General del Colegio de Médicos de España y del Consejo de Estado en relación con el Anteproyecto de Ley LGTBI, que aconsejaban tanto la intervención judicial hasta la edad de 16 años, como la necesidad de un informe médico que garantizase la estabilidad en la vivencia de la transexualidad.

En tercer lugar, sería necesario que la normativa vigente garantizase que los padres pudieran indagar y expresar con libertad sus dudas sobre la estabilidad de la verdadera identidad sexual de los menores a su cargo, con posibilidad y necesidad de informes psicológicos previos a la solicitud rectificación registral del sexo, pues negar los posibles problemas posibles psicológicos subyacentes en favor de la expresión de los deseos del menor no parece la mejor forma de procurar su interés. Sin embargo, la normativa vigente obstaculiza gravemente esta función parental. De hecho, la cuestión ya había sido firmemente atajada por la Ley Orgánica 8/2021, de 4 de junio, de protección integral a la infancia y la adolescencia frente a la violencia, que en su disp. final. 8ª, apdo. cinco, p. 2, modifica los apartados 1 y 2 del artículo 17 de LO 1/1996, considerando indicadores del riesgo:

> *"f) Las prácticas discriminatorias, por parte de los responsables parentales, contra los niños, niñas y adolescentes que conlleven un perjuicio para su bienestar y su salud mental y física, en particular: (...)*
>
> *2.º La no aceptación de la orientación sexual, identidad de género o las características sexuales de la persona menor de edad".*

Obsérvese que la "no aceptación" de una situación es una actitud mental que una ley no puede regular, porque concierne a la libertad de la persona de acuerdo con sus valores, y porque además que no tiene por qué conducir a una situación de violencia o coacción respecto del menor. Sobre todo, la expresión de la norma es desafortunada porque, en virtud de esta amenaza velada al ejercicio de los derechos y deberes inherentes al ejercicio de la patria potestad, se dificulta el ejercicio de otras garantías de protección del menor previstas en la propia ley, como la intervención de los padres en el expediente de jurisdicción voluntaria conducente al cambio de la mención registral del sexo en el caso de los menores entre doce y catorce años, así como la asistencia obligada en el expediente registral en el caso de los menores entre doce y dieciséis años, y expresar en dicho trámite sus dudas sobre la estabilidad y seriedad de la identidad transexual del menor (art. 26 *quinquies*).

Por su parte, el art. 70.3 Ley 4/2023 LGTBI establece igualmente:

> *"3. La negativa a respetar la orientación e identidad sexual, expresión de género o características sexuales de una persona menor, como componente fundamental de su desarrollo personal, por parte de su entorno familiar, deberá tenerse en cuenta a efectos de valorar una situación de riesgo, de acuerdo con lo dispuesto en el artículo 17 de la Ley Orgánica 1/1996, de 15 de enero".*

Finalmente, para la reasignación registral de sexo no puede exigirse informe médico o psicológico o de función corporal, conforme al criterio de no patologización recogido en la Ley art. 44.3, lo que sin duda contradice la doctrina constitucional recogida en la STC que limitó declaración de inconstitucionalidad del art. 1 de la Ley 3/2007 a los casos en que la persona menor fuese madura y la situación de transexualidad se hubiera mantenido de forma estable. Difícilmente podrán corroborarse estos requisitos – que la LJV exige hoy comprobar tanto al juez encargado del expediente de jurisdicción voluntaria de cambio de sexo registral del menor entre doce y los catorce años como al encargado del registro civil en los expedientes gubernativos de cambio de sexo de personas mayores de dicha edad- ante la necesaria ausencia de informes psicológicos impuesta por la norma.

2. A modo de conclusión: valoración de las limitaciones a las posibilidades de actuación de los representantes del menor desde el punto de vista de su interés superior.

La STC 154/2002 (que declaró la nulidad de la sentencia de condena de los progenitores del menor testigo de Jehová basada en su negativa a otorgar el consentimiento informado a una transfusión sanguínea en representación del menor), aun reiteradamente malinterpretada, en su Fundamento Jurídico segundo, fue clara al respecto: por encima del libre desarrollo de la personalidad, el interés superior del menor es llegar indemne a la mayoría de edad, para poder ejercer con plenitud sus derechos fundamentales. Además, la reforma de 2015 siguió en este punto la Circular 1/2021 de la Fiscalía General del Estado y la doctrina del TEDH en las que se había declarado que el interés del menor es un concepto jurídico indeterminado cuyo contenido corresponde definir en primer lugar a los padres y no el Estado. En el orden de cosas preexistente a la Ley 8/2021 y LO 4/2023, los padres podían ser cuestionados por conductas contrarias a la integridad física y psíquica del menor, pero no por su convicción personal, amparada en el propio art. 27 CE, acerca de explicaciones sociales o psicológicas alternativas (por ejemplo, que su hijo ha sido víctima de un contagio social o la existencia de antecedentes de abuso sexual o un trastorno subyacente). La ley, sin embargo, los convierte en sospechosos por una actitud meramente interna (la no aceptación) que no tiene por qué ser incompatible con el respeto y mucho menos ser identificada con la violencia o el coacción frente al menor, y convierte la exploración psicológica del menor en una práctica prohibida y sancionada de forma grave para el profesional -con multas de hasta 150.000 euros- y en un obstáculo al ejercicio de la patria potestad, porque según la ley 4/2023 LGTBI, supondría una "negativa a respetar la orientación e identidad sexual, expresión de género o características sexuales de una persona menor", considerándola a la postre en indicador de la situación de riesgo del menor (70.2 LO 4/2023)".

Atar de pies y manos a los padres y dejar a los menores desprotegidos ante las redes sociales, sin exigir una valoración psicológica o sanitaria previa al cambio registral de sexo, -como, por otra parte, exigían el Consejo General del Poder Judicial y el Consejo General de Colegios de Médicos de España, vulnera el interés superior del menor. Pues no se trata de infantilizarlos, sino de reconocer que la corteza prefrontal del cerebro adolescente, responsable de prever y valorar las consecuencias futuras de sus decisiones actuales, no está fisiológicamente maduro hasta bien entrada la mayoría de edad para prever las consecuencias de sus actos[52], y significa olvidar que en la última reforma del CC, coetánea a la LO 8/2021 y Ley 4/2023 LGTBI, el criterio que rige la relación paterno filial no es la voluntad deseos y preferencias del menor (como sí lo es respecto del adulto requerido de apoyos) sino su interés (154 CC). Y si bien es cierto que la ley prevé la reversibilidad de la inscripción registral del cambio de la mención del sexo, difícilmente podrá el menor hacerla efectiva si sus representantes legales están imposibilitados de acompañarlo en el camino de una posible retractación debido a la amenaza de la declaración de riesgo del menor por no aceptación de su condición de persona transexual (art. 70.2 Ley 4/2003 LGTBI) y los profesionales pueden ser sancionados por aplicación del art. 76.4.h) según el cual, se considera infracción muy grave "la promoción o la práctica de métodos, programas o terapias de aversión, conversión o *contracondicionamiento (sic)*, ya sean psicológicos, físicos o mediante fármacos, que tengan por finalidad modificar la orientación sexual, la identidad sexual, o la expresión de género de las personas, *con independencia del consentimiento que pudieran haber prestado las mismas o sus representantes legales*".

---

52 LÓPEZ MORATALLA, Natalia, fija esta edad alrededor de los 25 años a lo largo de su obra *El cerebro adolescente*, Colección: Claves (Familia y Sociedad), vol. 7. Madrid, Rialp, 2019. Y no es casualidad que el nuevo protocolo sueco en relación con tratamientos y cirugías de reasignación a menores trans, tras el aumento exponencial de los casos de incongruencia de género de inicio rápido constatado en Suecia, fija la edad para estas últimas en los 23 años de edad.

BIBLIOGRAFÍA

ARANGUREN SÁNCHEZ, Tasia, "El impacto del proyecto de ley trans sobre los derechos de las mujeres" en BANDRÉS-GOLDÁRAZ, Elena (Coord.), *Feminismo en la línea del tiempo, desde las (in)visibilidades al concepto de felicidad,* Madrid, Dykinson, 2023.

BERCOVITZ RODRÍGUEZ-CANO, Rodrigo, "Transexualidad y menor de edad", *Cuadernos Civitas de Jurisprudencia Civil,* núm. 112, 2020, pp. 307-344.

BUSTOS MORENO, Yolanda B., "La legitimación de los menores de edad a los efectos del reconocimiento legal de su identidad de género. Estado de la cuestión tras la Sentencia del Tribunal Constitucional 99/2019, de 18 de julio de 2019", *Derecho Privado y Constitución,* núm. 36, 2020, pp. 79-130.

CERVILLA GARZÓN, M.ª Dolores, "La transexualidad en la jurisprudencia del Tribunal Europeo de Derechos Humanos: apuntes sobre una evolución", *La Ley Derecho de familia,* Núm. 30, 2021, pp.21-44.

DE LORA, Pablo, "¿Se puede cambiar de sexo?", *La Ley Derecho de Familia: Revista jurídica sobre familia y menores,* núm. 30, 2021, (Ejemplar dedicado a: Derecho Privado y Autodeterminación de Género), pp.1-20.

DE MONTALVO JÄÄSKELÄINEN, Federico, "Adolescentes y tratamiento médico: el nuevo paradigma de la autonomía del menor de edad en relación con el principio de su interés superior", *Rev. Adolescere,* Vol X (2), 2022, pp.5-19.

DE MONTALVO JÄÄSKELÄINEN, Federico, "Problemas legales acerca del tratamiento médico de la disforia de género en menores transexuales". *Revista general de derecho constitucional,* núm. 24, 2017. https://www.iustel.com/v2/revistas

DE MONTALVO JÄÄSKELÄINEN, Federico, *Menores de edad y consentimiento informado.* Tirant lo Blanch, Valencia, 2019.

DE VERDA Y BEAMONTE, José Ramón, "Transexualidad, minoría de edad, cambio de sexo y cambio de nombre", *IDIBE, Tribuna,* Octubre 2019, https://idibe.org/tribuna/transexualidad-minoria-edad-cambio-sexo-cambio-nombre/.

GARCÍA GARNICA, M.ª del Carmen, "El tratamiento de la identidad de género de las personas menores de edad en el ordenamiento jurídico español", en LARA AGUADO, M.ª Ángeles (Coord.), *Protección de menores en situaciones transfronterizas: análisis multidisciplinar desde las perspectivas de género, de los derechos humanos y de la infancia,* Valencia, Tirant lo Blanch, 2023, pp. 305-356.

GARCÍA RUBIO, M.ª Paz, "Las repercusiones de las propuestas normativas sobre el género preferido en el ámbito de las relaciones familiares", *La*

Ley Derecho de Familia: Revista jurídica sobre familia y menores, Núm. 30, 2021 (Ejemplar dedicado a: Derecho Privado y Autodeterminación de Género), pp. 82-114.

GETE-ALONSO CALERA, Carmen, "La rectificación del sexo en la nueva legislación española (a propósito de Ley 4/2023, de 28 de febrero, para la igualdad real y efectiva de las personas trans y para la garantía de los derechos de las personas LGTBI", *Revista de Ciencias Sociales*, Núm. 82, 2023, pp. 15-53.

GONZÁLEZ CARRASCO, M.ª del Carmen, "Gestación por sustitución, ¿regular o prohibir?", *Revista CESCO de Derecho de Consumo*, Núm. 22/2017 http://www.revista.uclm.es/index.php/cesco.

GONZÁLEZ CARRASCO, M.ª del Carmen, "La prestación del consentimiento informado en materia de salud en el nuevo sistema de apoyos al ejercicio de la capacidad", *Derecho Privado y Constitución*, Núm. 39, 2021, págs. 213-247.

GONZALO VALGAÑÓN, Altamira, "La protección de la infancia y la adolescencia en las leyes trans", LARA AGUADO, M.ª Ángeles (Coord.), *Protección de menores en situaciones transfronterizas: análisis multidisciplinar desde las perspectivas de género, de los derechos humanos y de la infancia*, Valencia, Tirant lo Blanch, 2023, pp. 273-304.

LÓPEZ CÁNOVAS, Ángeles, "¿Se ha de seguir siempre la voluntad, deseos y preferencias de las personas con discapacidad, o se pueden prever aún en contra de su voluntad? (comentario de la sentencia del Tribunal Supremo, sala de lo civil (pleno) núm. 589/2021, de 8 de septiembre)", *Revista del Centro de Estudios Jurídicos y de Postgrado CEJUP*, Núm. 2, 2022, pp. 146-158.

LÓPEZ MORATALLA, Natalia, *El cerebro adolescente.* Colección: Claves (Familia y Sociedad) vol. 7. Madrid, Rialp, 2019.

MARTÍNEZ DE LA OSSA SÁEZ-LÓPEZ, Rafael y MARCOS CANO, Ana María, "Problemas bioéticos en la atención de los menores trans", *Revista de Derecho de la UNED*, núm. 9, 2022, pp.389-409.

MORAL-MARTOS, Amadora *et alt.*, "Guía clínica de atención a menores transexuales, transgéneros y de género diverso", *Anales de Pediatría*, Vol. 96(4), 2022, https://doi.org/10.1016/j.anpedi.2022.02.002.

MORENO ALEMÁN, Javier, "Cuestiones controvertidas sobre NNA Trans. Identidad de género y ejercicio de la patria potestad", *Manual de Pediatría Social de la Pediatría Social de SEPEAP*, 2023.

PARRA LUCÁN, M.ª Ángeles, "La capacidad del paciente para prestar válido consentimiento informado. El confuso panorama legislativo español", *Aranzadi civil: revista quincenal*, N.º 1, 2003, pp. 1901-1930.

QUICIOS MOLINA, M.ª Susana, "Las relaciones de filiación de personas LGTBI tras la Ley 4/2023", *Cuadernos de Derecho Privado*, núm. 5, 2023, pp. 2-7.

REYES LÓPEZ, M.ª José, "Cuestiones civiles en la Ley 4/2023, de 28 de febrero, para la igualdad real y efectiva de las personas trans y para la garantía de los derechos de las personas LGTBI", *Instituto de Derecho Iberoamericano IDIBE. Tribuna*, mayo 4, 2023, disponible en *https://idibe.org/tribuna/cuestiones-civiles-la-ley-4-2023-28-febrero-la-igualdad-real-efectiva-las-personas-trans-la-garantia-los-derechos-las-personas-lgtbi/*.

TRUJILLO VILLAMOR, Elena, "¿El principio del fin de la identificación por sexo?", *Revista CESCO*, N.º 37/2021, doi.org/10.18239/RCDC_2021.37.2719.

Derecho a la identidad y a la vida privada de los menores nacidos por gestación por sustitución en la jurisprudencia del TEDH y del TJUE y en las proyectadas normativas reguladoras de la filiación

ÁNGELES LARA AGUADO[1]

Profa. Titular de Derecho internacional privado

Universidad de Granada

SUMARIO: I. Filiación, vida privada y familiar y libertad de circulación de los menores nacidos por gestación por sustitución. 1. La gestación por sustitución en el centro del debate: modo de establecimiento de la filiación *versus* vulneración grave de los derechos de mujeres y niños. 2. Derecho a la vida privada y familiar: claves de la continuidad de la filiación derivada de gestación por sustitución conforme a la jurisprudencia del TEDH y del TJUE. 2.1. ¿Derecho a la continuidad de la filiación ya establecida o expectativa razonable de continuidad? 2.2. Vida privada, identidad y vinculación genética en la jurisprudencia del TEDH. A. Paternidad intencional genética: inclusión del origen biológico paterno en el contenido del derecho a la vida privada del hijo. B. No integración de la filiación intencional no genética en el derecho a la vida privada y familiar del menor: preponderancia de otros intereses estatales presentes. C. Requisitos para la inclusión de la filiación intencional del cónyuge o pareja del padre biológico en el derecho a la vida privada del menor. 3. La filiación de los menores nacidos por gestación por sustitución en el contexto de la Unión Europea: derecho a la identidad, continuidad de la filiación ya establecida y libertad de circulación conforme a la jurisprudencia del TJUE. II. Contribución de los proyectos normativos de la Conferencia de La Haya de Derecho internacional privado y de la Unión Europea a la efectividad del derecho a la vida privada de los menores nacidos de gestación por sustitución: luces

---

1 Este trabajo se enmarca en el Proyecto I+D+i PID2020-113061GB-I00 financiado por MCIN/AEI/10.13039/501100011033: El derecho al respeto a la vida familiar transfronteriza en una Europa compleja: cuestiones abiertas y problemas de la práctica. IP's: María Victoria Cuartero Rubio y José Manuel Velasco Retamosa y en el Proyecto I+D+i PID2019-108526RB-I00/AEI/10.13039/501100011033: Violencia de Género y subordinación estructural: implementación del principio del gender mainstreaming, IP: Juana María Gil Ruiz.
Código ORCID: orcid.org/0000-0002-0441-6965
E-mail: anlara@ugr.es

y sombras. 1. Protocolo de La Haya sobre filiación derivada de gestación por sustitución: el arma de doble filo de la necesidad de establecer condiciones para hacer asumible la gestación por sustitución. 2. ¿Utilidad de la propuesta de Reglamento (UE) sobre filiación? III. Conclusiones. Bibliografía.

I. FILIACIÓN, VIDA PRIVADA Y FAMILIAR Y LIBERTAD DE CIRCULACIÓN DE LOS MENORES NACIDOS POR GESTACIÓN POR SUSTITUCIÓN

1. La gestación por sustitución en el centro del debate: modo de establecimiento de la filiación *versus* vulneración grave de los derechos de mujeres y niños

El ordenamiento jurídico español es claro al afirmar la nulidad en nuestro país del "*contrato por el que se convenga la gestación, con o sin precio, a cargo de una mujer que renuncia a la filiación materna a favor del contratante o de un tercero*". Así lo disponen tanto el art. 10.1 de la Ley 14/2006, de 26 de mayo, sobre técnicas de reproducción humana asistida[2] (en adelante, LTRHA), como el art. 32.1 de la más reciente Ley Orgánica 2/2010, de 3 de marzo, de salud sexual y reproductiva y de la interrupción voluntaria del embarazo[3], tal y como resulta tras su modificación por la Ley Orgánica 1/2023, de 28 de febrero. El art. 10 de la LTRHA se refiere a la llamada gestación por sustitución y la LO 2/2010 utiliza indistintamente la expresión gestación por sustitución y gestación subrogada o por subrogación. También doctrinalmente y en otros ordenamientos se habla de maternidad subrogada o por sustitución, gestación solidaria, vientres de alquiler, alquiler de úteros, explotación repro-

---

2 *BOE* núm. 126, de 27 de mayo de 2006.

3 *BOE* núm. 51, de 1 de marzo de 2023.

ductiva...[4].Todas estas expresiones hacen referencia al contrato por el que una mujer llamada gestante, acuerda con otra u otras personas llamadas comitentes, someterse a alguna de las técnicas de reproducción humana asistida (normalmente la fecundación *in vitro*) para gestar y dar a luz a un bebé con el que los comitentes pueden tener vínculos biológicos (ya sea uno solo o los dos; en este último caso sería una gestación homóloga) o no tenerlos (si se recurre a donantes anónimos de gametos, siendo, entonces, una gestación heteróloga), y con el que la gestante no suele tener vinculación genética (llamándose, en tal caso, subrogación gestacional), aunque podría tenerla, si aporta también su óvulo (como sucede en la gestación tradicional)[5] y, posteriormente, entregárselo a los comitentes, renunciando a su relación materno-filial y a cualquier derecho que pudiera corresponderle sobre el bebé y ello, tanto si el contrato se celebra a cambio de una contraprestación económica, como si su finalidad es altruista.

En coherencia con la nulidad del contrato de gestación por sustitución en nuestro ordenamiento jurídico, la maternidad la determina el parto (art. 10.2 LTRHA) en las situaciones puramente internas y podría afirmarse que también en las que presenten algún elemento de internacionalidad, bien porque se admitiera la consideración de que dicho precepto es una norma material imperativa, que persigue un objetivo de política legislativa lo suficientemente importante como para requerir su extrapolación también a las situaciones privadas internacionales -como podría ser la prevención del tráfico de menores o la cosificación de menores y mujeres, así como la explotación de las funciones reproductivas de la madre gestante-, bien porque se entendiera que

---

4 *Vid.* LAMM, Eleonora, *Gestación por sustitución: Ni maternidad subrogada ni alquiler de vientres*, Publicacions i Edicions de la Universitat de Barcelona, 2014.

5 Sobre las distintas modalidades de gestación por sustitución *vid.* SCOTTI, Luciana B., "El reconocimiento extraterritorial de la maternidad subrogada": una realidad colmada de interrogantes sin respuestas jurídicas", *Revista Pensar en Derecho,* N° 1, 2013, p. 269.

la norma está en consonancia con los valores constitucionales de dignidad de la mujer y del menor y, por ende, forma parte del contenido de nuestro orden público internacional. La atribución de este carácter a la norma, no obstante, no es pacífica en la doctrina, en todo caso[6]. Atendiendo a tales consideraciones, desde luego, sin ninguna duda en el plano interno, en virtud del contrato de gestación por sustitución no podría devenir madre la mujer comitente, ni siquiera en caso de haber aportado sus óvulos, pues dicha maternidad entraría en colisión con la previsión legal -con uno u otro carácter-, si bien en el primer caso (si el art. 10.2 LTRHA fuera una norma material imperativa), se descartaría de plano el establecimiento de la filiación a favor de la madre comitente por parte de las autoridades españolas, cualquiera que fuera la ley aplicable a la determinación de la filiación y, en el segundo supuesto (si se entendiera que responde a un principio de orden público internacional vinculado a la dignidad del niño y de la madre gestante), primero habría que determinar la ley aplicable, dado el caso, para descartarla por motivos de orden público internacional o, si se tratara de un supuesto de reconocimiento en el foro de una filiación ya establecida en el extranjero, mediante los mecanismos de la eficacia extraterritorial, alegando también motivos de orden público internacional, por la cosificación del menor que conlleva.

Cuestión distinta es que, en interés del menor, y para salvaguardar su derecho a la identidad y a su vida privada, se habiliten otras

---

6 *Vid.* al respecto, CALVO CARAVACA, Alfonso Luis y CARRASCOSA GONZÁLEZ, Javier, "Gestación por sustitución y Derecho internacional privado. Más allá del Tribunal Supremo y del Tribunal Europeo de Derechos Humanos", *CDT*, Vol. 7, Nº 2, 2015, pp. 45-113; CUARTERO RUBIO, Mª Victoria, "*E pur*... es internacional: una observación a la STS de 31 de marzo de 2022 sobre gestación subrogada", *Centro de Estudios de Consumo,* 27 de mayo de 2022, pp. 1-6, disponible en http://centrodeestudiosdeconsumo.com/images/E pur es internacional una observacion a la STS de 31 de marzo de 2022 sobre gestacion subrogada.pdf?fbclid=IwAR2oD3DnTmX8uIVWCJ0Srs-tatP8lWxJQDJsf60JoE25yKUf5JcneJANsXM

vías para el establecimiento de tal filiación. Nada impide al comitente varón proporcionar su material genético para convertirse en padre, cualquiera que sea el modo que haya elegido para hacer efectiva su paternidad (ya sea manteniendo relaciones sexuales con la gestante -lo que no es frecuente, pero no imposible ni descartable-, o proporcionando semen para su utilización a través de una técnica de reproducción humana asistida, sea esta la fecundación *in vitro* -más habitual- o la inseminación artificial -menos utilizada-, o la transferencia intratubárica de gametos [Anexo A) de la LTRHA]). Y es que está previsto legalmente en el ordenamiento jurídico español que la paternidad biológica del comitente se pueda reclamar judicialmente, pues así lo recuerda el art. 10.3 LTRHA, sin que ello contravenga las reglas sobre filiación establecidas en el Código civil o en el art. 10.2 de la LTRHA, pues no entra en conflicto con la determinación legal de la maternidad y, al tratarse de una reclamación judicial, puede desvirtuar cualquier presunción de paternidad matrimonial a favor del marido de la gestante (art. 116 del Código civil). Además, se ha previsto a nivel jurisprudencial atender al interés superior del menor ya nacido, facilitando al cónyuge del padre biológico la adopción del hijo de este, conforme permiten las reglas civiles (art. 176 del Código civil), tal y como dejó claro el Tribunal Supremo (en adelante, TS) en sentencia 835/2013, de 6 de febrero de 2014[7], aunque ello pueda suponer *in casu* una vulneración de las reglas internas reguladoras de la adopción[8].

En cualquier caso, aunque sea mínimamente, la gestación por sustitución y sus consecuencias respecto a la filiación de los menores que nazcan como consecuencia de esta práctica están reguladas en nuestro ordenamiento jurídico con claridad en el plano

---

7 STS 835/2013 (Sala de lo Civil. Sección Pleno), de 6 de febrero de 2014 (RJ 2014\833 [ECLI:ES:TS:2014:247].

8 CASTELLANOS RUIZ, Mª José, "La filiación adoptiva, vía legal para la gestación por sustitución: A propósito de la sentencia del Tribunal Supremo de 31 de marzo de 2022", *CDT*, Vol. 14, Nº 2, 2022, pp. 1034-1052, esp. p. 1047.

interno, aunque requerirían de una respuesta contundente en lo relativo a las situaciones privadas internacionales para acabar con las dudas. El legislador español no se ha atrevido a dar el paso que ha dado el Parlamento italiano, que, con el apoyo de diputados de partidos de extrema derecha, así como de partidos ecologistas y feministas, ha aprobado el proyecto de ley (la llamada Ley Varchi) para considerar delito universal la gestación por sustitución y castigar con penas de entre tres meses y dos años de cárcel y multas de hasta un millón de euros a las personas que recurran a esta práctica, aunque lo hayan hecho viajando a países donde la gestación subrogada es legal, en coherencia con la idea defendida por la diputada Carolina Varchi de que "*la maternidad es única, insustituible y no subrogable*" y según la cual, "*La vida es un bien que no se puede comercializar, la maternidad no puede tener lugar por una compensación económica, un niño no se puede comercializar y este mercado debe terminar*" [9].

En España el panorama es menos diáfano y el legislador solo adopta pasos tímidos. Es cierto que está tipificado tanto el delito de suposición de parto en el art. 220 del Código Penal, con penas de 6 meses a dos años, como el de entrega del hijo a otro, mediando compensación económica, para establecer una relación análoga a la filiación, alterando el procedimiento legal de la guarda, acogimiento o adopción, así como la recepción del menor y al intermediario que participe en los hechos, aunque la entrega del menor se hubiese efectuado en el extranjero (art. 221). Sin embargo, no es perseguible en España la gestación por sustitución llevada a cabo por españoles en el extranjero, pues para que la jurisdicción española pueda conocer de los delitos arriba

9 *Vid.* la noticia en *El diario.es* de 26 de julio de 2023, disponible en https://www.eldiario.es/internacional/meloni-convierte-delito-universal-gestacion-subrogada-coloca-punto-mira-familias-lgtbi_1_10410116.html#:~:text=El%20partido%20de%20la%20primera,hasta%20un%20mill%C3%B3n%20de%20euros y en *ABC* digital de 27 de julio de 2023, disponible en https://www.abc.es/sociedad/parlemento-italiano-aprueba-delito-universal-gestacion-subrogada-20230727092606-nt.html

mencionados, es preciso que el hecho sea punible en el lugar de ejecución, tal y como dispone el art. 23 de la Ley Orgánica del Poder Judicial (en adelante, LOPJ), lo que, evidentemente, no es el caso, al ser legal la gestación por sustitución en los países a los que acuden los comitentes españoles. Por tanto, mientras no se realice una reforma en el sentido del proyecto de ley italiana, estos preceptos no impedirán que se siga viajando al extranjero para contratar a gestantes. Otra opción sería sancionar a las agencias intermediarias que publicitan sus servicios en España, pues la total impunidad con la que operan, favorece el turismo procreativo y la explotación reproductiva de las madres gestantes.

Pero, en España, de momento, solo se prevé la nulidad de los contratos de gestación por sustitución[10], lo que es difícilmente compatible con el hecho de que hayan nacido los menores, dando al traste con la sanción de nulidad del contrato, pues aquellos deben ser titulares de todos los derechos que corresponden a la infancia sin discriminación alguna. Ciertamente, el Preámbulo de la LO 1/2023, en los puntos II y III, entiende que esta práctica es una vulneración grave de los derechos reproductivos y, por tanto,

---

10 Para algunos autores, no está claro que la gestación por sustitución esté prohibida en España. Hay quien claramente considera que sí lo está, como DÍAZ FRAILE, Juan María, "La gestación por sustitución ante el registro civil español. Evolución de la doctrina de la DGRN y de la jurisprudencia española y europea", *Revista de Derecho Civil,* Vol. VI, Nº 1, enero-marzo, 2019, Estudios, p. 68. El mismo art. 32 de la LO 1/2023 afirma la ilegalidad de esta conducta. Sin embargo, para otros autores, no existe prohibición legal de esta práctica en España, sino que el ordenamiento jurídico español solo decreta la nulidad de estos contratos. Así lo entienden, entre otros, ÁLVAREZ GONZÁLEZ, Santiago, "Gestación por sustitución y Tribunal Supremo español. Nota breve a la STS de 31 de marzo de 2022", *Diario La Ley,* Nº 10069, Sección Tribuna, 16 de mayo de 2022, p. 3; ATIENZA RODRÍGUEZ, Manuel, "Sobre la nueva Ley de Reproducción Humana Asistida", *Revista de Bioética y Derecho,* Nº 14, 2008, pp. 4-9; HEREDIA CERVANTES, Iván, "La inscripción de relaciones de filiación constituidas en el extranjero mediante gestación por sustitución: seis años desperdiciados", *Boletín del Ministerio de Justicia,* Nº 2179, junio de 2015, pp. 339-396.

una manifestación de la violencia contra las mujeres. Concretamente, afirma el Preámbulo de la LO 1/2023 que la gestación por sustitución es una forma de violencia contra la salud sexual y reproductiva de las mujeres. Pero, si se tomara en serio esta afirmación contenida en la parte expositiva de la norma, y aceptáramos que es una forma de violencia de género[11], la gestación por sustitución debería ser una práctica llamada a ser erradicada, como forma de violencia condenada por el Convenio del Consejo de Europa sobre prevención y lucha contra la violencia contra las mujeres y la violencia doméstica, hecho en Estambul el 11 de mayo de 2011[12], cuyo art. 3 considera violencia de género "*todo acto de violencia basado en el género que puede implicar para las mujeres daños de naturaleza física, sexual, psicológica o económica*". Y, ciertamente, en cualquiera de sus modalidades, la gestación por sustitución provoca o conlleva un riesgo de producir daños físicos y psicológicos a la gestante, lo que es bien conocido por las clínicas de reproducción asistida que ofrecen esta práctica. Para evitar problemas, en los paquetes más lujosos se suele incluir un tratamiento psicológico para la gestante durante el embarazo, a fin de prepararla para el momento de la separación de su bebé, instruyéndola para que no genere apegos con el feto durante su gestación[13], haciéndola luchar por reprimir sus emociones, lo que, sin duda, es una forma de violencia psicológica. En cuanto a los daños físicos, entre los que es muy habitual la práctica de cesáreas, la diabetes gestacional, la

---

11 Una visión de esta práctica como forma de violencia de género puede verse en LARA AGUADO, Ángeles, "El interés superior de la niñez, adolescencia y juventud en situaciones transfronterizas desde las perspectivas de género, de los derechos humanos y de la infancia: algunos casos concretos", en LARA AGUADO, Ángeles (dir.), *Protección de menores en situaciones transfronterizas: análisis multidisciplinar desde las perspectivas de género, de los derechos humanos y de la infancia*, Tirant lo Blanch, Valencia, 2023, p. 194.

12 *BOE* núm. 137, de 6 de junio de 2014.

13 NUÑO GÓMEZ, Laura, "Una nueva cláusula del Contrato Sexual: vientres de alquiler", *ISEGORÍA. Revista de Filosofía Moral y Política*, Nº 55, julio-diciembre, 2016, pp. 683-700.

hiperestimulación ovárica, la preeclampsia, las secuelas derivadas de la hormonación, hay que incluir, entre otros daños y peligros, el riesgo de pérdida de órganos vitales e, incluso la vida[14]. Esto ha dado lugar a que en algunos contratos ya se prevea la inclusión de cláusulas por las que se ofrece a la gestante un seguro que cubra tales riesgos, concediéndole indemnizaciones de unos pocos miles de euros, lo que, por lo general, está muy por debajo de las cantidades que se barajan en las pólizas de seguros de vida o para la indemnización por accidentes.

Da igual que la gestación sea comercial o altruista, pues los riesgos de daños para la gestante son iguales en ambas modalidades y, aunque la gestante realice la práctica por "solidaridad", no deja de tener que convencerse a sí misma durante todo el proceso, de que, como las células que le han implantado no le pertenecen, el bebé que espera no es su hijo. Y todo ello, porque se atribuye una importancia exorbitada a la vinculación genética como elemento clave para la maternidad y se elimina de un plumazo toda relevancia al proceso de embarazo y parto. En consecuencia, no debería permitirse que por contrato se sometiera una mujer a estas prácticas, que constituyen formas de violencia de género, solo para satisfacer el deseo de otras personas de acceder a la maternidad y/o paternidad, por muy de acuerdo que estén comitentes y gestante en la realización de la práctica, del mismo modo que no se toleraría que se apaleara a una persona, aunque dicha paliza la consintiera la persona apaleada y quisiera propinarla el apaleador. No es legítima la violación de derechos, ni siquiera con consentimiento. O, dicho de otro modo, el consentimiento no elimina la violencia.

Pese a ello, no se ha dado el paso para condenar más fehacientemente esta práctica, ni en el articulado de la Ley 1/2023, que se limita a sancionar la publicidad por parte de las agencias, ni re-

---

14 *Vid.* al respecto, EUROPEAN CENTRE FOR LAW AND JUSTICE, "Surrogate Motherhood: A Violation of Human Rights, Report presented at the Council of Europe, Strasbourg, on 26 April 2012", disponible en https://www.ieb-eib.org/ancien-site/pdf/surrogacy-motherhood-icjl.pdf

formulando la tipicidad del delito en el Código Penal. Esta indefinición del legislador español ha dado pie a que recientemente se presentara la Proposición de Ley reguladora del derecho a la gestación por sustitución por el Grupo parlamentario Ciudadanos el 14 de abril de 2023[15], reiterando la intención de este Grupo de convertir en legal esta práctica en nuestro país, elevándola a la categoría de derecho; voluntad de regulación que, previamente, había evidenciado el Grupo de Ética y Buena Práctica Clínica de la Sociedad Española de Fertilidad, que elaboró el 15 de diciembre de 2015 una Propuesta de bases generales para la regulación en España de la gestación por sustitución[16]. Con ello se pretende incorporar en nuestro ordenamiento jurídico esta vía de establecimiento de la filiación basada en la intención o voluntad de los comitentes[17], acompañada o no de vinculación genética con los padres/madres de intención, lo que cuenta con numerosos adeptos.

---

15 Proposición de Ley reguladora del derecho a la gestación por sustitución, presentada por el grupo parlamentario Ciudadanos, *BOCG*, Congreso de los Diputados, núm. 341, de 14 de abril de 2023, disponible en https://www.congreso.es/public_oficiales/L14/CONG/BOCG/B/BOCG-14-B-341-1.PDF. Ya es la tercera proposición de ley que presenta este grupo parlamentario, pues la primera la presentó en 2017 (https://www.congreso.es/public_oficiales/L12/CONG/BOCG/B/BOCG-12-B-145-1.PDF) y la segunda en el año 2019 (https://www.congreso.es/public_oficiales/L13/CONG/BOCG/B/BOCG-13-B-46-1.PDF).

16 https://www.sefertilidad.net/docs/grupos/etica/propuestaBases.pdf

17 Para un análisis de este nuevo modo de establecimiento de la filiación basado en la intención de los comitentes, *vid.*, entre otros, BLANCO-MORALES LIMONES, Pilar, "Una filiación: tres modalidades de establecimiento. La tensión entre la ley, la biología y el afecto", *Bitácora Millenium DIPr.*, Nº 1, 2015, pp. 1-16; disponible en http://www.millenniumdipr.com/archivos/1433416687.pdf; ECHEZARRETA FERRER, Mª Teresa, "Filiación biológica versus filiación intencional: dos caminos para asumir la misma responsabilidad", *Revista Internacional de Ciencias Sociales Interdisciplinares*, Vol. 4, Nº 2, 2015, p. 233-248.

Y es que existen posiciones muy polarizadas respecto a la gestación por sustitución, habiéndose intensificado el debate a favor y en contra de ella nuevamente, tras saltar a la luz la noticia de la maternidad por subrogación contratada en Estados Unidos por Ana Obregón, utilizando material genético de su hijo fallecido hace varios años[18], lo que la convertiría a la vez en madre legal y abuela biológica de la criatura[19].

Los argumentos esgrimidos a favor del liberalismo reproductivo son muy diversos, pero todos tienen como punto en común la defensa de la libertad sin límites de la gestante y de los comitentes, obviando que el contrato tiene por objeto la entrega del menor y no solo la prestación de un servicio, pues sin entrega del bebé, no hay servicio que contratar: no se trata de celebrar un contrato con una mujer para que geste, sino para que, tras la gestación, entregue al niño o niña una vez se produzca el nacimiento, al margen de que la entrega atienda al interés del menor; más bien la entrega se produce sin que ninguna autoridad se haya cerciorado de ese dato, pues lo único que se controla a los comitentes es, en su caso, la existencia de motivos de infertilidad o de salud que impiden la procreación por sí mismos y el pago de las cantidades acordadas. Los partidarios de la gestación por sustitución alegan que todas las personas tienen derecho a hacer realidad su proyecto vital de tener descendencia sin acudir al mecanismo de la adopción, compartiendo genes con sus hijos. Por ello, defienden a ultranza la libertad de las mujeres de disponer de su cuerpo como les plazca, porque son personas plenamente conscientes de lo que hacen y con derecho a decidir por sí mismas[20]. Olvidan,

---

18 *El País digital*, 29 de marzo de 2023, disponible en https://www.elmundo.es/loc/famosos/2023/03/29/64236507fdddff824f8b45b9.html

19 CALVO CARAVACA, Alfonso Luis y CARRASCOSA GONZÁLEZ, Javier, "El caso de Ana Obregón y el Derecho Internacional Privado", *Hay Derecho*, disponible en https://www.hayderecho.com/2023/04/17/el-caso-de-ana-obregon-y-el-derecho-internacional-privado/

20 FARNÓS AMORÓS, Esther, "Inscripción en España de la filiación derivada del acceso a la maternidad subrogada en California", *InDret*, Nº 1, 2010, pp. 1-25.

sin embargo, que la entrega del bebé ya no tiene nada que ver con la libertad de disposición sobre el cuerpo de las mujeres, sino que convierte en objeto del contrato al menor, cuya entrega a los comitentes es el centro neurálgico de todo el contrato; olvidan también que los vínculos genéticos no son precisos en todas las modalidades de gestación por sustitución, puesto que no es requisito *sine qua non* para la contratación. También afirman que existen nuevos modelos de familia en los que tienen cabida parejas del mismo o distinto sexo, casadas o viviendo como uniones de hecho, hijos biológicos que conviven con otros adoptados, familias reconstituidas con hijos de la otra pareja, hijos reconocidos como propios sin serlo, matrimonios poligámicos, familias monoparentales, hijos concebidos por inseminación artificial o fecundación *in vitro* con o sin aportación de material genético y que, por tanto, entre esos nuevos modelos de familia, tienen cabida los hijos habidos a través de la gestación por sustitución como forma libremente elegida por los comitentes de formar una familia. En la defensa de este argumento, se obvia el dato crucial de que lo que se está defendiendo es el proyecto vital de los comitentes, no el interés del menor cuya gestación se contrata y que debería ser lo más importante, siendo en la práctica, el único dato que no se aprecia. También se afirma que se trata de un simple contrato de prestación de un servicio por el que la gestante resulta remunerada, contribuyendo así a mejorar su situación económica y la de su familia, aparte de la de los países implicados; o bien se apela a la generosidad y solidaridad de unas mujeres que realizan con este servicio un acto de amor, que, además, contribuye a elevar el índice de natalidad de los países.

Estas justificaciones pasan por alto la externalización de las consecuencias que se derivan de esta práctica y que son asumidas en exclusiva por las gestantes y enmascaran la realidad de miles de mujeres que se someten a esta práctica por su situación de vulnerabilidad, la explotación a la que aquellas son sometidas y su instrumentalización al servicio de los deseos de los demás, lo que no es compatible con la dignidad de todos los seres humanos, entre los que hay que incluir también a las mujeres menos empoderadas, racializadas o en situación de vulnerabilidad económica o psicológica. Utilizar a las mujeres como un medio para conseguir el fin perseguido por los comitentes y del que se valen las agencias intermediarias y todos los que se lucran con la práctica, no es compatible con la dignidad de la mujer.

Por el contrario, las razones alegadas por quienes se oponen a esta práctica confluyen en la defensa de la dignidad de las mujeres y de su descendencia, que es un valor irrenunciable, y en la idea de que no se puede hacer uso de nuestra libertad individual para someternos voluntariamente a esclavitud[21], pues "*invocar la libertad de la mujer para «elegir» si quiere prestar su cuerpo para gestar un embarazo, es ignorar que precisamente el contrato de maternidad subrogada lesiona la libertad de la mujer porque al aceptar sus condiciones cede parte de aquélla*"[22]. Desde esta posición, esta práctica es inaceptable, porque mercantiliza a los menores, al convertirlos en objetos de comercio, pues todos estos contratos incluyen como condición *sine qua non* la cláusula de entrega del bebé con renuncia a la relación materno-filial: de nada sirve que la madre gestante se comprometa a gestar un bebé, si posteriormente no lo entrega a los contratantes. Quienes se oponen a los vientres de alquiler denuncian la explotación de las funciones reproductivas de la que están siendo víctimas las gestantes, ya que la mayoría de mujeres que aceptan el contrato, lo hacen forzadas por su situación precaria o por los abusos de poder de sus maridos o parejas, o por las presiones psicológicas explícitas o implícitas de sus familiares y amigos, muchas veces de manera solapada. Afirman que el consentimiento no existe allí donde no hay verdadera libertad y esta no es posible donde no hay igualdad o equilibrio entre las partes, lo que claramente no existe en estos contratos, pues la gestante no tiene el mismo poder que quienes recurren a sus servicios, ni

---

21 ROUSSEAU, Jean-Jacques, *Discurso sobre el origen y fundamento de la desigualdad entre los hombres*, Alfaguara, 1979, p. 191.

22 MARRADES PUIG, Ana, "La gestación subrogada en el marco de la Constitución española: una cuestión de derechos", *Estudios de Deusto*, Vol. 61, Nº 5, enero-junio, 2017, p. 235.

que el equipo médico que se ocupa del proceso. Aun cuando el contrato incluya cláusulas garantistas para la gestante, de poco sirven si está sometida a presiones económicas o psicológicas, ya que aceptará el contrato con tal de obtener la ventaja prometida.

Pero el argumento crucial es que lo relevante en estos contratos no es la libertad de disposición del cuerpo de la mujer, sino la entrega del bebé y la renuncia a su filiación, esto es, la renuncia a derechos, sin la cual, no existiría el contrato. A todo ello se suma, que no todo es disponible, pues hay derechos irrenunciables: a nadie se le ocurre reclamar el derecho a disponer del derecho de voto para vendérselo a otra persona, aunque comprador y vendedor estén de acuerdo, pues, aunque aparentemente nadie salga dañado, lo sale la democracia. Lo mismo sucede si se pretende disponer de las funciones reproductivas de la mujer: sale dañada la democracia, la percepción del papel del hombre y el de la mujer en la sociedad, la imagen de la diferente dignidad de uno y de otra, pues ella es concebida como un medio al servicio de otros, disponible por dinero.

Esta división de opiniones y la existencia de una gran diversidad normativa sobre la gestación por sustitución en los distintos países, cuyas regulaciones permisivas ofrecen enormes facilidades a los comitentes para generar este lucrativo negocio de la reproducción intencional, están promoviendo el recurso a esta forma de tener hijos en el extranjero, en países con los que los comitentes no tienen ningún tipo de vinculación. Aunque la normativa de algunos Estados solo permite recurrir a la gestación subrogada a sus propios nacionales o a personas que residan habitualmente en su territorio, como es el caso de Armenia, Bielorrusia, Camboya, India, Nepal, Portugal, Tabasco (México) o Tailandia, lo cierto es que en otros no se requiere que los comitentes tengan estos vínculos con el país, como es el caso de Cuba, o bien exigen requisitos de vinculación que solo afectan a la gestante, como sucede en California, donde basta con que resida allí la madre gestante o como es el caso de Grecia, donde es suficiente con que cualquiera de las partes tenga su residencia en el país. Ni siquiera exigen vinculación genética entre los comitentes y el bebé algunos países, como

Grecia o el Estado estadounidense de California. Estas regulaciones tan laxas están favoreciendo el llamado turismo procreativo o reproductivo[23], también llamado "*exilio reproductivo*"[24], aunque hay quien prefiere la expresión "*cross-border reproductive care*" (atención reproductiva transfronteriza), porque entienden que es un término más neutro y que no implica ningún juicio ni interpretación sobre las razones que hay tras la movilidad de los "*pacientes*"[25]. Sin embargo, la terminología sí que importa, pues quien es sometida a la técnica de reproducción asistida es la gestante, que no es precisamente una paciente en el sentido estricto del término, pues ella no tiene problema alguno de fertilidad que requiera del tratamiento, ni tras su sometimiento a la técnica de reproducción asistida se soluciona el problema de infertilidad de los comitentes, que son los que tienen las dificultades o la imposibilidad para

---

23 Inicialmente se empezó a utilizar el término "*procreative tourism*": KNOPPERS, Bartha M. y LEBRIS, Sonia, "Recent advances in medically assisted conception". *American Journal of Law Medicine*, Vol. 17, 1991, pp. 329–361; COHEN, Jean, "Procreative tourism and reproductive freedom", *Reproductive Biomedicine Online*, Vol. 13, Nº 1, 2006, pp. 145-146; LEMOULAND, Jean-Jacques, "Le tourisme procréatif. Actualité du droit international privé de la famille", *Les Petites affiches*, Nº 62, 2001, p. 24. Posteriormente, se empezó a generalizar la terminología "*reproductive tourism*" y "*fertility tourism*": PENNINGS, Guido, "Legal harmonization and reproductive tourism in Europe", *Human Reproduction*, Vol. 12, 2004, pp. 2689–2694; STORROW, Richard F., "Quests for Conception: Fertility Tourists, Globalization and Feminist Legal Theory", *Hastings Law Journal*, Vol. 57, 2006, p. 295; FARNÓS AMORÓS, Esther, "Inscripción en España...", op.cit., p.16; BERGMANN, Sven, "Fertility tourism: circumventive routes that enable access to reproductive technologies and substances", *Signs: Journal of Women in Culture & Society*, Vol. 36, Nº 2, 2011, pp. 280-288.

24 MATORRAS, Roberto, "Reproductive exile versus reproductive tourism", *Human Reproduction*, Vol. 20, Nº 12, 2005, pp. 3571-3573.

25 FERRARETTI, Anna Pia, PENNINGS, Guido, GIANAROLI, Luca, NATALI, Francesca y MAGLI, M. Cristina, "Cross-border reproductive care: a phenomenon expressing the controversial aspects of reproductive technologies", *Reproductive Biomedicine Online*, Vol. 20, Nº 2, 2010, p. 262.

gestar y siguen teniéndolas tras el nacimiento del bebé. No puede enmascararse a través del lenguaje la realidad de que, a través de esta práctica, se está aplicando un tratamiento con riesgos para su salud a una mujer sana, para satisfacer un deseo de terceras personas que no se someten al mismo y lo único que pierden en todo el proceso es el dinero invertido en la contratación y el tiempo de espera, dejando a un lado su sufrimiento por no poder ser padres/ madres, que es respetable. Se trata de un extractivismo reproductivo[26], con externalización de los costes hacia las gestantes, que, si bien podría entenderse -aunque no justificarse, por la violación de derechos que conlleva- en el caso de los comitentes que residen en países donde la práctica es legal y que recurren a la misma en el Estado de su residencia, no resulta admisible en el caso de aquellas personas que, residiendo en países no permisivos, son atraídas por las agencias que ofrecen en sus países la publicidad de sus servicios reproductivos en el extranjero y se trasladan allí para llevar a cabo la contratación del vientre de alquiler.

La confluencia de un modelo de sociedad permisiva con las violaciones de derechos de la mujer, que sustenta la validez de todo contrato en el consentimiento libremente prestado por la mujer que renuncia a derechos, unido a los mecanismos del capitalismo neoliberal en el que todo se puede comprar y vender si hay consentimiento[27], han generado el caldo de cultivo necesario para que proliferen las empresas que hacen del cuerpo de la mujer un lucrativo negocio del que nace un número cada vez mayor de bebés, cuya filiación, derivada de la voluntad de los comitentes y homologada judicial o administrativamente en el extranjero, pretende hacerse valer en el país de origen de los comitentes. Todo ello con el apoyo de la sociedad, que se solidariza con el dolor

---

26 PULEO, Alicia, "Nuevas formas de desigualdad en un mundo globalizado: el alquiler de úteros como extractivismo", *Revista Europea de Derechos Fundamentales*, 2017, Vol. 29, p. 165-184.

27 COBO, Rosa, "Globalización, desigualdades y género. ¿Son inevitables?", *Gaceta sindical: reflexión y debate*, 26 (Ejemplar dedicado a: Incertidumbres y retos del nuevo escenario mundial), p. 150.

de unos comitentes que desean ser padres/madres más que nada en el mundo y que solo quieren tener un bebé al que colmar de amor, en el mejor de los casos. El problema no es exclusivo de España, puesto que muchas personas de todo el mundo occidental intentan colmar su deseo de ser progenitores a través de madres gestantes subrogadas, amparándose en un pretendido derecho a ser padres[28] y con ello se está generando un nuevo negocio millonario[29], una industria, que no para de presionar para extender la regulación de la práctica en todo el mundo, para alcanzar a un mercado más amplio.

De este modo, la normativa de los países de destino no favorecedora del reconocimiento de la filiación tal y como ha sido establecida en el extranjero es concebida como un obstáculo a la movilidad internacional de los comitentes y sus hijos e hijas y a la efectividad del derecho a la vida privada y familiar de estos menores. Algunos de los países en los que se han planteado estos problemas son Bélgica, Dinamarca, Francia, Islandia, Italia, Noruega, Polonia o Suiza[30], cuya negativa a reconocer a los comitentes como progenitores de estos bebés nacidos en el extranjero ha dado lugar a una cada vez más nutrida jurisprudencia procedente del Tribunal Europeo de Derechos Humanos (en adelante, TEDH), que está contribuyendo a perfilar el alcance del derecho a la vida privada y familiar, en ausencia de regulación legal al respecto.

---

[28] Así lo defiende LAMM, Eleonora, "Gestación por sustitución. Realidad y Derecho", *InDret,* N° 3, 2012, p. 22.

[29] HERNÁNDEZ RODRÍGUEZ, Aurora, "Determinación de la filiación de los nacidos en el extranjero mediante gestación por sustitución: ¿hacia una nueva regulación legal en España?", *CDT,* Vol. 6, N° 2, 2014, p. 149.

[30] *Vid.* sobre esta jurisprudencia, entre otros, ÁLVAREZ GONZÁLEZ, Santiago, "Una nueva entrega sobre la gestación por sustitución en el Tribunal Europeo de Derechos Humanos y el ejemplo de la jurisprudencia francesa", *Revista de Derecho Civil,* Vol. VIII, N° 2, abril-junio, 2021, pp. 193-219.

A ello se une la jurisprudencia del Tribunal de Justicia de la Unión Europea (en adelante, TJUE) relativa al reconocimiento intraeuropeo del estatuto personal y familiar determinado en otro Estado Miembro de la UE (*Grunkin Paul*[31], *Pancharevo*[32]…), en aras de la salvaguardia de la libertad de circulación en la UE, cuyos efectos se están proyectando sobre la materia de la filiación, siendo extrapolables a la gestación por sustitución. Todo esto ha dado lugar a que el 7 de diciembre de 2022 la Comisión aprobara la Propuesta de Reglamento (UE) del Consejo sobre el reconocimiento de las resoluciones y la aceptación de los documentos públicos en materia de filiación y sobre la creación de un certificado de filiación europeo[33], que incluye en su ámbito de aplicación también el reconocimiento de la filiación derivada de gestación por sustitución, con el propósito de facilitar en los Estados Miembros el reconocimiento de la filiación establecida en otro Estado Miembro, para salvaguardar los derechos de los menores y evitar la discriminación.

Pero, también fuera de la Unión Europea, los problemas de reconocimiento en el Estado de acogida de la filiación establecida en el extranjero ponen en juego el derecho a la identidad y a la vida privada de los menores, al no tener garantizada la continuidad de su estado civil fuera del país en el que han nacido, generando inseguridad jurídica respecto a su estatuto personal y familiar. Esto ha llevado paralelamente a la Conferencia de La Haya de Derecho internacional privado a plantearse la necesidad de dar respuesta a la problemática de la falta de reconocimiento de las filiaciones de estos menores nacidos por gestación subrogada en otros países. Por ello, el Consejo de Política y Asuntos Generales

---

[31] STJCE (Gran Sala) de 14 de octubre de 2008, *Grunkin-Paul y Standesamt Stadt Niebüll*, asunto C-353/06 [ECLI:EU:C:2008:559].

[32] STJUE de 14 de diciembre de 2021, *V.M.A. c. Stolichna obshtina, rayon Pancharevo*, asunto C-490/20, [ECLI:EU:C:2021:1008].

[33] COM(2022) 695 final, disponible en https://eur-lex.europa.eu/resource.html?uri=cellar:01d08890-76e7-11ed-9887-01aa75ed71a1.0019.02/DOC_1&format=PDF

de la Conferencia creó un grupo de expertos en 2015, que, tras varios años de estudio presentó el 1 de noviembre de 2022 su informe final, llegando a la conclusión de que es conveniente la elaboración de un Protocolo sobre filiación legal establecida como resultado de la gestación por sustitución[34], que fije los requisitos para hacer valer dichas filiaciones en los Estados que decidan quedar vinculados por el proyectado Protocolo, y todo ello, al margen de que se elabore otro Convenio general sobre filiación, en cuyo ámbito de aplicación no se incluya la derivada de la gestación por sustitución ni la derivada de la adopción.

El resultado de toda esta amalgama de jurisprudencia y propuestas normativas es la convicción de que el derecho a la vida privada -no tanto familiar, porque este último derecho queda salvaguardado mientras el menor pueda vivir bajo cualquier modelo de familia- de los menores nacidos a través de gestación por sustitución debe ser respetado para salvaguardar el interés superior del menor en ver reconocida su identidad personal y familiar en todos los países por los que circule o donde resida, en la medida en que la permanencia de su estatuto personal se concibe como un derecho humano[35]. Este punto de partida (o de llegada) parece que está haciendo ganar terreno a la idea de que existe una obligación para todos los Estados de reconocer la filiación establecida en el país de nacimiento del menor, lo que conlleva consecuencias importantes para el Derecho internacional privado y

---

34 HAGUE CONFERENCE ON PRIVATE INTERNATIONAL LAW, Parentage / Surrogacy Experts' Group: Final Report "The feasibility of one or more private international law instruments on legal parentage", disponible en https://assets.hcch.net/docs/6d8eeb81-ef67-4b21-be42-f7261d0cfa52.pdf

35 BLÁZQUEZ RODRÍGUEZ, Irene, "Doble nacionalidad y permanencia del estatuto personal en el marco de la movilidad intra-UE", en MOYA ESCUDERO, Mercedes (dir.), *Plurinacionalidad y Derecho internacional privado de familia y sucesiones*, Tirant lo Blanch, 2020, pp. 187-228; *id.*: "El derecho al nombre y la identidad personal como interés superior del menor en situaciones transfronterizas", en LARA AGUADO, Ángeles (Dir.), *Protección de menores en situaciones transfronterizas...*, *op.cit.*, p. 210.

obliga a reflexionar sobre el alcance del derecho a la identidad de las personas y los límites del orden público internacional de cada Estado, especialmente (aunque no únicamente), en el contexto de la libertad de circulación dentro de la Unión Europea.

2. Derecho a la vida privada y familiar: claves de la continuidad de la filiación derivada de gestación por sustitución conforme a la jurisprudencia del TEDH y del TJUE

2.1. ¿Derecho a la continuidad de la filiación ya establecida o expectativa razonable de continuidad?

Del art. 1 de la Declaración Universal de los Derechos del Hombre, aprobada por la Asamblea General de las Naciones Unidas en 1948, se desprende que "*Todos los seres humanos nacen libres e iguales en dignidad y derechos*". Pero, pese a la igualdad de derechos, las personas se individualizan y diferencian unas de otras en el plano personal, familiar y social, lo que forma parte del derecho a la identidad del individuo[36]. Tradicionalmente esta individualización se venía materializando a través del nombre, que identificaba a las personas y las diferenciaba a unas de otras[37]. Posteriormente, el derecho a la identidad aparece protegido como un derecho autónomo en el art. 8 de la Convención de Naciones Unidas sobre los Derechos del Niño, adoptada por la Asamblea General de las Naciones Unidas el 20 de noviembre de 1989[38] (en adelante, CDN), según el cual, "*1. Los Estados Partes se comprometen a respetar el derecho del niño a preservar su identidad, incluidos la nacionalidad, el nombre y las relaciones familiares de conformidad con la ley sin injerencias*

---

36 Sobre la existencia y el alcance del derecho de la persona a identificarse personal, familiar y socialmente con su nombre, *vid.* LARA AGUADO, Ángeles, *El nombre en Derecho internacional privado*, Comares, 1998.

37 SALVADOR GUTIÉRREZ, Susana, "Derecho a la Identidad", *La Ley, Actualidad Civil*, Sección Doctrina, LXXI, Nº 4, LA LEY 2350/2001, p. 1.

38 *BOE* núm. 313, de 31 de diciembre de 1990.

ilícitas. 2. Cuando un niño sea privado ilegalmente de algunos de los elementos de su identidad o de todos ellos, los Estados Partes deberán prestar la asistencia y protección apropiadas con miras a restablecer rápidamente su identidad".

Aunque no proporciona una definición de identidad, el art. 8 de la CDN menciona algunos de los elementos que integran dicho derecho, como la nacionalidad, el nombre y las relaciones familiares. Por ende, la filiación -de la que a su vez se derivan otros derechos, como a llevar los apellidos de los progenitores, a alimentos, derechos sucesorios, responsabilidad parental, etc.-, en cuanto vincula a un individuo con una familia, es un elemento integrante de la identidad de las personas, que también permite diferenciarla de sus semejantes en la sociedad. Y, para otorgarle un reconocimiento oficial a la identidad de las personas, el art. 7.1 de la CDN obliga a los Estados parte a practicar la inscripción de los menores inmediatamente después de su nacimiento. Más aún, el TEDH ha considerado que la filiación forma parte del derecho a la vida privada[39], lo que incluye el derecho de una persona a conocer sus orígenes biológicos, pues estos forman parte de su identidad.

Para la efectividad del derecho a la identidad y de todos los elementos que la integran, este derecho requeriría el respeto a esa identidad más allá de las fronteras, esto es, que la persona sea reconocida con la identidad que le corresponde y no con otra y que la filiación establecida en un país, en cuanto elemento de su identidad, sea reconocida en el resto de países en los que desenvuelve su vida el individuo; porque, de nada sirve tener una

---

39 Sentencias del TEDH (Sección 5ª) de 26 de junio de 2014, Asunto *Mennesson c. France*, n.º 65192/11, §§ 46,96, disponible en https://hudoc.echr.coe.int/fre?i=001-145389; de 26 de junio de 2014 (Sección 5ª), Asunto *Labassee c. France*, n.º 65941/11, §§ 38,75, disponible en https://hudoc.echr.coe.int/eng?i=001-145180; de 16 de noviembre de 2021 (Sección 1ª), Asunto *S.-H. c. Polonia* (n.º 56846/15 y 56849/15) (decisión de no admisibilidad), §64, disponible en https://hudoc.echr.coe.int/eng?i=001-214296

identidad en un país y perderla al traspasar las fronteras. Ahora bien, ¿esos preceptos relativos a derechos humanos amparan y el derecho a la identidad exige la continuidad de sus elementos integrantes y más concretamente, imponen la estabilidad de la filiación ya establecida en el extranjero derivada de una gestación subrogada, hasta el punto de obligar a reconocer las relaciones familiares establecidas en otro país[40], no solo a efectos probatorios, sino con todos los efectos jurídicos que le ha atribuido el Estado de origen?[41] Si esto fuera así, es decir, si existiera un derecho a la continuidad y estabilidad de la filiación ya establecida -derivada de una gestación por sustitución-, en cuanto elemento del derecho a la identidad, habría que determinar cuál es el alcance de este derecho: si es ilimitado y, por tanto, los Estados deben admitir en todo caso la filiación ya determinada en el extranjero o si, por el contrario, el respeto al derecho a la identidad tiene algún límite. Más aún, habría que aclarar si, la negativa a reconocer la filiación ya establecida en el extranjero en contextos de gestación por sustitución por parte de los Estados que consideran esta práctica un atentado a la dignidad de la mujer y del menor, constituye

---

40 ARENAS GARCÍA, Rafael, "El reconocimiento de las situaciones familiares en la Unión Europea", en CUARTERO RUBIO, Mª Victoria y VELASCO RETAMOSA, José Manuel (dirs.), *La vida familiar internacional en una Europa compleja: cuestiones abiertas y problemas de la práctica*, Tirant lo Blanch, 2021, p. 58.

41 Así lo entienden, entre otros, ESTEBAN DE LA ROSA, Gloria, "Identidad personal, de género y patriarcado: reconocimiento de la filiación resultante de la gestación subrogada en el ordenamiento europeo", en LARA AGUADO, Ángeles (dir.), *Protección de menores en situaciones transfronterizas…, op.cit.*, p. 265 y SALES PALLARÉS, Lorena, "El necesario reconocimiento de la filiación legal transfronteriza para el respeto de la vida familiar", en CAMPUZANO DÍAZ, Beatriz, DIAGO DIAGO, Pilar y RODRÍGUEZ VÁZQUEZ, Mª Ángeles (dirs.), *De los retos a las oportunidades en el Derecho de familia y sucesiones internacional*, Tirant lo Blanch, Valencia, 2023, pp. 275-288.

una violación del derecho a la vida privada y familiar (art. 8 de la CEDH) y, por ende, del derecho humano a la identidad[42].

Ninguna duda de la existencia del derecho al reconocimiento de la relación de filiación ya establecida le cabe a Úrsula Von der Leyen, Presidenta de la Comisión Europea, pues, en el debate sobre el estado de la Unión que tuvo lugar en septiembre de 2020, afirmó que, "*if you are a parent in one country, of course, you are a parent in every country*"[43], lo que, es un magnífico slogan político, en especial, si lo que se pretende es alinearse en la defensa de los intereses de quienes defienden la filiación intencional como vía para acceder a la paternidad/maternidad legal. Ahora bien, no puede relegarse totalmente la diversidad normativa de los diferentes Estados en cuanto a los modos de atribución e impugnación de la filiación, como tampoco puede desconocerse la necesidad de respetar unas garantías mínimas para dicho establecimiento o impugnación de la filiación, sin cuyo respeto no es posible el reconocimiento de la filiación ya establecida en otro país; garantías, que constituyen la razón misma de ser del Derecho internacional privado, a saber, establecer las condiciones para que sea posible la continuidad de las relaciones jurídicas en el espacio, para facilitar la vida a los ciudadanos, pues lo contrario -la eliminación de cualquier condición y la exigencia de un reconocimiento incondicionado- conduciría a imponer a los demás países todas las situaciones jurídicas constituidas al amparo de un ordenamiento jurídico extranjero sin excepción, lo que no se juzga muy acorde con la soberanía e independencia de los Estados, ni con el respeto a su identidad nacional[44].

---

42 Así lo entienden, entre otros, SALES PALLARÉS, Lorena, "La pérdida del interés (superior del menor) cuando se nace por gestación subrogada", *CDT*, Vol. 11, Nº 2, octubre 2019, p. 346.

43 State of Union Address 2020 by Ursula von der Leyen (2020 state-of-the-union.ec.europa). Disponible en https://www.youtube.com/watch?v=q8eThxTJxRk

44 Así parece entenderlo también RODRÍGUEZ PINEAU, Elena, "La propuesta de Reglamento europeo sobre filiación en situaciones transfronterizas", *Cuadernos de Derecho privado*, Nº 6, 2023, p. 173.

El reconocimiento incondicionado o continuidad *per se* de las situaciones jurídicas cristalizadas en el extranjero no se desprende de la cada vez más numerosa jurisprudencia del TEDH relativa a la filiación de menores derivada de contratos de gestación por sustitución. Por el contrario, dicha jurisprudencia, como se verá *infra*, pone de manifiesto que, pese a que la vinculación biológica del progenitor paterno juega un papel relevante a efectos de imponer el establecimiento de dicha filiación respecto a estos menores, la obligación de permitir la eficacia extraterritorial de los documentos en los que aquella consta no es absoluta y tiene sus límites. Ni siquiera se desprende que exista esta obligación de reconocimiento en el marco de la UE, donde, bajo el pretexto de salvaguardar el ejercicio de las libertades de circulación y residencia, se está abriendo paso la necesidad de no poner trabas al reconocimiento en los demás Estados miembros de los actos relativos al estado civil de las personas tal y como han sido establecidos en otro Estado miembro, como el nombre, el matrimonio o la filiación. En el marco de la UE es esencial facilitar la libre circulación de las personas, y, solo a esos efectos, también el respeto al derecho a la vida privada y familiar del niño o la niña[45]. Si al no reconocer la filiación se generan obstáculos para el ejercicio de las libertades de circulación en la UE, la normativa europea impondrá con más exigencia la obligación de reconocer esa filiación[46]. Esto significa que, en las situaciones intraeuropeas, ya no se trata solo de garantizar la vida privada y familiar, sino que el

---

45 ARENAS GARCÍA, Rafael, "El reconocimiento de las situaciones familiares…", *op.cit.*, p. 11 y LARA AGUADO, Ángeles, "Filiación de los niños y niñas nacidos en virtud de contratos de gestación por sustitución: entre el derecho al respeto a la vida familiar, a la identidad personal y a la libertad de circulación y el orden público internacional", en LARA AGUADO, Ángeles (coord.), *Guía de buenas prácticas para la efectividad de los derechos de la niñez, adolescencia y juventud en situaciones de movilidad transfronteriza desde las perspectivas de género y de la infancia* , Tirant lo Blanch, Valencia, 2022, pp. 105-107 y 128-132.

46 LARA AGUADO, Ángeles, "Filiación de los niños y niñas…", *op.cit.*, pp. 105-107.

reconocimiento de la filiación se convierte en presupuesto para que el menor ciudadano europeo y su familia puedan desplazarse por el territorio de la UE sin obstáculos[47].

Pero, aunque las libertades de circulación tienen un peso fundamental en el marco de la UE, de modo que, so pretexto de no obstaculizarlas, se viene exigiendo a los Estados miembros el reconocimiento de los actos de estado civil ya constituidos de conformidad con la normativa de otro Estado miembro, la jurisprudencia del TJUE ha dejado siempre un resquicio que permite negarse a dicho reconocimiento; o, más bien, se permite imponer límites a las libertades comunitarias para salvaguardar la identidad nacional de los Estados miembros, representada por unos valores esenciales, compatibles con los de la Carta europea de Derechos fundamentales, siempre que sean razonables, proporcionados y estén justificados para la consecución del objetivo de salvaguardia de tal orden nacional. Aunque el protagonismo que se concede al orden público nacional es muy limitado, pues juega su papel en la retaguardia, solo como límite y no como antesala, es el orden público nacional constituido por los valores esenciales del ordenamiento jurídico el que orienta y delimita el alcance de las libertades económicas en el marco de la integración, y no a la inversa[48]. De ahí que pueda hablarse con más propiedad, más que de un derecho al reconocimiento de la filiación, de una expecta-

---

47 ARENAS GARCÍA, Rafael, "El reconocimiento de las situaciones familiares...", *op.cit.*, p. 69.

48 LARA AGUADO, Ángeles, "Reconocimiento sí, *ma non troppo*: El orden público como límite al reconocimiento de títulos nobiliarios en la Unión Europea", *Bitácora Millennium DIPr.*, Nº 4, julio-diciembre 2016, p. 16. En el mismo sentido, *vid.* CARO GÁNDARA, Rocío, "Libertades UE, reconocimiento mutuo y orden público de los Estados miembros (Reflexiones tras la sentencia del Tribunal de Justicia de 22 de diciembre de 2010, asunto C-208/09, Ilonka Sayn-Wittgenstein: y tras el Libro Verde para promover la libre circulación de los documentos públicos y el reconocimiento de las certificaciones de estado civil, de 14 de diciembre de 2010), *La Ley Unión Europea*, Nº 3, 2013.

tiva razonable de reconocimiento, siempre que no se lesionen los valores integrantes del orden público internacional.

El problema es que el derecho al respeto a la vida privada o a la identidad de las personas forma parte integrante de ese orden público internacional, por lo que este derecho actúa como punto de partida para facilitar la libertad de circulación y como límite para justificar su limitación. Ante este dilema, se esgrime que deberá primar la filiación ya constituida siempre que exista una situación familiar ya consolidada de hecho, no creada fraudulentamente, que exista legalmente conforme a otro ordenamiento jurídico[49]. O, lo que es lo mismo, lo determinante para permitir la eficacia extraterritorial de la filiación ya establecida en el extranjero es "*la razonabilidad de las expectativas de las partes (que ellas no hayan buscado intencionadamente esa situación), la vinculación previa con el Estado de origen y la proporcionalidad de la decisión de rechazo de reconocimiento por el Estado de acogida*"[50], lo que, de algún modo coincide con lo que viene marcando la jurisprudencia del TEDH y del TJUE.

---

49 ARENAS GARCÍA, Rafael, "El reconocimiento de las situaciones familiares…", *op.cit.*, p. 63, JIMÉNEZ BLANCO, Pilar, "Movilidad transfronteriza de personas, vida familiar y Derecho internacional privado", *Revista Electrónica de Estudios Internacionales*, Nº 35, 2018, p. 17 y QUIÑONES ESCÁMEZ, Ana, "Doble filiación paterna de gemelos nacidos en el extranjero mediante maternidad subrogada. En torno a la RDGRN de 18 de febrero de 2009", *InDret*, julio 2009, p. 38.

50 JIMÉNEZ BLANCO, Pilar, "Movilidad transfronteriza de personas…", *op.cit.*, p. 18.

2.2. Vida privada, identidad y vinculación genética en la jurisprudencia del TEDH

A. Paternidad intencional genética: inclusión del origen biológico paterno en el contenido del derecho a la vida privada del hijo

El TEDH ha dejado claro en varias sentencias la importancia que tienen los vínculos genéticos del padre de intención con el menor nacido por gestación por sustitución en la apreciación del derecho a la vida privada del menor, tal y como viene reconocido en el art. 8 del CEDH y cómo esta vinculación proyecta sus consecuencias no solo en orden al reconocimiento de la filiación con respecto al padre de intención vinculado genéticamente, sino también con respecto a la pareja o cónyuge no vinculado genéticamente. De este modo, la negativa de un Estado a aceptar la relación de filiación biológica paterna del padre de intención constituida en el extranjero vulnera el art. 8 del CEDH cuando concurren varios presupuestos: que el Estado en cuestión guarde vinculación efectiva con la familia y que dicha negativa suponga de manera real, y no hipotéticamente, un obstáculo para el desarrollo de la vida privada del menor con los comitentes. Existiendo vinculación genética del padre de intención con el menor, forma parte también del derecho a la vida privada del hijo la relación familiar *de facto* constituida con la pareja o cónyuge del padre genético, aunque esta no haya aportado su material genético. El respeto a la vida privada del menor exige, pues, el reconocimiento de la relación de filiación intencional con respecto a ese otro comitente, siempre que exista una realidad familiar de hecho ya consolidada, en la que exista convivencia y afectividad. Y es que, con independencia de que la gestación por sustitución esté permitida o no en el Estado de acogida del menor, no puede desconocerse la consideración de "padre" del comitente varón que aportó su material genético. Fuere como fuere, la paternidad biológica consiste precisamente en eso, en aportar, del modo que sea, material genético, lo que obliga a rendirse a las evidencias: padre es el que es. A partir de ahí, el interés del menor consiste también en que se le permita establecer un vínculo de filiación, por la vía que sea, con la pareja o cónyuge de su padre biológico, siempre que esta relación familiar exista y sea estable. El derecho humano al respeto a la vida privada del menor reconocido en el art. 8 del CEDH y su interés superior en ver reconocida su identidad única en todos los países produce un efecto tan potente que los Estados deberán reconocer su filiación paterna biológica voluntariamente, si no desean enfrentarse a las condenas por parte del TEDH[51]. En cambio, el derecho a la vida familiar no se considera vulnerado por el hecho de que no se reconozca la relación de filiación intencional establecida en el extranjero, si el menor y los comitentes ejercen sus responsabilidades parentales y viven como una unidad familiar *de facto* a través de una vía distinta a la filiación[52].

Es ya numerosa la jurisprudencia del TEDH que se pronuncia en este sentido. Las primeras fueron las sentencias del TEDH (Sección 5ª) de 26 de junio de 2014, *Mennesson c. Francia* (nº 65192/11)[53] y *Labassee c. Francia* (nº 65941/11)[54]. Las autoridades francesas se habían negado a reconocer la filiación de unos menores nacidos por gestación subrogada en Estados Unidos con aportación de material genético por parte del comitente varón de una pareja heterosexual. En ambos casos, entendió el TEDH que no existía violación del derecho a la vida familiar, porque los menores vivían con los padres de intención desde su nacimiento y formaban una familia. En cambio, entendió que se había producido una injerencia en el derecho de los menores al respeto a su vida

---

[51] KINSCH, Patrick, "Recognition in the forum of a status acquired abroad. Private international law rules and European human right law", en BOELE-WOELKI, Katharina y otros (ed.), *Convergence and Divergence in Private International Law: Liber amicorum Kurt Siehr*, Eleven International Publishing, 2010, p. 273.

[52] BARATTA, Roberto, "Derechos fundamentales y Derecho internacional privado de familia", *AEDIPr.*, t. XVI, 2016, p. 112.

[53] *Mennesson c. France*, disponible en https://hudoc.echr.coe.int/fre?i=001-145389

[54] *Labassee c. France*, disponible en https://hudoc.echr.coe.int/eng?i=001-145180

privada -no la de los comitentes-, pues no se les había permitido salvaguardar su identidad, al no habilitarles el establecimiento de su filiación por ninguna vía (ni reconocimiento de paternidad, ni adopción, ni posesión de estado...). No consideró el TEDH que el interés del legislador francés por disuadir a las parejas francesas de recurrir a la gestación por sustitución en el extranjero, ni su defensa de su orden público nacional ni de los derechos de la madre gestante fueran suficientes para justificar una imposibilidad general y absoluta de establecer la filiación[55].

El mismo argumento se reproduce en los Asuntos *Foulon y Bouvet c. Francia* (n.º 9063/14 y 10410/14)[56], de 21 de julio de 2016, que resolvieron conjuntamente las alegaciones frente a la negativa de las autoridades francesas a transcribir en el Registro civil francés sendas certificaciones de nacimiento indias con la filiación materna correspondiente a la gestante y la filiación paterna de los comitentes varones que habían contratado la gestación subrogada en India. A diferencia de las sentencias de 26 de junio de 2014, que afectaban a parejas heterosexuales, en el caso *Foulon* era un varón el que había contratado en solitario en la India los servicios de una madre gestante, de la que nació una niña; y en el

---

55 *Vid.* sobre estas sentencias, entre otros, DE MIGUEL ASENSIO, Pedro, "El reconocimiento en España de la filiación de nacidos mediante gestación por sustitución tras las sentencias Mennesson y Labasse del TEDH", *Blog de Pedro de Miguel Asensio*, 26 de junio de 2014, disponible en https://pedrodemiguelasensio.blogspot.com/2014/06/el-reconocimiento-en-espana-de-la.html; DURÁN AYAGO, Antonia, "Sentencias del Tribunal Europeo de Derechos Humanos, caso Mennesson c. France (n.º 65192/2011) y caso Labassee c. France (n.º 65941/2011), de 26 de junio de 2014", *Ars Iuris Salmanticensis, Revista Europea Iberoamericana de pensamiento y análisis del derecho, ciencia política y criminología*, Vol. 2, Nº 2, Salamanca, 2014; TONOLO, Sara, "Identità personale, maternità surrogata e superiore interesse del minore nella più recente giurisprudenza della Corte europea dei diritti dell'uomo", *Diritti umani e diritto internazionale*, 2015, pp. 202-209.

56 *Foulon y Bouvet c. France*, disponible en https://hudoc.echr.coe.int/eng?i=001-164968

caso *Bouvet* fue otro comitente varón pareja de otro hombre quien recurrió a la gestación subrogada en India, resultado de lo cual nacieron dos gemelos.

E, igualmente mantiene el TEDH la jurisprudencia sentada en el caso *Mennesson* y *Labassee* en la sentencia de 19 de enero de 2017, Asunto *Laborie c. Francia* (n.º 44024/13)[57], referido a una pareja heterosexual francesa que se domicilió en Dubai poco antes del nacimiento de los menores en Ucrania, cuya inscripción en el Registro civil francés por transcripción de la certificación de nacimiento ucraniana pretendían los comitentes y a lo que se negaron las autoridades francesas, por no estar la gestación subrogada permitida en Francia. En este último caso, aunque las autoridades francesas ya habían modificado su actitud y permitían el establecimiento de la filiación biológica paterna por transcripción de los certificados de nacimiento extranjeros, la transcripción se retrasó más de cuatro años, por lo que el TEDH concluyó que eso suponía una injerencia en el derecho a la vida privada de los menores.

Queda claro, pues, que, según la jurisprudencia del TEDH, la identidad biológica de los menores o más concretamente, la vinculación genética del menor con su padre de intención, forma parte del derecho a la identidad personal del hijo y, por tanto, del derecho a la vida privada del menor[58], por lo que debe habilitarse alguna vía para el establecimiento de dicha filiación, con independencia de que exista o no una resolución judicial extranjera[59], siendo irrelevante también la vía por la cual esa filiación se

---

57 *Laborie c. France,* disponible en https://hudoc.echr.coe.int/eng?i=001-170369

58 QUIÑONES ESCÁMEZ, Ana, "El contrato de gestación por sustitución no determina la filiación sino la intervención de una autoridad pública conforme a ley (Método del reconocimiento para los actos públicos extranjeros y método conflictual para los hechos y los actos jurídicos privados)", *InDret,* Nº 2, 2017, p. 216.

59 JIMÉNEZ BLANCO, Pilar, "La "crisis" de la gestación por sustitución en Ucrania y el caos en el Ministerio de Justicia (comentario a las Instrucciones de la DGRN de 14 y 18 de febrero de 2019)", *REEI,* Nº 37, 2019, p. 28.

establezca. Así se desprende igualmente de la sentencia del TEDH (Sección 5ª), de 7 de abril de 2022, Asunto *A.L. c. Francia* (n.º 13344/20)[60], que admitió que Francia había violado el art. 8 del CEDH por la falta de diligencia debida de sus autoridades, que denegaron el establecimiento de la filiación paterna del comitente (miembro de una pareja homosexual masculina) con respecto a su hijo biológico, nacido por gestación por sustitución en Francia y entregado por la madre gestante a otra pareja (heterosexual) de comitentes, que lo fueron criando, en la creencia del padre de intención biológico de que el feto había muerto antes de nacer. Sin embargo, el TEDH entendió que la decisión de las autoridades francesas de mantener el estado de filiación legal establecido a favor de la otra pareja de comitentes y su negativa a conceder derechos de visita al padre biológico, eran medidas orientadas al interés superior del menor, pues pretendían impedir la ruptura de la familia social. Aunque el rechazo a reconocer la filiación paterna del comitente varón vinculado genéticamente con el menor suponía una injerencia en el derecho al respeto a la vida privada del mismo, la injerencia estaba prevista por la ley (ya que el Derecho francés declara la nulidad del contrato de gestación por sustitución), perseguía objetivos legítimos (la protección de la dignidad de la gestante y del menor) y era necesaria en una sociedad democrática, pues el interés superior del menor en seguir viviendo con la familia con la que llevaba toda su vida, así como tener un estatuto jurídico estable, eran prioritarios al establecimiento de su filiación con respecto a su padre biológico y al conocimiento de sus orígenes. No obstante, el TEDH concluyó que, el hecho de que las autoridades francesas hubieran tardado más de seis años en resolver, sí constituía una violación del art. 8 del CEDH, pues la demora había sido decisiva para que se establecieran los vínculos entre el menor y los otros comitentes, permitiendo este giro respecto al reconocimiento de la filiación paterna biológica.

---

60 *A.L c. Francia,* disponible en https://hudoc.echr.coe.int/fre?i=001-216632

Esta misma idea es la que subyace a la sentencia del TEDH (Sección 1ª), de 31 de agosto de 2023, Asunto *C c. Italia* (n.º 47196/21)[61], que reafirma lo decidido en *A.L. c. Francia* y matiza los argumentos esgrimidos en *Mennesson* y *Labassee c. Francia*, destacando que no es solo la imposibilidad general y absoluta de establecer la filiación lo que constituye una injerencia injustificada en el derecho al respeto a la vida privada del menor, sino también el transcurso de un tiempo excesivo en hacerlo, sin ponderar suficientemente el interés superior del menor, que es el que ha de primar. En el caso *C c. Italia*, las autoridades italianas no solo niegan la transcripción del certificado de nacimiento ucraniano de una menor nacida de gestación por sustitución en Ucrania, en el que consta como padre de la niña el comitente varón de una pareja heterosexual italiana que había aportado el semen y como madre la comitente que estaba vinculada genéticamente con la menor, sino que tampoco admitieron la petición subsidiaria formulada en un momento procesal no procedente de transcribir parcialmente la certificación con los datos de la paternidad biológica del comitente, dejando a la menor en situación de apatridia. El TEDH recuerda que el derecho a la vida privada está más en juego cuando lo que se discute es el establecimiento de la filiación, que cuando se trata de arbitrar los medios de establecimiento de dicha filiación, pues estos últimos entran en el margen de discrecionalidad que tienen los Estados, siempre que estos adopten una diligencia extrema para permitir que la relación filial se establezca lo antes posible, para que no exista durante mucho tiempo incertidumbre jurídica respecto a la identidad personal del bebé. Para el TEDH, las autoridades italianas excedieron su margen de discrecionalidad al denegar por vicios de procedimiento la petición de transcripción parcial de la certificación respecto al comitente padre biológico, sin indicar cuál sería la forma idónea de establecimiento de la filiación, por lo que relegaron a un plano inferior el interés superior de la menor, vulnerando así su derecho a la vida privada. En cambio, en la medida en que el ordenamien-

---

61 *C c. Italia*, disponible en https://hudoc.echr.coe.int/?i=001-226391

to jurídico italiano permite a la madre de intención la vía de la adopción, no existe una imposibilidad general y absoluta capaz de conllevar una violación del derecho a la vida privada de la niña.

A la vista de esta jurisprudencia, puede afirmarse que es irrelevante el carácter homosexual o heterosexual de la pareja que haya recurrido a la gestación por sustitución en el extranjero para que se aprecie violación o no del derecho a la vida privada de los comitentes, pues el TEDH nunca ha apreciado dicha vulneración del art. 8 de la CEDH respecto a los comitentes. Por otro lado, De Miguel Asensio afirma que el CEDH "*limita decisivamente la posibilidad de considerar contrario al orden público el reconocimiento en los Estados miembros del Convenio de la filiación establecida en el extranjero, incluso si deriva de una gestación por sustitución*"[62]. No obstante, hay que matizar que, como se ha visto, ello no implica la admisión de la transcripción sin más de la filiación resultante de los certificados de nacimiento extranjeros. Jiménez Blanco entiende que esta línea jurisprudencial supone una "*«desactivación» de las consecuencias del posible fraude cometido por los padres intencionales cuando escapan de su Derecho para ir a la búsqueda de un paraíso gestacional*", en la medida en que "*la sanción a una filiación creada en fraude de ley por los padres intencionales no puede suponer un rechazo al reconocimiento de dicha filiación en el Estado de acogida, si ello afecta directamente a la vida privada de los menores*"[63].

Lo que está claro es que, de la jurisprudencia del TEDH se desprende que ni siquiera la paternidad biológica del padre intencional debe necesariamente ser objeto de reconocimiento siempre para no vulnerar el derecho a la vida privada del menor. Dicho de otro modo, no existe una obligación de continuidad de la fi-

---

62 DE MIGUEL ASENSIO, Pedro, "El reconocimiento en España de la filiación…", *op.cit.*

63 JIMÉNEZ BLANCO, Pilar, "Filiación. Gestación por sustitución. Inscripción en el Registro Civil. Orden público internacional. Derecho a la vida familiar. Derecho a la vida privada", *REDI*, Vol. 67, Nº 1, 2015, p. 240.

liación establecida en el extranjero[64] La escasa vinculación de la relación con el país en el que se pretende hacer valer la filiación intencional minimiza el peso de la vinculación genética paterna, atribuyendo relevancia a otros aspectos del interés superior del menor antes que al derecho a la vida privada del niño. Así sucede en la STEDH (Sección 1ª) de 16 noviembre 2021, *S.-H. c. Polonia* (nº 56846/15 y 56849/15)[65], en el que uno de los varones de una pareja homosexual residente en Israel, de nacionalidad israelí y polaca, aportó material genético para gestar a dos menores nacidos en Estados Unidos con una gestante estadounidense casada. Las autoridades polacas denegaron la filiación y la nacionalidad polaca a los dos menores, que ostentaban la nacionalidad estadounidense e israelí, a pesar de que el comitente polaco tenía vinculación genética con los niños. La razón de la negativa se sustentó en que, de conformidad con el Derecho polaco, se considera madre a la mujer que da a luz y se presume padre al marido de la gestante. El TEDH concluyó que no existió violación del derecho al respeto a la vida privada de los solicitantes, porque la negativa al reconocimiento de su filiación no les había generado ningún obstáculo práctico: los menores nunca habían residido en Polonia, sino en Israel, donde vivían como una unidad familiar, con reconocimiento de la filiación establecida en Estados Unidos. Por otro lado, los menores tenían la nacionalidad israelí y la estadounidense, por lo que la no atribución de la nacionalidad polaca no los colocaba en situación de apatridia. Además, podían ejercer la libertad de circulación en la UE como miembros de la familia de un ciudadano de la UE (el comitente polaco) y no tenían problemas para circular y residir en el territorio de otro Estado Miembro. Para el TEDH, su derecho a la identidad se ve obstaculizado

---

64 Así lo entiende también GONZÁLEZ BEILFUSS, Cristina, "La filiación en Derecho internacional privado: en la encrucijada entre la protección de los derechos humanos y el reconocimiento mutuo", en CAMPUZANO DÍAZ, Beatriz, DIAGO DIAGO, Pilar y RODRÍGUEZ VÁZQUEZ, Mª Ángeles (dirs.), *De los retos a las oportunidades…op.cit.*, p. 237.

65 *S.-H. c. Polonia*, disponible en https://hudoc.echr.coe.int/eng?i=001-214296

por la falta de reconocimiento en Polonia de su filiación, pero los obstáculos que les genera no tener la nacionalidad polaca ni tener reconocida la filiación en Polonia no alcanzan gravedad suficiente como para constituir una violación del derecho al respeto a su vida privada, pues existe solo un hipotético riesgo, que se materializaría si se establecieran en Polonia. Sin embargo, no era previsible este traslado de la residencia, pues no tenían tal intención y la protección del derecho a la vida privada no se otorga frente a riesgos hipotéticos.

Cabe concluir que, ante la inexistencia de un derecho al reconocimiento de la filiación derivada de gestación por sustitución tal y como ha sido establecida en el extranjero, cuando no concurran las circunstancias precisadas por el TEDH, deben ser las autoridades judiciales las que decidan caso a caso, ponderando siempre el interés superior del menor, cuándo se produce una violación de su derecho a la vida privada en caso de negativa a reconocer o establecer la filiación ya establecida en otro Estado; de tal modo que, siempre que exista una vía para el establecimiento de dicha filiación (dándose los requisitos fijados por el TEDH), la vía por la que se consiga su determinación es irrelevante, si es eficaz y no excesivamente alargada en el tiempo.

B. No integración de la filiación intencional no genética en el derecho a la vida privada y familiar del menor: preponderancia de otros intereses estatales presentes

Puede afirmarse que la identidad biológica juega un papel muy importante en la configuración del derecho a la vida privada de los menores nacidos por gestación por sustitución, hasta el punto de que, cuando los vínculos genéticos no existen, el TEDH prioriza otros intereses en juego, como la prevención de las situaciones de tráfico de bebés en el territorio de los Estados. De este modo, los obstáculos que pueden poner las autoridades de un país a la entrada en su territorio de un menor nacido por gestación por sustitución mientras se comprueba la existencia de los vínculos genéticos con los comitentes, no constituyen una violación del art. 8 del CEDH, como tampoco lo es la separación del menor de los comitentes no vinculados genéticamente con el niño y su puesta en acogimiento con otra familia. Así se desprende de la STEDH (Sección 10ª), de 8 de julio de 2014, Asunto *D. y otros c. Bélgica* (n.º 29176/13)[66], en la que los comitentes habían solicitado a la Embajada de Bélgica en Ucrania un pasaporte para un menor nacido por gestación por sustitución en Ucrania, lo que les fue denegado; en consecuencia, los cónyuges tuvieron que regresar a Bélgica una vez que les caducó el visado, permaneciendo el menor en un orfanato durante un tiempo. Los comitentes alegaron que su separación del niño durante tres meses y doce días constituía un trato inhumano y degradante. Aunque el TEDH admitió que los comitentes y el niño formaban una familia, porque desde que había nacido el menor se habían estado ocupando de él y que la negativa de las autoridades belgas a expedir los documentos de viaje, con la consiguiente necesidad de que los comitentes se separaran del niño, suponía una injerencia en su vida familiar, no consideró que hubiera violación del derecho a la vida privada, pues esta injerencia estaba justificada, al entrar dentro del amplio margen de apreciación que tienen los Estados para decidir si se cumplen las condiciones para que el menor entre en su territorio. Para el TEDH, el tiempo que estuvieron separados del menor, aunque fuera estresante y causara sufrimiento a los comitentes y no fuera adecuado para que el niño entablara los lazos familiares con los padres de intención, no fue irrazonablemente largo, ya que no puede imponerse a un Estado la obligación de permitir que entre en su territorio un menor nacido de una madre subrogada sin realizar las comprobaciones oportunas y necesarias para evitar que se produzcan situaciones de trata de menores. Es más, el TEDH entendió que Bélgica no era responsable de las dificultades que los comitentes encontraron por tener que permanecer más tiempo en Ucrania, pues el retraso en la obtención de los

---

[66] *D. y otros c. Bélgica*, disponible en: https://hudoc.echr.coe.int/eng?i=001-146420

documentos de viaje era imputable a los propios comitentes, que no demostraron antes su vinculación biológica con el niño.

Sin embargo, el caso más emblemático fue la Sentencia del TEDH (Gran Sala), de 24 de enero de 2017, Asunto *Paradiso y Campanelli c. Italia* (n.º 25358/12)[67], que anuló otra anterior, de la sección 2ª, de 27 de enero de 2015 (n.º 25358/12)[68], referida a una pareja heterosexual italiana, que recurrió a una gestación por sustitución en Rusia, donde tuvieron un hijo, que consiguieron trasladar a Italia. Advertidos los servicios sociales italianos de la irregularidad de la situación, por la falsedad documental en que habían incurrido los comitentes, al alterar la filiación del menor, con quien no tenían vínculos genéticos, entregaron en acogimiento al niño de nueve meses a otra pareja. Los comitentes consideraron que la medida adoptada por las autoridades italianas atentaba contra el derecho a la vida privada y familiar del menor y alegaron que el padre de intención había aportado material genético a la clínica, desconociendo por qué no se había utilizado y que se había producido una violación de su derecho a la vida privada y familiar. En la sentencia dictada por la Sección 2ª el 27 de enero de 2015, el TEDH declaró que el deseo de formar una familia no está protegido por el derecho a la vida familiar, sino que presupone que ya existen lazos familiares *de facto* en esa familia. El hecho de que el niño llevara nueve meses con los comitentes, que habían asumido la responsabilidad parental respecto al menor, implicaba que esa familia sí existía, aunque no tuvieran vínculos genéticos y que la actuación de las autoridades italianas había sido desproporcionada, pues la separación del menor de sus padres solo debía tomarse en situaciones excepcionales, como puede ser en caso de peligro para el niño. Por tanto, el TEDH entendió que las autoridades italianas se habían excedido de su margen de apreciación y se había producido una vulneración del derecho a

67 *Paradiso et Campanelli c. Italia* (Gran Sala), disponible en https://hudoc.echr.coe.int/eng?i=001-170867

68 *Paradiso et Campanelli c. Italia*, disponible en https://hudoc.echr.coe.int/eng?i=001-151056

la vida privada y familiar reconocido en el art. 8 del CEDH. Ello no obstó para que se decidiera que no era procedente el retorno del niño con los comitentes, porque ya había generado vínculos afectivos con la familia de acogida. Ahora bien, el caso dio un giro radical cuando se pronunció la Gran Sala, en su Sentencia de 24 de enero de 2017, pues el TEDH negó que en este caso se hubiera vulnerado el derecho a la vida familiar, al entender que, a pesar del proyecto parental, nunca había existido una vida familiar *de facto* entre los comitentes y el menor, porque ni existían vínculos genéticos entre ellos, ni había transcurrido el tiempo necesario para formar una vinculación familiar. A ello había que unir el hecho de que las medidas adoptadas por las autoridades italianas, aunque supusieran una injerencia en su vida privada, al haber alejado al menor de los comitentes, cumplían todos los requisitos para estar justificadas: eran medidas previstas en la ley, su objetivo era proteger los derechos de la gestante y erradicar esta práctica en Italia, por lo que eran legítimas y, además, eran necesarias en una sociedad democrática, porque los comitentes habían pagado una gran suma de dinero para tener a un niño, con quien no estaban vinculados genéticamente, vulnerando las normas italianas sobre adopción. Además, el TEDH entendió que, dado que el menor era muy pequeño y teniendo en cuenta el escaso tiempo que había estado junto a los comitentes, separarlo de estos no le iba a causar un daño irreparable. En este caso, el TEDH reconoce que el daño que pueden haber sufrido los comitentes por no poder permanecer con el niño haciendo realidad su proyecto vital personal, es menos relevante que el resto de intereses en juego, por lo que no existía violación del art. 8 del CEDH[69].

De todo esto se desprende que, para el TEDH, la existencia de una vida familiar requiere una relación interpersonal real y efectiva entre los integrantes de la familia, lo que exige que ya exista

---

69 MORENO BOTELLA, Gloria, "Material genético de los padres de intención y filiación en el caso Campanelli II: su incidencia en la STSJ de Madrid de 13 de marzo de 2017", *Diario La Ley*, Nº 9024, 19 de julio de 2017.

una relación de convivencia, debiendo atenderse a la duración de esa convivencia, al grado de compromiso de las partes en dicha relación, así como a la naturaleza de la misma[70].

La inexistencia de vínculos genéticos de los comitentes con el menor juega un papel también importante en orden a determinar la inexistencia de violación del derecho a la vida familiar en caso de negativa al reconocimiento de una relación de filiación inexistente. Así se desprende de la STEDH (Sección 3ª), de 18 de mayo de 2021, Asunto *Valdís Fjölnisdóttir y otros c. Islandia* (n.º 71552/17)[71], en la que ninguna de las dos cónyuges islandesas que recurrieron a la gestación por sustitución en Estados Unidos había aportado sus óvulos. Las autoridades islandesas, aunque atribuyeron la nacionalidad islandesa al menor, se negaron a inscribirlo como hijo de las cónyuges, por lo que estas solicitaron su adopción, que les fue denegada hasta que quedara establecida su filiación, pero, entretanto, las comitentes se divorciaron y retiraron la solicitud de adopción, ya que el Derecho islandés no permite adoptar conjuntamente a las personas que están separadas, por lo que optaron por el acogimiento temporal del menor un año cada una de ellas. Posteriormente, una de las comitentes y su esposa acogieron permanentemente al niño y a la otra madre de intención se le concedieron derechos de visita. Dado que las comitentes podían vivir como una familia con el menor a través del acogimiento y con los derechos de visita, el TEDH entendió que el no reconocimiento de la filiación no constituía una violación del derecho al respeto a la vida familiar y que con esta medida se respetaba el margen de discrecionalidad de Islandia para oponerse a la gestación por sustitución.

---

70 FARNÓS AMORÓS, Esther, "Paradiso y Campanelli c. Italia (II): los casos difíciles crean mal derecho(I)", *Rev. Bioética y Derecho*, Nº 40, 2017.

71 *Valdís Fjölnisdóttir y otros c. Islandia*, disponible en: https://hudoc.echr.coe.int/eng?i=001-209992

C. Requisitos para la inclusión de la filiación intencional del cónyuge o pareja del padre biológico en el derecho a la vida privada del menor

Se ha podido comprobar que para el TEDH los lazos genéticos del padre de intención forman parte integrante del derecho del menor a su vida privada casi en todos los supuestos, salvo que exista una falta de contactos de la familia intencional y el Estado donde se pretende hacer valer la filiación genética intencional y, por tanto, no se ponga en peligro seriamente y de manera real el derecho a la identidad del menor. Ahora bien, no está tan claro que se pueda integrar en el contenido del derecho a la vida privada del menor la filiación intencional del cónyuge o pareja del padre biológico de intención o la relación materno-filial con la madre de intención, ni siquiera cuando esta se encuentra vinculada genéticamente con el bebé. Para que pueda afirmarse que dicha relación se integra en el derecho a la vida privada del menor, previamente se ha tenido que haber establecido la paternidad intencional genética y debe existir una relación consolidada de afectividad entre todos los integrantes del núcleo familiar, pudiendo determinarse la filiación con respecto a este o esta comitente que sea cónyuge o pareja del padre biológico por cualquiera de las vías previstas en el Estado de acogida, como puede ser la adopción.

Varios pronunciamientos del TEDH lo dejan claro. En primer lugar, la STEDH (Sección 5ª), de 16 de julio de 2020, Asunto *D. c. Francia* (nº 11288/18)[72], en el que, nuevamente, las autoridades francesas denegaron la inscripción en el Registro civil francés de la filiación de una menor nacida en Ucrania mediante gestación por sustitución con respecto a su madre de intención, pese a que aquella había aportado sus gametos, si bien esto se supo en un momento demasiado avanzado del proceso, de modo que, al ser una cuestión introducida *ex novo*, sobre la que Francia no había

---

[72] *D. c. Francia*, disponible en https://hudoc.echr.coe.int/eng?i=001-203565

tenido la oportunidad de "*reparar la situación objeto de la demanda antes de tener que responder por sus actos ante un organismo internacional*", no hubo ocasión de que el TEDH entrara en el fondo, al no haberse agotado los recursos internos. En todo caso, el TEDH no atendió a la alegación de los comitentes de que dicha negativa suponía una violación del derecho a la vida privada de la menor y una discriminación por razón de su nacimiento, pues concluyó que Francia había actuado dentro de su margen de discrecionalidad y existía una justificación objetiva y razonable. El TEDH remitió a la jurisprudencia de los casos *Mennesson c. Francia* y *Labassee c. Francia,* donde había dejado claro que no se violaba el derecho a la vida privada si se permitía el establecimiento de la filiación por cualquier vía, incluida la adopción. Esta misma conclusión fue reiterada en el Primer Dictamen consultivo emitido por el TEDH el 10 de abril de 2019 a solicitud del Tribunal de Casación francés (Demanda n.º P16-2018-001)[73] a raíz del caso *Mennesson c. Francia,* en el que aclara su jurisprudencia y afirma la necesidad de que el Estado de acogida, una vez admitida la relación paterno-filial con el padre biológico, permita el establecimiento de la filiación respecto a la madre de intención, cónyuge del padre intencional genético, aunque no sea la madre genética, si bien deja a los Es-

[73] Primer Dictamen Consultivo del TEDH de 10 de abril de 2019, disponible en https://www.mjusticia.gob.es/es/AreaInternacional/TribunalEuropeo/Documents/1292429190384-Dictamen de 10 de abril de 2019 en relacion con el reconocimiento en el Derecho interno de una rela.PDF

tados libertad para decidir la vía a utilizar[74], pudiendo recurrirse a la adopción, siempre que sea un procedimiento rápido y ágil[75].

Este mismo planteamiento viene reiterado en la STEDH (Sección 5ª) de 19 de noviembre de 2019, relativa a los Asuntos *C. y E c. Francia* (n.º 1462/18 y 17348/18)[76], en la que no estimó que existiera violación del derecho del art. 8 del CEDH por el hecho de que Francia denegara la inscripción de la filiación con respecto a las comitentes no vinculadas genéticamente con los menores que aparecían como madres en las certificaciones de nacimiento estadounidense y ghanesa respectivamente, remitiéndolas a la adopción, pese a que había aceptado la filiación de los padres biológicos, porque entendió que era admisible la adopción y esta vía en Francia no es un procedimiento excesivamente largo. E, igualmente, resulta confirmada esta jurisprudencia en la sentencia del TEDH (Sección 3ª), de 22 de noviembre de 2022, Asunto *D.B. y otros c. Suiza* (n.º 58817/15 y n.º 58252/15)[77], si bien, en este caso, el TEDH sí entendió que Suiza había violado el derecho a la vida privada de un menor nacido por gestación por sustitución en Estados Unidos, por no permitir por ninguna vía durante un período muy prolongado de tiempo el establecimiento de su

---

74 *Vid.* ÁLVAREZ GONZÁLEZ, Santiago, "Luces y sombras en el primer dictamen del TEDH sobre la gestación por sustitución", en Elisa PÉREZ VERA, José Carlos FERNÁNDEZ ROZAS, Mónica GUZMÁN ZAPATER, Ana FERNÁNDEZ PÉREZ y Mónica GUZMÁN PECES (eds. lit.), *El derecho internacional privado entre la tradición y la innovación: libro homenaje al profesor doctor José María Espinar Vicente,* Iprolex, 2020, pp. 103-104. Critican esta solución LAZCOZ MORATINOS, Guillermo y GUTIÉRREZ-SOLANA JOURNOUD, Ander, "La invisible situación jurídica de las mujeres para el TEDH ante la maternidad subrogada en la primera opinión consultiva del Protocolo n.° 16", *CDT,* Vol. 11, Nº 2, 2019, pp. 673-692.

75 Apartado 46 del Dictamen Consultivo del TEDH de 10/04/2019.

76 *C. y E. c. Francia,* disponible en: https://hudoc.echr.coe.int/eng?i=001-199497

77 *D.B. y otros c. Suiza,* disponible en: file:///C:/Users/Usuario/Downloads/AFFAIRE%20D.B.%20ET%20AUTRES%20c.%20SUISSE%20(3).pdf

relación de filiación con respecto a su padre intencional, pareja registrada de su padre genético (cuya relación de filiación sí fue reconocida). El TEDH entendió que las autoridades suizas habían excedido su margen de discrecionalidad y habían incurrido en una injerencia desproporcionada en el derecho a la vida privada del menor, porque, en el momento del nacimiento del niño, en Suiza solo se permitían las adopciones a las parejas casadas, de modo que la pareja registrada (sin vinculación genética) del padre intencional genético no pudo establecer de ningún modo su relación paterno-filial con el menor hasta trascurridos siete años y ocho meses, cuando se produjo un cambio en la legislación suiza para permitir dicha adopción.

En la decisión del TEDH juega un papel fundamental el interés superior del menor, que no es compatible con la imposibilidad absoluta de establecer una relación paterno-filial con su padre de intención no genético. En cambio, no consideró que existiera violación del derecho a la vida familiar de los comitentes, porque las dificultades que estos habían tenido para ver reconocida su vida familiar en el ordenamiento jurídico suizo eran debidas a que el contrato de gestación por sustitución no está permitido en Suiza y dichas dificultades entran en el margen permitido por el art. 8 del CEDH.

Esta sentencia está en la misma línea que la sentencia del TEDH (Sección 2ª) de 6 de diciembre de 2022, Asunto *K.K. y otros c. Dinamarca* (n.º 25212/21)[78], que también estima que constituye una violación del derecho a la vida privada de los menores nacidos de gestación comercial en Ucrania la negativa de Dinamarca a permitir que dichos menores fueran adoptados por la madre de intención casada con el padre biológico intencional, por no permitir el Derecho danés una adopción en la que se ha obtenido el consentimiento de la madre previo pago. En este supuesto, el balance entre el interés de Dinamarca en evitar los efectos negativos

[78] *K.K. y otros c. Dinamarca,* disponible en: file:///C:/Users/Usuario/Downloads/K.K.%20and%20Others%20v.%20Denmark%20(1).pdf

de una gestación por sustitución comercial y el interés superior de los menores en que quedara determinado su estatuto familiar con respecto a la madre de intención casada con el padre biológico, no había sido bien sopesado por las autoridades danesas, por lo que se había producido una violación del art. 8 del CEDH. Sin embargo, siguiendo su línea, tampoco considera el TEDH que ello constituya ni una violación del derecho a la vida privada de los comitentes ni de su vida familiar, puesto que todos vivían como una unidad familiar en Dinamarca y los menores tenían la nacionalidad danesa.

En todos estos casos, la obligación de determinar la relación materno-filial o del cónyuge o pareja registrada del padre de intención biológico queda condicionada al previo establecimiento de la relación paterno-filial del padre biológico intencional que guarda una relación de convivencia con su cónyuge o pareja. Diferente es la situación cuando la vida familiar con la madre comitente (o pareja o cónyuge del padre intencional genético) está en crisis. En tal caso, si el Estado de acogida no permite el establecimiento de la relación de filiación con respecto a la madre comitente (o pareja o cónyuge del padre biológico intencional), porque el padre biológico de intención se opone a la adopción de su hijo por su cónyuge (o pareja), el TEDH considera que no existe violación del art. 8 del CEDH. Esto es lo que afirmó el TEDH en la Sentencia del TEDH (Sección 5ª), de 24 de marzo de 2022, Asunto *A.M. v. Noruega* (n.º 30254/18)[79], en la que, pese a que existía una sentencia estadounidense, según la cual, aparecían los comitentes como padres legales del menor y, aunque las autoridades noruegas habían reconocido la filiación paterna del padre biológico, aquellas no permitieron la adopción del hijo por la madre de intención, pues, tras la ruptura de la relación entre los comitentes, el padre biológico, que es el que tenía la representación legal del menor, se opuso a ello.

79 *A.M. c. Noruega*, disponible en: https://hudoc.echr.coe.int/eng?i=001-216348

De todo ello se desprende que la relación de filiación con respecto al cónyuge o pareja del padre biológico de intención no forma parte necesariamente del derecho a la vida privada del menor, quedando condicionada dicha inclusión a la existencia de una relación familiar consolidada y estable. Ello es así, porque el interés del menor se ve mejor satisfecho si se establece esa relación de filiación materna o con respecto a la pareja-cónyuge del padre biológico de intención cuando ambos tienen una relación familiar (de este modo, el menor es considerado hijo de los dos miembros de la pareja a todos los efectos), pero no porque dicha relación de filiación forme parte del derecho a la vida privada del menor. En ninguno de estos casos estaba vinculada genéticamente la madre de intención, por lo que se desconoce cuál habría sido la solución que habría dado el TEDH. Pero, si su decisión hubiera sido la misma, alguien podría pensar que ello conllevaría un trato discriminatorio entre el padre genético y la madre de intención que también hubiera aportado su material genético, pues esta última deberá recurrir a la adopción para poder establecer su relación materno-filial, mientras que el padre vinculado genéticamente con el menor consigue el establecimiento de su relación paterno-filial sin necesidad de adopción. Sin embargo, entiendo que no existiría tal discriminación, pues la aportación de un óvulo no excluye el papel que la gestante tiene en la maternidad, por lo que no están en la misma posición el padre de intención que aporta su material genético y la madre de intención que también aportara el suyo[80]; lo que no excluye que esa vinculación genética pueda tener alguna consideración en cuanto a su integración en el contenido del derecho a la vida privada del menor, pues su vinculación genética con la madre de intención también forma parte

---

80 En este sentido, *vid.* LARA AGUADO, Ángeles, "Neutralidad del Derecho internacional privado en cuanto al género, una forma de violencia de género institucional", *Anales de la Cátedra Francisco Suárez*, Protocolo II. Balances y compromisos institucionales frente a las violencias de género, 2022, pp. 312-313.

de su identidad genética, aunque ello no justifique la eliminación de la relación materno-filial con la gestante.

3. La filiación de los menores nacidos por gestación por sustitución en el contexto de la Unión Europea: derecho a la identidad, continuidad de la filiación ya establecida y libertad de circulación conforme a la jurisprudencia del TJUE

También en el marco de la UE juega un papel importante el derecho a la identidad y a la vida privada de los menores nacidos por gestación por sustitución, en la medida en que el no reconocimiento de la continuidad de su filiación establecida en otro Estado Miembro -aparte de vulnerar su derecho a la vida privada y familiar reconocido en el art. 7 de la Carta de Derechos Fundamentales de la Unión Europea (o el art. 8 de la CEDH, según los casos)[81]-, puede suponer un obstáculo al ejercicio de su libertad de circulación y de residencia, reconocidas en los arts. 20 y 21 TFUE. En general, los impedimentos para admitir en el foro los efectos de las decisiones, certificaciones, documentos, actos y situaciones jurídicas relativas al estatuto personal creadas en el extranjero, en definitiva, la negativa a admitir la filiación legalmente establecida en otro país y a permitir la continuidad de la identidad única del menor, inciden tanto sobre el derecho a la identidad de los menores, como en su movilidad internacional, esto es, en las posibilidades de desplazarse de un país a otro, siendo esto último particularmente relevante por su incidencia sobre el derecho a ejercer la libertad de circulación en el marco de la UE. De poco sirve que el menor tenga una identidad en un país, si dicha identidad no es respetada y no se puede mantener cuando se traspasan las fronteras (lo que viola su derecho a la vida privada), máxime, si estas fronteras son las de la UE (lo que pone en peligro, además, sus libertades de circulación y residencia). Esta

---

81 *Vid.* JIMÉNEZ BLANCO, Pilar, "Movilidad transfronteriza de personas…", *op.cit.*, p. 6.

problemática es precisamente la que llevó a la presidenta de la Comisión europea, Úrsula Van der Leyen, a afirmar que, "*if you are a parent in one country, of course, you are a parent in every country*"[82]. Esta frase se pronunció en el marco de un discurso político en el que se quería dejar claro que el futuro de la UE debe orientarse a la necesaria inclusión de todas las familias y, por tanto, a promover la defensa de los derechos del colectivo LGTBI y la prohibición de discriminación por razón de orientación sexual, entre otras; por eso, puso el acento en la perspectiva de los padres y madres (habla de "*parent*"), en vez de aludir a los menores y a su posible derecho a que su filiación sea reconocida en todos los países, que es más bien lo que se desprende de la jurisprudencia del TEDH, que vincula las consecuencias del no reconocimiento de la filiación (de los menores nacidos por gestación por sustitución) establecida en el extranjero al derecho a la vida privada de los menores y descarta que ello afecte al derecho a la vida privada y familiar de los comitentes.

Sea como fuere, estas palabras han servido de revulsivo, tanto a nivel político, como en el plano jurisprudencial y académico, puesto que han hecho resurgir el debate acerca de cómo el derecho humano a la vida privada y familiar de las personas reconocido en el art. 8 de la CEDH lleva implícita la necesidad de reconocer las situaciones jurídicas cristalizadas al amparo de un ordenamiento jurídico extranjero, o lo que es lo mismo, la posible existencia de un derecho a la continuidad del estatuto personal y familiar establecido en otro país[83], la llamada portabilidad del estatuto personal[84], que, en el marco de la UE conduce a un método europeo de reconocimiento, el reconocimiento mutuo de

---

82 State of Union Address 2020 by Ursula von der Leyen (2020 state-of-the-union.ec.europa). Disponible en https://www.youtube.com/watch?v=q8eThxTJxRk

83 KINSCH, Patrick, "Recognition in the forum of a status acquired abroad...", *op.cit.*, pp. 273-274.

84 PFEIFF, Silvia, *La portabilité du statut personnel dans l'espace européen*, Bruselas, Bruylant, 2017.

las situaciones constituidas en los Estados miembros[85], debido a la vinculación que existe entre el rechazo al reconocimiento de las cuestiones relativas al estado civil ya configurado en otro Estado miembro y los obstáculos al ejercicio de las libertades comunitarias.

Centrando el tema específicamente en el marco de la gestación por sustitución y sus efectos en la UE, el no reconocimiento -en las situaciones en que se vea implicado el Derecho de la UE- de la filiación paterna/materna intencional establecida en el Estado Miembro donde ha nacido el menor por gestación subrogada, puede obstaculizar la libertad de circulación y de residencia de los menores que hayan nacido en un Estado Miembro de la UE que admita la gestación por sustitución, como abiertamente hacen Grecia o Portugal, en caso de que el menor se vaya a desplazar a otro Estado miembro de la UE que no la admita. En tal caso, las dificultades que puede encontrar en ese otro Estado miembro para desenvolverse como hijo de los comitentes pueden suponer una limitación al ejercicio efectivo de las libertades de circulación y residencia. Ahora bien, las consecuencias pueden extrapolarse más ampliamente a los casos de menores que, habiendo nacido por gestación por sustitución en un tercer Estado -que es lo más frecuente-, han visto reconocida su filiación en el Estado Miembro de la UE en el que residen, pero, posteriormente, encuentran dificultades para el reconocimiento de esta filiación en otro Estado Miembro de la UE al que se van a desplazar, pues es evidente que si dicha filiación no va a ser reconocida en ese otro Estado Miembro, esto constituye un desincentivo para el desplazamiento. Sobre este aspecto, sin embargo, ni el TJUE se ha pronunciado[86], ni se han ocupado las instituciones

---

85 JANSSENS, Christine, *The Principle of Mutual Recognition in EU Law*, Oxford University Press, 2013.

86 Una cuestión en la que, como afirma S. Álvarez, "*la vieja máxima exequatur sur exequatur ne vaut (aplicada y modulada a este tipo de supuestos) no tendría su fuerza impeditiva tradicional*", ÁLVAREZ GONZÁLEZ, Santiago, "La Justicia europea no reconoce el derecho de los hijos de parejas LGTBI en toda la UE (o la Justicia europea no obliga a los Estados

de la UE, pese a que puede afectar a gran número de comitentes ciudadanos de la UE que recurren a la gestación por sustitución en terceros países[87]. De ahí que algunos autores se muestren partidarios de que el estatuto establecido en un tercer Estado y reconocido en un Estado miembro sirva de título para el reconocimiento de dicho estatuto en los demás Estados miembros[88].

De momento no existe ni dentro ni fuera de la UE un derecho a la continuidad del estado civil y, por tanto, de la filiación -incluida la derivada de gestación por sustitución- establecida en otro país, pues un derecho tal ni está reconocido legalmente, ni esa continuidad viene impuesta por la jurisprudencia del TEDH en todos los casos, como hemos visto *supra.* Más bien lo que existe es una expectativa razonable de que ese reconocimiento se va a producir; expectativa que será legítima cuando exista una situación familiar ya consolidada de hecho, no creada fraudulentamente, sino de buena fe por las partes, existente legalmente conforme a un ordenamiento jurídico extranjero y vinculada al Estado de origen[89]. Lo que dudosamente existe en la mayoría de ocasiones. Y es que no es lo mismo que los comitentes residan en el país donde contratan la gestación por sustitución y que luego se desplacen al

---

miembros a reconocer la homoparentalidad)", *La Ley Unión Europea,* Nº 102, de 29 de abril de 2022, p. 12.

87 Aparte de los casos en que el menor ha nacido en un tercer país por gestación por sustitución y directamente se niega el reconocimiento de la filiación en el Estado miembro de acogida. *Vid.* TRYFONIDOU, Alina, "The Cross-Border Recognition of the Parent-Child Relationship in Rainbow Families under EU Law: A Critical View of the ECJ's V.M.A. ruling", *European Law Blog,* 21 diciembre 2021.

88 ÁLVAREZ GONZÁLEZ, S., "La Justicia europea…", *op.cit.,* p. 12; ARENAS GARCÍA, Rafael, "Concepto y tratamiento del matrimonio en el Derecho internacional privado europeo", *La Ley Derecho de Familia: Revista jurídica sobre familia y menores,* Nº 26, 2020, pp. 25-26.

89 KINSCH, Patrick, "Recognition in the forum…", *op.cit.,* p. 273. *Vid.* también, ARENAS GARCÍA, Rafael, "El reconocimiento de las situaciones familiares…", *op.cit.,* p. 63, JIMÉNEZ BLANCO, Pilar, "Movilidad transfronteriza de personas…", *op.cit.,* p. 17 y QUIÑONES ESCÁMEZ, Ana, "Doble filiación paterna…", *op.cit.,* p. 38.

país de su nacionalidad con el menor ya nacido, pretendiendo el reconocimiento de la filiación ya establecida en el país con el que la relación presentaba los vínculos más fuertes, que el hecho de que los comitentes residentes en el país de su nacionalidad, recurran al turismo procreativo, con la pretensión de que sea reconocida en su país la filiación establecida en otro Estado con el que la relación no guarda apenas vínculos[90]. Y, aun así, no hay garantías de que el reconocimiento de la filiación se vaya a producir[91].

Por lo que a la UE se refiere, en todo caso, el TJUE aún no se ha pronunciado sobre ningún asunto referido a la filiación de menores nacidos por gestación por sustitución. Sí lo hizo la STJUE (Gran Sala) de 18 de marzo de 2014, *Z. y A Government department, The Board of management of a community school,* asunto C-363/12, en la que afirmó que "*no constituye una discriminación basada en el sexo el hecho de denegar la concesión de un permiso retribuido equivalente al permiso de maternidad a una trabajadora, en su calidad de madre subrogante que ha tenido un hijo gracias a un convenio de gestación por sustitución*" [92]. Y también la STJUE (Gran Sala) de 18 de marzo de 2014, *C. D. c. S. T.*, asunto C-167/12 afirmó que "*los Estados miembros no están obligados en virtud del artículo 8 de esa Directiva a*

---

90 En este sentido, entre otros, DÍAZ FRAILE, Juan María, "La Gestación por sustitución…", *op.cit.*, pp. 111-112; JIMÉNEZ BLANCO, Pilar, "Movilidad transfronteriza de personas…", *op.cit.*, p. 19; LARA AGUADO, Ángeles, "Filiación de los niños y las niñas…", *op.cit.*, pp. 105-132; OREJUDO PRIETO DE LOS MOZOS, Patricia, "Recognition in Spain of Parentage created by Surrogate Motherhood", *Y.P.I.L.*, Vol. 12, 2010, p. 621; QUIÑONES ESCÁMEZ, Ana, "Doble filiación paterna…", *op.cit.*, pp. 16 y 21.

91 LARA AGUADO, Ángeles, "Movilidad internacional jurídica y física de las niñas y de los niños nacidos de contratos de gestación por sustitución desde una perspectiva de género", en DURÁN RUIZ, Francisco Javier (Dir.) y CUESTA REVILLA, José y NAVARRO ORTEGA, Asensio (coords.), *Retos de las migraciones de menores, jóvenes y otras personas vulnerables en la UE y España. Respuestas jurídicas desde la perspectiva de género,* Aranzadi, 2021, pp. 165-223.

92 ECLI:EU:C:2014:159

conferir un permiso de maternidad a una trabajadora, en su calidad de madre subrogante que ha tenido un hijo gracias a un convenio de gestación por sustitución, incluso cuando puede amamantar a ese niño tras su nacimiento o lo amamanta efectivamente" y que "*el hecho de que un empleador deniegue un permiso de maternidad a una madre subrogante que ha tenido un hijo gracias a un convenio de gestación por sustitución no constituye una discriminación basada en el sexo*" [93].

Ahora bien, su jurisprudencia relativa al estatuto personal, como el nombre, el matrimonio o la filiación, con sus particularidades, sí es extrapolable a los problemas que plantea el reconocimiento de la filiación derivada de la gestación por sustitución. De esta jurisprudencia se extrae que, aunque el estado civil y la filiación siguen siendo competencia de los Estados miembros, estos deben "*respetar el Derecho de la Unión al ejercitar dicha competencia y, en particular, las disposiciones del TFUE relativas a la libertad reconocida a todo ciudadano de la Unión de circular y residir en el territorio de los Estados miembros, reconociendo para ello el estado civil de las personas establecido en otro Estado miembro de conformidad con el Derecho de este (véase, en este sentido, la sentencia de 5 de junio de 2018,* Coman y otros, *C-673/16, EU:C:2018:385, apartados 36 a 38 y jurisprudencia citada)*".

Este deber de no poner obstáculos a la libertad de circular y residir y de facilitar el reconocimiento de los actos de estado civil constituidos en otro Estado miembro ya se puso de manifiesto en la STJCE (Gran Sala) de 14 de octubre de 2008, *Grunkin y Paul*[94], referida a un nacional alemán nacido en Dinamarca, cuyos progenitores le atribuyeron los apellidos correspondientes al Derecho material danés, al que remitía la norma de conflicto danesa, que permitía al menor llevar los apellidos de ambos progenitores, oponiéndose la autoridad alemana a la transcripción de dichos apellidos en el Registro civil alemán, por entender que no respon-

93 ECLI:EU:C:2014:169

94 STJCE (Gran Sala) de 14 de octubre de 2008, *Grunkin y Paul*, C-353/06, apartado 39 [ECLI:EU:C:2008:559].

dían al Derecho alemán correspondiente a la nacionalidad del menor, aplicable según la normativa conflictual alemana. El TJUE dejó claro que, una vez atribuidos a una persona unos apellidos legalmente, de conformidad con la normativa conflictual del Estado miembro de nacimiento y de la residencia del menor, los demás Estados miembros de la UE, incluido el de su nacionalidad, tienen la obligación de respetar el nombre tal y como ha sido determinado e inscrito[95], esto es, existe una obligación de reconocimiento, aunque no indica la manera de satisfacerla[96]. En la misma línea de facilitar el reconocimiento de los actos de estado civil, a los exclusivos efectos de la libertad de circulación, se sitúa el asunto *Coman*[97], en que un nacional estadounidense, que había contraído en Bélgica un matrimonio entre personas del mismo sexo con un ciudadano rumano, pretendía hacer valer su condición de cónyuge de un ciudadano de la UE para poder fijar su residencia en Rumanía por más de tres meses; condición de cónyuge que le era negada por las autoridades rumanas, por entender que dicho matrimonio entre cónyuges del mismo sexo no era reconocido en Rumania. El TJUE afirmó que, cuando un ciudadano de la Unión ha contraído legalmente matrimonio en un Estado miembro de la UE distinto del de su nacionalidad con un nacional de un tercer país del mismo sexo y ha desarrollado o consolidado una convivencia familiar con esta persona, las autoridades competentes del Estado miembro de la nacionalidad del ciudadano de la UE no pueden denegarle a su cónyuge la concesión de un derecho de residencia en su territorio por el hecho de que el Derecho de

---

95 LARA AGUADO, Ángeles, "El impulso de la ciudadanía de la Unión Europea al reconocimiento intracomunitario de actos de estado civil (A propósito de la Sentencia del Tribunal de Justicia de 14 de octubre de 2008: Grunkin-Paul y Standesamt Stadt Niebüll)", *Diario La Ley,* N° 7104, Sección Doctrina, 30 de enero de 2009, Año XXX, Ref. D-28, LA LEY, pp. 1-18.

96 REQUEJO ISIDRO, Marta, "Nota a la STJCE Grunkin-Paul, de 14 de octubre de 2008, asunto C-353/06", *REDI,* Vol. LX, N° 2, 2008, pp. 603-607.

97 STJUE [Gran Sala] de 5 de junio de 2018, *Coman y otros,* C-673/16 [ECLI:EU:C:2018:385].

ese Estado miembro no contemple el matrimonio entre personas del mismo sexo[98]. Lo que viene a significar que el matrimonio celebrado en un Estado miembro debe ser admitido en el Estado miembro de la nacionalidad del ciudadano de la UE, al menos, a los efectos del ejercicio de las libertades comunitarias[99].

E, igualmente, una filiación determinada conforme a la normativa en vigor en un Estado miembro debe ser reconocida en los demás Estados miembros, incluyendo el de la nacionalidad de la persona implicada, para salvaguardar el derecho de esta persona a su libertad de circulación y de residencia, ya que lo contrario supondría un obstáculo a dicha libertad, no permitido por el Derecho de la Unión, si bien dicho reconocimiento se limita "a los efectos de la libertad de circulación". Así lo afirma claramente la STJUE (Gran Sala) de 14 de diciembre de 2021, *V.M.M. y Stolichna obshtina, rayon «Pancharevo»*, asunto C-490/20[100] (relativa a la negativa de las autoridades búlgaras a expedir el certificado de nacimiento necesario para la obtención del documento de identidad búlgaro a una menor nacida en España de madres búlgara y británica respectivamente, que habían contraído matrimonio en Gibraltar y residían en España, habiendo sido la menor inscrita como hija de ambas en el Registro civil español), así como el Auto del TJUE (Sala Décima) de 24 de junio de 2022, *Rzecznik Praw Obywatelskich*[101], que resuelve un supuesto similar, relativo a la negativa de las autoridades polacas a practicar la inscripción de nacimiento de una menor nacida en España por transcripción del certificado de nacimiento en el que constan como madres de la menor una ciudadana polaca y otra irlandesa, que habían contraído matrimonio en Irlanda. Ambos casos fueron resueltos en el

---

98 *Coman*, Apartado 51.

99 Así lo aventuraba ya SOTO MOYA, Mercedes, "La libre circulación por el territorio de la Unión Europea de los matrimonios del mismo sexo celebrados en España", *RDCE*, 2012, Nº 43, pp. 807-847.

100 ECLI:EU:C:2021:1008

101 Auto del TJUE (Sala Décima) de 24 de junio de 2022, *Rzecznik Praw Obywatelskich*, asunto C-2/21, [ECLI:EU:C:2022:502].

mismo sentido, dando por supuesto que las menores ostentan la nacionalidad de un Estado miembro, por el hecho de haber sido establecida en un Estado miembro su relación filial con respecto a progenitoras nacionales de otros Estados miembros, cuestión esta que, como afirma S. Álvarez, no es baladí[102], pues la nacionalidad deriva de la filiación, a no ser que se admita su disociación.

En el asunto *Pancharevo*, el TJUE afirmó que "*un menor cuya condición de ciudadano de la Unión no esté acreditada y cuyo certificado de nacimiento expedido por las autoridades competentes de un Estado miembro designe como progenitores a dos personas del mismo sexo, una de las cuales es ciudadano de la Unión, debe ser considerado por el conjunto de los Estados miembros descendiente directo de ese ciudadano de la Unión, en el sentido de la Directiva 2004/38, a efectos del ejercicio de los derechos conferidos en el art. 21 TFUE, apartado 1, y los actos de Derecho derivado correspondientes*"[103]. Y más aún, habiendo obtenido en el Estado de acogida un certificado de nacimiento que designa como progenitores del menor a dos personas del mismo sexo, "*el Estado miembro del que el menor es nacional está obligado, por una parte, a expedirle un documento de identidad o un pasaporte sin exigir la expedición previa de un certificado de nacimiento por sus autoridades nacionales y, por otra parte, a reconocer, al igual que cualquier otro Estado miembro, el documento procedente del Estado miembro de acogida que permita al menor ejercer con cada una de esas dos personas su derecho a circular y residir libremente en el territorio de los Estados miembros*"[104]. Y en el caso *Rzecznik Praw Obywatelskich*, el TJUE afirmó que "*las autoridades polacas están obligadas a expedirle un documento de identidad o un pasaporte en el que conste su nacionalidad y su apellido, tal como resulta de la certificación de nacimiento expedida por las autoridades españolas*"[105], con independencia de que se inscriba o no el certificado de nacimiento español de la menor en el Registro civil polaco y que todos los Estados miembros deben reconocer a las madres que figuran en ese cer-

---

102 ÁLVAREZ GONZÁLEZ, Santiago, "La Justicia europea...", *op.cit.*, p. 5.

103 *Pancharevo*, apartado 68.

104 *Pancharevo*, apartado 69.

105 *Rzecznik Praw Obywatelskich*, apartado 38.

tificado de nacimiento español como progenitoras de la menor, que está bajo su guarda y custodia efectiva y que tienen el derecho a acompañar a la menor en el ejercicio del derecho a circular y residir libremente en el territorio de los Estados miembros[106].

Tan importante es el ejercicio de las libertades asociadas a la ciudadanía, que el derecho a la vida familiar y el ejercicio de la libertad de circulación y de residencia en el espacio de la Unión Europea con los progenitores/las progenitoras que figuren como tales en el certificado de nacimiento expedido por las autoridades extranjeras no se puede cercenar, a no ser que exista una causa justificada de orden público de un peso fundamental, que constituya "*una amenaza real y suficientemente grave que afecte a un interés fundamental de la sociedad*"[107], pues, "*en virtud del art. 4 TUE, apartado 2, la Unión respeta la identidad nacional de los Estados miembros, inherente a las estructuras políticas y constitucionales fundamentales de estos*"[108]. Y es que las libertades de circulación y residencia no son absolutas y se pueden limitar por razones de orden público, seguridad o salud públicas (art. 1 c) de la Directiva 2004/38/CE del Parlamento Europeo y del Consejo de 29 de abril de 2004 relativa al derecho de los ciudadanos de la Unión y de los miembros de sus familias a circular y residir libremente en el territorio de los Estados miembros[109], si bien el alcance y la pertinencia de la alegación del orden público no corresponde decidirlas a los Estados miembros, sino que debe ser objeto de control por las instituciones de la UE[110].

La posibilidad de invocar el orden público como justificación de la limitación a las libertades comunitarias también viene admi-

---

[106] *Rzecznik Praw Obywatelskich*, apartado 42.

[107] *Pancharevo*, apartado 56.

[108] *Pancharevo*, apartado 54.

[109] *DOUE* L 229, de 29 de junio de 2004.

[110] GOÑI URRIZA, Natividad, "El reconocimiento de las relaciones de filiación en la Unión Europea: la libre circulación de certificados de nacimiento expedidos en un Estado miembro. En torno a la STJUE Pancharevo y al ATJUE K.S.-S.V.D.", *CDT*, Vol. 15, Nº 1, 2023, p. 976.

tida en el asunto *Coman*, cuando afirmó que "*una medida nacional que pueda obstaculizar el ejercicio de la libre circulación de las personas solo puede justificarse si es conforme con los derechos fundamentales garantizados por la Carta, cuyo respeto garantiza el Tribunal de Justicia*"[111]. Y, también en los casos *Grunkin-Paul*[112], *Sayn-Wittgenstein*[113] y *Bogendorff von Wolffersdorff*[114] se admite limitar la libertad de circulación esgrimiendo motivos de orden público, siempre que exista una razón objetiva y proporcionada al objetivo perseguido. Por tanto, el orden público deberá ser objeto de una interpretación restrictiva, para que no sea una carta en blanco para limitar el ejercicio de las libertades: sólo podrá limitarse una libertad comunitaria a través del recurso al orden público si esta limitación es necesaria para la protección de los intereses que se pretende garantizar y sólo si dichos objetivos no pueden alcanzarse con medidas menos restrictivas.

En el asunto *Pancharevo*, el TJUE ha entendido que el matrimonio homosexual de las progenitoras no puede considerarse un motivo de orden público de un peso fundamental como para justificar que se limite la libertad de circulación y de residencia de los menores con las personas que figuran como sus progenitoras en el certificado de nacimiento expedido por las autoridades españolas correspondientes al Estado miembro de nacimiento, porque este tipo de matrimonios no atenta contra el orden público internacional. Para el TJUE, el motivo que esgrimen las autoridades búlgaras para oponerse al reconocimiento del certificado de nacimiento español se basa en la consideración del matrimonio entre personas del mismo sexo como contrario a su orden público, lo que, según el TJUE no es un motivo que pueda alegarse, por no constituir "*una amenaza real y suficientemente grave que afecte a un*

---

111 *Coman*, apartado 47.

112 *Grunkin y Paul*, apartados 29 y 38.

113 STJUE (Sala 2ª) de 22 de diciembre de 2010, *Sayn-Wittgenstein*, C-208/09, apartados 85, 86 y 90 [ECLI:EU:C:2010:806].

114 STJUE (Sala 2ª) de 2 de junio de 2016, *Bogendorff von Wolffersdorff*, C-438/14, apartados 66, 67 y 72 [ECLI:EU:C:2016:401].

interés fundamental de la sociedad". Pero, *a sensu* contrario, podría afirmarse que si existiera un motivo de orden público internacional que sí socavara los fundamentos del orden jurídico de los Estados miembros, sí estaría justificado oponerse al reconocimiento de la filiación legalmente determinada en otro Estado miembro.

Bien visto, podría ser el caso de la gestación por sustitución, si se admite lo que afirma el Parlamento Europeo: "*La Unión Europea condena la práctica de la gestación por sustitución, que es contraria a la dignidad humana de la mujer, ya que su cuerpo y sus funciones reproductivas se utilizan como una materia prima; estima que debe prohibirse esta práctica, que implica la explotación de las funciones reproductivas y la utilización del cuerpo con fines financieros o de otro tipo, en particular en el caso de las mujeres vulnerables en los países en desarrollo, y pide que se examine con carácter de urgencia en el marco de los instrumentos de derechos humanos*"[115]. Posición que vuelve a reiterarse en la Observación general 32 de la Resolución del Parlamento Europeo de 21 de enero de 2021, sobre la Estrategia de la Unión para la igualdad de género: "*la explotación sexual con propósitos reproductivos y de gestación subrogada [...] es inaceptable y constituye una violación de la dignidad humana y de los derechos humanos*"[116]. Si el orden público internacional pudiera esgrimirse de este modo, podría servir de fundamento a los Estados miembros para denegar el reconocimiento en su territorio de los efectos de la filiación derivada de una gestación por sustitución que se hubiera llevado a cabo en alguno de los Estados miembros de la UE que admiten esta práctica y que constara en una certificación de nacimiento expedida por las autoridades de ese Estado miembro del nacimiento del menor. Sin embargo, se desconoce si para el TJUE estará justificado opo-

---

115 Resolución de 17 de diciembre de 2015, sobre el Informe anual sobre los derechos humanos y la democracia en el mundo (2014) y la política de la Unión Europea (2015/2229(INI)), Observación general 115. *DOUE* C 399/151, de 24 de noviembre de 2017, disponible en https://www.europarl.europa.eu/doceo/document/TA-8-2015-0470_ES.html.

116 (2019/2169(INI)). Disponible en https://www.europarl.europa.eu/doceo/document/TA-9-2021-0025_ES.html.

ner la excepción de orden público en estos casos para limitar la libertad de circulación de los menores nacidos por gestación por sustitución en el espacio de la UE.

Como colofón habría que añadir que las implicaciones de las libertades comunitarias van más allá de permitir que los menores nacidos por gestación por sustitución en un Estado miembro de la UE circulen o residan en otro Estado miembro, pues deben gozar de igualdad de trato con respecto a los nacionales del Estado de acogida en el ámbito de aplicación del TUE[117]. Sin embargo, de la jurisprudencia del TJUE no se desprende cuál pueda ser ese alcance. Es cierto que el TJUE mantiene que la libertad de circulación en la Unión Europea exige que todos los Estados miembros admitan como descendiente de una persona ciudadana de la Unión al niño o niña que figura como tal en las certificaciones de nacimiento expedidas en un Estado miembro, pero solo a los efectos de ejercer las libertades de circulación y de residencia, siempre que no se pueda alegar un motivo de orden público que justifique una limitación de este reconocimiento, pues, "*sería contrario a los derechos fundamentales que los arts. 7 y 24 de la Carta garantizan al menor privarlo de la relación con uno de sus progenitores al ejercer su derecho a circular y residir libremente en el territorio de los Estados miembros o hacerle el ejercicio de ese derecho imposible o excesivamente difícil en la práctica*"[118]. Sin embargo, cabe plantearse si no supone también un obstáculo para las libertades comunitarias que el estatuto filial no sea reconocido a otros efectos, por ejemplo,

---

117 Así lo destaca, en relación con los matrimonios, ÁLVAREZ GONZÁLEZ, Santiago, "¿Matrimonio entre personas del mismo sexo para toda la UE? A propósito de las conclusiones del Abogado General en el Asunto Coman", *Revista La Ley Unión Europea*, Nº 56, 28 de febrero de 2018, p. 5. *Vid.* Igualmente, MARISCAL GONZÁLEZ, Ada Lucía y PÉREZ MARTÍN, Lucas, "El TJUE, la libertad de circulación y la evolución del reconocimiento de la filiación en los Estados miembros", en CALVO CARAVACA, Alfonso Luis y CARRASCOSA GONZÁLEZ, Javier (dirs.), *El derecho de familia internacional del siglo XXI en la práctica judicial*, Aranzadi/Thomson Reuters, 2022.

118 *Pancharevo*, apartado 65.

los sucesorios o los alimenticios[119]. Ciertamente, el no reconocimiento de la condición de hijo a estos efectos puede suponer un desincentivo al desplazamiento dentro de la UE, por más que no se pongan trabas administrativas a la circulación o a la residencia. Si esto fuera así, por más que se afirmara que los Estados miembros gozan de libertad para regular la filiación, esa libertad no consistirá más que en un espejismo. De momento, eso no será así, aunque el TJUE haya afirmado que "*los derechos reconocidos a los nacionales de los Estados miembros en el artículo 21 TFUE, apartado 1, incluyen el de llevar una vida familiar normal tanto en su Estado miembro de acogida como en el Estado miembro del que son nacionales cuando regresen al territorio de este, disfrutando de la presencia a su lado de los miembros de su familia (sentencia de 5 de junio de 2018,* Coman y otros, *C-673/16, EU:C:2018:385, apartado 32 y jurisprudencia citada)*"[120]. Aunque para algunos autores esto sea indicativo de la extensión de los efectos del reconocimiento a otros ámbitos[121], no puede considerarse como una aceptación del reconocimiento de la filiación a todos los efectos, pues el TJUE también ha recalcado que la obligación de expedir un documento de identidad o un pasaporte a una menor y la de reconocer el vínculo de filiación establecido en la certificación de nacimiento expedida por las autoridades del Estado miembro en el que ha nacido la menor y que designa como progenitoras a dos personas del mismo sexo, a efectos de que esta pueda ejercer sus derechos derivados del artículo 21 TFUE, "*no supone que el Estado miembro del que es nacional la menor contemple en su Derecho nacional la parentalidad de personas del*

---

[119] Así se lo plantean también entre otros GOÑI URRIZA, Natividad, "El reconocimiento de las relaciones de filiación…", *op.cit.*, p. 978 y MEEUSEN, Johan, "Functional Recognition of Same-sex Parenthood for the Benefit of Mobile Unión Citizens – Brief Comments on the CJEU's Pancharevo Judgment", *EAPIL*, 3 de febrero de 2022, disponible en https://eapil.org/2022/02/03/functional-recognition-of-same-sex-parenthood-for-the-benefit-of-mobile-union-citizens-brief-comments-on-the-cjeus-pancharevo-judgment/

[120] *Pancharevo*, apartado 47.

[121] TRYFONIDOU, Alina, "The Cross-Border Recognition…", *op.cit.*

mismo sexo ni que reconozca, con fines distintos del ejercicio de los derechos que el Derecho de la Unión confiere a la menor, el vínculo de filiación entre ella y las personas mencionadas como progenitoras en el certificado de nacimiento emitido por las autoridades del Estado miembro de acogida (sentencia de 14 de diciembre de 2021, Stolichna obshtina, rayon «Pancharevo», C-490/20, EU:C:2021:1008, apartados 56 y 57 y jurisprudencia citada)"[122]. Habrá que esperar a que se plantee una cuestión prejudicial vinculada a una alegación de discriminación contraria a las libertades de circulación, basada en el no reconocimiento de la condición de hijo/hija al nacido de gestación por sustitución y reconocido como tal a los efectos de las libertades de circulación, pero cuya filiación no sea admitida a efectos sucesorios o alimenticios, por ejemplo, para ver cuáles son las implicaciones en estos sectores de esta modalidad de filiación en la UE.

II. CONTRIBUCIÓN DE LOS NUEVOS PROYECTOS NORMATIVOS DE LA CONFERENCIA DE LA HAYA DE DERECHO INTERNACIONAL PRIVADO Y DE LA UNIÓN EUROPEA A LA EFECTIVIDAD DEL DERECHO A LA VIDA PRIVADA DE LOS MENORES NACIDOS DE GESTACIÓN POR SUSTITUCIÓN: LUCES Y SOMBRAS

1. Protocolo de La Haya sobre filiación derivada de gestación por sustitución: el arma de doble filo de la necesidad de establecer condiciones para hacer asumible la gestación por sustitución

En coherencia con la consideración de la gestación por sustitución como un atentado a la dignidad de la mujer y de los menores, desde algunos foros se aboga por la celebración de un Convenio internacional para la abolición universal de la gestación

---

[122] *Rzecznik Praw Obywatelskich*, apartado 45.

por sustitución[123], al estilo de la Convención para la eliminación de todas las formas de discriminación contra la mujer, hecha en Nueva York el 18 de diciembre de 1979[124] o de la Convención suplementaria sobre la abolición de la esclavitud, la trata de esclavos y las instituciones y prácticas análogas a la esclavitud, firmada en Ginebra el 7 de septiembre de 1956[125]. No obstante, esta propuesta no parece destinada a tener éxito, máxime cuando dos grandes organismos están trabajando aceleradamente para la promulgación de instrumentos normativos para facilitar el reconocimiento de las filiaciones de menores nacidos de gestación por sustitución en el extranjero: la Conferencia de La Haya de Derecho internacional privado y la UE.

En efecto, la gran diversidad normativa, tanto en el plano conflictual como a nivel material y procesal, en torno al establecimiento e impugnación de la filiación y la consciencia del incremento de nacimientos de menores por gestación por sustitución en países con leyes no garantistas de los derechos de las madres gestantes y de todas las partes implicadas, con los consiguientes obstáculos al reconocimiento de estas filiaciones ya establecidas en origen, despertó en el año 2010 el interés de la Conferencia de La Haya de Derecho internacional privado. Partiendo de unos cuestionarios dirigidos a facultativos, profesionales de la salud y agencias, la Conferencia elaboró un primer informe[126] sobre

---

123 Así lo proponen los 100 expertos de 75 países que firmaron en Casablanca la Declaración de Casablanca 2023 por la abolición mundial de la maternidad subrogada el 3 de marzo de 2023. El texto está disponible en http://declaration-surrogacy-casablanca.org/index.php/declaracion-internacional-para-la-abolicion-mundial-de-la-maternidad-subrogada/. En esta línea se sitúan también los trabajos de la Coalición Internacional por la Abolición de la gestación subrogada, disponibles en http://abolition-ms.org/es/inicio/

124 *BOE* núm. 69, de 21 de marzo de 1984.

125 *BOE* núm. 311, de 29 de diciembre de 1967.

126 Questions de droit international privé concernant le statut des enfants, notamment celles résultant des conventions de maternité de substitution à caractère international, Doc. Prél. Núm. 11, marzo 2011,

cómo esta diversidad normativa generaba numerosos problemas de Derecho internacional privado a estos menores y planteó la oportunidad y conveniencia de realizar un estudio para avanzar al respecto[127]. A estos efectos, el Consejo de Asuntos Generales y Política de la Conferencia de La Haya creó un Grupo de Expertos en marzo de 2015, que ha ido elaborando informes anualmente. Aunque existe gran división de opiniones entre los expertos del Grupo, el 1 de noviembre de 2022 emitió un informe final sobre la viabilidad de uno o más instrumentos de Derecho internacional privado sobre la filiación legal[128]. En dicho informe, el Grupo de Expertos afirma que la Conferencia no se pronuncia ni a favor ni en contra de la gestación por sustitución, pero que sí le preocupa la salvaguardia de los derechos de los menores y valora la posibilidad de elaborar dos instrumentos: un Convenio sobre filiación, que no incluya en su ámbito de aplicación la derivada de gestación por sustitución, para facilitar su ratificación por un mayor número de Estados, pues, si abarcara todas las modalidades de establecimiento de la filiación, no obtendría el apoyo de los países abolicionistas; y, para resolver los principales obstáculos que presenta la continuidad de la filiación, esto es, para facilitar el reconocimiento de las filiaciones de menores nacidos por gestación subrogada, que es la más problemática, propone la elaboración de un Protocolo específico sobre filiación derivada de la gestación por sustitución. Este Protocolo solo se ocuparía de regular la continuidad de la filiación de estos menores para prevenir abusos en estos contratos y proteger los derechos de todas las partes, pero no regularía los efectos jurídicos de la filiación, como

---

disponible en https://assets.hcch.net/docs/da27b1a2-cc90-45bf-9d3e-7934fd51b10c.pdf

127 *Vid.* todos los trabajos de la Conferencia de La Haya de Derecho internacional privado sobre esta materia en https://www.hcch.net/en/projects/legislative-projects/parentage-surrogacy

128 Parentage / Surrogacy Experts' Group: Final Report "The feasibility of one or more private international law instruments on legal parentage", Prel. Doc. N° 1 of November 2022, disponible en https://assets.hcch.net/docs/6d8eeb81-ef67-4b21-be42-f7261d0cfa52.pdf

la nacionalidad, que siguen siendo competencia de los Estados[129]. Sin embargo, el Consejo de Asuntos Generales ha recomendado que se trabaje sobre un único instrumento normativo, en la línea de los trabajos en el seno de la UE, sin tomar en consideración las propuestas del Grupo de expertos, que aunque no tenían claro cuál será el modelo del Protocolo, habían barajado varias opciones. La primera es hacer un instrumento parecido al Convenio de La Haya relativo a la protección del niño y a la cooperación en materia de adopción internacional, de 29 de mayo de 1993, en el que las autoridades de los Estados de origen y destino del menor controlarían el cumplimiento de unas condiciones antes de la contratación de la gestación por sustitución, tanto en el Estado de residencia de los comitentes como en el de la gestante, y otras condiciones deberán controlarse después del nacimiento del menor. Así se pretende garantizar que el contrato atienda al interés superior del menor y que respete los derechos de la gestante, sin olvidar el interés de los comitentes. Para ello, se controlarían, entre otras cuestiones, la idoneidad de los comitentes (si bien no especifica de qué modo, ni quién lo haría), que la gestante ha prestado un consentimiento libre e informado o que los pagos efectuados no suponen una compra de menores.

Otra opción sería elaborar un Protocolo con unos requisitos uniformes que deberán reunir las resoluciones judiciales o el certificado de nacimiento extranjero para su reconocimiento y que serían controlados por las autoridades del país de destino *a posteriori*. Este modelo favorece los intereses de los Estados favorables a la regulación de la gestación por sustitución, porque, siempre que concurran tales requisitos, las resoluciones y certificaciones deberán ser reconocidas. Por eso, se piensa que los Estados que se oponen a la gestación por sustitución esgrimirán argumentos en contra, pues preferirán un sistema más flexible, que les permita

---

129 DURÁN AYAGO, Antonia, "Los trabajos en el seno de la Conferencia de la Haya de Derecho Internacional Privado sobre gestación por sustitución", *Revista de Derecho Constitucional*, N° 31, 2020, p. 6.

decidir si reconocen o no la filiación, en función de las circunstancias del caso.

La tercera posibilidad es un modelo con cláusulas de control *a priori* y *a posteriori*, con posibilidad de *opt in* y *opt out*, según la voluntad de los Estados, que podrían quedar vinculados por ambas condiciones o solo por los requisitos *a priori* o *a posteriori*. Este modelo solo es útil si tanto el Estado de origen como el de destino son favorecedores de la gestación por sustitución y se comprometen con la cláusula *opt in*, garantizando el Estado de origen que va a respetar las condiciones convenidas. Pero, en tal caso, no tiene mucho sentido este Protocolo, pues su objetivo puede conseguirse sin necesidad del mismo, al ser los dos Estados favorables a dicho reconocimiento. En cambio, si ambos Estados no admiten el *opt in*, no habrá garantías de reconocimiento, con lo que también perderá su utilidad el Protocolo.

En todo caso, si se hubiera optado por elaborar un Protocolo, fuera cual fuera el modelo que se hubiera impuesto, en todos ellos se acordarían unas condiciones mínimas que debería reunir la resolución judicial extranjera o el certificado registral para su reconocimiento, lo que no sería tarea fácil. Se puede pensar que es básico ponerse de acuerdo sobre la competencia de la autoridad de origen de la sentencia, documento o certificado extranjero y que un buen criterio puede ser el de la residencia de la madre gestante en el momento del nacimiento del menor, que, frecuentemente, coincidirá con el país de su nacimiento. Sin embargo, este Estado no siempre es el de mayor vinculación con la relación privada internacional, en particular en los casos en que el Estado del nacimiento del menor admite el recurso a la gestación por sustitución en su territorio a comitentes que, ni residen ni tienen intención de residir en su territorio con el menor, y que son extranjeros residentes en otro país. De este modo, el único vínculo con el Estado de origen es la residencia de la gestante, que, al hallarse en un país favorable a la gestación por sustitución, garantizará que la filiación del menor se establecerá con respecto a los comitentes, por la identificación *forum-ius*.

En cuanto a los controles para garantizar el respeto a los derechos e intereses de las partes, se pone de manifiesto una inclinación de la balanza a favor de los intereses de los comitentes. Por un lado, el interés de los comitentes en que el programa será un éxito, lleva a exigir a la gestante que supere unos controles que garanticen que tiene un estado de salud física adecuado para llevar a buen término un embarazo sin complicaciones y que tiene un estado de salud mental necesario para seguir el programa y no arrepentirse. Este requisito no deja de ser llamativo, por cuanto no existe ningún otro contrato en el que se exija la superación de un test psicológico a las partes para quedar comprometidas por el mismo. ¿Acaso para firmar una hipoteca, que compromete la situación económica de una persona o de una familia casi de por vida, se exige superar dicho control psicológico? ¿El estado mental de la gestante es el mismo antes y durante el embarazo y después del parto? Está claro que esto no persigue proteger a la gestante, sino a los comitentes. Para compensar las críticas por la falta de control respecto al interés superior del menor, se exige a los comitentes superar un control de idoneidad y que carezcan de antecedentes penales en agresión o abuso sexual a menores.

Por otro lado, para que se pueda llevar a cabo la técnica de reproducción humana asistida, es preciso que los comitentes hayan prestado su consentimiento antes de comenzar a realizar la técnica, para que se comprometan a asumir la responsabilidad parental sobre el menor, una vez que este haya nacido. Igualmente, la gestante debe haber otorgado también su consentimiento antes del inicio de la práctica, y que sea un consentimiento libre, por escrito e informado. Sin embargo, hay que tener en cuenta que el consentimiento de una persona puede variar a lo largo de todo el proceso de gestación y que la voluntad de la mujer puede diferir al inicio del embarazo o tras el parto, por lo que limitar su libertad para decidir si desea poner fin al embarazo o si, llegado el momento del parto, entrega al menor, una vez que haya nacido, no es compatible con el argumento de que la gestante consiente libremente, puesto que el contrato supone una gran limitación a su libertad de disposición, si es que sobre esta materia se puede disponer. ¿Qué tiempo se considera razonable para que la mujer decida libremente entregar al bebé al que ha dado a luz, para que se entienda que su consentimiento es voluntario y que no se coarta su libertad? La alteración hormonal que sufre la mujer tras el parto, ¿permite que esta pueda prestar un consentimiento libre y consciente y en qué plazo? Son cuestiones que no se resuelven en las opciones ofrecidas por el proyectado Protocolo que pretendía elaborar el Grupo de expertos, si bien se hace un esfuerzo por garantizar al máximo la libertad de la gestante, exigiendo que el contrato incluya cláusulas por las que no se la penalice si revoca su consentimiento. Sin embargo, queda por saber si, en tal caso, la filiación respecto al menor quedará establecida respecto a los comitentes o respecto a la gestante y cuál será la identidad personal del menor en tal caso, pues, si la gestante sigue adelante con el embarazo, pero decide no entregar al menor, parte de su identidad genética se pone en peligro. Y si, pese a que la gestante decida no entregar al bebé, esta se ve compelida a hacerlo y a que su maternidad legal no se le reconozca, su libertad se ha limitado y la identidad biológica del menor también se pone en entredicho. Otro aspecto problemático es el relativo al deseo de prevenir el tráfico de menores, para lo cual se exige que se haga referencia a los pagos, costos y honorarios que se han de satisfacer con motivo del contrato, para alejar la gestación por sustitución lo más posible de su modalidad comercial.

Todas estas previsiones no consiguen superar las críticas más duras a la gestación por sustitución, como la que tiene que ver con la cosificación del menor, que, incluso en un modelo de gestación subrogada altruista, no deja de ser el objeto de la transacción.

Ahora bien, si el Protocolo llegara a ser ratificado por España, limitaría considerablemente las posibilidades de oponerse al reconocimiento de las filiaciones de menores nacidos por gestación por sustitución en países vinculados por el Protocolo, porque siempre que se cumplan los requisitos establecidos en el Protocolo, será imperativo el reconocimiento de la decisión judicial o la eficacia extraterritorial de la certificación registral, por mucho que el legislador español haya afirmado que es una forma de violencia reproductiva, pues lo contrario supondría un incumplimiento de una norma convencional. Y es que, si se aceptara quedar vinculado por el Protocolo, sería para aceptar reconocer las resoluciones judiciales y documentos públicos en los que se haya establecido una filiación derivada de una gestación por sustitución, que cumpla los requisitos para su reconocimiento. Esto supondría una invitación a comitentes españoles para que recurrieran a esta práctica en el extranjero, pues no podría denegarse el reconocimiento de la filiación establecida en otro país, si la resolución reúne los requisitos pactados. Y, puesto que ello equivale a considerar "aceptable" la gestación que se haya desarrollado siguiendo los criterios establecidos en el Protocolo, ¿qué impediría que en España se regulara esta práctica también con esas mismas garantías que se le exigen a las realizadas en países vinculados por el Protocolo? No se alcanza a comprender cómo la adopción de este Protocolo, cualquiera que sea la forma que se elija, no implica una opción por la regulación de la gestación por sustitución[130].

En todo caso, si el Protocolo llegara a entrar en vigor y a ser aplicado en los países vinculados por el mismo, seguiría existiendo un problema importante. Todas las resoluciones judiciales y documentos públicos que hayan establecido una filiación derivada de una gestación por sustitución sin seguir los requisitos previstos en el Protocolo, no tendrían que ser reconocidas en los Estados vinculados por el Protocolo. Sin embargo, incluso estos menores siguen teniendo derecho a la identidad y a la vida privada y su interés superior sigue siendo el interés prioritario a salvaguardar. Por ello, no se entiende cómo se va a denegar el establecimiento de la filiación a esos menores, aunque no cumplan los requisitos previstos en el Protocolo, sin violar con esa actitud el art. 8 de la

---

130 GARCÍA, Berta O., "El *global business* que La Haya se empeña en legalizar: explotación de mujeres y compraventa de personas recién nacidas", *Blog Tribuna Feminista*, 24 de febrero de 2021. Disponible en: https://tribunafeminista.org/2021/02/el-global-business-que-la-haya-se-empena-en-legalizar-explotacion-de-mujeres-y-compraventa-de-personas-recien-nacidas/

CEDH. Esto nos devuelve a la situación vigente actualmente, sin Protocolo en vigor, pues el interés superior del menor de estos niños y niñas deberá salvaguardarse y, si este se identifica con su derecho a la identidad y vida privada, no podría denegarse el establecimiento de su filiación. En todo caso, habrá que esperar a ver qué texto resulta finalmente del nuevo Grupo de expertos.

2. ¿Utilidad de la propuesta de Reglamento (UE) sobre filiación?

También la UE, tras realizar varios estudios para decidir el modelo a seguir[131], se ha embarcado en la elaboración de un instrumento normativo para posibilitar el reconocimiento de las filiaciones *intra* europeas: la propuesta de Reglamento (UE) del Consejo, relativo a la competencia, al Derecho aplicable, al reconocimiento de las resoluciones y a la aceptación de los documentos públicos en materia de filiación y a la creación de un certificado de filiación europeo[132] (en adelante, propuesta de Reglamento). Esta propuesta, aprobada por la Comisión el 7 de diciembre de 2022, responde al llamamiento efectuado tanto por la presidenta de la Comisión Europea -cuyo mensaje sobre la condición de padre o

---

131 *Vid.* AAVV., Study to support the preparation of an impact assessment on a posible Union legislative initiative on the recognition of parenthood between Member States. Final Report, marzo 2022, disponible en https://commission.europa.eu/system/files/2023-01/ICF%20Final%20Report%20-%20Recognition%20of%20parenthood%20between%20MSs%20-%20FINAL.pdf y TRYFONIDOU, Alina, "Cross-Border Legal Recognition of Parenthood in the EU", Policy Department for Citizens' Rights and Constitutional Affairs Directorate-General for Internal Policies, PE 746.632- April 2023, disponible en https://www.europarl.europa.eu/RegData/etudes/STUD/2023/746632/IPOLSTU(2023)746632EN.pdf

132 Propuesta de Reglamento del Consejo, relativo a la competencia, al Derecho aplicable, al reconocimiento de las resoluciones y a la aceptación de los documentos públicos en materia de filiación y a la creación de un certificado de filiación europeo. Disponible en: https://eur-lex.europa.eu/resource.html?uri=cellar:01d08890-76e7-11ed-9887-01aa75ed71a1.0019.02/DOC_1&format=PDF

madre en todos los Estados, repite la Comunicación de la Comisión al Parlamento Europeo, al Consejo, al Comité Económico y Social Europeo y al Comité de las Regiones: Unión de la Igualdad: Estrategia para la Igualdad de las Personas LGBTIQ 2020-2025[133] y la Estrategia de la UE sobre los Derechos del Niño[134]-, como por la jurisprudencia del TJUE arriba mencionadas, que exigen limitar los obstáculos a las libertades de circulación y residencia que suponen las denegaciones al reconocimiento del estatuto personal establecido en otro Estado miembro. Sin embargo, va más allá de las exigencias de la libertad de circulación derivadas de la jurisprudencia del TJUE aplicable a la filiación transfronteriza, pues pretende proyectar el efecto del reconocimiento a otros ámbitos vinculados a la filiación, por ejemplo, en relación con los derechos sucesorios o alimenticios o la responsabilidad parental en el espacio de la UE, esto es, quien sea considerado hijo de una persona en un Estado miembro, lo será "*a todos los efectos*" en el resto de Estados miembros.

A diferencia del Protocolo de La Haya propuesto inicialmente por el Grupo de expertos, la propuesta de Reglamento (UE) no se limita exclusivamente a regular la filiación derivada de gestación por sustitución, sino que regula todas las modalidades de establecimiento de la filiación, salvo la adopción internacional, para la que se considera suficiente el régimen normativo del Convenio de La Haya de 1993. Por tanto, al ser un instrumento normativo genérico sobre filiación, la propuesta de Reglamento incluye en su ámbito de aplicación material la filiación derivada de la gestación por sustitución. Y ello, pese a que el Parlamento Europeo se

133 Bruselas, 12.11.2020. COM(2020) 698 final, disponible en https://eur-lex.europa.eu/legal-content/ES/TXT/PDF/?uri=CELEX:52020DC0698&from=EN

134 Comunicación de la Comisión al Parlamento Europeo, al Consejo, al Comité Económico y Social Europeo y al Comité de las Regiones, Bruselas, 24.3.2021 COM(2021) 142 final, disponible en https://eur-lex.europa.eu/resource.html?uri=cellar:e769a102-8d88-11eb-b85c-01aa75ed71a1.0013.02/DOC_1&format=PDF

ha pronunciado en contra de la gestación por sustitución en la Resolución de 17 de diciembre de 2015, sobre el Informe anual sobre los derechos humanos y la democracia en el mundo (2014) y la política de la Unión Europea[135], cuando afirmó que "*La Unión Europea condena la práctica de la gestación por sustitución, que es contraria a la dignidad humana de la mujer, ya que su cuerpo y sus funciones reproductivas se utilizan como una materia prima; estima que debe prohibirse esta práctica, que implica la explotación de las funciones reproductivas y la utilización del cuerpo con fines financieros o de otro tipo, en particular en el caso de las mujeres vulnerables en los países en desarrollo, y pide que se examine con carácter de urgencia en el marco de los instrumentos de derechos humanos*" (Observación general 115) y en la Resolución del Parlamento Europeo, de 21 de enero de 2021, sobre la Estrategia de la Unión para la igualdad de género[136], cuando expresó "*que la explotación sexual con propósitos reproductivos y de gestación subrogada [...] es inaceptable y constituye una violación de la dignidad humana y de los derechos humanos*" (Observación general 32). Sin embargo, en la Resolución del Parlamento Europeo de 14 de septiembre de 2021, sobre los derechos de las personas LGBTIQ en la Unión Europea[137], el Parlamento Europeo pidió "*a la Comisión que proponga legislación que obligue a todos los Estados miembros a reconocer, a efectos de sus respectivos ordenamientos jurídicos nacionales, a los adultos mencionados en un certificado de nacimiento expedido en otro Estado miembro como padres legales del niño, independientemente del sexo legal o del estado civil de los citados adultos*" e hizo "*hincapié en la importancia del reconocimiento de los certificados de nacimiento en todos los Estados miembros, independientemente del sexo de los padres, ya que esto garantizaría que los niños no se conviertan en apátridas cuando se trasladen a otro Estado miembro*".

135 (2015/2229(INI)), *DOUE* C 399/151, de 24 de noviembre de 2017, disponible en https://www.europarl.europa.eu/doceo/document/TA-8-2015-0470_ES.html

136 (2019/2169(INI)). Disponible en https://www.europarl.europa.eu/doceo/document/TA-9-2021-0025_ES.html

137 *DOUE* C 117/2, de 11 de marzo de 2022.

Aparentemente, no existe ninguna incompatibilidad entre condenar la gestación por sustitución y apoyar un instrumento normativo que facilite el reconocimiento de las filiaciones -incluidas las derivadas de la gestación por sustitución- ya establecidas en otro Estado miembro, que garantice la continuidad de la identidad de estos menores en situaciones transfronterizas, la no discriminación por razón de su origen y su derecho a la vida privada y familiar. Y, en efecto, una cosa es que un Estado no admita la práctica de la gestación subrogada por atentar contra derechos humanos y otra distinta proteger los derechos de los menores que han nacido en virtud de esa práctica, pues dichos menores son titulares de todos los derechos humanos sin discriminación por razón de su origen.

Otra cuestión diferente es que para la defensa de estos derechos sea necesario proceder al reconocimiento de la filiación derivada de gestación por sustitución establecida en otro Estado miembro en todos los casos, haciendo abstracción de todos los derechos que con esta práctica se vulneran y que sea acertada la elección de este instrumento jurídico. Entiendo que no lo es, a pesar de que esta propuesta de Reglamento, en el marco de su restringido ámbito de aplicación, facilitará la continuidad de la filiación establecida en otro Estado miembro y, con ello, la de menores nacidos por gestación por sustitución en Estados de la UE. Esta propuesta de Reglamento no es la vía idónea para salvaguardar el derecho a la identidad, vida privada y libertad de circulación de los menores nacidos de gestación por sustitución, por varios motivos.

Por un lado, porque a través de la vía del Reglamento se impacta considerablemente, si bien de manera indirecta, en los Derechos materiales de los Estados miembros. Para asegurar una interpretación y aplicación uniforme de este instrumento normativo en todos los Estados Miembros, se ha preferido adoptar un Reglamento, que toma como base legal el art. 81.3 del TFUE, con el deseo de "*proporcionar seguridad jurídica y previsibilidad y reducir los costes y la carga de los litigios para las familias, para los órganos jurisdiccionales nacionales y otras autoridades competentes en relación con los procedimientos de reconocimiento de la filiación en otro Estado miem-*

bro" (Considerando 2). Siendo la filiación de menores nacidos por gestación por sustitución la que más problemas plantea para su eficacia transfronteriza, esta filiación está incluida también en la propuesta de Reglamento; lo contrario, esto es, su exclusión del ámbito material de la propuesta de Reglamento, habría requerido una mención y justificación expresa, pues sorprendería que se adoptara una norma de esta envergadura para no regular la modalidad de filiación que más dificulta la efectividad de los derechos y el ejercicio de las libertades comunitarias por parte de los menores. Ahora bien, dada la diversidad de planteamientos en relación con la gestación por sustitución entre los países de la UE, casi con toda seguridad será imposible obtener la unanimidad del Consejo, previa consulta al Parlamento Europeo, requerida por el art. 81.3 del TFUE para su aprobación, pues varios Estados ya han manifestado sus reticencias. Previsiblemente tendrá que ser objeto de cooperación reforzada, conforme al art. 328.1 del TFUE, por lo que su éxito será reducido, pues habrá que ver si los Estados miembros de la UE que no son partidarios de la gestación por sustitución deciden participar en la cooperación reforzada. Si solo participan los Estados que admiten esta práctica, no había necesidad de este instrumento para cumplir con su objetivo[138]. ¿Qué sentido tiene un Reglamento que solo vincule a los países que ya son proclives a reconocer las filiaciones derivadas de gestación por sustitución?

Además, siendo lógica la limitación de su ámbito territorial a las resoluciones judiciales dictadas en un Estado miembro y a los documentos públicos formalizados o registrados en otro Estado miembro, por tratarse de las situaciones que están incluidas en el ámbito de aplicación del Derecho de la UE, con ello se reduce significativamente el efecto útil del Reglamento. Esto es así, porque la mayor parte de menores que nacen por gestación por sustitución proceden de terceros países. Dentro de la UE, solo Grecia

---

[138] Así lo entiende también ÁLVAREZ GONZÁLEZ, Santiago, "La propuesta de Reglamento europeo sobre filiación. Una presentación crítica", *Revista de Derecho Civil*, Vol. X, Nº 3, abril-junio, 2023, Ensayos, p. 179.

y Portugal admiten expresamente esta práctica en su territorio, pero la realidad evidencia que la mayoría de menores nacidos en virtud de esta práctica no proceden de estos países, sino de terceros Estados, como Ucrania o Estados Unidos. Por tanto, cuando las resoluciones judiciales o los documentos públicos relativos a la filiación de menores nacidos por gestación por sustitución procedan de terceros países, seguirá siendo aplicable a su reconocimiento el régimen normativo convencional o autónomo de los Estados miembros, lo que dejará en papel mojado la utilidad del Reglamento en la materia que nos ocupa.

Quiere esto decir que, el derecho a la identidad y a la vida privada de todos los menores que nazcan a través de esta práctica no se va a salvaguardar con esta norma, que deja fuera de su ámbito de aplicación la mayoría de supuestos y seguirá planteando problemas en todos aquellos casos que no estén incluidos en su ámbito de aplicación territorial, así como en los que, estando regulados, no cumplan los requisitos establecidos en la propuesta de Reglamento para el reconocimiento de la filiación en los demás Estados miembros. Por ello, seguirá siendo necesario resolver los problemas caso a caso, tomando en consideración todas las circunstancias que concurren en cada supuesto en particular, a fin de determinar cuál es el interés superior del menor *in casu*. Por ende, en la inmensa mayoría de situaciones atinentes a la filiación de menores nacidos por gestación subrogada habrá que actuar conforme al régimen normativo vigente en la actualidad, pues no será aplicable el previsto en la propuesta de Reglamento.

En todo caso, para lograr su objetivo, la propuesta de Reglamento aborda todos los sectores del Derecho internacional privado y, siguiendo el modelo del Reglamento (UE) 650/2012, también crea un certificado de filiación europeo de carácter facultativo, para la acreditación de la filiación en otros Estados miembros. No es objeto de este trabajo analizar todo el articulado de la propuesta de Reglamento, pero llaman la atención varios datos. Por un lado, no se busca en ningún momento la identificación *forum-ius*, sino que se facilita la posibilidad de interponer la demanda para establecer la filiación, distribuyendo la competencia entre un volumen de autoridades lo suficientemente amplio como para facilitar la tutela judicial efectiva. Atendiendo al momento de plantear la demanda, pueden ser competentes las autoridades del Estado miembro donde el menor tenga su residencia habitual, las de la nacionalidad del menor, las de la residencia habitual del demandado, las de la residencia habitual de los progenitores, las de la nacionalidad de los progenitores o las del nacimiento del hijo y, subsidiariamente, a las del Estado miembro en el que esté presente el hijo o la hija, cerrando, en su defecto, los criterios de competencia del Derecho interno del foro (arts. 6 y ss). Como ha destacado L.A. Pérez, en su deseo de lograr un determinado resultado, la Propuesta de Reglamento arbitra criterios de competencia exorbitantes, que facilitan la elección del Estado que regulará la filiación, aunque no tenga vínculos con las personas implicadas[139]. Sin embargo, la ley aplicable es la de la residencia habitual de la persona que da a luz al menor en el momento del nacimiento y, subsidiariamente, si la residencia habitual no se puede precisar, la ley del Estado de nacimiento del menor (arts. 17 y ss), con lo que la posibilidad de que el foro aplique su propio Derecho se reducirá a los pocos supuestos en que los comitentes o la gestante residan en el Estado miembro del lugar de nacimiento del menor.

Por otro lado, es significativo el empeño del art. 17 en conseguir que la filiación quede determinada con respecto a los dos progenitores, lo cual es importante para el interés superior del menor, pero surge una duda. ¿A qué progenitor se refiere el precepto? El art. 17 dispone que, si la ley aplicable conforme al primer párrafo no permite el establecimiento de la filiación más que respecto a un solo progenitor, se puede aplicar respecto a la filiación del otro progenitor la ley del Estado de la nacionalidad del primer progenitor o del segundo, o la ley del Estado de nacimien-

139 PÉREZ MARTÍN, Lucas A., "La competencia judicial internacional en la propuesta de Reglamento de filiación: de los criterios razonables a los claramente exorbitantes", *Diario La Ley Unión Europea*, Nº 121, de 31 de enero de 2024, pp. 1-20.

to del hijo o hija. Ahora bien, puede haber varias personas que reclamen la filiación, ya sea la gestante, el cónyuge de la gestante, un comitente, la pareja de un comitente, un donante de semen o de óvulos...Aunque se presupone que la propuesta de Reglamento parece estar refiriéndose a los progenitores intencionales que reclaman la filiación frente a la gestante o frente al cónyuge de la gestante, no hay ninguna razón ni ningún criterio en el articulado de la propuesta por los cuales se tenga que conceder prioridad a esta paternidad/maternidad intencional con preferencia a la legal o a la de los demás intervinientes en la gestación por sustitución, pues precisamente lo que está por determinar es quién es progenitor del menor. Y, por otro lado, puestos a llevar hasta sus últimas consecuencias la regla del *favor filiationis*, se le debería otorgar valor a la voluntad de cualquiera de los que reclaman la filiación, como el donante de semen o el marido de la gestante, dado el caso. Entre otros motivos, porque lo más compatible con el derecho del menor a conocer sus orígenes biológicos es permitir que cualquiera de las personas que aportan algo para su procreación pueda reclamar la paternidad/maternidad. A lo mejor ha llegado la hora de reformar el Derecho de filiación totalmente y no solo hablar de dos progenitores, sino tantos como personas hayan intervenido en su procreación.

También llama la atención la referencia que el art. 22 hace a la posibilidad de descartar la aplicación de las disposiciones de la ley que resulte aplicable si dicha aplicación resulta manifiestamente incompatible con el orden público del foro, pero "*respetando los derechos fundamentales y los principios reconocidos en la Carta, en particular su artículo 21 sobre el principio de no discriminación*". De este modo, se dota de contenido al orden público internacional, exigiendo su compatibilidad con los valores de la UE y muy especialmente, con el principio de no discriminación.

La mayor utilidad de la propuesta de Reglamento reside en los capítulos IV, V y VI, relativos al reconocimiento de resoluciones judiciales y documentos públicos con efecto jurídico vinculante, a la aceptación de los documentos públicos sin efecto jurídico vinculante y al certificado de filiación europeo, respectivamente, pues son los que habilitarán, en su caso, la continuidad de la filiación ya establecida y con ello, la libertad de circulación y residencia de los menores, en cuanto ciudadanos de la UE, y el respeto a su derecho a la identidad personal y a su vida privada.

En lo que concierne a las filiaciones derivadas de gestaciones por sustitución, al tratarse de una propuesta de Reglamento sobre filiación en general y no limitarse exclusivamente a la derivada de aquella práctica, no contiene reglas específicas para el reconocimiento de esta modalidad de establecimiento de la filiación. Por tanto, solo podrá denegarse el reconocimiento de las resoluciones judiciales o documentos públicos sobre filiación derivada de gestación por sustitución procedentes de un Estado miembro cuando concurran los mismos motivos que para la denegación de una resolución de un Estado miembro relativa a cualquier otra modalidad de filiación. Esto es, cuando concurran los motivos previstos, que en nada se refieren a los controles para garantizar el respeto a los derechos de la gestante y del menor, por lo que no se fiscaliza si la práctica constituye una forma de tráfico de menores o si la gestante ha sido objeto de trata con fines de explotación reproductiva.

Junto al ya clásico de la rebeldía con posibilidad de subsanación, o la inconciliabilidad de la resolución -que, por cierto, limita el motivo a la inconciliabilidad con otra dictada posteriormente en materia de filiación en el Estado miembro requerido o en un tercer Estado en materia de filiación, sin incluir una posible resolución dictada anteriormente en el Estado miembro requerido[140]-, se añade la no concesión de audiencia a cualquier persona que alegue que la resolución judicial menoscaba el ejercicio de su paternidad o maternidad, así como no haber dado audiencia al hijo si tiene madurez suficiente, a no ser que vaya en contra de su interés. Puesto que hay tantos intereses implicados en la gestación por sustitución y los de los menores no tienen por qué coincidir

---

140 Así lo observa ÁLVAREZ GONZÁLEZ, Santiago, "La propuesta de Reglamento europeo...", *op.cit.*, p. 177.

con los de los comitentes, a lo mejor tendría que preverse el nombramiento de un defensor judicial en los procesos en los que se reclame o impugne la filiación, para que defienda los intereses del menor[141] y que la falta de intervención de este defensor judicial fuera un motivo de denegación.

Respecto a la manifiesta contrariedad con el orden público del Estado requerido, - que también está previsto como requisito para oponerse a la aceptación del valor probatorio de los documentos públicos sin efecto jurídico vinculante en el Estado miembro de origen-, debe aplicarse teniendo en cuenta el interés superior del hijo y respetando los derechos fundamentales y los principios reconocidos en la Carta, en especial, el de no discriminación. Este requisito era necesario incluirlo en cualquier instrumento normativo de la UE, pues, pese a la confianza comunitaria, aún no se ha llegado a un nivel de garantía total de que lo resuelto en un Estado miembro respetará el orden público de los Estados miembros. Y, puesto que la propuesta de Reglamento, como se ha indicado, no se refiere ni expresa ni implícitamente a las condiciones que una gestación por sustitución debe reunir para que la resolución judicial o el documento público en el que conste la filiación derivada de ella pueda ser reconocida, todo el peso de los controles para que la filiación resultante de esta práctica resulten admisibles recaerá en esta condición para la denegación del reconocimiento basada en la contrariedad manifiesta con el orden público del foro. Por eso, este requisito de la no contrariedad con el orden público del foro abre la vía a que los Estados miembros, como España, puedan negarse a reconocer las sentencias de filiación por gestación por sustitución procedentes de Estados miembros de la UE, en la medida en que se argumente que el reconocimiento de estas sentencias atenta contra la dignidad de la mujer y del menor, siguiendo la línea del Tribunal Supremo español.

---

141 PIGNATARO, Gisella, "La genitorialità tra biodiritto e regulatory competition nello spazio giuridico europeo", *Freedom, Security & Justice: European Legal Studies*, Nº 2, 2023, pp. 88-89.

Esto dejaría sin utilidad la propuesta de Reglamento en lo que se refiere a las filiaciones derivadas de gestación por sustitución establecidas en Estados miembros de la UE, aunque, en tal caso, se debería intentar solucionar el tema de la identidad de los niños y niñas a través de la reconstrucción de dicha filiación[142], tal y como prevé el art. 10.3 de la LTRHA y, dado el caso, facilitar a tales menores la libertad de circulación en el espacio de la UE, en la línea de la sentencia *Pancharevo*.

En cualquier caso, aunque es cierto que el orden público internacional no puede apreciarse en abstracto, sino atendiendo a las circunstancias del caso concreto, es dudoso que los países poco proclives a la gestación por sustitución no vayan a hacer uso de esta cláusula. Y, en caso de que sí procediera el reconocimiento de las resoluciones judiciales sobre filiación derivada de gestaciones por sustitución que procedan de Estados miembros de la UE, la Propuesta sigue dejando sin resolver los casos referidos a la mayor parte de filiaciones que pretenden hacerse valer en los países de la UE, pues la mayoría de menores proceden de Ucrania o Estados Unidos, por lo que el derecho a la identidad y a la vida privada de estos menores sigue estando en entredicho, aunque sea al margen de la propuesta de Reglamento.

Por último, otro aspecto en el que resulta de dudosa utilidad la propuesta de Reglamento para las filiaciones derivadas de la gestación por sustitución es el del certificado de filiación europeo. Siguiendo el modelo del Reglamento de sucesiones, la propuesta de Reglamento crea un certificado de filiación europeo, para que la filiación determinada por las autoridades competentes de un Estado miembro aplicando la ley designada por el Reglamento, pueda ser invocada en otro Estado miembro por el hijo/hija o su representante legal, sin tener que aportar ninguna resolución

---

142 En términos de FULCHIRON, Hugues y BIDAUD-GARON, Christine, "Reconnaissance ou reconstruction? À propos de la filiation des enfants nés par GPA, au lendemain des arrêts Labassée, Mennesson et Campanelli-Paradiso, de la Cour européenne des droits de l'homme", *Revue critique de droit international privé*, 2015/1, pp. 1-42.

judicial o documento público para acreditar su filiación, pues se presume que el certificado prueba los extremos acreditados y es título válido para la inscripción de la filiación en los Registros Civiles de los Estados miembros sin necesidad de procedimiento alguno (art. 53), si bien "*los requisitos legales para la inscripción de la filiación en un registro de un Estado miembro y los efectos de la inscripción o de la no inscripción de la filiación en un registro de un Estado miembro*" corresponde regularlos a los Estados miembros (art. 3.2 i). La limitación de la posibilidad de solicitar el certificado a los hijos y a su representante legal ha sido criticada con razón, pues puede haber más personas interesadas en hacer valer esa filiación en otro Estado miembro, por ejemplo, quien haya visto impugnada la filiación[143]. El alcance de este certificado de filiación europeo, en lo que se refiere a la derivada de gestación por sustitución, es discutible. Si solo se expide cuando la filiación ha quedado establecida en un Estado miembro, se restringen considerablemente los casos en que pueda ser utilizado dicho certificado a los supuestos de menores nacidos en Grecia o Portugal, básicamente. Pero es posible otra interpretación muy extensiva del art. 48 de la propuesta, según el cual, "*El certificado se expedirá en el Estado miembro en el que se haya determinado la filiación y cuyos órganos jurisdiccionales, tal como se definen en el artículo 4, punto 4, sean competentes en virtud del artículo 6, del artículo 7 o del artículo 9*". Pues bien, si por "*Estado miembro en el que se haya determinado la filiación*" entendemos no solo aquel que la ha determinado *ex novo*, sino también aquel que se ha pronunciado sobre el reconocimiento de una ya establecida en un tercer país, habría una posibilidad de que dicha autoridad expidiera el certificado de filiación europeo y que este circulara por los demás Estados miembros de la UE, facilitando así la libre circulación de los menores en la UE. De lo contrario, la propuesta de Reglamento habrá perdido también la mayor parte de su utilidad para este tipo de filiaciones.

143 ÁLVAREZ GONZÁLEZ, Santiago, "La propuesta de Reglamento europeo...", *op.cit.*, p. 186.

III. CONCLUSIONES

Muchos países se muestran reacios a admitir en su territorio la gestación por sustitución como una modalidad de establecimiento de la filiación basada en la intención o voluntad de los comitentes, por considerar esta práctica incompatible con la dignidad de la mujer, que es utilizada como un instrumento para conseguir satisfacer los deseos de paternidad de los comitentes, por vulnerar la dignidad del menor, que se convierte en el objeto del contrato y por constituir una forma de violencia de género. Otros países, en cambio, tienen regulaciones permisivas y no exigen requisitos de vinculación de los comitentes con su país para recurrir a la gestación por sustitución en su territorio, lo que favorece los desplazamientos de los comitentes a estos últimos países para contratar allí a gestantes dispuestas a entregar al bebé nacido con o sin vinculación genética con los comitentes. Pero, sea cual sea la opinión que se mantenga respecto a esta práctica, el resultado final es un niño o niña, que tiene derecho a que se determine su identidad personal y a no ser discriminado por razón de su origen.

Un elemento integrante de la identidad personal y del derecho a la vida privada de estos menores es la filiación, cuya continuidad transfronteriza no siempre se asegura, debido a las divergencias normativas a este respecto. En casos de movilidad internacional, la imposibilidad de hacer valer la filiación en otro Estado puede suponer una vulneración del derecho al respeto a la vida privada de estos menores, según la jurisprudencia del TEDH, lo que sucederá cuando concurran una serie de requisitos, entre los que juegan un papel esencial la vinculación genética del padre de intención con el menor, la existencia de vínculos estrechos con el Estado donde se pretende hacer valer dicha filiación y los obstáculos reales y no hipotéticos al desarrollo de una vida familiar con los comitentes ya existente y consolidada. El derecho a la vida privada no se vulnera cuando se recurre a medios diferentes para establecer esa filiación biológica con el padre de intención, sino por la imposibilidad absoluta y general de establecimiento de la misma. Esto es, no existe un derecho a la continuidad de la filiación establecida en el extranjero, sino un derecho al respeto a la vida privada del menor, a su identidad, lo que obliga a que su filiación se establezca, aunque no necesariamente por medio del reconocimiento de la que ha quedado establecida en el extranjero. Respecto a la filiación correspondiente al cónyuge o pareja del padre biológico de intención es admisible su establecimiento por cualquier vía, siempre que sea rápida y eficaz y exista una unidad familiar *de facto*.

En el marco de la UE, se produce una simbiosis entre el derecho a la vida privada de los menores nacidos de gestación por sustitución en un Estado miembro y su libertad de circulación, de modo que esta comprende no solo la movilidad física, sino la continuidad de las circunstancias de su estatuto civil y, a su vez, si se ponen trabas a la continuidad de dicho estado civil, esto obstaculiza la libertad de circulación.

A la filiación derivada de la gestación por sustitución le es extrapolable la jurisprudencia del TJUE sobre el nombre, el matrimonio y la filiación, de la que se desprende esta vinculación entre la continuidad transfronteriza de la filiación y la libertad de circulación y residencia, que solo se podrá obstaculizar por motivos de orden público, que constituyan una amenaza real y suficientemente grave que afecte a un interés fundamental de la sociedad. El TJUE restringe el papel del orden público a lo estrictamente necesario, para que los Estados miembros no pongan trabas innecesarias a las libertades de circulación y la alegación a la identidad nacional de los Estados miembros debe corresponderse con el respeto a los derechos y valores de la Carta.

Para minimizar la vulneración de derechos que sufren los menores y facilitarles la continuidad de la filiación derivada de gestación por sustitución en otro Estado, eliminando obstáculos, tanto la Conferencia de La Haya de Derecho internacional privado como la UE están desarrollando unas propuestas normativas bien diferenciadas. El Grupo de Expertos de la Conferencia se había decantado por elaborar un Protocolo específico para la filiación derivada de gestación por sustitución, en el que, cualquiera que fuera el modelo que triunfara, se insertarían las condiciones que debería reunir la resolución judicial o documento público sobre filiación derivada de una gestación por sustitución para poder ser reconocida. Estos requisitos se centran en aspectos vinculados a la garantía de derechos de todos los intervinientes en la práctica. Con ello se abre la caja de Pandora, pues, si no se respetan tales condiciones, la resolución no se reconocerá conforme al Convenio, pero, ¿significa eso entonces que el menor ya no tiene derecho a la identidad y a su vida privada y que sí podrá ser discriminado por razón de su origen? No obstante, este modelo ha quedado relegado, por la preferencia del Consejo de Asuntos Generales por un instrumento global para todas las modalidades de filiación, en la línea de la Propuesta de la UE.

La Unión Europea ha optado por una propuesta de Reglamento sobre filiación, para facilitar el reconocimiento de las resoluciones judiciales y documentos públicos relativos a todas las modalidades de filiación, salvo la adopción internacional, que provengan de Estados miembros de la Unión Europea y crea un certificado de filiación europeo para que los hijos/hijas y sus representantes legales puedan hacer valer en cualquier Estado miembro su relación de filiación establecida en otro Estado miembro. Pero, la utilidad de este instrumento es muy limitada, por su ámbito territorial, circunscrito al espacio europeo, de donde no procede la mayoría de los menores nacidos de gestación por sustitución y porque, al no prever condiciones específicas para el reconocimiento de las filiaciones derivadas de la gestación por sustitución, hace resurgir el alcance del orden público internacional -pese a que el TJUE lo había restringido al mínimo necesario-, para apreciar por esta vía la garantía de los derechos de la gestante y de los menores.

Por su parte, solo una interpretación del certificado de filiación europeo en un sentido comprensivo de la admisión de su expedición por cualquier autoridad de un Estado miembro competente que se haya pronunciado sobre la filiación, tanto *ex novo* como para reconocer la que haya sido establecida por un tercer Estado, permitirá aumentar el efecto útil de la propuesta de Reglamento. En caso contrario, si solo sirve para supuestos en que la filiación haya sido establecida *ex novo* por las autoridades de un Estado miembro, su utilidad se reducirá a menores nacidos en Grecia o Portugal, básicamente.

Ambos instrumentos normativos -el Protocolo y la propuesta de Reglamento-, pese a la afirmación de la Conferencia de La Haya de que no se pronuncia ni a favor ni en contra de la gestación por sustitución y pese a las Resoluciones del Parlamento Europeo posicionándose en contra de la gestación por sustitución, a la postre, favorecen el turismo procreativo, al ampliarse los supuestos en que las filiaciones derivadas de esta práctica se van a reconocer (siempre que concurran los presupuestos para su reconocimiento) y van a promover cambios normativos en los Estados vinculados o miembros en el sentido de regular la gestación por sustitución: si se considera aceptable una filiación así determinada si cumple unos requisitos, ¿qué impide que esos mismos requisitos se satisfagan en el Estado de residencia de los comitentes? Esto conducirá a una restricción de la soberanía de los Estados en orden a la regulación de la filiación derivada de la gestación por sustitución en sus normativas internas, conduciendo de manera orientada a estos Estados a la regulación de esta práctica, que constituye una forma de violencia de género, en clara vulneración del Convenio de Estambul.

BIBLIOGRAFÍA

ÁLVAREZ GONZÁLEZ, Santiago, "La propuesta de Reglamento europeo sobre filiación. Una presentación crítica", *Revista de Derecho Civil*, vol. X, Nº 3, abril-junio, 2023, Ensayos, pp. 171-200.

ÁLVAREZ GONZÁLEZ, Santiago, "Gestación por sustitución y Tribunal Supremo español. Nota breve a la STS de 31 de marzo de 2022", *Diario La Ley*, Nº 10069, Sección Tribuna, 16 de mayo de 2022, pp. 1-12.

ÁLVAREZ GONZÁLEZ, Santiago, "La Justicia europea no reconoce el derecho de los hijos de parejas LGTBI en toda la UE (o la Justicia europea no obliga a los Estados miembros a reconocer la homoparentalidad)", *La Ley Unión Europea*, Nº 102, de 29 de abril de 2022, pp. 1-15.

ÁLVAREZ GONZÁLEZ, Santiago, "Una nueva entrega sobre la gestación por sustitución en el Tribunal Europeo de Derechos Humanos y el ejemplo de la jurisprudencia francesa", *Revista de Derecho Civil*, vol. VIII, Nº 2, abril-junio, 2021, Ensayos, pp. 193-219.

ÁLVAREZ GONZÁLEZ, Santiago, "Luces y sombras en el primer dictamen del TEDH sobre la gestación por sustitución", en PÉREZ VERA, Elisa, FERNÁNDEZ ROZAS, José Carlos, GUZMÁN ZAPATER, Mónica, FERNÁNDEZ PÉREZ, Ana y GUZMÁN PECES, Mónica (eds. lit.), *El derecho internacional privado entre la tradición y la innovación: libro homenaje al profesor doctor José María Espinar Vicente*, Iprolex, Madrid, 2020.

ÁLVAREZ GONZÁLEZ, Santiago, "¿Matrimonio entre personas del mismo sexo para toda la UE? A propósito de las conclusiones del Abogado General en el Asunto Coman", *Revista La Ley Unión Europea,* Nº 56, 28 de febrero de 2018, pp. 1-6.

ARENAS GARCÍA, Rafael, "El reconocimiento de las situaciones familiares en la Unión Europea", en CUARTERO RUBIO, M.ª Victoria y VELASCO RETAMOSA, José Manuel (dirs.), *La vida familiar internacional en una Europa compleja: cuestiones abiertas y problemas de la práctica,* Tirant lo Blanch, 2021, pp. 47-79.

ARENAS GARCÍA, Rafael, "Concepto y tratamiento del matrimonio en el Derecho internacional privado europeo", *La Ley Derecho de Familia: Revista jurídica sobre familia y menores,* Nº 26, 2020, pp. 1-30.

ATIENZA RODRÍGUEZ, Manuel, "Sobre la nueva Ley de Reproducción Humana Asistida", *Revista de Bioética y Derecho,* Nº 14, 2008, pp. 4-9.

BARATTA, Roberto, "Derechos fundamentales y Derecho internacional privado de familia", *AEDIPr.*, t. XVI, 2016, pp. 103-126.

BERGMANN, Sara, "Fertility tourism: circumventive routes that enable access to reproductive technologies and substances", *Signs: Journal of Women in Culture & Society,* Vol. 36, Nº 2, 2011, pp. 280-288.

BLANCO-MORALES LIMONES, Pilar, "Una filiación: tres modalidades de establecimiento. La tensión entre la ley, la biología y el afecto", *Bitácora Millenium DIPr.*, http://www.millenniumdipr.com/archivos/1433416687.pdf

BLÁZQUEZ RODRÍGUEZ, Irene, "El derecho al nombre y la identidad personal como interés superior del menor en situaciones transfronterizas", en LARA AGUADO, Ángeles (Dir.), *Protección de menores en situaciones transfronterizas: análisis multidisciplinar desde las perspectivas de género, de los derechos humanos y de la infancia,* Tirant lo Blanch, Valencia, 2023, pp. 209-241.

BLÁZQUEZ RODRÍGUEZ, Irene, "Doble nacionalidad y permanencia del estatuto personal en el marco de la movilidad intra-UE", en MOYA ESCUDERO, Mercedes (dir.), *Plurinacionalidad y Derecho internacional privado de familia y sucesiones*, Tirant lo Blanch, 2020, pp. 187-228.

CALVO CARAVACA, Alfonso Luis y CARRASCOSA GONZÁLEZ, Javier, "El caso de Ana Obregón y el Derecho Internacional Privado", *Hay Derecho*, disponible en https://www.hayderecho.com/2023/04/17/el-caso-de-ana-obregon-y-el-derecho-internacional-privado/

CALVO CARAVACA, Alfonso Luis y CARRASCOSA GONZÁLEZ, Javier, "Gestación por sustitución y Derecho internacional privado. Más allá del Tribunal Supremo y del Tribunal Europeo de Derechos Humanos", *CDT*, Vol. 7, Nº 2, 2015, pp. 45-113.

CARO GÁNDARA, Rocío, "Libertades UE, reconocimiento mutuo y orden público de los Estados miembros (Reflexiones tras la sentencia del Tribunal de Justicia de 22 de diciembre de 2010, asunto C-208/09, Ilonka Sayn-Wittgenstein: y tras el Libro Verde para promover la libre circulación de los documentos públicos y el reconocimiento de las certificaciones de estado civil, de 14 de diciembre de 2010), *La Ley Unión Europea*, Nº 3, 2013, pp. 45-58.

CASTELLANOS RUIZ, M.ª José, "La filiación adoptiva, vía legal para la gestación por sustitución: A propósito de la sentencia del Tribunal Supremo de 31 de marzo de 2022", *CDT*, Vol. 14, Nº 2, 2022, pp. 1034-1052.

COBO, Rosa, "Globalización, desigualdades y género. ¿Son inevitables?", *Gaceta sindical: reflexión y debate*, 26 (Ejemplar dedicado a: Incertidumbres y retos del nuevo escenario mundial), pp. 141-153.

COHEN, Jean, "Procreative tourism and reproductive freedom", *Reproductive Biomedicine Online*, Vol. 13, Nº 1, 2006, pp. 145-146.

CUARTERO RUBIO, M.ª Victoria, "*E pur...* es internacional: una observación a la STS de 31 de marzo de 2022 sobre gestación subrogada", *Centro de Estudios de Consumo*, 27 de mayo de 2022, pp. 1-6, disponible en http://centrodeestudiosdeconsumo.com/images/E_pur_es_internacional_una_observacion_a_la_STS_de_31_de_marzo_de_2022_sobre_gestacion_subrogada.pdf?fbclid=IwAR2oD3DnTmX8uIVWCJ0SrstatP8lWxJQDJsf60JoE25yKUf5JcneJANsXM

DE MIGUEL ASENSIO, Pedro, "El reconocimiento en España de la filiación de nacidos mediante gestación por sustitución tras las sentencias Mennesson y Labasse del TEDH", *Blog de Pedro de Miguel Asensio*, 26 de junio de 2014, disponible en https://pedrodemiguelasensio.blogspot.com/2014/06/el-reconocimiento-en-espana-de-la.html

DÍAZ FRAILE, Juan María, "La gestación por sustitución ante el Registro civil español, Evolución de la doctrina de la DGRN y de la jurisprudencia española y europea", *Revista de Derecho Civil*, Vol. VI, Nº 1, enero-marzo, 2019, Estudios, pp. 53-131.

DURÁN AYAGO, Antonia, "Los trabajos en el seno de la Conferencia de la Haya de Derecho Internacional Privado sobre gestación por sustitución", *Revista de Derecho Constitucional*, Nº 31, 2020, pp.1-51.

DURÁN AYAGO, Antonia, "Sentencias del Tribunal Europeo de Derechos Humanos, caso Mennesson c. France (nº. 65192/2011) y caso Labassee c. France (nº. 65941/2011), de 26 de junio de 2014", *Ars Iuris Salmanticensis, Revista Europea Iberoamericana de pensamiento y análisis del derecho, ciencia política y criminología*, Vol. 2, Nº 2, Salamanca, 2014.

ECHEZARRETA FERRER, M.ª Teresa, "Filiación biológica versus filiación intencional: dos caminos para asumir la misma responsabilidad", *Revista Internacional de Ciencias Sociales Interdisciplinares*, Vol. 4, Nº 2, 2015, p. 233-248.

ESTEBAN DE LA ROSA, Gloria, "Identidad personal, de género y patriarcado: reconocimiento de la filiación resultante de la gestación subrogada en el ordenamiento europeo", en LARA AGUADO, Ángeles (dir.), *Protección de menores en situaciones transfronterizas: análisis multidisciplinar desde las perspectivas de género, de los derechos humanos y de la infancia*, Tirant lo Blanch, Valencia, 2023, pp. 243-271.

FARNÓS AMORÓS, Esther, "Paradiso y Campanelli c. Italia (II): los casos difíciles crean mal derecho(I)", *Rev. Bioética y Derecho*, Nº 40, 2017.

FARNÓS AMORÓS, Esther, "Inscripción en España de la filiación derivada del acceso a la maternidad subrogada en California", *InDret*, Nº 1, 2010, pp. 1-25.

FERRARETTI, Anna Pia, PENNINGS, Guido, GIANAROLI, Luca, NATALI, Francesca y MAGLI, M. Cristina, "Cross-border reproductive care: a phenomenon expressing the controversial aspects of reproductive technologies", *Reproductive Biomedicine Online*, Vol. 20, Nº 2, 2010, pp. 261-266.

FULCHIRON, Hugues y BIDAUD-GARON, Christine, "Reconnaissance ou reconstruction? À propos de la filiation des enfants nés par GPA, au lendemain des arrêts Labassée, Mennesson et Campanelli-Paradiso, de la Cour européenne des droits de l'homme", *Revue critique de droit international privé*, 2015/1, pp. 1-42.

GARCÍA, Berta O., "El *global business* que La Haya se empeña en legalizar: explotación de mujeres y compraventa de personas recién nacidas", *Blog Tribuna Feminista*, 24 de febrero de 2021. Disponible en: https://tribunafeminista.org/2021/02/el-global-business-que-la-haya-se-empena-en-legalizar-explotacion-de-mujeres-y-compraventa-de-personas-recien-nacidas/

GONZÁLEZ BEILFUSS, Cristina, "La filiación en Derecho internacional privado: en la encrucijada entre la protección de los derechos humanos y el reconocimiento mutuo", en CAMPUZANO DÍAZ, Beatriz, DIAGO DIAGO, Pilar y RODRÍGUEZ VÁZQUEZ, Mª Ángeles (dirs.), *De los retos a las oportunidades en el Derecho de familia y sucesiones internacional*, Tirant lo Blanch, Valencia, 2023, pp. 229-252.

GOÑI URRIZA, Natividad, "El reconocimiento de las relaciones de filiación en la Unión Europea: la libre circulación de certificados de nacimiento expedidos en un Estado miembro. En torno a la STJUE Pacharevo y al ATJUE K.S.-S.V.D.", *CDT*, Vol. 15, Nº 1, 2023, pp. 970-978.

HEREDIA CERVANTES, Iván, "La inscripción de relaciones de filiación constituidas en el extranjero mediante gestación por sustitución: seis años desperdiciados", *Boletín del Ministerio de Justicia*, Nº 2179, junio de 2015, pp. 339-396.

HERNÁNDEZ RODRÍGUEZ, Aurora, "Determinación de la filiación de los nacidos en el extranjero mediante gestación por sustitución: ¿Hacia una nueva regulación legal en España?", *CDT*, Vol. 6, Nº 2, 2014, pp. 147-174.

JANSSENS, Christine, *The Principle of Mutual Recognition in EU Law*, Oxford University Press, Oxford, 2013.

JIMENEZ BLANCO, Pilar, "La crisis de la gestación por sustitución en Ucrania y el caos en el Ministerio de Justicia (comentario a las Instrucciones de la DGRN de 14 y 18 de febrero de 2019)", *REEI*, Nº 37, 2019, pp. 24-31.

JIMÉNEZ BLANCO, Pilar, "Movilidad transfronteriza de personas, vida familiar y Derecho internacional privado", *REEI*, Nº 35, 2018, pp. 1-49.

JIMÉNEZ BLANCO, Pilar, "Filiación. Gestación por sustitución. Inscripción en el Registro Civil. Orden público internacional. Derecho a la vida familiar. Derecho a la vida privada", *REDI*, Vol. 67, Nº 1, 2015, p. 240.

KINSCH, Patrick, "Recognition in the forum of a status acquired abroad. Private international law rules and European human right law", en BOELE-WOELKI, Katherina y otros (ed.), *Convergence and Divergence in Private International Law: Liber amicorum Kurt Siehr*, Eleven International Publishing, La Haya, 2010, pp. 259-275.

KNOPPERS, Bartha M. y LEBRIS, Sonia, "Recent advances in medically assisted conception". *American Journal of Law Medicine*, Vol. 17, 1991, pp. 329–361.

LAMM, Eleonora, *Gestación por sustitución: Ni maternidad subrogada ni alquiler de vientres*, Publicacions i Edicions de la Universitat de Barcelona, Barcelona, 2014.

LAMM, Eleonora, "Gestación por sustitución. Realidad y Derecho", *InDret*, Nº 3, 2012, pp. 1-49.

LARA AGUADO, Ángeles, "El interés superior de la niñez, adolescencia y juventud en situaciones transfronterizas desde las perspectivas de género, de los derechos humanos y de la infancia: algunos casos concretos", en LARA AGUADO, Ángeles (dir.), *Protección de menores en situaciones transfronterizas: análisis multidisciplinar desde las perspectivas de género, de los derechos humanos y de la infancia*, Tirant lo Blanch, Valencia, 2023, pp.163-207.

LARA AGUADO, Ángeles, "Neutralidad del Derecho internacional privado en cuanto al género, una forma de violencia de género institucional", *Anales de la Cátedra Francisco Suárez*, Protocolo II. Balances y compromisos institucionales frente a las violencias de género, 2022, pp. 293-326.

LARA AGUADO, Ángeles, "Filiación de los niños y niñas nacidos en virtud de contratos de gestación por sustitución: entre el derecho al respeto a la vida familiar, a la identidad personal y a la libertad de circulación y el orden público internacional", en LARA AGUADO, Ángeles (coord.), *Guía de buenas prácticas para la efectividad de los derechos de la niñez, adolescencia y juventud en situaciones de movilidad transfronteriza desde las perspectivas de género y de la infancia*, Tirant lo Blanch, Valencia, 2022, pp.105-132.

LARA AGUADO, Ángeles, "Movilidad internacional jurídica y física de las niñas y de los niños nacidos de contratos de gestación por sustitución desde una perspectiva de género", en DURÁN RUIZ, Francisco Javier (Dir.) y CUESTA REVILLA, José y NAVARRO ORTEGA, Asensio (coords.), *Retos de las migraciones de menores, jóvenes y otras personas vulnerables en la UE y España. Respuestas jurídicas desde la perspectiva de género*, Aranzadi, 2021, pp. 165-223.

LARA AGUADO, Ángeles, "Reconocimiento sí, *ma non troppo*: El orden público como límite al reconocimiento de títulos nobiliarios en la Unión Europea", *Bitácora Millennium DIPr.*, Nº 4 (julio-diciembre 2016), pp. 1-16.

LARA AGUADO, Ángeles, "El impulso de la ciudadanía de la Unión Europea al reconocimiento intracomunitario de actos de estado civil (A propósito de la Sentencia del Tribunal de Justicia de 14 de octubre de 2008: Grunkin-Paul y Standesamt Stadt Niebüll)", *Diario La Ley*, Nº 7104, Sección Doctrina, 30 de enero de 2009, Año XXX, Ref. D-28, *LA LEY*, pp. 1-18.

LARA AGUADO, Ángeles, *El nombre en Derecho internacional privado*, Comares, Granada, 1998.

LAZCOZ MORATINOS, Guillermo y GUTIÉRREZ-SOLANA JOURNOUD, Ander, "La invisible situación jurídica de las mujeres para el TEDH ante la maternidad subrogada en la primera opinión consultiva del Protocolo n.° 16", *CDT*, Vol. 11, N.° 2, 2019, pp. 673-692.

LEMOULAND, Jean Jacques, "Le tourisme procréatif. Actualité du droit international privé de la famille", *Les Petites affiches*, N.° 62, 2001.

MARISCAL GONZÁLEZ, Ada Lucía y PÉREZ MARTÍN, Lucas, "El TJUE, la libertad de circulación y la evolución del reconocimiento de la filiación en los Estados miembros", en CALVO CARAVACA, Alfonso Luis y CARRASCOSA GONZÁLEZ, Javier (dirs.), *El derecho de familia internacional del siglo XXI en la práctica judicial*, Aranzadi/Thomson Reuters, 2022.

MARRADES PUIG, Ana, "La gestación subrogada en el marco de la Constitución española: una cuestión de derechos", *Estudios de Deusto*, Vol. 61, N.° 5, enero-junio, 2017, pp. 219-241.

MATORRAS, Roberto, "Reproductive exile versus reproductive tourism", *Human Reproduction*, Vol. 20, N° 12, 2005, pp. 3571-3573.

MEEUSEN, Johan, "Functional Recognition of Same-sex Parenthood for the Benefit of Mobile Unión Citizens – Brief Comments on the CJEU's Pancharevo Judgment", *EAPIL*, 3 de febrero de 2022, disponible en https://eapil.org/2022/02/03/functional-recognition-of-same-sex-parenthood-for-the-benefit-of-mobile-union-citizens-brief-comments-on-the-cjeus-pancharevo-judgment/.

MORENO BOTELLA, Gloria, "Material genético de los padres de intención y filiación en el caso Campanelli II. Su incidencia en la STSJ de Madrid de 13 de marzo de 2017", *Diario La Ley*, N° 9024, 19 de julio de 2017.

NUÑO GÓMEZ, Laura, "Una nueva cláusula del Contrato Sexual: vientres de alquiler", ISEGORÍA. *Revista de Filosofía Moral y Política*, N° 55, julio-diciembre, 2016, pp. 683-700.

OREJUDO PRIETO DE LOS MOZOS, Patricia, "Recognition in Spain of Parentage created by Surrogate Motherhood", *Yearbook of Private International Law*, Vol. 12, 2010, pp. 619-637.

PENNINGS, Guido, "Legal harmonization and reproductive tourism in Europe", *Hum. Reprod.*, Vol. 12, 2004, pp. 2689–2694.

PÉREZ MARTÍN, Lucas A., "La competencia judicial internacional en la propuesta de Reglamento de filiación: de los criterios razonables a los claramente exorbitantes", *Diario La Ley Unión Europea*, núm. 121, de 31 de enero de 2024, pp. 1-20.

PFEIFF, Silvia, La portabilité du statut personnel dans l'espace européen, Bruselas, Bruylant, 2017.

PIGNATARO, Gisella, "La genitorialità tra biodiritto e regulatory competition nello spazio giuridico europeo", *Freedom, Security & Justice: European Legal Studies,* Nº 2, 2023, pp. 56-92.

PULEO, Alicia, "Nuevas formas de desigualdad en un mundo globalizado: el alquiler de úteros como extractivismo", *Revista Europea de Derechos Fundamentales,* 2017, Vol. 29, p. 165-184.

QUIÑONES ESCÁMEZ, Ana, "El contrato de gestación por sustitución no determina la filiación sino la intervención de una autoridad pública conforme a ley (Método del reconocimiento para los actos públicos extranjeros y método conflictual para los hechos y los actos jurídicos privados)", *InDret,* Nº 2, 2017, p. 216.

QUIÑONES ESCÁMEZ, Ana, "Doble filiación paterna de gemelos nacidos en el extranjero mediante maternidad subrogada. En torno a la RDGRN de 18 de febrero de 2009", *InDret,* julio 2009, pp. 1-42.

REQUEJO ISIDRO, Marta, "Nota a la STJCE Grunkin-Paul, de 14 de octubre de 2008, asunto C-353/06", *REDI,* Vol. LX, Nº 2, 2008, pp. 603-607.

RODRÍGUEZ PINEAU, Elena, "La propuesta de Reglamento europeo sobre filiación en situaciones transfronterizas", *Cuadernos de Derecho privado,* Nº 6, 2023, pp. 148-180.

ROUSSEAU, Jean-Jacques, Discurso sobre el origen y fundamento de la desigualdad entre los hombres, Madrid, Alfaguara, 1979.

SALES PALLARÉS, Lorena, "El necesario reconocimiento de la filiación legal transfronteriza para el respeto de la vida familiar", en CAMPUZANO DÍAZ, Beatriz, DIAGO DIAGO, Pilar y RODRÍGUEZ VÁZQUEZ, Mª Ángeles (dirs.), *De los retos a las oportunidades en el Derecho de familia y sucesiones internacional,* Tirant lo Blanch, Valencia, 2023, pp. 275-288.

SALES PALLARÉS, Lorena, "La pérdida del interés (superior del menor) cuando se nace por gestación subrogada", *CDT,* Vol. 11, Nº 2, 2019, pp. 326-347.

SALVADOR GUTIÉRREZ, Susana, "Derecho a la identidad", *La Ley, Actualidad civil,* Sección Doctrina, LXXI, Nº 4, 1999, LA LEY 2350/2001, pp. 1-24.

SCOTTI, Luciana B., "El reconocimiento extraterritorial de la maternidad subrogada": una realidad colmada de interrogantes sin respuestas jurídicas", *Revista Pensar en Derecho,* Nº 1, 2013, p. 269, disponible en http://repositoriouba.sisbi.uba.ar/gsdl/collect/pensar/index/assoc/HWA_3097.dir/3097.PDF

SOTO MOYA, Mercedes, "La libre circulación por el territorio de la Unión Europea de los matrimonios del mismo sexo celebrados en España", *RDCE,* 2012, Nº 43, pp. 807-847.

STORROW, Richard F., "Quests for Conception: Fertility Tourists, Globalization and Feminist Legal Theory", *Hastings Law Journal*, Vol. 57, 2006.

TONOLO, Sara, "Identità personale, maternità surrogata e superiore interesse del minore nella più recente giurisprudenza della Corte europea dei diritti dell'uomo", *Diritti umani e diritto internazionale*, 2015, pp. 202-207.

TRYFONIDOU, Alina, "The Cross-Border Recognition of the Parent-Child Relationship in Rainbow Families under EU Law: A Critical View of the ECJ's V.M.A. ruling", *European Law Blog*, 21 diciembre 2021.

TRYFONIDOU, Alina, *Cross-Border Legal Recognition of Parenthood in the EU, Policy Department for Citizens' Rights and Constitutional Affairs Directorate-General for Internal Policies*, PE 746.632- April 2023, disponible en https://www.europarl.europa.eu/RegData/etudes/STUD/2023/746632/IPOLSTU(2023)746632EN.pdf

Igualdad de género, relaciones familiares y Derecho internacional privado: algunas reflexiones

JOSÉ MANUEL VELASCO RETAMOSA[1]

Profesor Titular de Derecho internacional privado

Universidad de Castilla-La Mancha

I. INTRODUCCIÓN

En la actualidad, las legislaciones nacionales de los Estados de la UE y del Consejo de Europa garantizan, en una u otra forma, el respeto al principio de igualdad de género, en particular en el ámbito del Derecho civil, donde en otras épocas la discriminación era frecuente en lo que se refería al estatuto personal de la mujer y el Derecho de familia, tanto en los supuestos internos como en las situaciones privadas internacionales. Sin embargo, esto no significa que fuera de dicho contexto territorial, e incluso a veces dentro de este, no existan aún normas nacionales que atenten contra dicho principio a través del Derecho civil o de normas de Derecho internacional privado – en adelante DIPr–. La evolución

[1] Este trabajo se enmarca en el Proyecto I+D+i PID2020-113061GB-I00: "El derecho al respeto a la vida familiar transfronteriza en una Europa compleja: cuestiones abiertas y problemas de la práctica", IP's: María Victoria Cuartero Rubio y José Manuel Velasco Retamosa.

en este ámbito de los derechos nacionales va a velocidades diferentes y en algunos ordenamientos nacionales las mujeres siguen enfrentándose a un trato desigual en lo que respecta a su condición personal y familiar. En tal sentido, podríamos hablar, por ejemplo, de las posibles discriminaciones de la mujer en el contexto del matrimonio, ante el divorcio o en relación con el establecimiento y las consecuencias jurídicas del vínculo de filiación[2].

De igual manera, las discriminaciones hacia las mujeres aparecen, como se ha mencionado, en el ámbito de las relaciones privadas internacionales[3]. Por ejemplo, cuando nos encontramos ante normas que prevén el apego a la legislación nacional del cónyuge hombre o del padre, así como la desigualdad resultante de la aplicación de normas discriminatorias de derecho extranjero que, si bien, pueden ser salvadas en el Estado del foro no dejan de poner de manifiesto su contrariedad al principio de igualdad género.

Es claro que, cuando una norma de conflicto prevé como criterio de conexión la ley nacional o la del domicilio del marido o el padre[4], no hace sino establecer una discriminación de la mujer respecto al hombre, ya que utiliza como elemento del criterio de conexión al marido y no a la esposa. Nos encontramos ante una situación similar cuando sin ser la norma de conflicto del foro discriminatoria en su planteamiento está designa la aplicación de una disposición extranjera que sí lo es. El ejemplo típico es el

---

2 Pensemos en la transmisión del apellido. Si bien, la mayoría de los Estados miembros de la Unión Europea y el Consejo de Europa, como marco de referencia, han legalizado la retención por parte de las mujeres casadas de su apellido de soltera, pero pocos determinan la transmisión del apellido de la madre a sus hijos, por ejemplo, en Italia ha sido imposible hasta 2022. Una regulación que no permita, en igualdad, que las mujeres transmitan su apellido, y por lo tanto parte de su identidad, a sus hijos puede constituir una forma de discriminación contra la mujer.

3 *Cf.*, BUCHER, Andreas, "La famille en droit international privé", *R. des C.*, t. 283, 2000.

4 Vid. en general, CARRASCOSA GONZÁLEZ, Javier, *Matrimonio y elección de ley. Estudio de Derecho internacional privado*, Madrid, 2000.

de las legislaciones que se inspiran en los principios de derecho musulmán, por ejemplo, confiriendo a la mujer un estatuto de desigualdad[5]. Ante estos supuestos, los órganos jurisdiccionales del foro recurren, en general, a la excepción de orden público internacional[6] que les permitirá excluir la aplicación de una norma de derecho extranjera incompatible con el principio de igualdad reconocido en sus ordenamientos internos. Además, debemos apreciar los supuestos en que la discriminación pueda proceder de dar efecto en un territorio una decisión tomada en otro Estado donde por aplicación de sus normas de reconocimiento se produjo una conculcación del principio de igualdad.

II. IGUALDAD DE GÉNERO Y DERECHO DE FAMILIA

1. Introducción

En muchas ocasiones, la consideración desigual de las mujeres frente a los hombres, en determinados ordenamientos, queda plasmada en el tratamiento jurídico que éstas reciben. Su consideración legal delata su desigualdad y la constata normativamente. Tal planteamiento es determinante, sobre todo, en todos aquellos aspectos que, relacionados con la definición de derecho privado, pueden afectar a un trato igualitario. De esta forma, la existencia en algunos ordenamientos de figuras jurídicas, sobre todo en el

---

5 MORENO ANTÓN, María, "El matrimonio Islámico ante el Derecho español", en *Derecho de familia y libertad de conciencia en los países de la Unión Europea y el Derecho comparado. Actas del IX Congreso Internacional de Derecho Eclesiástico del Estado,* Universidad del País Vasco Ed., Bilbao, 2001, p. 624.

6 AYALA CADIÑANOS, Irene, "Excepción de orden público internacional y no discriminación por motivos de género", en ASTOLA MADARIAGA, Jasone (ed.), *Mujeres y Derecho: Pasado y presente I. Congreso multidisciplinar de la sección de Bizkaia de la Facultad de Derecho,* Octubre de 2008, pp. 10-24.

ámbito del Derecho de familia, que sitúan a la mujer en una esfera de clara inferioridad respecto a los hombres, ponen de relieve las múltiples situaciones en que, hoy en día y en determinados ordenamientos, aún perduran instituciones de Derecho de familia claramente contrarias al principio de igualdad entre mujeres y hombres[7]. Pensemos, por ejemplo, en figuras jurídicas como el repudio[8] o la poligamia[9].

2. Las instituciones de Derecho civil nacionales en el origen de la desigualdad: matrimonio, divorcio y establecimiento y efectos de la filiación

Las instituciones familiares difieren conceptualmente de un ordenamiento a otro, en muchas ocasiones de manera sustancial. En lo que se refiere a la institución matrimonial, debe apreciarse que ni tan siquiera en el contexto europeo, ni el de la UE, existe un concepto común. Esto ha supuesto, en numerosas ocasiones, un escollo a la hora de elaborar normas comunitarias que regulan algunos aspectos de la misma o vinculados a ésta. Este panorama procura la concurrencia de derechos sustantivos muy diferentes que generan un panorama heterogéneo normativamente hablando. Podríamos decir que frente a un concepto que denominaríamos como tradicional, reconocido por gran parte de los ordenamientos, existen otros de nuevo cuño. En relación con el matrimonio, como posible contexto de generación de desigualdad en distintos ordenamientos, aparecen temas como el de la

---

[7] *Cf.* ESPINOSA CALABUIG, Rosario, "La (olvidada) perspectiva de género en el Derecho internacional privado", *Freedom, Security and Justice: European Legal Studies,* núm.3, 2019, pp. 40 y ss.

[8] *Cf.* QUIÑONES ESCÁMEZ, Ana, "La disolución del matrimonio: especial referencia al repudio islámico", en RODRÍGUEZ BENOT, Andrés (ed.), *La multiculturalidad: Especial referencia al Islam,* Consejo General del Poder Judicial, Madrid, 2002, pp. 259-342.

[9] *Cf.* BOURDELOYS, Béatrice, *Mariage polygame et droit positif français,* París, 1993, p. 162.

edad mínima para contraer matrimonio, vinculada a una realidad como la de los matrimonios forzosos e infantiles[10]. Igualmente, las situaciones en que la mujer queda, por matrimonio, sujeta a normas discriminatorias en relación con los efectos, personales o patrimoniales, de dicha institución como, por ejemplo, cuando estamos ante ordenamientos en que la esposa adquiere el apellido del marido determinando una despersonalización de la mujer. En cuanto a las consecuencias patrimoniales del matrimonio, algunos Estados tienen normas discriminatorias para la organización de los bienes de los cónyuges. Pensemos, por ejemplo, en el régimen convencional de la dote, consistente en bienes que la mujer, o un tercero, entrega o garantiza al marido para facilitar los gastos vinculados a la sociedad conyugal.

En determinados Estados las normas en materia de divorcio determinan un trato diferenciado entre mujeres y hombres en lo que respecta, por ejemplo, a las causas, no pudiendo los dos cónyuges actuar en las mismas condiciones ante una situación de crisis familiar en la que se pretenda la disolución del vínculo matrimonial. Las normas de determinados ordenamientos establecen una casuística para solicitar el divorcio que, claramente, privilegia al hombre frente a la mujer. Tal desequilibrio es indicativo, no solo de una desigualdad de derechos entre los cónyuges con respecto al divorcio, sino también de una distorsión de las obligaciones y derechos derivados del matrimonio en perjuicio de la esposa. Igualmente, en lo atinente a las consecuencias patrimoniales del divorcio en muchos ordenamientos se produce una desigualdad respecto a las obligaciones patrimoniales tras la disolución del vínculo matrimonial dependiendo del hecho de ser hombre o mujer.

En cuanto al establecimiento y efectos de la filiación encontramos ordenamientos en los que la madre no puede impugnar la paternidad legítima de su marido, correspondiendo la acción

---

10 ELVIRA BENAYAS, María Jesús, "Matrimonios forzosos", *AEDIPr*, Núm. 10, 2010, pp. 707-715.

de impugnación de la paternidad únicamente a éste. En cuanto a los efectos de la filiación, como ya se ha mencionado, aún existen ordenamientos que hacen prevalecer el derecho del padre a la hora de transmitir el apellido a los hijos, de tal forma que, en la mayor parte de los ordenamientos, los hijos suelen llevar el apellido de su padre aunque permitan que por voluntad manifiesta de ambos progenitores se pueda determinar que el apellido sea el de la madre, requiriendo en estos casos la expresión de una voluntad común que no se produce para otorgar el apellido del padre.

II. IGUALDAD DE GÉNERO Y RELACIONES PRIVADAS INTERNACIONALES

1. Introducción

Cuando se trata de la aplicación de las normas de DIPr encontramos dos situaciones en que la cuestión de la igualdad y su protección va a quedar vinculada a la actuación de las autoridades del foro. Por un lado, la situación en que la norma de conflicto solicita la aplicación en el foro de un Derecho de familia extranjero claramente discriminatorio para regular una situación privada internacional. De otro lado, se localiza el supuesto en que el reconocimiento o ejecución de una resolución judicial extranjera pueda determinar en el Estado requerido la vulneración del principio de igualdad. Resulta evidente que, ante tales supuestos, parte de la solución pasaría por incorporar la perspectiva de género en las normas de DIPr[11].

---

[11] *Cf.* LARA AGUADO, Ángeles, "Neutralidad del Derecho internacional privado en cuanto al género, una forma de violencia de género institucional", *Anales de la Cátedra Francisco Suárez. Protocolo II,* 2022, pp. 293-326.

2. La desigualdad resultante de la aplicación de la norma de conflicto

Como se ha anticipado, los supuestos de DIPr determinan la necesidad de recurrir a la aplicación, por parte de las autoridades nacionales competentes, de las normas de conflicto vigentes en el foro, obteniendo como resultado la designación de la legislación de una ley nacional que, vinculada al supuesto, permita la resolución del problema. Pues bien, podríamos decir que existen dos situaciones, en este proceso de localización del Derecho aplicable, en que la discriminación al principio de igualdad podría producirse.

En primer lugar, pensamos en aquellas situaciones en que la propia norma de conflicto pudiese resultar discriminatoria en su naturaleza por concurrir en ella un criterio de conexión claramente contrario al principio de igualdad (nacionalidad del marido, o del padre). En este supuesto, la desigualdad encuentra su origen en las normas de DIPr del foro. Nos referimos a situaciones en que la norma de competencia judicial internacional determina que la capacidad para conocer de un asunto la ostentan los tribunales de un Estado en que las normas de conflicto que habrán de ser aplicadas para determinar la ley que regirá la relación privada internacional genera una desigualdad entre las partes y menoscabaría los derechos de la mujer. Además, podría tener consecuencias posteriores, en fase de reconocimiento y ejecución que podrían determinar que la decisión sea claudicante ante cualquier otro ordenamiento como aquel en que la mujer tiene su residencia habitual. Resulta evidente que ante tales supuestos la solución vendrá de la mano de normas de conflicto cuyo punto de conexión utilice criterios que no vulneren el principio en cuestión. No olvidemos que las normas de derecho aplicable, en cada ordenamiento, se configuran sobre la base de los principios que lo inspiran. En tal sentido es claro que en aquellos sistemas jurídicos en que el principio de igualdad y la perspectiva de género no orientan la tarea normativa esta situación puede producirse.

En segundo lugar, nos encontramos en supuestos en que la conculcación del principio de igualdad no tiene origen en la norma de conflicto aplicada, sino en el derecho designado por ésta. En DIPr se utilizan, habitualmente y de manera generalizada, dos criterios para designar la ley aplicable a las relaciones familiares: la nacionalidad y la residencia habitual o domicilio. Entre ellos, la preferencia actual es la residencia habitual[12]. Aun así, utilizados estos puntos de conexión por la norma de DIPr, sin plantear una situación de desigualdad entre las partes, lo que sí puede suceder es que el resultado que provoquen sea la designación de un Derecho extranjero de familia, que, de ser aplicado para la resolución de la situación privada internacional, provoca una clara discriminación de la mujer a la hora de resolver el supuesto. Ante tales situaciones, la actuación del DIPr es aplicar la excepción del orden público internacional.

Este mecanismo clásico de DIPr permite la inaplicación del derecho extranjero que, designado por la norma de conflicto del foro, es contrario a los valores vigentes en el ordenamiento jurídico del Estado cuyos tribunales están conociendo, consagra una solución muy habitual y propia de esta rama del Derecho. Aplicar un derecho extranjero, contrario al principio de igualdad, procuraría una solución no deseada y los efectos serían inasumibles en cualquier ordenamiento donde dicho principio inspira el funcionamiento del sistema jurídico en cuestión. En todo caso, ante tales supuestos, la naturaleza de la institución del orden público internacional no aporta una solución uniforme. Así, por ejemplo, en el ámbito de la Unión Europea o del Consejo de Europa como marco de referencia ante estos supuestos, tratándose de un concepto jurídico indeterminado[13], por su naturaleza, y diferente

---

12 GONZÁLEZ CAMPOS, Julio D., "Diversification, spécialisation, flexibilitation et matérialisation des règles de droit international privé", *Recueil des Cours,* t. 287, 2000, p. 220.

13 Cf. AGUILAR BENÍTEZ DE LUGO, Mariano, "Ius nubendi y orden público matrimonial", *Boletín del Ministerio de Justicia,* Año 54, N.º 1862, 2000, pp. 431 y ss.

en cada Estado respecto a los criterios de valoración y activación podría provocar soluciones diferentes respecto a la protección del principio de igualdad ante un mismo supuesto dependiendo del foro. Quizás la solución para remediar esta situación es, no solo reconocer en los textos supranacionales la igualdad entre hombres y mujeres[14], sino la de establecer, un concepto único del principio de igualdad que, integrado en el orden público de todos los Estados, no sólo intervendría según los vínculos de la situación con los tribunales del Estado que han de conocer, sino con la referencia al espacio europeo, o de otro ámbito, afectado por la aplicación del tratado internacional o convención, generando seguridad jurídica respecto a la protección del derecho a la igualdad de género.

3. El no respeto al principio de igualdad de género como motivo para denegar el reconocimiento y ejecución de decisiones extranjeras

Cuando una decisión judicial pretende ser reconocida y ejecutada en el territorio de un Estado distinto a aquel donde se ha dictado, la autoridad del Estado requerido controla que se ha dictado en condiciones aceptables y que, aunque posiblemente la solución es diferente de la que hubiera dictado su juez nacional, consagra una solución asumible por su ordenamiento en lo referido al procedimiento seguido en el Estado de origen y en lo relativo a las normas que vinculan a la decisión en cuestión. En este sentido, los efectos que deben reconocérseles a las sentencias extranjeras pueden implicar determinadas consideraciones por parte de los órganos jurisdiccionales del Estado requerido.

---

14 Pensemos en la Declaración Universal de Derechos Humanos (aprobada por la Asamblea General el 10 de diciembre de 1948), la Convención sobre la eliminación de todas las formas de discriminación contra la mujer (aprobada el 18 diciembre 1979), el Convenio Europeo de Derechos humanos o la Carta de los Derechos Fundamentales de la Unión Europea.

De nuevo, como sucedía en el supuesto de que la conculcación del principio de igualdad procediese de la aplicación de la norma de conflicto, en estos supuestos la intervención del orden público internacional vuelve a plantear las mismas dificultades que ya se mencionaron y podríamos proponer la misma solución, un concepto de igualdad de género unificado e integrado en el concepto de orden público internacional. Sin embargo, debemos considerar que, en estos supuestos, una interpretación muy rígida del concepto de igualdad podría llevarnos a un resultado no deseado, incluso perjudicial para la mujer. Preservar la igualdad de los cónyuges, por ejemplo, no debe penalizar a la esposa. Pensemos en el supuesto concreto del repudio, una institución jurídica propia de distintos ordenamientos, que choca directamente con el principio de igualdad entre mujeres y hombres, esencialmente en cuanto que es una modalidad de disolución del vínculo matrimonial a discreción del marido. El problema del repudio surge cuando se trata de saber si tal decisión pronunciada fuera del Estado requerido puede ser reconocida. Es claro que un repudio pronunciado en el extranjero debería quedar privado de todo efecto por actuación del orden público en el Estado requerido. Sin embargo, imaginemos que es la mujer la que quisiese hacer uso de esa decisión, procedente de un Estado, donde la figura existe, para romper el vínculo conyugal en un Estado europeo donde la misma es claramente contraria al sistema jurídico por contrariedad con el principio de igualdad y donde el orden público internacional puede actuar para no reconocer. Quizás, estaría más protegida si se reconociese esa ruptura, aunque se reservase la posibilidad de actuar para el otorgamiento de los efectos de la disolución del matrimonio de conformidad con un derecho igualitario. Ante este tipo de situaciones, al no reconocerse la decisión extranjera la mujer estaría obligada a entablar una nueva acción de divorcio en el Estado requerido, mientras que su esposo ya habría comenzado una nueva vida en un país donde el repudio es plenamente válido.

El problema del reconocimiento de decisiones extranjeras, que posiblemente apliquen normas discriminatorias, en algunos Estados se podría agudizar también ante la presencia de convenios internacionales, bilaterales o multilaterales que, concluidos por el ordenamiento nacional, pueden relajar las condiciones para la aceptación y aplicación de sentencias extranjeras, o incluso para imponer tal reconocimiento[15]. Surgiría entonces no un conflicto de leyes o jurisdicciones, sino de convenios celebrados por los Estados. Imaginemos el caso de un Estado que tiene un Convenio bilateral que pueda confrontar con la Carta Fundamental de los Derechos Humanos de la Unión Europea o con el Convenio Europeo de Derechos Humanos y sus protocolos. Ante tales supuestos la solución puede resultar complicada ya que, por un lado, es claro que debe primar la norma comunitaria o el Convenio multilateral especial frente a un convenio bilateral; sin embargo, esta primacía sólo puede garantizarse si descansa sobre un fundamento jurídico claro e indiscutible y no provoca, frente al bilateral, una situación de desigualdad, por no mencionar que un Estado que cumple con sus compromisos bilaterales con Estados que no son parte del posible Convenio multilateral, corre el riesgo de ver comprometida su reputación a nivel internacional. Estos posibles conflictos encuentran, a veces, pero no siempre, su solución en las cláusulas de "compatibilidad" que contienen las normas internacionales y que prevén la primacía o no de sus disposiciones sobre las demás convenciones o textos internacionales.

BIBLIOGRAFÍA

AGUILAR BENÍTEZ DE LUGO, Mariano, "Ius nubendi y orden público matrimonial", *Boletín del Ministerio de Justicia*, Año 54, N.° 1862, 2000.

---

15 Convention entre la Republique Francaise et le Royaume du Maroc relative au statut des personnes et de la famille et a la cooperation judiciaire, Décret n° 83-435 du 27 mai 1983, *Journal Officiel* du 1er juin 1983, p. 1643. El artículo 13 de la Convención permite la recepción en Francia de las repudiaciones pronunciadas en Marruecos, incluso cuando los cónyuges estén domiciliados en Marruecos.

AYALA CADIÑANOS, Irene, "Excepción de orden público internacional y no discriminación por motivos de género", en ASTOLA MADARIAGA, Jasone (ed.), *Mujeres y Derecho: Pasado y presente I. Congreso multidisciplinar de la sección de Bizkaia de la Facultad de Derecho,* Octubre de 2008, pp. 10-24.

BOURDELOYS, Béatrice, *Mariage polygame et droit positif français,* París, 1993.

BUCHER, Andreas, "La famille en droit international privé", *R. des C.*, t. 283, 2000.

CARRASCOSA GONZÁLEZ, Javier, *Matrimonio y elección de ley. Estudio de Derecho internacional privado,* Madrid, 2000.

ELVIRA BENAYAS, María Jesús, "Matrimonios forzosos", *AEDIPr,* Núm. 10, 2010.

ESPINOSA CALABUIG, Rosario, "La (olvidada) perspectiva de género en el Derecho internacional privado", *Freedom, Security and Justice: European Legal Studies,* núm.3, 2019.

GONZÁLEZ CAMPOS, Julio D., "Diversification, spécialisation, flexibilitation et matérialisation des règles de droit international privé", *Recueil des Cours,* t. 287, 2000.

LARA AGUADO, Ángeles, "Neutralidad del Derecho internacional privado en cuanto al género, una forma de violencia de género institucional", *Anales de la Cátedra Francisco Suárez. Protocolo II,* 2022, pp. 293-326.

MORENO ANTÓN, María, "El matrimonio Islámico ante el Derecho español", en *Derecho de familia y libertad de conciencia en los países de la Unión Europea y el Derecho comparado. Actas del IX Congreso Internacional de Derecho Eclesiástico del Estado,* Universidad del País Vasco Ed., Bilbao, 2001.

QUIÑONES ESCÁMEZ, Ana, "La disolución del matrimonio: especial referencia al repudio islámico", en RODRÍGUEZ BENOT, Andrés (ed.), *La multiculturalidad: Especial referencia al Islam,* Consejo General del Poder Judicial, Madrid, 2002, pp. 259-342.

La pensión de alimentos a menor: cuestiones actuales

MARÍA TERESA MARTÍN LÓPEZ[1]
Universidad de Castilla-La Mancha

Sumario: I. Introducción. II. Naturaleza y características. III. Concepto de alimentos y su determinación. IV. La filiación y su problemática actual. V. El delito de impago como violencia económica. VI. Conclusiones. VII. Referencias.

I. INTRODUCCION

Las pensiones de alimentos a favor del menor en el ámbito familiar se vinculan al art. 39.1° de la Constitución Española (CE) que afirma que los poderes públicos aseguran la protección social, económica y jurídica de la familia. Los poderes públicos aseguran, asimismo, la protección integral de los hijos, iguales éstos ante la ley con independencia de su filiación, y de las madres, cualquiera que sea su estado civil y añade en el número 3° que los padres deben prestar asistencia de todo orden a los hijos habidos dentro o fuera del matrimonio, durante su minoría de edad y en los demás casos en que legalmente proceda. Podemos afirmar que la pensión alimenticia al hijo menor de edad representa una de las obligaciones de mayor contenido ético del ordenamiento jurídico, como se deriva de la STC 57/2005, de 14 de marzo, afirmando que "los alimentos a los hijos, en la medida en que tienen su origen exclusivamente en la filiación (art. 39.3 CE), ni precisan demanda alguna para que se origine el derecho a su percepción,

---

1 http://orcid.org/0000-0002-1489-4944. Estudio realizado en el marco del Proyecto PID2020-113061GB-I00 financiado por MCIN/AEI/10.13039/501100011033. Todas las páginas web mencionadas en este estudio han sido consultadas el 26 de junio de 2023.

ni la ley prevé excepciones al deber constitucional de satisfacerlos" y, como afirma reiterada jurisprudencia del Tribunal Supremo, los alimentos a los hijos menores no es una mera obligación jurídica de alimentos entre parientes sino que es una obligación ética[2]. Es preciso reseñar que, aunque el objeto de este estudio se centra en los hijos menores de edad, se debe precisar que la misma obligación ética y jurídica se ha establecido para los hijos con capacidades disminuidas, que se asimilan a los hijos menores de edad, en el orden civil y también en el orden penal: la reforma del Código Penal por LO 1/2015 introdujo en los delitos contra las relaciones familiares -siendo uno de estos delitos el impago de pensiones familiares previsto en el art. 227- la expresión "persona con discapacidad necesitada de especial protección" cuya definición se recoge en el art. 25 Código Penal (CP).

Precisamente por su dependencia y vulnerabilidad se establece un deber constitucional de protección de la infancia que se manifiesta, entre otros aspectos de derecho público, en la existencia de una específica obligación de actuación del Ministerio Fiscal en una función tuitiva o protectora con gran relevancia para los interesados y la sociedad y, quizás, lamentablemente, con no suficientes recursos y suficiente eficacia ejecutiva. Concretamente, en el ámbito penal para la persecución del antes citado delito de impago de pensiones se establece el requisito de procedibilidad de la denuncia - art. 228 CP- que puede ser interpuesta por la persona agraviada o su representante legal y *Cuando aquélla sea menor de edad o una persona con discapacidad necesitada de especial protección o una persona desvalida, también podrá denunciar el Ministerio Fiscal.* Esta disposición es coherente con la intervención protectora imperativa del Ministerio Fiscal impuesta por el art. 124 CE en defensa de la legalidad y del interés público tutelado por la Ley y, más específicamente, en el art. 3. 6.° de la Ley 50/1981, de 30 de diciembre, por la que se regula el Estatuto Orgánico del Ministerio Fiscal al señalar que co-

---

[2] Razón por la cual el ordenamiento jurídico no establece precepto legal que exonere de esta obligación: STS 5 octubre 1993 y STS 17 febrero 2015, por ejemplo.

rresponde al Ministerio Fiscal tomar parte, en defensa de la legalidad y del interés público o social, en los procesos relativos al estado civil y en los demás que establezca la ley. Por ello, el art. 749.2 de la Ley de Enjuiciamiento Civil (LEC) establece que en los procesos a que se refiere este título[3] -entre los que destacamos la filiación- será preceptiva la intervención del Ministerio Fiscal, siempre que alguno de los interesados en el procedimiento sea menor, persona con discapacidad o esté en situación de ausencia legal. Así pues, cuando se establezca la filiación y/o la prestación de alimentos a menor de edad, el Ministerio Fiscal actuará o podría actuar como parte actora y también puede instar un procedimiento de modificación de la pensión alimenticia o de medidas de su aseguramiento si tiene conocimiento de su necesidad y si lo estima necesario en interés del menor[4]. También se prevé en el Código Civil (CC) el defensor judicial del menor[5]. Finalmente, en coherencia con el ejercicio de los derechos del menor conforme a su madurez, en el juicio verbal

---

3 El artículo 748 LEC señala que las disposiciones del presente Título serán aplicables a los siguientes procesos: 1.º Los que versen sobre la adopción de medidas judiciales de apoyo a personas con discapacidad. 2.º Los de filiación, paternidad y maternidad…4.º Los que versen exclusivamente sobre guarda y custodia de hijos menores o sobre alimentos reclamados por un progenitor contra el otro en nombre de los hijos menores.

4 Señala este precepto: 1. En los procesos sobre la adopción de medidas judiciales de apoyo a las personas con discapacidad, en los de nulidad matrimonial, en los de sustracción internacional de menores y en los de determinación e impugnación de la filiación, será siempre parte el Ministerio Fiscal, aunque no haya sido promotor de los mismos ni deba, conforme a la ley, asumir la defensa de alguna de las partes. El Ministerio Fiscal velará a lo largo de todo el procedimiento por la salvaguarda de la voluntad, deseos, preferencias y derechos de las personas con discapacidad que participen en dichos procesos, así como por el interés superior del menor. 2. En los demás procesos a que se refiere este título será preceptiva la intervención del Ministerio Fiscal, siempre que alguno de los interesados en el procedimiento sea menor, persona con discapacidad o esté en situación de ausencia legal.

5 Artículo 235 CC: se nombrará un defensor judicial del menor en los casos siguientes: 1.º Cuando en algún asunto exista conflicto de intereses

en vía civil, cuando hay modificaciones de medidas como alimentos o custodia, al ser este procedimiento contencioso, los hijos podrán ser oídos si tienen al menos doce años. Su opinión es relevante pero no es vinculante para el Juez a la hora de dictar sentencia. Respecto al requisito de procedibilidad de denuncia en la vía penal conviene recordar la STS Sala 2º 557/ 2020, de 29 de octubre en cuanto señala aspectos interesantes relacionados con este estudio:

> *1º La denuncia previa a la que se refiere el art. 228 es un requisito de procedibilidad. 2º La falta de denuncia es un vicio de simple anulabilidad que puede subsanarse cuando la persona agraviada manifiesta su voluntad de denunciar los hechos ante la autoridad correspondiente, incluso iniciado ya el procedimiento. 3º Es válida la denuncia formulada por el padre o madre receptor de la prestación cuando se refiere a cantidades no abonadas durante la minoría de edad del hijo o hija, así como cuando se trate de personas con discapacidad necesitada de especial protección, aunque estos hayan adquirido la mayoría de edad cuando se formula la denuncia y 4º Es válida la denuncia formulada por el progenitor que convive con el hijo o hija mayor de edad y sufraga los gastos no cubiertos por la pensión impagada, es este caso gozaría de legitimación activa para interponer la preceptiva denuncia e instar así su pago en vía penal, lo que supondría una legitimación compartida tanto por los alimentistas mayores de edad como por los progenitores con los que convive*[6].

La protección constitucional se relaciona con los instrumentos internacionales protectores de los derechos de los menores, destacando la Convención de Derechos del Niño de 1989 (CDN) cuyo art. 18 dispone que *"Los Estados parte pondrán el máximo empeño en garantizar el reconocimiento del principio de que ambos padres*

---

entre los menores y sus representantes legales, salvo en los casos en que la ley prevea otra forma de salvarlo.

6 La denuncia por delito de impago de pensiones también puede ser constitutiva de abuso de derecho como ha señalado la STS 14 de noviembre de 2018. Vid. GÓMEZ CALLE, Esther, "Reclamación de alimentos y retraso desleal: a propósito de la sentencia del Tribunal Supremo de 14 de noviembre de 2018 (RJ 2018, 5164)", *Anuario de derecho civil*, vol. 73, 2020, núm. 1, pp. 341-373.

tienen obligaciones comunes en lo que respecta a la crianza y el desarrollo del niño. Incumbirá a los padres o, en su caso, a los representantes legales, la responsabilidad primordial de la crianza y el desarrollo del niño. Su preocupación fundamental será el interés superior del menor", que se refuerza con los deberes institucionales que impone en el art. 27. En el ámbito europeo se establecen obligaciones positivas del Estado sobre protección de menores en el Convenio Europeo de Derechos Humanos, particularmente en el art. 8 sobre protección del ámbito familiar; en el art. 24 de la Carta de Derechos Fundamentales, la Carta Europea de los Derechos del Niño, el Reglamento Europeo 2201/2003, de 27 de noviembre sobre protección del menor, y, especialmente en la materia de este estudio, en el Reglamento 4/2009, relativo a la competencia, la ley aplicable, el reconocimiento y la ejecución de las resoluciones y la cooperación en materia de obligaciones de alimentos. También se establecen obligaciones públicas de protección y de prestaciones económicas al menor[7]. Especialmente decisivo está resultando el art. 8 del Convenio de Roma, concretamente el apartado n.º 2, porque de este artículo el Tribunal Europeo de Derechos Humanos (TEDH) ha derivado la obligación estatal activa de protección de mujeres y menores víctimas de violencia doméstica -y violencia sexual- (Caso *Bevacqua c. Bulgaria*)[8] o la exigencia a los Estados de

---

7 Los menores deben recibir protección pública en todo el ámbito de la Unión Europea. Las cuestiones a determinar en un Estado son si la protección estatal es conforme al ordenamiento de la Unión Europea y si respeta el principio de igualdad. Resulta sumamente interesante el siguiente estudio, pues, aunque referido a prestaciones familiares públicas es indudable que también cabe abordar la discusión respecto a las familiares: VIGO SERRALVO, Francisco, "Controversia en torno a la indexación de las prestaciones familiares según el país de residencia del causante. Sobre su compatibilidad con el Derecho de la UE", *e-Revista Internacional de la Protección Social (e-RIPS)*, Vol. VII, 2022, núm. 2, pp. 193-210.

8 Sobre esta cuestión vid. QUERALT JIMÉNEZ, Argelia, "La violencia contra las mujeres. Sistema Europeo", en CARMONA CUENCA, Encarnación (coord.), *La perspectiva de género en los sistemas europeo e interamericano de derechos humanos*, CEPC, Madrid, 2015, pp. 209-247.

establecer medidas adecuadas de reparación y de investigación penal efectiva[9]. Por otra parte, en el contexto del menor en el ámbito familiar, hay que tener en cuenta los múltiples aspectos que el TEDH incardina en el citado art. 8, destacando el derecho a conocer los propios orígenes y los derechos relativos a la filiación. Sobre este elemento, la filiación, que es determinante en la protección familiar del menor, existe una propuesta de Reglamento del Consejo relativo a la competencia, al Derecho aplicable, al reconocimiento de las resoluciones y a la aceptación de los documentos públicos en materia de filiación y a la creación de un certificado de filiación europeo, -Bruselas, 7 de diciembre de 2022, COM(2022) 695 final-, cuyo objetivo es reforzar la protección de los derechos fundamentales y de otros derechos de los hijos en situaciones transfronterizas, especialmente su derecho a la identidad, a la no discriminación y a la vida privada y familiar y los derechos sucesorios y de alimentos en otro Estado miembro, teniendo el interés superior del menor como consideración primordial. Se estima que unos dos millones de hijos se enfrentan actualmente a una situación en la que su filiación determinada en un Estado miembro no se reconoce a todos los efectos en otro Estado miembro y ello supone, además de otros efectos negativos como la falta de representación, que los hijos pueden perder sus derechos de alimentos. Esta propuesta no regula la pensión de alimentos en situación transfronteriza, sin embargo, al regular la filiación del hijo o de la hija como cuestión preliminar, la propuesta facilitará la aplicación de los instrumentos de la UE existentes en materia de responsabilidad parental y alimentos.

Adicionalmente la normativa española protectora de los derechos del menor también la regula: el Código civil y la Ley Orgá-

---

9 Un estudio sobre el art. 8 CEDH y la doctrina de las obligaciones positivas del Estado: REDONDO SACEDA, Lara, "El papel del artículo 8 CEDH en la construcción del margen de apreciación nacional y la doctrina de las obligaciones positivas del Estado", *Anales de Derecho, 2020, número especial AdD el TEDH en su sesenta aniversario,* pp. 1-28.

nica de Protección jurídica del menor[10] cuyo art. 2 establece "se preservará el mantenimiento de sus relaciones familiares", se protegerá "la satisfacción de sus necesidades básicas, tanto materiales, física y educativas como emocionales y afectivas" y se ponderará "la necesidad de estabilidad de las soluciones que se adopten"[11]. Por último, queremos destacar que la LO 8/2021, de 4 de junio, de protección integral a la infancia y la adolescencia frente a la violencia (LOPIVI, también conocida como *Ley Rhodes*[12]) incluida la que se produce en el ámbito familiar y cuyo art. 1 define como "toda acción, omisión o trato negligente que priva a las personas menores de edad de sus derechos y bienestar, que amenaza o interfiere su ordenado desarrollo físico, psíquico o social, con independencia de su forma y medio de comisión ", lo que engloba el impago de las pensiones de alimentos como una forma de

---

10 LO 1/1996, de 15 de enero. Ha sido reformada por la LO 8/2015, de 22 de julio, de modificación del sistema de protección a la infancia y a la adolescencia; Ley 26/2015, de 28 de julio y por Ley Orgánica 8/2021, de 4 de junio, de protección integral a la infancia y la adolescencia frente a la violencia.

11 El interés del menor también se refleja en normas autonómicas, a título de ejemplo: el art. 77.2 d) del Código del Derecho Foral de Aragón; art. 233-2.2 b) del Código Civil de Cataluña y art. 5.2 b) de la Ley del País Vasco 7/2015, de 30 de junio, de relaciones familiares en supuestos de separación o ruptura de los progenitores. Estas normas exigen que se incluya dentro del convenio regulador la forma en que los progenitores van a contribuir al mantenimiento de los hijos menores tras su ruptura matrimonial.

12 Recurso de inconstitucionalidad n.º 5610-2021, mediante providencia de 7 de octubre de 2021 acordó admitir a trámite un recurso de inconstitucionalidad —cuyo estudio excede del objeto de este artículo— contra los artículos 30 párrafo 2.º y 3 b) (principios en el ámbito educativo); 26, apartados 2 y 3 (prevención en el ámbito familiar); 27 (actuaciones específicas en el ámbito familiar); disposición final primera apartado 9, y disposición final segunda apdo. 1, de la LOPIVI; el recurso aún no está resuelto.

violencia contra la infancia y la adolescencia y, en su caso, directa o indirectamente, contra la mujer[13].

II. NATURALEZA Y CARACTERÍSTICAS

El art. 39 CE otorga una naturaleza privado-pública a la pensión de alimentos al hijo menor por el progenitor. Por dicha razón, en su regulación se encuentran aspectos que indican una protección especial por los poderes públicos y el ordenamiento jurídico. Se podría definir la pensión de alimentos como la obligación ética, legal, personal e indisponible, de asistencia de todo orden a los hijos menores o con capacidad judicial modificada. Durante la minoría de edad del hijo la pensión de alimentos tiene un carácter preferente y constituye una obligación prioritaria e ineludible. Veamos brevemente algunas características:

1.- Conforme con nuestra Constitución – art. 12- se entiende por menor de edad el sujeto con una edad cronológica inferior a 18 años. Así lo fija también la Convención de Derechos del Niño. Sin embargo, nuestro derecho civil distingue un supuesto especial de menor que es el sujeto emancipado. La emancipación habilita al menor para regir sus persona y bienes como si fuera mayor de edad. Por tanto, en principio, a efectos de pensión alimenticia el menor emancipado se equipara al hijo mayor de edad.

---

13 En igual sentido ya se pronunció MARTÍN LÓPEZ, M.ª Teresa, "Notas sobre el delito de impago de pensiones", en RODRIGUEZ YAGÜE, Cristina y VALMAÑA OCHAÍTA, Silvia (Coords.), *La mujer como víctima: aspectos jurídicos y criminológicos*, Ediciones UCLM, 2000, pp. 25-53. Afirma esta autora (p. 29) que *el impago es "algo más" que un mero incumplimiento económico porque tras ello subyace una infracción de especiales relaciones personales, económicas, sociales, asistenciales, etc., que vinculan a los sujetos* y añade (p. 33) que se está protegiendo algo más que la mera subsistencia pues *el incumplimiento del obligado al pago lesiona derechos que son imprescindibles para el desarrollo de la personalidad de los hijos y la calidad de vida de estos ciudadanos en el marco de una situación crítica.*

2.- No existe un precepto legal que exonere a los progenitores del mantenimiento de los hijos menores o con capacidades disminuidas: conforme al art. 110 CC, aunque no ostenten la patria potestad, ambos progenitores están obligados a velar por los hijos menores y a prestarles alimentos y señala el art. 92. 1. CC que la separación, la nulidad y el divorcio no eximen a los padres de sus obligaciones para con los hijos. Sobre este particular, el Tribunal Supremo en sentencia 55/2015, de 12 de febrero, afirma que:

> *se ha de partir de la obligación legal que pesa sobre los progenitores, que está basada en un principio de solidaridad familiar y que tiene un fundamento constitucional en el artículo 39.1 y 3 CE, y que es la de mayor contenido ético del ordenamiento jurídico (STS de 5 de octubre de 1993 y 8 de noviembre de 2013). De ahí, que se predique un tratamiento jurídico diferente según sean los hijos menores de edad, o no, pues al ser menores más que una obligación propiamente alimenticia lo que existen son deberes insoslayables inherentes a la filiación, que resultan incondicionales de inicio con independencia de la mayor o menor dificultad que se tenga para darle cumplimiento o del grado de reprochabilidad en su falta de atención.*

Distinción consolidada por la Jurisprudencia civil y penal (por ejemplo, STS 395/2017, de 22 de junio).

3.- Es una prestación incondicional e inderogable derivada de la filiación: sea cual sea el esfuerzo o coste que ello conlleve para el progenitor, pues su fundamento -en favor de los hijos menores- es la filiación. Este derecho no nace de la patria potestad -aunque es uno de los deberes- pues conforme al art. 154 CC los hijos e hijas no emancipados están bajo la patria potestad de los progenitores. La patria potestad, como responsabilidad parental, se ejercerá siempre en interés de los hijos e hijas, de acuerdo con su personalidad, y con respeto a sus derechos, su integridad física y mental. Esta función comprende los siguientes deberes y facultades: 1.º Velar por ellos, tenerlos en su compañía, alimentarlos, educarlos y procurarles una formación integral. El deber de mantener a los menores también se integra dentro de los deberes de solidaridad que nacen de la institución familiar. Hasta tal punto deriva de la filiación que la madre encinta tiene legitimación para pedir alimentos en favor del hijo concebido para que pueda disfrutar de ellos, una vez que nazca, con apoyo en el art. 29 CC, al tratarse de un efecto civil favorable, con la condición suspensiva de que se verifique el nacimiento, lo que parece más razonable que tener que instar después del nacimiento un juicio de modificación de medidas[14]. La jurisprudencia orienta su actuación a través del principio esencial del *favor filii*, como por ejemplo la SAP Cantabria 204/2021, de 27 de abril, que señala:

> *será el único interés relevante en la decisión, como nos recuerda la Ley Orgánica 8/2015, de 22 de julio, de modificación del sistema de protección a la infancia y a la adolescencia, a través de su triple dimensión: (i) como derecho sustantivo, en el sentido de que el menor tiene derecho a que, cuando se adopte una medida que le concierna, sus mejores intereses hayan sido evaluados y, en el caso de que haya otros intereses en presencia, se hayan ponderado a la hora de llegar a una solución; (ii) como principio general interpretativo, pues si una disposición jurídica puede ser interpretada en más de una forma se debe optar por la interpretación que mejor responda a los intereses del menor; (iii) como norma de procedimiento.*

y añade la SAP Ávila 80/2021, de 10 de marzo, que:

> *Es principio elemental, necesario e indeclinablemente inspirador del dictado de cualquier medida atinente a los hijos el de que es su interés el que debe prevalecer por encima de cualquier otro, incluido el de sus padres o progenitores, hasta el punto de que el llamado "bonum filii" o" favor filii" ha sido elevado a principio universal del derecho, viniendo consagrado en nuestra legislación en diversos preceptos del código civil (artículos 92, 93, 94, 103 apartado primero, 154, 158 y 170) y, en general, en cuantas disposiciones regulan cuestiones matrimoniales, paterno-filiales o tutelares, constituyendo principio fundamental y básico orientador de la actuación judicial que concuerda con el principio constitucional*

---

14 Vid. SSAP Cuenca 27 mayo 1999, Pontevedra (Sección 3ª) 62/2000, de 29 febrero y Toledo de 20 febrero 2003. Vid. VERDA Y BEAMONTE, José Ramón y BUENO BIOT, Álvaro, "Los alimentos debidos a los hijos menores de edad: un estudio jurisprudencial", *Actualidad Jurídica Iberoamericana*, n.º 13, 2020, pp. 441-481 (p. 448).

de protección integral de los hijos (artículo 39 apartado segundo de la constitución).

4.- Tratándose de menor de edad -o de hijo con menor capacidad- la obligación de alimentos no depende de si el hijo lo necesitase o no para la subsistencia, como afirma reiterada jurisprudencia (SSTS 5 octubre 1993, 16 julio 2002 o 2 de diciembre de 2015), sin que sea excusa para el impago que el hijo sea perceptor de ayudas o prestaciones familiares públicas. La prestación de alimentos al menor debe ser interpretada con carácter extensivo, como reitera la jurisprudencia y recuerda la SAP Granada 22 junio 2018[15] cuando señala que:

> *el concepto de necesidad del hijo menor de edad, con respecto a la obligación de manutención que concierne al progenitor ejerciente de la patria potestad, no es coincidente con el que reporta el art. 146 del CC, en materia de derecho de alimentos entre parientes. Pues, como no es necesario precisar en mayor detalle, y como proclama amplísima jurisprudencia, la obligación de prestar manutención, propia del deber contemplado por el art. 154.1° del CC, no se limita estrictamente al concepto de mero subsidio, complementado por la disponibilidad de medios del progenitor obligado; sino que atiende a un criterio posibilista, o de optimización, una vez que el deber del progenitor alcanza a la mayor satisfacción de las necesidades del hijo, en la medida en que mejor se lo permita la totalidad de los medios económicos a su disposición.*

5. Siendo una prestación privada tiene una naturaleza también pública, por imperativo constitucional de protección de los menores en el ámbito familiar del art. 39 CE. Las prestaciones alimenticias en favor de los menores serán establecidas de oficio, ya que, en este caso, los Tribunales no están sometidos al principio dispositivo, de rogación o de aportación de parte[16]. Derivado del

15 Vid. comentario en La Ley 129172/2018.

16 La SAP Barcelona 17 abril de 2001 observa, así, que en esta materia "los pactos entre los progenitores tienen siempre la consideración de propuestas al tribunal, que ha de pronunciarse a instancia de parte, del Ministerio Fiscal o de oficio".

superior interés del menor se establece en el art. 81 CC que se decretará judicialmente la separación cuando existan hijos menores no emancipados o hijos mayores respecto de los que se hayan establecido judicialmente medidas de apoyo atribuidas a sus progenitores, cualquiera que sea la forma de celebración del matrimonio y, si hubiera hijos menores, conforme al art. 93 CC es *el Juez, en todo caso, quien determinará la contribución de cada progenitor para satisfacer los alimentos y adoptará las medidas convenientes para asegurar la efectividad y acomodación de las prestaciones a las circunstancias económicas y necesidades de los hijos en cada momento.* Y, en virtud del régimen diferente para los otros hijos añade "Si convivieran en el domicilio familiar hijos mayores de edad o emancipados que carecieran de ingresos propios, el Juez, en la misma resolución, fijará los alimentos que sean debidos". Para el caso de que sólo hubiere hijos menores emancipados o mayores prevé el art. 82 CC que la separación puede producirse sin resolución judicial (ante Notario o Letrado de la Administración de Justicia) aunque es preciso la conformidad de estos hijos. Por tanto, rige la decisión judicial para preservar el interés superior del menor pues estas prestaciones se acomodan a la situación económica y necesidad del hijo en cada momento.

6.- Es una obligación personal, de carácter personalísimo, por eso desde la perspectiva del receptor o alimentista señala el art.151 CC que no es renunciable ni transmisible a un tercero el derecho a los alimentos. Tampoco pueden compensarse con lo que el alimentista deba al que ha de prestarlos. Pero podrán compensarse y renunciarse las pensiones alimenticias atrasadas, y transmitirse a título oneroso o gratuito el derecho a demandarlas[17]. Por lo tanto, es un derecho inembargable y no es posible el ejercicio de la acción de subrogación por parte de los acreedores

---

[17] Sobre este último apartado del citado precepto resulta muy interesante la propuesta que presenta TUDELA CHORDÁ, Sergio, "La capitalización de la pensión por alimentos en la liquidación del régimen económico matrimonial", *Revista Boliviana de Derecho*, núm. 35, 2023, pp. 466-485.

del alimentista. Se trata de un derecho inherente a la persona, y eso lleva a que el art.1814 CC declare que no se puede transigir sobre el estado civil de las personas, ni sobre las cuestiones matrimoniales ni sobre alimentos futuros. De forma lógica, el art.152 CC prevé que la obligación se extingue por muerte del alimentista. Desde la perspectiva del obligado a prestar alimentos, en caso de hijos menores, rige el principio de mancomunidad y no el de solidaridad: cuando existen dos progenitores reconocidos, ambos tienen obligación de contribuir de forma efectiva, según el art.145 CC en proporción a su caudal respectivo. Aun así, se establecen excepciones en atención al superior interés del menor: primera, porque en caso de urgente necesidad y por circunstancias especiales, podrá el Juez obligar a una sola de ellas a que los preste provisionalmente, sin perjuicio de su derecho a reclamar de los demás obligados la parte que les corresponda. Es evidente que este precepto podría y debería ser aplicado en los casos en que el alimentista es hijo común menor de edad y, segunda, porque literalmente establece que cuando dos o más alimentistas reclamaren a la vez alimentos de una misma persona obligada legalmente a darlos, y ésta no tuviere fortuna bastante para atender a todos, se guardará el orden establecido en el artículo anterior, a no ser que los alimentistas concurrentes fuesen el cónyuge y un hijo sujeto a la patria potestad, en cuyo caso éste será preferido a aquél. Por otra parte, dado que es una obligación personal señala el art.150 CC que el fallecimiento del obligado a la prestación extingue la obligación[18]. Es un pronunciamiento determinante respecto a las consecuencias en el orden civil para los herederos, pues es una obligación no trasmisible a los herederos. Por supuesto, si el hijo menor de edad se encuentra en situación de necesidad habrá de acudir y solicitar la prestación de alimentos entre parientes, vía art.143 CC, por ejemplo, respecto a abuelos contra quienes podría reclamar el menor alimentista esta prestación.

---

[18] La SAP Zaragoza de 23 mayo de 2006 revoca la resolución de instancia que concedió una prestación de alimentos a favor del hijo tras presentar demanda la esposa meses después de la muerte del padre.

7.- Las causas de extinción de la obligación son distintas cuando se trata de alimentos a menor de edad por sus progenitores, incluso en caso de pérdida de la patria potestad[19]. Como señalan algunos autores "al deber de alimentos de los padres para con sus hijos, precisamente por ser menores de edad, no les resultan aplicables todas las causas de extinción que el art.152 CC establece respecto de la obligación legal de alimentos entre parientes"[20]. Realmente, se considera que sólo se extingue por la muerte del alimentista o de su progenitor, como se acaba de señalar, o por su modificación cuando el menor alcanza la emancipación o la mayoría de edad. Los demás supuestos previstos en el art.152 CC no se aplican en el caso de menores de edad pues en el caso de su número 2 (Cuando la fortuna del obligado a darlos se hubiere reducido hasta el punto de no poder satisfacerlos sin desatender sus propias necesidades y las de su familia) claramente doctrina y jurisprudencia entienden que si el alimentista es menor de edad se permite suspender o modificar dicha prestación, pero no cabe su extinción. En cuanto al n.º 3 (por obtener recursos propios el alimentista de forma que ya no sea necesaria para su subsistencia) implica la emancipación del hijo menor si es mayor de 16 años y si es menor puede dar lugar a una modificación judicial de la pensión; por último, las n.º4 y 5[21], de gran actualidad para doctrina y

---

19 Art. 110 CC: "El padre y la madre, aunque no ostenten la patria potestad, están obligados a velar por los hijos menores y a prestarles alimentos". Art. 111 CC: "Quedará excluido de la patria potestad y demás funciones tuitivas ... Quedarán siempre a salvo las obligaciones de velar por los hijos y prestarles alimentos". Incluso en estas limitaciones, su eliminación tiene requisitos distintos si el hijo es menor de edad "Dejarán de producir efecto estas restricciones por determinación del representante legal del hijo aprobada judicialmente" mientras que en los demás casos será "por voluntad del propio hijo una vez alcanzada la plena capacidad".

20 JIMÉNEZ LINARES, M.ª Jesús, "La modificación de la pensión de alimentos a hijos menores por alteración de las circunstancias", *Aranzadi civil: revista quincenal*, núm. 3, 1999, pp. 2219-2238 (p. 2222).

21 Art. 152. 4.º Cuando el alimentista, sea o no heredero forzoso, hubiese cometido alguna falta de las que dan lugar a la desheredación y 5.º

jurisprudencia[22], tampoco resultan aplicables a la prestación debida al menor de edad aún en el caso de que el menor demostrase “desafección” respecto al progenitor, dado que será prevalente el interés superior del menor que comprende las necesidades básicas materiales, físicas y educativas, pero también se considera para la ponderación de intereses las necesidades emocionales o su salud y estabilidad emocional, también en las relaciones parentales y ello puede lograrse, a veces, con la necesaria ausencia de contacto parental.

8.- La aplicación del llamado principio de proporcionalidad en la pensión alimenticia (art. 146 CC “La cuantía de los alimentos será proporcionada al caudal o medios de quien los da y a las necesidades de quien los recibe” y art. 147 CC “Los alimentos, en los casos a que se refiere el artículo anterior, se reducirán o aumentarán proporcionalmente según el aumento o disminución que sufran las necesidades del alimentista y la fortuna del que hubiere de satisfacerlos”) tiene sólo una aplicación indiciaria o de referencia en relación a la prestación de alimentos a hijo menor de edad, que, como se ha señalado, atiende a las necesidades completas del menor y al aseguramiento de un nivel de desarrollo similar

---

Cuando el alimentista sea descendiente del obligado a dar alimentos, y la necesidad de aquél provenga de mala conducta o de falta de aplicación al trabajo, mientras subsista esta causa.

22 La jurisprudencia puede declarar extinguida la prestación de alimentos a hijo mayor de edad cuando ha abandonado definitivamente sus estudios y no se encuentran en una actitud de búsqueda activa de un empleo. Pero, en relación a la “desafección filial”, la STS 104/2019, 19 de febrero establece que “la ausencia de relaciones paternofiliales no se contempla expresamente como motivo tasado en el art. 152 del Código Civil ni en otro precepto para dar por extinguida la obligación alimenticia” añadiendo que las “circunstancias” a las que se refieren los arts. 90 y 91 CC y el art. 775 LEC pueden ser diversas y de distinta naturaleza, sin que de ningún modo constituyan “numerus clausus”. Vid. TORTAJADA CHARDÍ, Pablo, “Extinción de la obligación de alimentos, en particular por desafección de los hijos”, *Actualidad Jurídica Iberoamericana*, núm. 17 bis, 2022, pp. 306-329.

al de la "familia" antes de la ruptura. Razones éstas por las que se puede permitir la suspensión de esta obligación de cuidado y atención imprescindibles al menor sólo con carácter excepcional, temporal y con criterios restrictivos. Por ello, en casos de custodia compartida es posible también establecer una prestación de alimentos a favor del hijo menor a cargo de uno de los progenitores si hay una desigual situación económica entre progenitores. Así la doctrina y jurisprudencia, por ejemplo, STS 55/2016 de 11 de febrero, añade que esta prestación no puede tener un tiempo limitado (en instancia se había fijado un plazo de dos años) por cuanto "los menores no pueden quedar al socaire de que la madre pueda o no encontrar trabajo"[23]. La obligación es personal de cada progenitor durante la minoría de edad.

9.- El último recurso protector del Estado es acudir a la protección penal de las prestaciones de alimentos en caso de impago. Aunque en el marco de este estudio el objeto son sólo las prestaciones de alimentos establecidas en favor del hijo menor de edad, se debe señalar que el delito de impago de pensiones previsto en el art. 227 CP -que es delito menos grave- no diferencia entre el titular de la prestación como hijo menor o mayor de edad: "El que dejare de pagar durante dos meses consecutivos o cuatro meses no consecutivos cualquier tipo de prestación económica en favor de su cónyuge o sus hijos". Sin embargo, ello no impide considerar esta distinción habida cuenta del imperativo principio del interés superior del menor que también es de aplicación por los tri-

[23] COSTAS RODAL, Lucía, "Custodia compartida y prestaciones alimenticias cuando hay desproporción en los ingresos de los progenitores. Comentario a la STS de 11 de febrero de 2016", *Revista Doctrinal Aranzadi Civil-Mercantil*, Vol. 2, núm. 5, 2016, pp.157-166. En el mismo sentido se manifestó la sentencia TS Sala Civil de 23 de marzo de 2016, vid. ORTEGA DOMÉNECH, Jorge, "Patria potestad e hijos menores tras la ruptura: enfoque jurisprudencial actual sobre el establecimiento de la custodia compartida", *Revista general de legislación y jurisprudencia*, núm. 2, 2022, pp. 183-256.

bunales penales[24]: el derecho de alimentos del hijo es un derecho subjetivo que se ha ejercitado en vía judicial (el tipo penal señala que tiene que estar fijada en convenio judicialmente aprobado o resolución judicial en los supuestos de separación legal, divorcio, declaración de nulidad del matrimonio, proceso de filiación, o proceso de alimentos a favor de sus hijos) y su incumplimiento -pudiendo cumplir la prestación- es castigado con la pena de prisión de tres meses a un año o multa de seis a veinticuatro meses. Reiterada jurisprudencia penal señala que este delito protege a los miembros económicamente más débiles de la familia frente a los deberes asistenciales del progenitor[25]. Consideramos que, si se acredita en el juicio penal que el incumplimiento de la prestación de alimentos al hijo menor ha causado un daño que trasciende el meramente económico, por haberse causado un daño a otros derechos y bienes del menor, se debería considerar por el juez para establecer una penalidad en el marco de la mitad superior. Más aún, consideramos que de *lege ferenda* el legislador penal podría incluir un apartado 4° para referir "En el caso de que se trate de prestación de alimentos a menor de edad que haya sufrido daños adicionales por el impago el Juez o Tribunal deberá fijar la pena en la mitad superior de la pena señalada en este precepto".

III. CONCEPTO DE ALIMENTOS Y SU DETERMINACIÓN

Según el art. 142 CC en la pensión de alimentos se incluirá todo lo necesario para el *sustento de los menores:*

> *Se entiende por alimentos todo lo que es indispensable para el sustento, habitación, vestido y asistencia médica. Los alimentos*

---

24 GARCÍA RUBIO, M.ª Paz, "¿Qué es y para qué sirve el interés superior del menor?", *Actualidad Jurídica Iberoamericana*, núm. 13, 2020, pp. 14-49.

25 DE LAS HERAS VIVES, Luis, "El delito de impago de pensiones (art. 227 CP) tras la última jurisprudencia del Tribunal Supremo Español (SSTS núms. 346/2020 de 25 de junio; 348/2020 de 25 de junio; y 557/2020 de 29 de octubre). Comentario a la STS núm. 348/2020 de 25 de junio", *Revista Boliviana de Derecho*, núm. 31, 2021, pp. 650-661.

> *comprenden también la educación e instrucción del alimentista mientras sea menor de edad y aun después cuando no haya terminado su formación por causa que no le sea imputable. Entre los alimentos se incluirán los gastos de embarazo y parto, en cuanto no estén cubiertos de otro modo.*

Si se trata de hijos menores no emancipados, la prestación de alimentos se integra en la patria potestad (art. 154 CC) como responsabilidad parental y se debe ejercer siempre en interés de los hijos e hijas, de acuerdo con su personalidad, y con respeto a sus derechos, su integridad física y mental. En caso de ruptura matrimonial el juez (art. 93 CC) fijará el régimen de custodia y la pensión de alimentos en base a las necesidades económicas de los menores en cada momento y según las circunstancias económicas de los progenitores igualmente en cada momento. En la práctica judicial, se suele determinar que si como consecuencia de la ruptura matrimonial se establece un régimen de custodia única, se entiende que el progenitor custodio contribuye en especie a los alientos del hijos menor (dedicación que se valora como aportación de trabajo personal en el hogar y en la dedicación al cuidado y educación de los hijos menores) y el progenitor no custodio deberá contribuir mediante una aportación dineraria, una cuantía económica mensual para atender a los gastos de los hijos. Para el caso de que se trate de una custodia compartida se entiende que cada progenitor aporta por iguales partes tanto en trabajo personal como económicamente cuando tienen esa custodia, por lo que parece una regla paritaria. Ahora bien, hay que atender a las circunstancias concretas del caso para realmente garantizar los derechos de los menores sin que eso suponga un agravio en la situación de los progenitores: así, es posible que, aunque haya un régimen de custodia compartida, se establezca una pensión de alimentos a pagar por alguno de los progenitores, como, por ejemplo, cuando claramente exista una desproporción de ingresos entre ellos o cuando uno de ellos no perciba salario u otro tipo de ingreso económico. Sirva de ejemplo, la STS Sala Civil 656/2021, de 4 de octubre, que estimó parcialmente el recurso y casó y anuló la Sentencia recurrida en lo que se refiere al sistema de guarda y custodia de los menores, estableciendo que realmente se había fijado un régimen de custodia compartida y fijando una pensión de alimentos que reduce a 200 € mensuales por cada hijo[26]. En casos de ruptura matrimonial, es doctrina consolidada como nos recuerda la reciente STS Sala Civil 2017/2022, de 23 de mayo en FJ4: (i). Los alimentos cuando se fijan, por primera vez, se devengan desde la fecha de interposición de la demanda en aplicación del art. 148.1 CC, incluso cuando sean establecidos por la Audiencia, al haber sido desestimados por el juzgado. (ii). Cuando los alimentos fijados en primera instancia se elevan o reducen en segunda instancia, el importe fijado por el tribunal provincial se devenga desde la fecha de la sentencia de la alzada, no desde la dictada en primera instancia. (iii) Las sucesivas modificaciones de la cuantía de los alimentos, en virtud de procedimientos de revisión por alteración sustancial de circunstancias, desencadenan su eficacia a partir del momento en que fueron dictadas. (iv) Todo ello, sin perjuicio de descontar las cantidades abonadas en concepto de alimentos por el condenado a su abono para evitar pagos duplicados de la misma prestación y (v) No procede la devolución de los alimentos consumidos, aunque la obligación de prestarlos fuera reducida o extinguida.

En la práctica judicial, la mayor parte de las veces se establece una pensión dineraria periódica que, tal como determina la ley, debe ser de carácter mensual y su devengo se fija por mensualidades anticipadas. La fijación de una cantidad a tanto alzado y en pago único es extraordinaria: sólo se produce cuando es para pagar alimentos atrasados, cuando es aconsejable para asegurar pagos futuros por falta de arraigo del deudor o por acuerdo entre las partes. Al respecto es preciso señalar que, aunque la jurisprudencia civil y penal se refiere de forma casi absoluta a la aplicación

---

26 MARTINEZ CALVO, Javier, "La importancia de calificar correctamente el régimen de guarda y custodia: no hay razón para eludir el "nomen" del sistema de custodia compartida cuando de "facto" así se ha establecido. Comentario a la STS de España, núm. 656/2021, de 4 de octubre", *Revista Boliviana de Derecho*, núm. 34, 2022, pp. 926-945.

del art. 227.1° CP en cuanto el delito de impago de pensiones está referido a pensiones periódicas, la misma situación es aplicable también -consideración del impago como delito- conforme al art. 227.2° CP referido a la modalidad de impago de "cualquier otra prestación económica establecida de forma conjunta o única", es decir, al incumplimiento de una indemnización única, del pago de un capital. A pesar de la norma genérica que establece una cantidad económica mensual es una costumbre que practican los progenitores y que los Tribunales están admitiendo- como formas de pago de los alimentos- el pago directo al acreedor de algunos gastos del hijo menor de edad (ej. colegios, seguros médicos...).

Por otra parte, entre los progenitores se litiga para determinar qué gastos en concreto se incluyen en la pensión de alimentos. Varias resoluciones del TS Sala Civil -como por ejemplo STS 569/2018, de 15 de octubre- afirman que el concepto legal de alimentos incluye los gastos ordinarios (sustento, habitación, vestido, asistencia médica, educación y formación), que se caracterizan por ser necesarios, previsibles y, generalmente, periódicos. Todo aquello que lo excede tiene la consideración de gastos extraordinarios y no se incluyen en el concepto legal de pensión alimenticia al hijo menor. Su determinación vendrá por el acuerdo entre progenitores o, si se litiga, el juez adoptará el criterio por iguales partes o distribuirla en proporción a ingresos y posibilidades de cada progenitor, según el principio del interés superior del menor.

El cálculo para concretar la cuantía de la pensión se realiza por el tribunal de conformidad con una regla legal abstracta que se basa -cuando se trata de alimentos a menores de edad- en la proporción entre las necesidades del alimentista y las posibilidades del alimentante, debiendo tenerse en cuenta también el estatus social de la familia de forma que los hijos mantengan un nivel similar al que tenían antes de la ruptura familiar. Reiteramos que los criterios establecidos para la pensión alimenticia entre parientes (arts. 146 y 147 CC) sólo tienen una aplicación indicativa en el caso de ser menores los perceptores (por ejemplo, STS Sala Civil de 16 de julio de 2002 y, recientemente, STS Sala Civil de 14 de febrero de 2018). Por otra parte, la resolución judicial también debe establecer las bases de actualización. Esta actualización se produce de forma automática por el mero transcurso del tiempo y es el obligado al pago el que debe aplicar la actualización. Si el alimentante no efectúa la actualización la realizará el juzgado, previa solicitud del alimentista. La cuantía de la pensión por alimentos se puede modificar (siempre previa petición de la parte interesada) cuando se alteran sustancialmente las bases que sirvieron para fijarla, por ejemplo: porque sea necesario modificar el régimen de guarda y custodia[27]; porque procede revisarlas al alza cuando el alimentante mejora su posición económica o cuando el alimentista empeora y precisa una mayor prestación (por ejemplo, agravación de una enfermedad) o porque procede rebajarla cuando el alimentista empeora su situación o cuando el alimentante mejora sus propios medios de vida. El Consejo General del Poder Judicial ha elaborado unas Tablas para el cálculo de las pensiones de alimentos que el Tribunal Supremo recomienda seguir, aunque tengan un carácter orientador[28].

Una cuestión problemática, tanto en vía civil como en relación con el delito de impago de pensiones del art. 227 CP, es la modificación por empeoramiento de las condiciones económicas del obligado al pago o alimentante. Desde la configuración de este delito del art. 227 CP como delito de omisión pura, se requiere el cumplimiento de los requisitos dogmáticos de dicha figura, que son: la situación típica (existencia de la obligación judicialmente acordada), el conocimiento por el autor (su conocimiento por el obligado) y, por supuesto, la capacidad para cumplir la acción

27 En relación con menores de edad se ha producido, por ejemplo, por enfermedad de la madre. Cuestión distinta es si la decisión es tomada por un hijo mayor de edad: SAP Granada 369/2022, 14 noviembre.

28 Toda la información al respecto y el programa de cálculo puede obtenerse en: https://www.poderjudicial.es/cgpj/es/Servicios/Utilidades/Calculo-de-pensiones-alimenticias/Tablas-orientadoras-para-determinar-las-pensiones-alimenticias-de-los-hijos-en-los-procesos-de-familia-elaboradas-por-el-CGPJ.

esperada, para pagar, que es la conducta debida. La capacidad/incapacidad o carencia de recursos económicos para hacer frente a la prestación es una cuestión interesante doctrinal y jurisprudencialmente. Superada ya las dudas sobre la prisión por deudas, la dogmática penal ha establecido tres posibles opciones acerca de la naturaleza de este imposible cumplimiento para excluir la responsabilidad penal por este delito: causa de atipicidad, causa de justificación o causa de inculpabilidad por no exigibilidad de otro comportamiento[29]. La jurisprudencia penal -posición a la cual me adscribo- considera que la posibilidad de cumplimiento económico –"la capacidad de realizar la acción"- es un elemento del tipo y, por tanto, si hubiere una imposibilidad objetiva sobrevenida de cumplimiento no imputable al obligado estaríamos ante una situación de atipicidad (STS, Sala Penal, de 28 de julio de 1999, SAP Madrid de 8 de noviembre de 2010, SAP Badajoz de 1 de febrero de 2016). Otra línea doctrinal y jurisprudencial señala que en estos casos falta el elemento subjetivo de la voluntariedad del impago (STS 13 de febrero de 2001 o SAP Madrid de 1 de marzo de 2016). Como señala la S AP Madrid, sección 15, 1526/2023, de 23 de enero el tipo subjetivo está constituido por:

> *la intención, dolo, ánimo de no abonar tal prestación, lo cual implica en definitiva que no se haga pago de esta pudiendo hacerlo y ello no entendido como elemento conformador de la culpabilidad, sino como elemento integrante del tipo penal. La redacción del precepto y su interpretación jurisprudencial conduce, inexorablemente, a transformar todos los juicios por delito de impago de pensiones en una especie de examen de la "solvencia" del acusado o acusada, de tal modo, que si se acredita que el imputado tiene capacidad económica suficiente para hacer frente al pago y no lo lleva a cabo, se le condena como autor del delito que nos ocupa.*

Seguidamente analizamos las diversas posiciones jurisprudenciales:

---

29 Vid. COLÁS TURÉGANO, M.ª Asunción, "La incapacidad para el pago de la deuda en el delito de impago de pensiones", *Revista General de Derecho Penal*, núm. 32, 2019, pp. 1-37, pp. 4- 6.

1. La jurisprudencia -civil y penal- entiende que es posible suspender la prestación alimenticia al menor en los casos en que el alimentante no puede cumplir con la obligación por carecer absolutamente de recursos económicos[30]. A veces se establece un nivel de "pobreza absoluta" o de "miseria" en el sentido de que el obligado carece de bienes y servicios básicos para proveerse a sí mismo (alimentación, vivienda y vestido). Lo decisivo es atender al patrimonio del alimentante -su capacidad económica global- y no por referencia a una mera situación de paro laboral o de falta de liquidez: esto es, no se da esta situación si el sujeto dispone de bienes muebles o inmuebles de valor. Por esta razón, no es causa automática de suspensión el ingreso en prisión del alimentante, puesto que puede estar en situación penitenciaria de régimen abierto -conocido como tercer grado- en el que tiene la posibilidad de realizar un trabajo remunerado o bien, aunque no obtenga en ese momento unos ingresos por trabajo, pero puede hacer frente a su obligación familiar con su patrimonio[31].

2. La jurisprudencia civil – y también la penal- rechaza la suspensión del pago y también la modificación de su cuantía cuando el sujeto voluntariamente se coloca en situación de falta de recursos: por ejemplo, renuncia a un trabajo (SAP Salamanca de 8 de junio de 1998), provoca la pérdida del empleo (SAP Barcelona de 11 de mayo de 2006) o se endeuda deliberadamente o se alza con sus bienes para evitar el pago, dando lugar en bastantes casos a la aplicación del concurso de delitos con el alzamiento de bienes.

---

30 GONZÁLEZ VALVERDE, Antonio, "La suspensión temporal de la obligación de satisfacer la pensión de alimentos a los hijos menores por carencia de medios", *Revista de Derecho Civil*, Vol. 6, núm. 3, 2019, pp.73-118.

31 COSTAS RODAL, Lucía, "Novedades jurisprudenciales en materia de suspensión de la obligación de pagar alimentos a los hijos menores por ingreso en prisión del progenitor alimentante", *Revista Doctrinal Aranzadi Civil-Mercantil*, 2015, Vol. 1, núm. 9, pp. 37-43. Sirva de ejemplo la SAP Zaragoza 321/2023, de 24 de febrero que absuelve por este delito, a pesar de haber estado en prisión, porque el progenitor ha abonado todas las mensualidades que dejó de pagar.

Hay que tener en cuenta que si el obligado mejora de fortuna y recursos también podrá darse una modificación de la cuantía a favor del hijo menor. Los modos, formas en que se alega el imposible cumplimiento con el fin de eludir esta prestación son muy variadas[32]. Sobre la base de la regulación actual del art. 90 CC la jurisprudencia civil admite la suspensión del cumplimiento -vía civil- hasta que el obligado mejore su situación y, en la jurisprudencia penal la acreditación de esta circunstancia conlleva la absolución del delito de impago de pensiones (SAP Huesca, sección 1, 72/2023, de 5 de abril o SAP Toledo, sección 1, 55/2023, de 30 de marzo).

3. Sin embargo, la cuestión no es pacifica en la doctrina y en algunas Audiencias Provinciales. Partiendo del interés superior del menor, se afirma que la posibilidad de suspender el pago debe ser una opción a utilizar de forma restrictiva y con carácter temporal, y que, cuando se trata de alimentos a hijo menor de edad, la situación de precariedad económica del progenitor debe llevar a no suspender la prestación sino a modificar su cuantía para fijar una cantidad mínima que se ha venido denominando "mínimo vital", es decir, una cuantía para cubrir los gastos más imprescindibles del hijo[33]. Las resoluciones de las Audiencias provinciales -civiles- sobre este punto son contradictorias[34], partiendo de la negativa

---

32 Una exposición de distintos supuestos puede consultarse en CALLEJO RODRÍGUEZ, Carmen, "Pensión de alimentos a favor de los hijos y situación de desempleo del alimentante", *La ley Derecho de familia*, núm. 1, 2014, pp. 66-74.

33 PÁRAMO Y DE SANTIAGO, Casto, "Derecho de familia. Pensión de alimentos. Mínimo vital. Comentario a la STS de 14 de noviembre de 2016", *CEFLegal: Revista práctica de derecho. Comentarios y casos prácticos*, núm. 195, 2017, pp. 63-66. Ya antes COSIALLS UBACH, Andrés Miguel, "Sentencia de 2 de marzo de 2015. Análisis del concepto de mínimo vital del alimentante ante una situación de absoluta insolvencia. Suspensión de la prestación de la pensión alimenticia a favor del hijo", *Cuadernos Civitas de Jurisprudencia Civil*, núm. 99, 2015, pp. 403-414.

34 UREÑA MARTINEZ, Magdalena, *Derecho de familia*, 6ª ed., Tecnos, 2022, p. 224.

a establecer esta cuantía mínima a favor del hijo en decisiones del TS sobre la base del art. 152.2º CC que refiere que cesará la obligación de alimentos *cuando la fortuna del obligado a darlos se hubiere reducido hasta el punto de no poder satisfacerlos sin desatender sus propias necesidades y las de su familia* (SSTS Sala Civil de 2 de marzo de 2015 y de 18 de marzo de 2016). En nuestra opinión, no se compadece con la especial naturaleza de la prestación de alimentos al hijo menor de edad, por lo que consideramos más adecuado que se fije un mínimo vital. Las sentencias de las Audiencias Provinciales discrepan en cómo fijar esta cantidad, utilizándose dos modalidades: o establecer un porcentaje mínimo de los ingresos del progenitor (en torno al 10%) o bien establecer una cantidad mínima que oscila entre los 100 y los 150 euros[35]. No cabe duda de que esta opción supone una carga mayor para el progenitor, pero su obligación va más allá de sus propios intereses de pasividad ante la situación en que pueden estar sus hijos. Finalmente, hay que tener en cuenta que, si verdaderamente el progenitor no puede contribuir, o puede sólo en la cuantía del mínimo vital, el menor alimentista podrá reclamar a otros familiares la prestación de alimentos, como por ejemplo los abuelos, que deberán soportar la asistencia al menor. Estas personas del grupo familiar pueden ejercitar la acción de reclamación si el progenitor hubiere actuado de forma delictiva ocultando su patrimonio o si, habiendo mejorado su situación económica, no hace frente al pago de la pensión de alimentos a favor del hijo menor de edad[36].

---

35 Vid. TORTAJADA CHARDÍ, Pablo, "Suspensión de la obligación de prestar alimentos al menor de edad: mecanismos de control, análisis jurisprudencial y propuestas", *Revista Boliviana de Derecho*, núm. 33, 2022, pp. 104-123, p. 114. Consultar la jurisprudencia citada en GODOY DOMINGUEZ, Luis Alberto, "La insuficiencia económica del progenitor no custodio y la obligación de alimentos: fijación de un mínimo vital o suspensión del pago", en CERVILLA GARZÓN, M.ª Dolores y LASARTE ÁLVAREZ, Carlos (coords.), *Ordenación económica del matrimonio y de la crisis de pareja*, Tirant lo Blanch, 2018, pp. 538-539.

36 Vid. CALLEJO RODRÍGUEZ, Carmen, "Alimentos a cargo de los abuelos por insolvencia de los padres", *La ley Derecho de Familia*, núm. 4, 2014,

En todo caso, tiene limitaciones: la STS Sala Civil 120/2016, de 2 de marzo, establece que el derecho de un menor a percibir pensión de alimentos de sus abuelos por insolvencia de sus padres no incluye gastos extraordinarios, como clases de música y de apoyo. La otra opción, si falta el apoyo familiar, es acudir a la protección pública: como ejemplo la SAP Álava, Sentencia 1208/2022, 19 de septiembre (el progenitor vive en un campamento del Sáhara y carece de recursos) indica que en estos casos son las Administraciones públicas, a través de los servicios sociales, las que deben remediar las situaciones en que el mínimo vital asistencial no se encuentra cubierto.

IV. LA FILIACION Y SU PROBLEMÁTICA ACTUAL

El derecho de alimentos del menor de edad nace como consecuencia de la filiación: el progenitor es el obligado al pago. Por tal razón, el delito previsto en el art. 227 CP de impago de pensiones es un delito especial propio cuyo sujeto activo sólo puede ser el sujeto obligado al pago. En caso de ruptura del matrimonio, la filiación también produce otro efecto vinculado a la prestación de alimentos: cuando existan hijos comunes de los excónyuges y sean menores de edad, el derecho de uso de la vivienda familiar corresponderá a los hijos y al cónyuge en cuya compañía queden (art. 96.1 CC y STS, Sala Civil, 181/2018, de 4 de abril)[37] y el pago de la cuota hipotecaria también se puede integrar en la pensión de alimentos. El interés del hijo menor trasciende frente a cualquier interés patrimonial de los progenitores.

---

pp. 120-128 y a favor de la opción de alimentos del abuelo la STS 14 de noviembre de 2016.

37 El TS afirma: «El interés superior del menor, que inspira la medida de uso de la vivienda familiar, no es en todo caso equiparable al del hijo mayor con discapacidad en orden a otorgar la especial protección que el ordenamiento jurídico dispensa al menor».

Señala el art. 112 CC que la filiación produce sus efectos desde que tiene lugar. Su determinación legal tiene efectos retroactivos siempre que la retroactividad sea compatible con la naturaleza de aquéllos y la Ley no dispusiere lo contrario y el art. 113 CC señala que la filiación se acredita por la inscripción en el Registro Civil, por el documento o sentencia que la determina legalmente, por la presunción de paternidad matrimonial y, a falta de los medios anteriores, por la posesión de estado. La filiación (art. 108 CC) puede tener lugar por naturaleza y por adopción. La filiación por naturaleza puede ser matrimonial y no matrimonial. Es matrimonial cuando los progenitores están casados entre sí. La filiación matrimonial y la no matrimonial, así como la adoptiva, surten los mismos efectos, conforme a las disposiciones de este Código.

En definitiva, la filiación es una relación de carácter natural/biológico derivada de la generación o jurídica derivada de la adopción, que vincula a ambos haciendo surgir entre progenitor e hijo una responsabilidad natural o ética que el derecho positivo regula. La realidad demuestra que hay muchas situaciones diversas que representan conflictos para los menores a la hora de estar asistidos en los alimentos. Seguidamente veremos algunas de estas situaciones:

1. La dualidad filiación matrimonial y no matrimonial. Se presume que estando vigente el matrimonio el progenitor que figura en el Registro Civil es el progenitor biológico del menor. Por tal razón, si se demostraba que no era el progenitor biológico, el TS Sala Civil consideró que ello no impide que deba cumplir con la obligación de alimentos al hijo menor de edad (el Acuerdo TS Pleno no Jurisdiccional de 27 de noviembre de 2007 y en la STS de 20 de noviembre de 2007). Ahora bien, también se puede plantear el caso contrario: que se demande una filiación no matrimonial por el progenitor biológico, tanto si la madre estaba casada como si no. Sea una filiación matrimonial o extramatrimonial es indiferente respecto al derecho del hijo menor de edad a la prestación de alimentos. Así se deriva del art. 39.2 CE *Los poderes públicos aseguran, asimismo, la protección integral de los hijos, iguales éstos ante la ley con independencia de su filiación, y de las madres,* *cualquiera que sea su estado civil. La ley posibilitará la investigación de la paternidad.* Precepto en relación con el derecho a la igualdad previsto en el art. 14 CE. En igual sentido, por referencia expresa del art. 39.4 CE (*Los niños gozarán de la protección prevista en los acuerdos internacionales que velan por sus derechos*) debemos tener en cuenta textos como, por ejemplo, el art. 2.4 del Protocolo de la Haya de 2007, de 23 de noviembre, sobre la Ley aplicable a las obligaciones alimenticias[38] que declara que todos los niños son titulares del derecho a alimentos, independientemente de la situación conyugal de sus padres. En cumplimiento del mandato constitucional, el derecho penal castiga el impago de las pensiones alimenticias del menor tanto si es por filiación matrimonial -en casos de ruptura- como si se determina en un proceso de filiación o un proceso de alimentos a favor de los hijos, conforme al art. 227 CP que fue reformado en este sentido para acomodarse al art. 39 CE[39]. En igual sentido el TC cuando señala que es interés del menor que ambos progenitores presten asistencia el menor como deber ético y jurídico y por ello ha de facilitarse la verdad biológica, que permite constituir entre los sujetos afectados "un vínculo jurídico comprensivo de derechos y obligaciones recíprocos, integrantes de la denominada relación paternofilial"[40]. En definitiva, ambos progenitores tienen ese deber y no puede establecerse diferencias ni respecto a los hijos ni respecto a los progenitores.

---

38 Vid. Decisión del Consejo, de 30 de noviembre de 2009, relativa a la adhesión de la Comunidad Europea al Protocolo de La Haya, de 23 de noviembre de 2007, sobre la Ley aplicable a las obligaciones alimenticias (DOUE núm. 331, de 16 de diciembre de 2009).

39 Vid. sobre esta temática MARTIN LOPEZ, M.ª Teresa, "El principio de igualdad: los hijos extramatrimoniales en el delito de impago de pensiones (Comentario a la STC 74/1997, de 21 de abril)", *Derecho Privado y Constitución*, núm. 11, 1997, pp. 379-417.

40 Vid. STC 7/1994, de 17 de enero; STC 116/1999, de 7 de junio y la STC 57/2005, 14 marzo: «los alimentos a los hijos, en la medida en que tienen su origen exclusivamente en la filiación (art. 39.3 CE), ni precisan demanda alguna para que se origine el derecho a su percepción, ni la ley prevé excepciones al deber constitucional de satisfacerlos».

Así pues, respecto al derecho de alimentos del menor, es indiferente la relación o vínculo entre progenitores, siendo también indiferente el sexo de estos en las siguientes situaciones: matrimonio, unión de hecho[41], convivencia con hijos de la pareja, una relación puntual, la unidad familiar que forma la madre y su hijo. El TEDH declara expresamente que una mujer soltera y su hijo son una forma de familia y el Estado debe evitar cualquier discriminación por motivos de nacimiento (*Marckx c. Bélgica, §§ 31 y 34*). El desarrollo de la vida familiar de una madre soltera y de su hijo, a quien ella ha reconocido, puede verse obstaculizado si el hijo no pasa a ser miembro de la familia de la madre. Por otra parte, cabe que la filiación sea determinada judicialmente como consecuencia de la comisión de un delito contra la libertad e indemnidad sexual. Esta situación se prevé en el art. 193 CP "En las sentencias condenatorias por delitos contra la libertad sexual, además del pronunciamiento correspondiente a la responsabilidad civil, se harán, en su caso, los que procedan en orden a la filiación y fijación de alimentos" y efectivamente esta situación se produce, si bien hay que tener en cuenta que las posibilidades científicas para la determinación de la filiación no son iguales ahora que hace décadas, razón por la cual ahora se impugnan filiaciones determinadas por este precepto. Así, por ejemplo, un condenado por delito sexual impugna la paternidad determinada en la sentencia condenatoria - STS Sala Civil 461/2020, de 7 de septiembre- siendo desestimada porque en la ley vigente en el momento de los hechos no se contemplaba la valoración de pruebas biológicas para determinar la filiación, tal y como solicita el demandante. Se trata de una cuestión procesal, pues al momento de la presunta generación de la hija no existía la posibilidad de realizar pruebas biológicas, que fueron introducidas por ley de 1981 y el art. 140 del Código Civil establece el tiempo de cuatro años a la entrada

---

41 En relación con los hijos mayores y los alimentos en casos de matrimonio y unión de hecho vid. PÉREZ DÍAZ, Raquel, "La petición y extinción de alimentos de hijos matrimoniales o de parejas de hecho mayores de edad", *Revista de Derecho de Familia*, núm. 96, 2022, pp. 25-58.

en vigor de la ley de 1981 para ejercitar su acción y solicitar la práctica de las pruebas biológicas. Es decir, que cuando interpuso la demanda, en enero de 2017, ya había transcurrido este periodo. En nuestra opinión, esta decisión no sería bien valorada por el TEDH que otorga mayor valor a la indagación de la verdad biológica que a los obstáculos procesales del derecho estatal[42].

2. La determinación de la filiación natural o biológica es una cuestión cada vez más problemática en cuanto a las diversas situaciones y consecuencias que genera pero que, en nuestra opinión, debe tener siempre presente el principio del interés superior del menor[43]. El amplio margen de libertad personal hace que en muchos casos la filiación deba ser determinada científicamente, como se establece en el artículo 39.2 CE -principio de investigación de la paternidad-[44], con el objeto de conocer la veracidad

---

42 El TEDH consideró que existió violación del artículo 8 cuando los tribunales internos rechazaron la solicitud de reapertura del proceso para establecer la paternidad de un niño, cuando todas las partes involucradas estaban a favor de establecer la verdad biológica sobre la filiación en base a las pruebas científicas de paternidad (*Bocu v. Romania,* 2020, §§ 33-36). De manera similar, ha encontrado una violación del artículo 8 cuando un solicitante que afirma ser el padre biológico no pudo intentar establecer la paternidad porque otro hombre ya había reconocido al niño, y donde no hubo una evaluación detallada por parte de los tribunales nacionales (*Koychev v. Bulgaria,* §§ 59-68). Vid. COUNCIL OF EUROPE/EUROPEAN COURT OF HUMAN RIGHTS, *Guide on Article 8 of the European Convention on Human Rights,* 2022, pp. 67-68.

43 Por toda la doctrina se cita la STC 138/2005 de 26 mayo, que ha señalado que el principio de veracidad biológica o prevalencia de la verdad biológica (arts. 10.1 y 39.2 CE), ha de armonizarse con otros principios constitucionales, como el de seguridad jurídica (art. 9.3 CE) y, en concreto, dentro de las relaciones familiares, el del beneficio del hijo menor de edad (art. 39.2 y 39.3 CE) y el de protección de la familia (art. 9.1 CE).

44 El art. 767 LEC establece la investigación de la paternidad y de la maternidad mediante toda clase de pruebas, incluidas las biológicas; podrá declararse la filiación que resulte del reconocimiento expreso o tácito, de la posesión de estado, de la convivencia con la madre en la época de la concepción, o de otros hechos de los que se infiera la filiación.

biológica de la filiación. Esta verdad se obtiene a partir de pruebas biológicas que, con gran seguridad -sobre todo, las de ADN-, permiten llegar a determinar si es progenitor o no. Como también se puede suponer, doctrina y jurisprudencia han estudiado los casos en que la determinación de la verdad biológica no es posible por negarse el presunto progenitor a someterse a estas pruebas científicas, habiendo resoluciones contradictorias pues los casos son complejos, pero existiendo pronunciamientos en que el Tribunal Supremo ya aprecia que, existiendo indicios, la negativa injustificada a que se practique una prueba biológica conduce a apoyar la determinación de la paternidad reclamada[45].

Las consecuencias sociales y jurídicas de la filiación son determinantes para la persona puesto que constituye un estado civil y ¿Cuándo surgen los derechos que van aparejados a ese estado civil?: en relación a la obligación de alimentos al hijo menor de edad este derecho surge desde la generación (art. 112 CC) y, para los casos de ruptura matrimonial el criterio general es que el derecho surge desde la interposición de la demanda (resumen de doctrina jurisprudencial en STS Sala Civil 2017/2022, de 23 de mayo en el FJ4). Sin embargo, la situación parece cambiar cuando se produce una determinación de la filiación tardía o también extramatrimonial, en cuyo caso el citado art. 112 CC señala que *su determinación legal tiene efectos retroactivos siempre que la retroactividad sea compatible con la naturaleza de aquéllos y la Ley no dispusiere lo contrario.* En nuestra opinión, así debería ser respecto al derecho de alimentos del menor de edad, no en vano se reconocen efectos favorables al hijo concebido y no nacido (art. 29 CC). Evidente-

45 Vid. la interesante Sentencia civil STS 1760/2022 de 4 de mayo. Se interpuso demanda de reclamación de filiación no matrimonial e impugnación de la filiación por parte de la actual pareja de la madre del menor. Adjunto a la demanda se presentaron pruebas e indicios suficientes que demostraban que existía una relación entre la madre del menor y el demandante en el momento de la concepción del menor y pese a que así lo pidió la parte demandada y el propio juez la madre se negó a la realización de la prueba biológica.

mente surgirán distintos efectos según haya sido aceptada o no esa filiación, por ejemplo, respecto a la patria potestad establece el artículo 110 CC que, aunque no ostenten la patria potestad, ambos progenitores están obligados a velar por los hijos menores y a prestarles alimentos[46].

Por interés del menor se debería considerar que en materia de filiación tiene efectos retroactivos en el caso de prestaciones de alimentos a hijo menor de edad. Así, una vez que se determine judicialmente la paternidad o desde que el progenitor reconozca la filiación no matrimonial[47] en base al art. 39.3 CE hay que defender los efectos retroactivos hasta el momento del nacimiento en materia de alimentos debidos a los hijos menores, con el límite legal de la prescripción. Ésta nos parece la interpretación más coherente y correcta. En cuanto a la madre, una vez determinada la filiación de su hijo, le permite acreditar que ha satisfecho una deuda exigible que le correspondía al otro progenitor y esto le permitirá ejercitar su acción de reembolso. Sin embargo, la jurisprudencia -también en la pensión alimenticia a menores- aplica la regla establecida en el artículo 148, párrafo 1° del Código civil, que los restringe a los generados a partir de la demanda[48]. En

---

46 Se puede excluir la patria potestad del progenitor cuya filiación se determinó pese a su oposición, sin que ello obste a que tenga que pagar alimentos al hijo menor, STS (Sala 1ª) 3 diciembre 1996. O, al contrario, al progenitor que una vez conocida la filiación se hace cargo del hijo se le puede otorgar la patria potestad, STS (Sala 1ª) 16 febrero 2012.

47 En este sentido MARTÍN MELÉNDEZ, M.ª Teresa, "Reembolso a la madre de lo satisfecho por alimentos debidos al hijo por el padre en caso de determinación judicial tardía de la filiación paterna no matrimonial: un estudio desde la perspectiva del deber constitucional de asistencia", *Revista de Derecho Civil*, Vol. IX, núm. 3, 2022, pp. 87-155, p. 127.

48 En este sentido SSTS (Sala 1ª) 573/2016, de 29 de septiembre y 574/2016, de 30 de septiembre, en especial esta última emanada del Pleno, en cuanto se recoge la doctrina de la anterior y del Auto del Tribunal Constitucional, (Pleno) 301/2014, de 16 de diciembre, también relevante en este tema. Vid. RUIZ MARÍN, Macarena, "La retroactividad de la reclamación de alimentos en caso de determinación judicial

nuestra opinión, el derecho de alimentos a hijo menor debe tener un consideración especial en el ordenamiento jurídico y, por ello, consideramos conveniente que quede constancia en la letra de la ley, como reclaman algunas autoras[49], realizando modificaciones legales: en el art. 110 que incluya "especialmente durante la minoría de edad", en el art. 112 CC para añadir "La retroactividad se producirá siempre respecto al CC deber de alimentar a los hijos menores" y en el art. 148 CC para añadir "El párrafo anterior no será de aplicación a la obligación de prestar alimentos a los hijos menores de edad".

En el ámbito penal la filiación biológica plantea algunos problemas en relación con el delito de impago de pensiones: en algunas ocasiones el Tribunal Supremo se ha pronunciado manteniendo la condena por delito de impago de pensiones a pesar de constar la no paternidad biológica, cuando se trata de prestaciones determinadas con anterioridad a la determinación biológica que excluye la paternidad de quien había incumplido su pago, como, por ejemplo, la STS Sala Penal de 2 de octubre de 2012. Sin embargo, la cuestión no es unánime -ni civil ni penalmente: sirva como ejemplo la sentencia de AP de Tenerife que absuelve al apelante que había sido condenado por delito de impago de pensión por haber aportado el condenado en el acto del juicio oral la sentencia civil que anulaba la paternidad biológica sobre el hijo perceptor de alimentos (SAP SCT, sección 2ª, 298/2009, 27 Mar. de Santa Cruz de Tenerife)[50] o la SAP Huelva, sección 1, 69/2023, de 21 de febrero que determina la imposibilidad de fijar alimentos a favor del hijo menor porque (FJ2) "la filiación

---

de la filiación paterna", *Cuadernos de Dereito actual,* núm. 4, 2016, pp. 201-205.

49 MARTÍN MELÉNDEZ, M.ª Teresa, op.cit., p. 149.

50 En igual sentido SAP de Santa Cruz de Tenerife de 14 de marzo de 2019 y SAP de Madrid de 24 de mayo de 2019. Vid. PÁRAMO Y DE SANTIAGO, Casto, "Reclamación judicial solicitando la devolución de los alimentos satisfechos", *CEFLegal: Revista práctica de derecho. Comentarios y casos prácticos,* núm. 216, 2019, pp. 109-116.

no se presume, salvo en los casos en los que así lo establece el Código civil, y no nos encontramos en ninguno de los supuestos", y, por lo tanto, no constando la filiación -que es negada por el denunciado-, aunque se haya podido comportar como si fuera el padre, no puede hacer ningún pronunciamiento que tenga como presupuesto dicha filiación" y no realiza pronunciamiento sobre pensión de alimentos. Por otra parte, existe una línea doctrinal y jurisprudencial que señala que en los casos en que el obligado al pago de la prestación de alimentos la ha realizado y posteriormente se acredita no serlo por prueba biológica tiene derecho a indemnización por daños económicos y por daños morales"[51]. Sin embargo, la cuestión no es pacífica en las Audiencias Provinciales: la sentencia AP de Cádiz, sección 5ª, 2017, de 13 de junio, resuelve un caso de atribución indebida de paternidad y condenó a indemnizar por los daños morales padecidos por el actor, así como a la devolución de las pensiones de alimentos abonadas[52]. Por último, hay que señalar que la mujer que, a sabiendas de no ser el progenitor biológico, reclame la pensión de alimentos puede ser considerada autora de un delito de estafa procesal[53].

---

51 Vid. SAP de Madrid (Sección 8ª) 231/2019, de 24 de mayo. Vid. MARTÍNEZ ESCRIBANO, Celia, "Daño moral por ocultación de la paternidad: Hacia la puesta en valor de la relación paternofilial", *Revista de Derecho Civil*, vol. VIII, núm. 1, 2021, p. 284.

52 NEVADO CATALÁN, Verónica, "Responsabilidad civil derivada de la indebida atribución de paternidad", *Indret. Revista para el Análisis del Derecho*, núm. 4, 2018, pp. 1-51 y CASAS PLANES, M.ª Dolores, "De nuevo sobre la indemnización por daño moral y patrimonial por ocultación de la paternidad, tras la STS de 13 de noviembre de 2018 (ciertas referencias al derecho francés y angloamericano)", *Anuario de Derecho Civil*, Vol. 74, núm. 2, 2021, pp. 407-542.

53 La SAP Madrid, Sala de lo Penal, 29ª, de 16 de enero de 2012 condeno por estafa procesal a una mujer que, valiéndose de la presunción matrimonial de paternidad, reclamó judicialmente a su exmarido una pensión de alimentos para una menor que no era hija de éste.

3. Filiación vinculada a la inseminación artificial[54]. En el marco de este estudio traemos a colación la diversa problemática que se presenta con la exposición del caso que sustenta la STS (Sala Civil) 558/2022 de 11 de julio, en el que hay una madre biológica por inseminación artificial y su pareja, otra mujer, que por posesión de estado presenta demanda de filiación no matrimonial. La AP Castellón estimó la demanda y declaró madre no biológica a la demandante, ordenando la inscripción de esta maternidad extramatrimonial en el Registro Civil. La madre biológica se opone y recurre al Tribunal Supremo que determina que la unidad familiar estaba constituida por la madre y su hijo. Ha sido la voluntad de la madre la que ha permitido compartir un espacio afectivo con quien mantenía una relación sentimental, pero, señala el TS, esa situación finalizó. El motivo determinante por el que se deniega esta filiación es el interés del menor: a) la demandante en ningún momento intentó la adopción del menor, no ha asumido gastos del menor ni se ha ofrecido a pagar alimentos y b) el menor se niega a mantener una relación equivalente a la maternal con la demandante. Por consiguiente, desestima la demanda de reclamación de maternidad extramatrimonial por posesión de estado.

4. Otra de las cuestiones problemáticas es la filiación en supuestos de subrogación- que no es legal en España-. Recientemente se ha dictado por el Tribunal Supremo, Sala Civil, la Sentencia

---

[54] La Ley 14/2006, de 26 de mayo, sobre técnicas de reproducción humana asistida (LTRHA) considera nulos de pleno derecho los contratos de gestación por sustitución sean remunerados o gratuitos. Sin embargo, si la práctica llega a tener lugar, y ha nacido un niño o niña, la Ley establece normas sobre filiación. La maternidad legal queda determinada por el parto (art. 10.2 LTRHA), con independencia del dato genético, es decir, de si el óvulo es de la mujer gestante, de la mujer comitente o de donante. El padre biológico que quiera ver reconocida su paternidad legal deberá ejercitar una acción judicial de reclamación de paternidad (art. 10.3 LTRHA). Véase también los arts. 7.3 y 8.1 de esta Ley. Vid. BUSTOS MORENO, Yolanda y MÚRTULA LAFUENTE, Virginia, *El derecho civil ante los nuevos retos planteados por las técnicas de reproducción asistida*, Dykinson, 2021.

277/2022, de 31 de marzo[55], relativa al caso de una mujer en solitario que adquirió un bebé en México a través de gestación subrogada[56]. La cuestión que somete a análisis se presenta cuando no hay una vinculación biológica de la progenitora con el menor y ésta carece de resolución judicial en el país de nacimiento del menor. En este caso, ante el vacío legal se plantea si debe prevalecer el interés del menor en atribuir una maternidad legal a quien desempeña ese rol - posesión de estado. El Tribunal Supremo determina que la única vía posible para la regularización administrativa de este menor es la adopción y no la filiación (como si fuese su hijo biológico). En general se suele traer del país donde ha nacido el menor una sentencia judicial que, en el caso de ser una pareja o matrimonio, reconozca a uno de los dos como progenitor y lo más común es que generalmente el hombre ha aportado material genético. De ser así, la sentencia judicial le reconoce directamente como padre biológico, algo que, por lo general, tiene validez en España. Una vez en España la otra persona de la pareja

---

55 Sentencia analizada por NAVARRO-MICHEL, Mónica, "La filiación derivada de gestación por sustitución: posesión de estado e interés del menor, orden público y derechos fundamentales, *Revista Bioética y Derecho,* núm. 56, 2022, pp. 5-28; FARNÓS AMORÓS, Esther, "La gestación por sustitución de nuevo ante el Tribunal Supremo: la STS, 1.ª (Pleno), de 31 de marzo de 2022, como ejemplo de la encrucijada actual", *Anuario de derecho civil,* Vol. 75, núm. 3, 2022, pp.1281-1314; LÁZARO GONZÁLEZ, Isabel, "Determinación de la filiación y gestación subrogada. Comentario a la STS Sala de lo Civil, Pleno, 277/2022, de 31 de marzo" *Familia y sucesiones: Cuadernos Jurídicos,* núm. 140, 2022, pp. 18-23.

56 Una situación similar llegó al TEDH caso *Paradiso y Campanelli* de 2017. En este caso se trataba de una pareja, pero tampoco tenían vinculación genética con el niño. El tribunal italiano determinó la separación del menor de los adultos, lo que fue refrendado por el TEDH. Vid. FARNÓS-AMORÓS, Esther, "*Paradiso y Campanelli c. Italia* (II): los casos difíciles crean mal derecho", *Revista Bioética y Derecho,* 2017, núm. 40, pp. 231-242. Sobre la donación de capacidad gestacional vid. MARTIN AYALA, María, "La supuesta donación de la capacidad reproductiva en la gestación por sustitución", *Revista Derecho y Salud,* núm. 29, 2019, pp. 182-192.

o matrimonio adopta al menor. Pero caben otras posibilidades, siendo el más problemático los casos en que el bebé por gestación subrogada carezca de aporte de material genético de ninguno de los progenitores, sean del sexo que sean. En cualquier caso, si la pareja, o persona en solitario, vuelve del extranjero con un bebé y un documento que acredite que son los padres (una sentencia judicial o documento similar) no se plantean grandes problemas en España a la hora de regularizar la situación administrativa del bebé[57]. La citada STS 277/2022, de 31 de marzo es correcta desde el punto de vista jurídico, ya que la posesión de estado no es un medio de determinación de la filiación a falta de vínculo biológico. Ahora bien, existe una vía que desemboca en la creación de ese vínculo jurídico y es la adopción. Esta sentencia establece que la adopción es también el cauce legal para la mujer sola, sin vínculo biológico con el menor nacido de gestación por sustitución, siempre claro, que cumpla los requisitos para ello[58]. A la misma respuesta negativa en un caso semejante (determinación de la filiación por posesión de estado según art. 131 CC) ya había llegado la STS, Sala Civil, 45/2022 de 27 de enero, en base a la falta de vínculo biológico y la inexistencia de una relación maternofilial de la madre no biológica[59]. Por último, otro supuesto, en este caso

---

57 El 14 de febrero 2019, la Dirección General de los Registros y del Notariado publicó una Instrucción para que el Registro Civil tuviera unas indicaciones sobre cómo proceder a la hora de regularizar a un menor nacido por gestación subrogada. Tan solo cuatro días después, este mismo órgano publicó otra Instrucción que derogaba la de fecha 14 de febrero de 2019 y dejaba en vigor la Instrucción anterior de 5 de octubre de 2010. Sobre la problemática de la identidad del menor vid. LARA AGUADO, Ángeles, "La encrucijada entre el derecho a la identidad personal de menores nacidos por contratos de gestación por sustitución y el respeto a los derechos fundamentales", *Cuadernos Civitas de jurisprudencia civil*, núm. 120, 2022, pp. 243-270.

58 Así ha ocurrido en dos sentencias recientes del TEDH, en el asunto *Valdís Fjölnisdóttir y otros c. Islandia*, 18 de mayo de 2021, y en *A. M. c. Noruega*, de 24 de marzo de 2022.

59 El artículo 7.3 de la Ley 14/2006, de 26 de mayo sobre técnicas de reproducción humana asistida establece la determinación de la filiación

de dos padres por subrogación durante una relación de hecho se resuelve en la STS, Sala Civil, 754/2023, de 16 de mayo en que se reitera los argumentos para una respuesta negativa: a) durante el tiempo de la convivencia el progenitor sin filiación biológica no adopto a los menores; b) es el legislador quien debe atribuir la filiación y c) no siempre concurre interés del menor cuando se alega una posesión de estado. Y, finalmente, la negativa a establecer la filiación solicitada no impide las relaciones entre las personas adultas y los menores afectados, al igual que tampoco se impide una asistencia económica en favor de los menores (sobre lo que no hay pronunciamiento al haberse desestimado la filiación)[60]. Pero no impedir no es igual para el menor que el hecho de reconocer un vínculo entre el adulto y el menor.

En casos de subrogación, el TEDH recuerda el derecho del niño al respeto de su vida privada, que exige que la legislación interna prevea la posibilidad de reconocer la relación jurídica entre un niño nacido mediante un contrato de subrogación en el extranjero y el padre de intención, cuando éste sea el padre biológico y que el derecho de los Estados deben establecer procedimientos de reconocimiento de la "realidad práctica" de la vinculación entre adulto y menor de forma rápida y eficaz por el

---

por doble maternidad cuando la mujer estuviera casada y no separada legalmente o de hecho con otra mujer. De no ser posible esta vía, cabe la determinación de la filiación por el ejercicio de la acción de reclamación de la filiación por posesión de estado prevista en el artículo 131 del Código Civil. Vid. BERROCAL LANZAROT, Ana Isabel, "Reclamación de la filiación extramatrimonial por posesión de estado de la pareja y luego esposa de la madre por naturaleza", *RCDI*, Año n.º 98, núm. 793, 2022, pp. 2785-2819; QUICIOS MOLINA, Susana, "Doble maternidad y acciones de filiación: conceptos de voluntad de ser madre, posesión de estado e interés superior del menor", *Cuadernos Civitas de jurisprudencia civil*, núm. 120, 2022, pp. 141-168.

60 Vid. referencia en *Revista LA LEY Derecho de familia y menores*, núm. 38, 2023.

interés del menor aunque no haya una vinculación biológica[61]. Sin embargo, el TEDH no determina la modalidad de "relación parental" pudiendo ser filiación, adopción, guarda de hecho, etc. En resumen, los Estados tienen libertad para establecer las normas sobre filiación respecto a un acuerdo de gestación por sustitución celebrado fuera de sus fronteras, hecho que en muchas ocasiones se fundamenta en la ausencia de un vínculo genético entre el menor y al menos uno de los progenitores de intención, y, según los más recientes pronunciamientos -*Valdís Fjölnisdóttir y otros c. Islandia* (2021) y *A.M. c. Noruega* (2022)- ha de respetarse el interés superior de los menores, en especial cuando su adopción ya no es posible, y por esta razón (aquí cobra especial interés el derecho de alimentos) se debe establecer procedimientos estatales que establezcan la vinculación entre ambos, procedimientos que deben ser diligentes[62].

5. Una última cuestión a referir: el derecho de alimentos del menor de edad en situaciones trasfronterizas. Esta situación se establece en el Convenio de La Haya de 23 de noviembre de 2007 sobre Cobro Internacional de Alimentos para los Niños y otros Miembros de la Familia (en lo sucesivo, el "Convenio de La Haya de 2007") y el Protocolo de la Haya de 2007, de 23 de noviembre, sobre la Ley aplicable a las obligaciones alimenticias[63] cuyo art. 1 señala como objetivo garantizar la eficacia del cobro internacio-

---

61 Dictamen consultivo P16-2018-001 (solicitud P16-2018-001, Consejo de Europa: Tribunal Europeo de Derechos Humanos, 10 de abril 2019).

62 Para más información vid. FARNÓS AMORÓS, Esther, "El Tribunal Europeo de Derechos Humanos y la relevancia del vínculo genético: una revisión de la jurisprudencia sobre gestación por sustitución trasfronteriza", *Revista bioética y derecho*, núm. 56, 2022, pp. 29-54; ROMERO GARCÍA ARANDA, Belén, "Gestación subrogada en el Tribunal Europeo de Derechos Humanos", *Revista Jurídica de Cataluña*, vol. 121, núm. 3, 2022, pp. 709-748.

63 Vid. Decisión del Consejo, de 30 de noviembre de 2009, relativa a la adhesión de la Comunidad Europea al Protocolo de La Haya, de 23 de noviembre de 2007, sobre la Ley aplicable a las obligaciones alimenticias (DOUE núm. 331, de 16 de diciembre de 2009).

nal de alimentos. Además, hay que acudir también al Reglamento (CE) 4/2009 del Consejo, de 18 de diciembre de 2008, relativo a la competencia, la ley aplicable, el reconocimiento y la ejecución de las resoluciones y la cooperación en materia de obligaciones de alimentos, conocido como "Reglamento sobre obligaciones de alimentos"[64]. El art. 1 de este Reglamento recoge el derecho de alimentos a menores de edad y supuso un gran salto en la eficacia para su reconocimiento y ejecución en casos de que el menor estuviera residiendo en otro país distinto del que había reconocido el derecho de alimentos y ello fue a través de la derogación del exequátur en todos los Estados miembros de la Unión Europea vinculados por las normas jurídicas aplicables establecidas en el Protocolo de La Haya de 2007 y que va mucho más allá que lo que los Estados pudieron adoptar a escala internacional[65]. En principio rige para derecho de alimentos de menores de 18 años si bien se permite a los Estados elevar la edad hasta los 21 años (principio de reciprocidad) y genera cooperación administrativa entre los Estados afectados. En cuanto a la competencia judicial se fija, en cuanto a menores de 18 años, en el art. 3 obligatoriamente (órgano jurisdiccional del lugar donde el demandado o el acreedor tengan su residencia habitual) si bien plantea problemas interpretativos[66]. A pesar de ello, aproximadamente dos millones de hijos se enfrentan al obstáculo de que su filiación determinada en un

---

64 Las obligaciones alimentarias quedan excluidas del ámbito del Reglamento (UE) 2019/1111 del Consejo de 25 de junio de 2019, relativo a la competencia, el reconocimiento y la ejecución de resoluciones en materia matrimonial y de responsabilidad parental y sobre la sustracción internacional de menores. DOUE núm. 178, de 2 de julio de 2019.

65 CASTELLANO RUIZ, Esperanza, "Acumulación de foros de competencia judicial internacional en materia de crisis matrimoniales, responsabilidad parental y alimentos", en CALVO ARAVACA, Alfonso Luis y CARRASCOSA GONZÁLEZ, Javier (Dirs.), *El derecho de familia internacional del siglo XXI en la práctica judicial*, Thomson Aranzadi, 2022.

66 Lo que no impide problemas interpretativos, vid. MORENO SÁNCHEZ-MORALEDA, Ana, "Ley aplicable a la pensión de alimentos de menores sustraídos por un progenitor: Comentario a la Sentencia del Tribunal de Justicia de la Unión Europea (Sala Cuarta) de 12 de mayo de 2022.

Estado miembro no se reconoce a todos los efectos en otro Estado miembro y ello supone, además de otros efectos negativos como la falta de representación, que los hijos pueden perder sus derechos de alimentos[67]. Por ello, ya existe una "propuesta de Reglamento del Consejo relativo a la competencia, al Derecho aplicable, al reconocimiento de las resoluciones y a la aceptación de los documentos públicos en materia de filiación y a la creación de un certificado de filiación europeo"[68], cuyo objetivo no es sustituir las normas ya existentes sino que, dado que la cuestión de la filiación del hijo o de la hija debe resolverse como cuestión preliminar antes de resolver cuestiones relativas a los derechos de alimentos -entre otros-, el presente Reglamento debe facilitar la aplicación de los citados instrumentos de la Unión en materia de Derecho de familia y de sucesiones[69]. Así se evitaría a las familias embarcarse en procesos judiciales para que se reconozca la filiación de sus hijos en otro Estado miembro, pues estos procesos judiciales

---

Caso WJ contra varios (JUR 2022, 155772)", *Revista Aranzadi de Derecho Patrimonial*, núm. 58, 2022.

67 El Derecho de la Unión ya exige a los Estados miembros que reconozcan la filiación del hijo o de la hija determinada en otro Estado miembro a efectos de los derechos que le confiere el Derecho de la Unión, en particular en materia de libre circulación, incluida la Directiva 2004/38/CE relativa al derecho de los ciudadanos de la Unión y de los miembros de sus familias a circular y residir libremente en el territorio de los Estados miembros, lo que conlleva el derecho a la igualdad de trato y la prohibición de obstaculizar asuntos como el reconocimiento del apellido.

68 Bruselas, 7 de diciembre de 2022 COM (2022) 695 final, 2022/0402 (NLE). Disponible en https://commission.europa.eu/document/928ae98d-d85f-4c3d-ac50-ba13ed981897_en.

69 Señala su art. 1 que el presente Reglamento establece normas comunes sobre competencia judicial y Derecho aplicable para la determinación de la filiación en un Estado miembro en situaciones transfronterizas; normas comunes para el reconocimiento o, en su caso, la aceptación en un Estado miembro de las resoluciones judiciales en materia de filiación dictadas en otro Estado miembro y de los documentos públicos relativos a la filiación formalizados o registrados y crea un certificado de filiación europeo.

implican tiempo, costes y cargas tanto para las familias como para los sistemas judiciales de los Estados miembros y tienen resultados inciertos. Destacamos que conforme a este Proyecto todos los hijos tienen los mismos derechos sin discriminación y por ello reconoce la filiación del hijo o de la hija con independencia de cómo se concibió o nació y del tipo de familia. Así pues, la propuesta incluye el reconocimiento de la filiación del hijo o de la hija con progenitores del mismo sexo, así como el reconocimiento de la filiación del hijo o la hija adoptados en el ámbito interno nacional de un Estado miembro.

V. EL DELITO DE IMPAGO COMO VIOLENCIA ECONÓMICA

La realidad respecto a la obligación de la prestación de alimentos es que recae generalmente sobre el progenitor varón, que puede incumplirla, pero evidentemente también es posible que recaiga sobre la progenitora y que sea ésta la autora del delito de impago de pensiones, puesto que el art. 227 CP no determina género del sujeto activo ni de los sujetos perjudicados por el impago[70]. En todo caso, es más común estadísticamente que sea la progenitora quien preste más dedicación personal y temporal al cuidado y asistencia de los hijos menores y el reconocimiento de este hecho, cuando concurra, debe tener consecuencias en todas las esferas personales y sociales de la mujer para no incurrir en discriminación por razón de sexo, como se puso de manifiesto en la ya famosa Sentencia del Tribunal Constitucional 119/2021, de 31 de mayo, que concedió amparo a la madre que tenía reducción

---

70 Así, como ejemplo, la SAP Barcelona, sección 9, 280/2023, de 13 de marzo confirma la condena a la autora del delito a una pena de 6 meses de prisión y la S AP Madrid, sección 29, 65/2023, de 9 de febrero confirma la condena a la autora por este delito imponiendo una pena de seis meses de multa.

de jornada reconocida por cuidado de hijos y a la que la empresa le modificó la jornada de trabajo.

Respecto al incumplimiento del pago de la prestación de alimentos son ya numerosos y conocidos los textos que consideran que es violencia económica tanto respecto a los hijos (La LO 8/2021, de 4 de junio, de protección integral a la infancia y la adolescencia frente a la violencia[71] -LOPIAV) como también respecto a la mujer: como víctima directa en caso de prestaciones de las que ella es titular como la pensión compensatoria pero también como víctima indirecta cuando el titular de la pensión de alimentos es el hijo, menor o mayor de edad, pero especialmente en el primer supuesto. Esta violencia económica incluye, entre otros aspectos, la voluntad de someter a la mujer por medio del abuso económico al no cubrir las necesidades básicas de los hijos directamente o no cubrir sus necesidades básicas (pensión compensatoria y otros acuerdos económicos) además de la carga superior del trabajo prestado en su atención[72]. Por otra parte, esta forma de violencia económica se manifiesta en múltiples tipos de

---

71 Resultan esenciales también, según la Disposición Final Primera de la LOPIAV, las modificaciones en la Ley de Enjuiciamiento Criminal (en adelante, LECrim) aprobada por el Real Decreto de 14 de septiembre de 1882. En ella se modifican los artículos 109 bis, 110, 261, 416, 544 ter, 707 y 730, se suprimen los artículos 433 y 448 y se introducen los artículos 449 bis, 449 ter, 703 bis, el apartado 3 del artículo 777 y el apartado 2 del artículo 788 para permitir la personación de las víctimas menores o necesitadas de especial protección una vez transcurrido el plazo para presentar escrito de acusación, siempre que se adhieran al escrito de acusación formulado por el Ministerio fiscal; establecer una serie de excepciones en el régimen de dispensas; modificar la regulación de medidas cautelares y dar más importancia a la prueba preconstituida para conseguir que la declaración en juicio de menores sea algo excepcional.

72 El Estudio sobre la Aplicación de la Ley Integral por las Audiencias Provinciales elaborado por el Grupo de Expertos y Expertas del CGPJ (marzo 2016) —SP/DOCT/20195— reconoció el delito de impago de pensiones como delito de violencia de género y como delito de carácter económico.

actos[73]. Cuando el obligado incumple la prestación de alimentos a hijo menor se somete al otro progenitor, generalmente mujer, a una situación económica injusta e ilegal. Así lo consideró la Sentencia del TS Sala de lo Penal 293/2021, de 17 de marzo[74] al establecer que el impago de la obligación por parte del padre deja a los propios hijos en un estado de necesidad en el que, ante su corta edad, y carencia de autosuficiencia, necesitan de ese sustento alimenticio y si se produce el incumplimiento del obligado a prestarlos, exige al progenitor que los tiene consigo en custodia a llevar a cabo un exceso en su esfuerzo de cuidado y atención hacia los hijos, privándose de atender sus propias necesidades para cubrir las obligaciones que no verifica el obligado a hacerlo. Por consiguiente, el impago de pensiones alimenticias constituye una conducta de violencia económica en cuanto representa una doble victimización: sobre los hijos como necesitados de unos alimentos que no reciben y sobre el progenitor que debe sustituir al obligado incumplidor por tener que cubrir los alimentos que no presta el obligado a darlos. Ahora bien, a pesar de esta declaración, el TS rebaja la pena inicial que era la máxima, un año de prisión, y la deja en seis meses por aplicación de las reglas del art. 66 CP. Con posterioridad, una resolución judicial, amparada en el art. 4 CP reclama que este delito se penalice como un delito de violencia de género: Juzgado de lo Penal de Mataró n.º 2 en Sentencia de 22 de julio de 2021. La razón que alega es que además del incumpli-

73 Se incluye el incumplimiento alimentario total, parcial, tardío, etc. Vid. CAPPELLA, Lorena, "Violencia económica y patrimonial: Hacia una justicia con rostro humano y mirada de mujer", en SALOMÓN, Claudia Emilia (Dir.), *Violencia en las relaciones de familia. Visión desde el Derecho y la Interdisciplina*, Delta Editora, 2022, p. 177- 228.

74 Aspecto ya señalado en la STS 557/2020, de 20 de octubre "*Además, no existe duda de que el progenitor conviviente con el alimentista es una de las personas que soporta las consecuencias inmediatas de la actividad criminal, llevada a cabo por el otro progenitor que impaga la pensión alimenticia a los hijos, por lo que debe ser considerado agraviado a los efectos de tener legitimación para formular la preceptiva denuncia e instar así su pago en vía penal*". Sobre STS de 2021 ver comentario en LA LEY 2990/2021.

miento del pago de la pensión alimenticia a la hija menor de edad hubo un contexto de violencia de género[75]. La cuestión es que el art. 87 ter 1º letra b) LOPJ sí prevé la atribución competencial de los delitos contra los derechos y deberes familiares (entre los que se incluye el delito de abandono de familia en su modalidad de impago de pensiones) a los Juzgados de Violencia sobre la Mujer, cuando también se haya cometido un acto de violencia de género. No es, pues, una cuestión competencial.

La cuestión es si procede hacer modificaciones sustantivas en el Código Penal y cuáles: ¿modificar el art. 227 CP para determinar un supuesto específico en que autor es el hombre y víctima la mujer al modo del art. 153.1º CP? Algunos autores consideran que esta fórmula habitual ya está superada y no es necesario tipificar el delito considerando que el autor tiene que ser marido o pareja de la mujer[76]; entonces, de no considerar esta opción legislativa, habrá que determinar si la violencia económica se tipifica, por ejemplo, como circunstancia agravante genérica y se da una definición auténtica por el legislador en el art. 22 CP. La sentencia del Juzgado de Mataró justificaba la violencia económica por el contexto de violencia de género: entendemos que quedó probada

---

75 https://blog.sepin.es/2021/11/violencia-economica-delito-impago-pensiones

76 Por ejemplo, Ley 4/2018, de 8 de octubre, para una Sociedad Libre de Violencia de Género en Castilla-La Mancha, no requiere que el sujeto activo de la conducta sea o haya sido pareja o cónyuge de la víctima, en virtud de su art. 3 "A los efectos de esta ley se entiende por violencia de género la violencia que se ejerce contra las mujeres como manifestación de la discriminación y la situación de desigualdad en el marco de un sistema de relaciones de poder de los hombres sobre las mujeres, producida por medios físicos, económicos o psicológicos, incluidas las amenazas, intimidaciones, coacciones o la privación arbitraria de la libertad, y tenga como resultado un daño físico, económico, psicológico, sexual u otro relacionado con el entorno social, tanto si se produce en el ámbito público como en el privado". Vid. CARO HERRERO, Gabriel, "Reflexiones sobre la concurrencia de violencia económica en el contexto de familia: impacto y mecanismos para su neutralización", *Revista Boliviana de Derecho*, núm. 32, 2021, pp. 124-149.

la existencia de alguno o varios de los delitos que se determinan en el art. 87 LOPJ.

En mi opinión, la cuestión esencial es ¿con que finalidad se quiere reconocer en un texto de derecho penal sustantivo la violencia económica? La finalidad sólo puede ser retributiva para castigar ese daño o preventiva para evitar que se cometa en el futuro ese otro "resultado". Se debe reflexionar sobre si debe tener una consecuencia penológica más grave, que se lograría si a través de las reglas penológicas del art. 66 CP si se ha creado una circunstancia agravante de violencia económica en el art. 22 CP como se dijo o, bien, se logra estableciendo un marco de pena específico y expreso en el art. 227 CP para cuando el hecho (el impago de la prestación) se haya cometido en un contexto de violencia de género o suponga un maltrato económico al perceptor de la pensión (por ejemplo: la mitad superior de la pena fijada por este artículo o incluso subir un grado la pena). El incremento de pena es claramente un recurso preventivo, pero se debe reflexionar si es una mejor opción atender a la reparación integral de los daños causados por el delito, esto es, si se permite o se puede hacer pronunciamientos penales sobre la responsabilidad civil consistente en el pago de las pensiones impagadas y además también resolver sobre la reparación de esos daños "adicionales" causados como, por ejemplo: la limitación de recursos básicos para el sustento, la limitación del desarrollo educativo e incluso las limitaciones en la vida social o del ocio derivado todo ello de disponer de menores recursos económicos. Otros autores alegan la posible reparación del daño a la tranquilidad cotidiana o la seguridad económica, etc. En esta línea argumentativa ya se han pronunciado algunos autores reclamando que se distinga la sanción -civil o penal- por el impago de los alimentos a los hijos de la sanción o castigo- civil o penal- por esa violencia económica sobre la mujer[77]. En nues-

---

77 LONDOÑO VÁSQUEZ, Diana María, "La inasistencia Alimentaria como Violencia Económica", *Nuevo derecho,* Vol. 16, núm. 26, 2020, pp. 1-16, p. 9. Sobre la respuesta del derecho penal a la violencia económica vid. MARTÍN LÓPEZ, M.ª Teresa, "Explorando la violencia económi-

tra opinión, esta vía reparadora debería ser objeto de un análisis profundo, puesto que tiene un efecto preventivo importante y, además, es innegable, responde al principio de una justicia reparadora de forma más útil e idónea que el incremento de la pena de prisión o de la pena de multa. Por ello, quizás, se podría conectar con el concepto de daño moral derivado del delito en cuanto supone un menoscabo de la dignidad humana, una limitación de la autonomía y tranquilidad, del libre desarrollo de la personalidad y del proyecto de vida causando un impacto emocional indemnizable[78].

Por último, hay otros aspectos que se vinculan penalmente con la comisión de este delito: ¿se establece de forma expresa en el tipo penal la pena -imperativa o potestativa- de privación de la patria potestad? En la actualidad está prevista en delitos de mayor lesividad, como el art. 192 CP para delitos de naturaleza sexual o el art. 140 bis CP en caso de muerte de un progenitor por el otro y en el art. 233 CP para los delitos de abandono, entrega o utilización del menor. Hay que reseñar que, conforme a la regulación actual, no podría aplicarse esta inhabilitación como medida cautelar durante el procedimiento ni tampoco como pena accesoria. En nuestra opinión, se debe mantener la regulación actual. Otra cuestión es si se puede establecer por este delito la medida de protección de alejamiento prevista en el art. 57 CP. La respuesta es que sí conforme a la LO 8/2021 de Protección a la Infancia y Adolescencia contra la Violencia que ha incluido dentro del catálogo de delitos a los que se puede aplicar el art. 57.1 CP los delitos contra las relaciones familiares[79]. Por último, sobre si la violencia

---

ca en la pensión de alimentos" *Revista La Ley Derecho de Familia*, núm. 39, 2023 (pp. 1-21).

78 VILLALUENGA AHIJADO, Antonio, *El daño moral derivado del delito*, Reus, 2022, pp. 160-167. El daño moral se incluye en el art. 28 ter 2 de la LOIVG.

79 En igual sentido el Dictamen de la Fiscal de Sala (Teresa Peramato Martín) contra la Violencia sobre la Mujer emitido el 18 de noviembre de 2021.

económica debe tener efectos en la custodia y visitas, en vía civil -que no penal- y tratándose de menor de edad *"se considera necesario conceder al juez facultades para modular, en atención a las circunstancias concurrentes expuestas, la medida de alejamiento y suspensión del régimen de visitas"*[80].

VI. CONCLUSIONES

La protección que los textos internacionales, europeos y españoles otorgan al menor de edad es un principio esencial de una sociedad que pone su centro en la persona y, por eso, debe tener como guía de acción y como objetivo el cuidado y protección de la infancia y la adolescencia. En el marco familiar el menor, se supone, está protegido y seguro. El ordenamiento jurídico regula las conductas de los progenitores para que cuiden y asistan a sus hijos menores como éstos necesitan para su correcto desarrollo. Uno de los aspectos esenciales es disponer de los recursos necesarios para ello. Así pues, en circunstancia de ruptura de la familia (proceso de separación legal, divorcio y declaración de nulidad de matrimonio), proceso de filiación o proceso de alimentos a favor del hijo, se hace preciso reforzar el cumplimiento de la prestación o pensión de alimentos al hijo menor de edad con la amenaza de la pena: delito de impago de pensiones previsto en el art. 227 CP, si bien, tras el análisis de la regulación establecida por el ordenamiento civil sobre la pensión de alimentos a menor, podemos concluir que no es totalmente eficaz. Por esta razón, se suscribe en el apartado correspondiente de este estudio, algunas modificaciones legales ya propuestas por especialistas como incluir en el art. 110 CC "especialmente durante la minoría de edad", en el art.

---

[80] Conclusión n.º 41 del Encuentro de los jueces de familia con la abogacía de familia y los gabinetes de psicología y trabajo forense celebrado en noviembre de 2022 en Madrid, en relación con la incidencia de la violencia doméstica y de género en las medidas de patria potestad, custodia y visitas.

112 CC "La retroactividad se producirá siempre respecto al deber de alimentar a los hijos menores" y en el art. 148 CC "El párrafo anterior no será de aplicación a la obligación de prestar alimentos a los hijos menores de edad". Igualmente, se deben utilizar más las medidas procesales de aseguramiento de cumplimiento establecidas en la legislación civil y/o adoptadas en la resolución judicial y consideramos que el Fiscal debería ser procesalmente más activo cuando está afectada la pensión de alimentos de un menor. Todo ello sin olvidar que el Estado tiene una obligación positiva de ayuda al menor y a la familia, por imperativo constitucional, que se nos representa como insuficiente (por ejemplo, los anticipos del Fondo de Garantía de alimentos tienen una cuantía de 100 euros mensuales durante 18 meses máximo).

La pensión de alimentos del menor de edad nace con la filiación. Esta relación jurídica que surge por generación o por adopción está sometida a tensión por las diferentes formas de familia, los avances científicos y la globalización. Desde este estudio suscribimos la actual dirección del Tribunal Europeos de Derechos Humanos y del Proyecto del Consejo de Europa para regular la filiación de 2022, en el sentido de reconocer que todos los hijos son iguales con independencia de sus progenitores y de la forma de su nacimiento y que, en los casos en que no se puede establecer una filiación jurídica conforme a las reglas del ordenamiento del país, se debe arbitrar un procedimiento diligente de reconocimiento de la relación entre progenitor e hijo en aras al interés superior del menor. Por otra parte, si el menor con derecho a percibir la pensión de alimentos se encuentra residiendo en un Estado diferente de la Unión Europa es preciso que se reconozca su filiación a través del proyectado "certificado de filiación" que le permita recibir su pensión de alimentos sin trabas ni demoras.

Por último, el impago de la pensión de alimentos a menor de edad no sólo es constitutivo del delito ya referido, sino que se enmarca en la llamada violencia económica - a menor o de género. Brevemente se reflexiona sobre los aspectos penológicos de esta categoría y, en nuestra opinión, se aboga por la necesidad de fortalecer un derecho penal resarcitorio o reparador de todos los daños o lesiones ocasionados como consecuencia de la realización del delito.

VII. REFERENCIAS

BERROCAL LANZAROT, Ana Isabel, "Reclamación de la filiación extramatrimonial por posesión de estado de la pareja y luego esposa de la madre por naturaleza", *RCDI*, Año n.º 98, núm. 793, 2022, pp. 2785-2819.

BUSTOS MORENO, Yolanda y MÚRTULA LAFUENTE, Virginia, El derecho civil ante los nuevos retos planteados por las técnicas de reproducción asistida, Dykinson, 2021.

CALLEJO RODRÍGUEZ, Carmen, "Alimentos a cargo de los abuelos por insolvencia de los padres", *La ley Derecho de Familia*, núm. 4, 2014, pp. 120-128.

CALLEJO RODRÍGUEZ, Carmen, "Pensión de alimentos a favor de los hijos y situación de desempleo del alimentante" *La ley Derecho de Familia*, núm. 1, 2014, pp. 66-74.

CAPPELLA, Lorena, "Violencia económica y patrimonial: Hacia una justicia con rostro humano y mirada de mujer", en SALOMÓN, Claudia Emilia (Dir.), *Violencia en las relaciones de familia. Visión desde el Derecho y la Interdisciplina*, Delta Editora, 2022, pp. 177- 228.

CARO HERRERO, Gabriel, "Reflexiones sobre la concurrencia de violencia económica en el contexto de familia: impacto y mecanismos para su neutralización", *Revista Boliviana de Derecho*, núm. 32, 2021, pp. 124-149.

CASAS PLANES, M.ª Dolores, "De nuevo sobre la indemnización por daño moral y patrimonial por ocultación de la paternidad, tras la STS de 13 de noviembre de 2018 (ciertas referencias al derecho francés y angloamericano)", *Anuario de Derecho Civil*, Vol. 74, núm. 2, 2021, pp. 407-542.

CASTELLANO RUIZ, Esperanza, "Acumulación de foros de competencia judicial internacional en materia de crisis matrimoniales, responsabilidad parental y alimentos", en CALVO ARAVACA, Alfonso Luis y CARRASCOSA GONZÁLEZ, Javier (Dirs.), *El derecho de familia internacional del siglo XXI en la práctica judicial*, Thomson Aranzadi, 2022.

COLÁS TURÉGANO, M.ª Asunción, "La incapacidad para el pago de la deuda en el delito de impago de pensiones", *Revista General de Derecho Penal*, núm. 32, 2019, pp. 1-37.

COSIALLS UBACH, Andrés Miguel, "Sentencia de 2 de marzo de 2015. Análisis del concepto de mínimo vital del alimentante ante una situación de absoluta insolvencia. Suspensión de la prestación de la pensión alimenticia a favor del hijo", *Cuadernos Civitas de Jurisprudencia Civil*, núm. 99, 2015, pp. 403-414.

COSTAS RODAL, Lucía, "Novedades jurisprudenciales en materia de suspensión de la obligación de pagar alimentos a los hijos menores por ingreso en prisión del progenitor alimentante", *Revista Doctrinal Aranzadi Civil-Mercantil*, 2015, Vol. 1, núm. 9, pp. 37-43.

COSTAS RODAL, Lucía, "Custodia compartida y prestaciones alimenticias cuando hay desproporción en los ingresos de los progenitores. Comentario a la STS de 11 de febrero de 2016", *Revista Doctrinal Aranzadi Civil-Mercantil*, Vol. 2, núm. 5, 2016, pp.157-166.

COUNCIL OF EUROPE/EUROPEAN COURT OF HUMAN RIGHTS, *Guide on Article 8 of the European Convention on Human Rights*, 2022, pp. 67-68.

DE LAS HERAS VIVES, Luis, "El delito de impago de pensiones (art. 227 CP) tras la última jurisprudencia del Tribunal Supremo Español (SSTS núms. 346/2020 de 25 de junio; 348/2020 de 25 de junio; y 557/2020 de 29 de octubre). comentario a la STS núm. 348/2020 de 25 de junio", *Revista Boliviana de Derecho*, núm. 31, 2021, pp. 650-661.

FARNÓS-AMORÓS, Esther, "Paradiso y Campanelli c. Italia (II): los casos difíciles crean mal derecho", *Revista Bioética y Derecho*, 2017, núm. 40, pp. 231-242.

FARNÓS AMORÓS, Esther, "El Tribunal Europeo de Derechos Humanos y la relevancia del vínculo genético: una revisión de la jurisprudencia sobre gestación por sustitución trasfronteriza", *Revista bioética y derecho*, núm. 56, 2022, pp. 29-54.

FARNÓS AMORÓS, Esther, "La gestación por sustitución de nuevo ante el Tribunal Supremo: la STS, 1.ª (Pleno), de 31 de marzo de 2022, como ejemplo de la encrucijada actual", *Anuario de derecho civil*, Vol. 75, núm. 3, 2022, pp.1281-1314.

GARCÍA RUBIO, M.ª Paz, "¿Qué es y para qué sirve el interés superior del menor?", *Actualidad Jurídica Iberoamericana*, núm. 13, 2020, pp. 14-49.

GODOY DOMINGUEZ, Luis Alberto, "La insuficiencia económica del progenitor no custodio y la obligación de alimentos: fijación de un mínimo vital o suspensión del pago", en CERVILLA GARZÓN, M.ª Dolores y LASARTE ÁLVAREZ, Carlos (coords.), *Ordenación económica del matrimonio y de la crisis de pareja*, Tirant lo Blanch, 2018, pp. 538-539.

GÓMEZ CALLE, Esther, "Reclamación de alimentos y retraso desleal: a propósito de la sentencia del Tribunal Supremo de 14 de noviembre de 2018 (RJ 2018, 5164)", *Anuario de derecho civil*, vol. 73, 2020, núm. 1, pp. 341-373.

GONZÁLEZ VALVERDE, Antonio, "La suspensión temporal de la obligación de satisfacer la pensión de alimentos a los hijos menores por carencia de medios", *Revista de Derecho Civil*, Vol. 6, núm. 3, 2019, pp.73-118.

JIMÉNEZ LINARES, M.ª Jesús, "La modificación de la pensión de alimentos a hijos menores por alteración de las circunstancias", *Aranzadi civil: revista quincenal*, núm. 3, 1999, pp. 2219-2238.

LARA AGUADO, Ángeles, "La encrucijada entre el derecho a la identidad personal de menores nacidos por contratos de gestación por sustitución y el respeto a los derechos fundamentales", *Cuadernos Civitas de jurisprudencia civil*, núm. 120, 2022, pp. 243-270.

LÁZARO GONZÁLEZ, Isabel, "Determinación de la filiación y gestación subrogada. Comentario a la STS Sala de lo Civil, Pleno, 277/2022, de 31 de marzo", *Familia y sucesiones: Cuadernos Jurídicos*, núm. 140, 2022, pp. 18-23.

LONDOÑO VÁSQUEZ, Diana María, "La inasistencia Alimentaria como Violencia Económica", *Nuevo derecho*, Vol. 16, núm. 26, 2020, pp. 1-16.

MARTIN AYALA, María, "La supuesta donación de la capacidad reproductiva en la gestación por sustitución", *Revista Derecho y Salud*, núm. 29, 2019, pp. 182-192.

MARTÍN LÓPEZ, M.ª Teresa, "El principio de igualdad: los hijos extramatrimoniales en el delito de impago de pensiones (Comentario a la STC 74/1997, de 21 de abril)", *Derecho Privado y Constitución*, núm. 11, 1997, pp. 379-417.

MARTÍN LÓPEZ, M.ª Teresa, "Notas sobre el delito de impago de pensiones", en RODRIGUEZ YAGÜE, Cristina y VALMAÑA OCHAÍTA, Silvia (Coords.), *La mujer como víctima: aspectos jurídicos y criminológicos*, Ediciones UCLM, 2000, pp. 25-53.

MARTÍN LÓPEZ, M.ª Teresa, "Explorando la violencia económica en la pensión de alimentos", *Revista La Ley Derecho de Familia*, núm. 39, 2023 (pp. 1-21).

MARTÍN MELÉNDEZ, M.ª Teresa, "Reembolso a la madre de lo satisfecho por alimentos debidos al hijo por el padre en caso de determinación judicial tardía de la filiación paterna no matrimonial: un estudio desde la perspectiva del deber constitucional de asistencia", *Revista de Derecho Civil*, Vol. IX, núm. 3, 2022, pp. 87-155.

MARTINEZ CALVO, Javier, "La importancia de calificar correctamente el régimen de guarda y custodia: no hay razón para eludir el "nomen" del sistema de custodia compartida cuando de "facto" así se ha establecido. Comentario a la STS de España, núm. 656/2021, de 4 de octubre", *Revista Boliviana de Derecho*, núm. 34, 2022, pp. 926-945.

MARTÍNEZ ESCRIBANO, Celia, "Daño moral por ocultación de la paternidad: Hacia la puesta en valor de la relación paternofilial", *Revista de Derecho Civil*, vol. VIII, núm. 1, 2021, p. 284.

MORENO SÁNCHEZ-MORALEDA, Ana, "Ley aplicable a la pensión de alimentos de menores sustraídos por un progenitor: Comentario a la Sentencia del Tribunal de Justicia de la Unión Europea (Sala Cuarta) de 12 de mayo de 2022. Caso WJ contra varios (JUR 2022, 155772)", *Revista Aranzadi de Derecho Patrimonial*, núm.58, 2022.

NAVARRO-MICHEL, Mónica, "La filiación derivada de gestación por sustitución: posesión de estado e interés del menor, orden público y derechos fundamentales", *Revista Bioética y Derecho*, núm. 56, 2022, pp. 5-28.

NEVADO CATALÁN, Verónica, "Responsabilidad civil derivada de la indebida atribución de paternidad", *Indret. Revista para el Análisis del Derecho*, núm. 4, 2018, pp. 1-51.

ORTEGA DOMÉNECH, Jorge, "Patria potestad e hijos menores tras la ruptura: enfoque jurisprudencial actual sobre el establecimiento de la custodia compartida", *Revista general de legislación y jurisprudencia*, núm. 2, 2022, pp. 183-256.

PÁRAMO Y DE SANTIAGO, Casto, "Derecho de familia. Pensión de alimentos. Mínimo vital. Comentario a la STS de 14 de noviembre de 2016", *CEFLegal: Revista práctica de derecho. Comentarios y casos prácticos*, núm. 195, 2017, pp. 63-66.

PÁRAMO Y DE SANTIAGO, Casto, "Reclamación judicial solicitando la devolución de los alimentos satisfechos", *CEFLegal: Revista práctica de derecho. Comentarios y casos prácticos*, núm. 216, 2019, pp. 109-116.

PÉREZ DÍAZ, Raquel, "La petición y extinción de alimentos de hijos matrimoniales o de parejas de hecho mayores de edad", *Revista de Derecho de Familia*, núm. 96, 2022, pp. 25-58.

QUERALT JIMÉNEZ, Argelia, "La violencia contra las mujeres. Sistema Europeo", en CARMONA CUENCA, Encarnación (coord.), *La perspectiva de género en los sistemas europeo e interamericano de derechos humanos*, CEPC, Madrid, 2015, pp. 209-247.

QUICIOS MOLINA, Susana, "Doble maternidad y acciones de filiación: conceptos de voluntad de ser madre, posesión de estado e interés superior del menor", *Cuadernos Civitas de jurisprudencia civil*, núm. 120, 2022, pp. 141-168.

REDONDO SACEDA, Lara, "El papel del artículo 8 CEDH en la construcción del margen de apreciación nacional y la doctrina de las obligaciones positivas del Estado", *Anales de Derecho, 2020, número especial AdD el TEDH en su sesenta aniversario*, pp. 1-28.

ROMERO GARCÍA ARANDA, Belén, "Gestación subrogada en el Tribunal Europeo de Derechos Humanos", *Revista Jurídica de Cataluña,* vol. 121, núm. 3, 2022, pp. 709-748.

RUIZ MARÍN, Macarena, "La retroactividad de la reclamación de alimentos en caso de determinación judicial de la filiación paterna", *Cuadernos de Dereito actual,* núm. 4, 2016, pp. 201-205.

TORTAJADA CHARDÍ, Pablo, "Extinción de la obligación de alimentos, en particular por desafección de los hijos", *Actualidad Jurídica Iberoamericana,* núm. 17 bis, 2022, pp. 306-329.

TORTAJADA CHARDÍ, Pablo, "Suspensión de la obligación de prestar alimentos al menor de edad: mecanismos de control, análisis jurisprudencial y propuestas", *Revista Boliviana de Derecho,* núm. 33, 2022, pp. 104-123, p. 114.

TUDELA CHORDÁ, Sergio, "La capitalización de la pensión por alimentos en la liquidación del régimen económico matrimonial", *Revista Boliviana de Derecho,* núm. 35, 2023, pp. 466-485.

UREÑA MARTINEZ, Magdalena, *Derecho de familia,* 6ª ed., Tecnos, 2022.

VERDA Y BEAMONTE, José Ramón y BUENO BIOT, Álvaro, "Los alimentos debidos a los hijos menores de edad: un estudio jurisprudencial", *Actualidad Jurídica Iberoamericana,* n.º13, 2020, pp. 441-481.

VIGO SERRALVO, Francisco, "Controversia en torno a la indexación de las prestaciones familiares según el país de residencia del causante. Sobre su compatibilidad con el Derecho de la UE", *e-Revista Internacional de la Protección Social (e-RIPS),* Vol. VII, 2022, núm. 2, pp. 193-210.

VILLALUENGA AHIJADO, Antonio, *El daño moral derivado del delito,* Reus, 2022.

Menores y violencia de género: aspectos civiles

M.ª ÁNGELES ZURILLA CARIÑANA[1]
Universidad de Castilla-La Mancha

SUMARIO: I. Introducción. II. Menores y violencia: normas protectoras, III. Medidas civiles de protección al menor en los casos de violencia de género. 1. Medidas relativas a la patria potestad. 1.1. Abusos sexuales. 1.2. Muerte violenta de la madre. 1.3. Traslado al extranjero. 2. Medidas relativas al régimen de visitas. 3. Medidas en relación con la prestación de alimentos. IV. Custodia compartida y violencia de género. V. Otras consecuencias civiles de la violencia de género. Bibliografía.

I. INTRODUCCIÓN

Resulta un hecho incontestable que la violencia que se produce en el seno del hogar es en su inmensa mayoría de género, es decir, del hombre contra la mujer. Es cierto, sin embargo, que la violencia de género es un fenómeno complejo que afecta también a menores, discapacitados y ancianos, colectivos débiles y necesitados de protección, que sufren directa o indirectamente las consecuencias de lo que se ha convertido en una auténtica lacra de nuestra sociedad. Ciertamente, la violencia de género genera una gran preocupación social ante las escalofriantes cifras de víctimas que se producen en España en los últimos años, en su gran mayoría, mujeres. No obstante, las estadísticas demuestran que en

[1] Catedrática de Derecho civil. Directora del Master en Prevención y Tratamiento de la Violencia de Género. ORCID: http://orcid.org/0000-0002-0695-4919. El trabajo se realiza en el marco del proyecto de I+D+i "El derecho al respeto a la vida familiar transfronteriza en una Europa compleja: cuestiones abiertas y problemas de la práctica", PID2020-113061GB-I00, financiado por MCIN/ AEI/10.13039/501100011033, del cual la autora es miembro del equipo investigador.

más del 50% de los casos en que la mujer sufre violencia física, los menores que conviven en el hogar son también víctimas de este tipo de violencia y, siempre, lo son de violencia psíquica[2].

La violencia de género tiene unas características específicas en el caso de los menores, por la relación de dependencia de todos los órdenes, y, de confianza, que tienen con el agresor. Además, el hecho de encontrarse en un proceso de formación de su personalidad hace, en la gran mayoría de los casos, que ésta se configure con ciertas patologías, que repercutirán en sus relaciones personales y sociales de por vida[3].

---

2 Vid. DURÁN FEBRER, María, "Aspectos procesales de la violencia doméstica", en *Encuentros. "Violencia Doméstica"*, Consejo General del Poder Judicial, Madrid, 2004, p. 176.

3 La importancia de la atención psicológica resulta crucial. De ahí que resulte plausible la modificación por la LO de garantía integral de la libertad sexual, del artículo 156.2 CC. De acuerdo con este precepto: *Dictada una sentencia condenatoria y mientras no se extinga la responsabilidad penal o iniciado un procedimiento penal contra uno de los progenitores por atentar contra la vida, la integridad física, la libertad, la integridad moral o la libertad e indemnidad sexual de los hijos o hijas comunes menores de edad, o por atentar contra el otro progenitor, bastará el consentimiento de este para la atención y asistencia psicológica de los hijos e hijas menores de edad, debiendo el primero ser informado previamente. Lo anterior será igualmente aplicable, aunque no se haya interpuesto denuncia previa, cuando la mujer esté recibiendo asistencia en un servicio especializado de violencia de género, siempre que medie informe emitido por dicho servicio que acredite dicha situación. Si la asistencia hubiera de prestarse a los hijos e hijas mayores de dieciséis años se precisará en todo caso el consentimiento expreso de estos. La STC 106/2022, de 13 de septiembre -RTC 2022/106-, rechazó el recurso de inconstitucionalidad interpuesto contra este precepto puesto que permite que para la atención psicológica baste solo el consentimiento de un progenitor (el que sufre los actos que la noma contempla) aunque el otro ha de ser informado. Se aparta de la regla general de la actuación conjunta prevista para el ejercicio de la patria potestad. El TC rechazó que, la atribución a uno de los progenitores de la decisión de que el menor sea atendido psicológicamente, informando previamente al otro en los supuestos que el precepto establece- caracterizados por un claro enfrentamiento y hostilidad entre ambos progenitores- sea irrazonable, desproporcionada, arbitraria o contradiga el interés del menor (art. 39 CE).* La importancia de la violencia psíquica fue

La gravedad del problema y la inquietud social ante el mismo determinó la promulgación de tres importantes Leyes, que han tratado de dar respuestas a la variada casuística que la violencia doméstica entraña y que han introducido modificaciones de relieve en importantes cuerpos legales:

- Ley 27/2003, de 31 de julio, reguladora de la Orden de Protección de las víctimas de la violencia doméstica -en adelante Ley 27/2003-. En ella el legislador, por primera vez, afirma:

> *La violencia ejercida en el entorno familiar y, en particular, la violencia de género constituye un grave problema de nuestra sociedad que exige una respuesta global y coordinada por parte de todos los poderes públicos. La situación que originan estas formas de violencia trasciende el ámbito meramente doméstico para convertirse en una lacra que afecta e involucra a toda la ciudadanía.*

El objetivo básico de esta Ley es que a través de un procedimiento judicial rápido y sencillo, sustanciado ante el juzgado de instrucción, pueda obtener la víctima un estatuto integral de protección que concentre de forma coordinada acciones cautelares de naturaleza civil y penal, algunas de ellas encaminadas a la protección de los menores.

- Ley Orgánica 11/2003, de 29 de septiembre, de medidas concretas en materia de Seguridad Ciudadana, Violencia Doméstica e Integración Social de los extranjeros- en adelante, LO 11/2003-. Esta Ley presta especial atención a los delitos relacionados con la violencia doméstica. Las conductas consideradas en el CP como falta de lesiones pasan a considerarse delitos cuando se cometen en el ámbito doméstico. Cuando los delitos de violencia doméstica son cometidos con habitualidad se les dota de una mejor sistemática, se amplía el círculo de sus posibles víctimas, se impone, en todo caso, la pena de privación del derecho a la tenencia y porte

---

reconocida por nuestro TS en la Sentencia de 3 de junio de 2014 -RJ 2014/3900-. Considera nuestro alto tribunal que el maltrato psicológico ha de ser considerado como maltrato propiamente dicho a efectos de la desheredación del artículo 853.2 CC.

de armas y se abre la posibilidad de que el juez o tribunal sentenciador acuerde la privación de la patria potestad, tutela, curatela, guarda o acogimiento.

- Ley Orgánica 1/2004, de 28 de diciembre, de Medidas de Protección Integral contra la Violencia de Género -en adelante, LO 1/2004-. Esta norma, teniendo muy presente el carácter multidisciplinar del problema, trata de dar respuesta global a la violencia que se ejerce contra las mujeres. Consciente, empero, de que las situaciones de violencia sobre la mujer afectan también a los menores que se encuentran en su entorno familiar, la ley contempla también su protección, estableciendo las medidas civiles necesarias para proteger y evitar perjuicios a los menores cuando éstos son los destinatarios directos o indirectos de los actos violentos (alejamiento del domicilio, salida de éste o suspensión de las comunicaciones; suspensión o privación de la patria potestad o tutela de menores; suspensión o privación del régimen de visitas; garantías para la adopción de las medidas y el mantenimiento de las mismas). Su artículo 1 establece:

> *Por esta ley se establecen medidas de protección integral cuya finalidad es prevenir, sancionar y erradicar esta violencia y prestar asistencia a las mujeres, a sus hijos menores, y a los menores sujetos a su tutela, o guardia y custodia víctimas de esta violencia.*

Aun cuando las tres leyes mencionadas, constituyen normas relevantes en la lucha contra la violencia de género, nuestro ordenamiento jurídico está dotado de otras importantes normas (Código Civil -en adelante CC-; Código Penal -en adelante CP-; Ley de Enjuiciamiento Civil -en adelante LEC-; Ley de Enjuiciamiento Criminal -en adelante LECrim, Ley Orgánica de Protección del Menor de 15 de enero de 1996 -en adelante LO 1/1996-, Ley Orgánica 9/2002 -en adelante LO 9/2002-, de modificación del CC y CP en materia de sustracción de menores...) que en algunos de sus preceptos tratan de dar respuesta al problema de la violencia de género, y contienen importantes medidas para atajarla, refiriéndose también a las consecuencias de la violencia ejercida sobre los menores. Recientemente, otras leyes inciden en esta problemática modificando numerosos preceptos importantes de otros cuerpos legales (Ley Orgánica 8/2021, de 4 de junio, de protección integral de la infancia y la adolescencia contra la violencia – en adelante LO 8/2021-; Ley Orgánica 2/2022, de 21 de marzo, de mejora de la protección de las personas huérfanas contra la violencia -en adelante LO 2/2022-; y Ley Orgánica 10/2022, de 6 de septiembre, de garantía de la integridad de la libertad sexual -en adelante LO 10/2022-).

El presente trabajo se centrará especialmente en las medidas civiles de protección de los menores, que se contienen en las normas mencionadas: medidas relacionadas con la patria potestad o custodia; el régimen de visitas; la prestación de la pensión alimenticia, para la evitación de la sustracción de los menores; garantías para la adopción de tales medidas y mantenimiento de las mismas...Para el estudio de estas cuestiones se tendrán en cuenta no sólo las previsiones legales, sino también, las decisiones de nuestros tribunales, que servirán en gran medida de hilo conductor.

II. MENORES Y VIOLENCIA: NORMAS PROTECTORAS

La Ley Orgánica de Protección Jurídica del Menor 1/1996 de 15 de enero -en adelante LO 1/1996-, marca el inicio de una nueva filosofía en relación con los menores, basada en un mayor reconocimiento de su papel en la sociedad. Esta Ley ha dotado al menor de un marco jurídico de protección, y es fiel reflejo de los Tratados Internacionales suscritos por España, especialmente la Convención de Derechos del Niño de Naciones Unidas, de 20 de noviembre de 1989, ratificada por España en 1990, cuyo artículo 39 establece:

> *Los Estados parte adoptarán las medidas apropiadas para promover la recuperación física y psicológica y la reintegración social de todo niño víctima de cualquier forma de abandono, explotación o abuso, tortura u otra forma de tratos o penas crueles, inhumanas o degradantes, o conflictos armados. Esta recuperación se llevará a*

cabo en un ambiente que fomente la salud, el respeto de sí mismo y la dignidad del niño[4].

La LO 1/1996 ante las situaciones de riesgo de cualquier índole que perjudiquen el desarrollo personal o social del menor prevé que:

> *Se considerará situación de riesgo aquella en la que, a causa de circunstancias, carencias o conflictos familiares, sociales o educativos, la persona menor de edad se vea perjudicada en su desarrollo personal, familiar, social o educativo, en su bienestar o en sus derechos de forma que, sin alcanzar la entidad, intensidad o persistencia que fundamentarían su declaración de situación de desamparo y la asunción de la tutela por ministerio de la ley, sea precisa la intervención de la administración pública competente, para eliminar, reducir o compensar las dificultades o inadaptación que le afectan y evitar su desamparo y exclusión social, sin tener que ser separado de su entorno familiar (art. 17.1, redactado conforme a la Ley Orgánica 8/2021)*[5].

---

4 El Parlamento Europeo, de acuerdo con esta línea protectora de los menores, aprobó la Carta Europea de los Derechos del Niño, mediante la Resolución A-3-0172/92.

5 En esta misma línea, la Ley 5/2014, de 9 de octubre de Protección Social y Jurídica de la Infancia y Adolescencia, de Castilla La Mancha, se refiere en su artículo 7 a la prevención y atención de los malos tratos y la explotación. Su párrafo 1. Impone a las Administraciones públicas el deber de velar por que los menores no sean objeto de tratos crueles, vejatorios, inhumanos o degradantes en los ámbitos institucional o familiar. En el párrafo 2 dispone que las Administraciones públicas realizarán actuaciones preventivas y atenderán a los menores que sufran cualquier forma de violencia, maltrato, crueldad, manipulación, negligencia, explotación o abuso sexual. Así mismo protegerán a los menores frente a cualquier clase de explotación laboral y de la práctica de la mendicidad. Dispone asimismo la necesidad de especial cuidado cuando los menores tengan algún tipo de discapacidad, trastorno de salud mental o ambos. Se establecerán los adecuados mecanismos de coordinación entre los sectores educativos, sanitarios y los servicios sociales. Se impone también a las Administraciones públicas la obligación de poner en conocimiento del Ministerio Fiscal los hechos que atenten contra la integridad física y psíquica del menor, ejercitando las acciones civiles y penales que procedan.

Una novedad importantísima de esta Ley es la consideración de la violencia vicaria (ejercida contra los menores para dañar a la madre del más duro y cruel modo posible) como violencia de género. A tal efecto modifica el artículo 1 de la LO 1/2004- disponiendo que también comprende la violencia que con el objetivo de causar perjuicio o daño a las mujeres se ejerza sobre sus familiares o allegados menores de edad.

En consonancia con este principio protector diversas leyes han retocado el artículo 158 CC, siendo la redacción actual del mismo fruto también de la LO 8/2021. De acuerdo con la nueva redacción, que transcribo porque sintetiza prácticamente todas las medidas civiles relativas a los menores:

> El Juez, de oficio o a instancia del propio hijo, de cualquier pariente o del Ministerio Fiscal, dictará:
>
> 1.º Las medidas convenientes para asegurar la prestación de alimentos y proveer a las futuras necesidades del hijo, en caso de incumplimiento de este deber, por sus padres.
>
> 2.º Las disposiciones apropiadas a fin de evitar a los hijos perturbaciones dañosas en los casos de cambio de titular de la potestad de guarda.
>
> 3.º Las medidas necesarias para evitar la sustracción de los hijos menores por alguno de los progenitores o por terceras personas y, en particular, las siguientes:
>
> *a) Prohibición de salida del territorio nacional, salvo autorización judicial previa.*
>
> *b) Prohibición de expedición del pasaporte al menor o retirada del mismo si ya se hubiere expedido.*
> *c)Sometimiento a autorización judicial previa de cualquier cambio de domicilio del menor.*
>
> *4.º La medida de prohibición a los progenitores, tutores, a otros parientes o a terceras personas de aproximarse al menor y acercarse a su domicilio o centro educativo y a otros lugares que frecuente, con respecto al principio de proporcionalidad.*
>
> *5.º La medida de prohibición de comunicación con el menor, que impedirá a los progenitores, tutores, a otros parientes o a terceras*

personas establecer contacto escrito, verbal o visual por cualquier medio de comunicación o medio informático o telemático, con respeto al principio de proporcionalidad.

6.º La suspensión cautelar en el ejercicio de la patria potestad y/o en el ejercicio de la guarda y custodia, la suspensión cautelar del régimen de visitas y comunicaciones establecidos en resolución judicial o convenio judicialmente aprobado y, en general, las demás disposiciones que considere oportunas, a fin de apartar al menor de un peligro o de evitarle perjuicios en su entorno familiar o frente a terceras personas.

En caso de posible desamparo del menor, el Juzgado comunicará las medidas a la Entidad Pública. Todas estas medidas podrán adoptarse dentro de cualquier proceso judicial o penal o bien en un expediente de jurisdicción voluntaria, en que la autoridad judicial habrá de garantizar la audiencia de la persona menor de edad, pudiendo el Tribunal ser auxiliado por personas externas para garantizar que pueda ejercitarse este derecho por sí misma.

Las Disposiciones Finales 5ª a 11ª de la LO 1/1996 dieron también nueva redacción a los artículos 172 a 177 CC, relativos a la adopción y guarda de menores. Estos preceptos fueron modificados posteriormente por la Ley 26/2015, de 28 de julio de modificación del sistema de protección a la infancia y adolescencia -en adelante, Ley 26/2015-, que introduce, los artículos 172 *bis* y 173 *ter*[6].

---

[6] El artículo 172 otorga a la entidad pública que tenga encomendada la protección de los menores la tutela *ex lege* en el caso de desamparo de éstos, entendiendo tal término en sentido amplio, como privación de toda asistencia moral o material. El nuevo artículo 172 *bis*, en la línea de lo que ya establecía el anterior apartado 2 del artículo 172, permite a los padres o tutores, en caso de imposibilidad de prestar al menor los cuidados y atenciones que requiere, solicitar a la entidad pública la guarda de éstos en tanto se produce un cambio de circunstancias. El hoy artículo 172 *ter* prevé que la guarda se realizará mediante el acogimiento familiar, y, en su caso, mediante el acogimiento residencial. Los artículos 174 y 175 completan la regulación del acogimiento, dedicándose los artículos 176 al 180 a reglamentar la adopción.

La Ley 27/2003 -primera Ley en abordar este problema desde una perspectiva global- añade un nuevo artículo 544 *ter* a la LECrim, que en su apartado 7 fue modificado por la disposición final primera de la Ley 4/2015, de 27 de abril, del Estatuto de la víctima del delito. Hoy este apartado ha sido objeto de nuevos retoques por la ya tan mencionada LO 8/2021.

De acuerdo con la nueva redacción, que transcribo por su importancia:

> *Las medidas de naturaleza civil deberán ser solicitadas por la víctima o su representante legal, o bien por el Ministerio Fiscal cuando existan hijos menores o personas con la capacidad judicialmente modificada, determinando su régimen de cumplimiento y, si procediera, las medidas complementarias a ellas que fueran precisas, siempre que no hubieran sido previamente acordadas por un órgano del orden jurisdiccional civil, y sin perjuicio de las medidas previstas en el artículo 158 del Código Civil. Cuando existan menores o personas con discapacidad necesitadas de especial protección, que convivan con la víctima y dependan de ella, el Juez deberá pronunciarse en todo caso, incluso de oficio, sobre la pertinencia de la adopción de las referidas medidas.*
>
> *Estas medidas podrán consistir en la forma en que se ejercerá la patria potestad, acogimiento, tutela, curatela o guarda de hecho, atribución del uso y disfrute de la vivienda familiar, determinar el régimen de guarda y custodia, suspensión o mantenimiento del régimen de visitas, comunicación y estancia con los menores o personas con discapacidad necesitadas de especial protección, el régimen de prestación de alimentos, así como cualquier disposición que se considere oportuna a fin de apartarles de un peligro o de evitarles perjuicios.*
>
> *Cuando se dicte una orden de protección con medidas de contenido penal y existieran indicios fundados de que los hijos e hijas menores de edad hubieran presenciado, sufrido o convivido con la violencia a la que se refiere el apartado 1 de este artículo, la autoridad judicial, de oficio o a instancia de parte, suspenderá el régimen de visitas, estancia, relación o comunicación del inculpado respecto de los menores que dependan de él. No obstante, a instancia de parte, la autoridad judicial podrá no acordar la suspensión mediante resolución motivada en el interés superior del menor y previa evaluación de la situación de la relación paternofilial.*

Las medidas contenidas en el precepto transcrito guardan gran similitud con las de los artículos 103 y 158 4º CC, y 771.2 LEC[7].

La Ley 27/2003 presenta la novedad de permitir al Juez de instrucción de guardia, adoptar en el seno de la orden de protección determinadas medidas de naturaleza civil, previas a la demanda iniciadora del juicio de familia[8]. Las medidas civiles que se adopten como consecuencia de la Orden de Protección no pueden concurrir con otras dictadas previamente por el juez civil, por lo cual quedarán excluidas de modo automático en el caso de que con carácter previo un órgano jurisdiccional civil hubiese dictado medidas de esta naturaleza[9], sea con carácter temporal o definitivo "sin perjuicio de las medidas previstas en el artículo 158 del Có-

7 El número 2 del artículo 771 LEC ha sido retocado por la Ley 8/2021, de 2 de junio, de reforma la legislación civil y procesal para el apoyo de las personas con discapacidad en el ejercicio de su capacidad jurídica. El párrafo segundo del número 2 del artículo 771 LEC retocado por la Ley 17/2021, de 15 de diciembre, de modificación del Código Civil, la Ley hipotecaria y la Ley de Enjuiciamiento civil, sobre régimen jurídico de los animales.

8 Se permite así superar la posible contradicción entre una orden de alejamiento dictada en vía penal y la atribución del uso de la vivienda familiar, la guarda de los hijos o el régimen de visitas a los mismos, a favor de la persona destinataria de la orden de alejamiento (Vid. en este sentido TASENDE CALVO, Julio Jesús, "Aspectos civiles de la Ley Orgánica de Medidas de Protección Integral contra la Violencia de Género", *Actualidad Jurídica Aranzadi*, N.º 664, Abril 2005, p. 2).

9 Al efecto de solucionar los problemas de coordinación de jurisdicciones el Protocolo de Coordinación entre los Órdenes Jurisdiccionales Penal y Civil, aprobado por la Comisión de la Implantación de la Ley 27/2003, determinó que el órgano que dictó la orden de protección debe remitir de oficio al órgano jurisdiccional civil que conozca el asunto testimonio de lo actuado dentro del día hábil siguiente al que recayó el auto de protección. Aquel, a su vez, en igual plazo, lo pondrá en conocimiento de las partes y del Ministerio Fiscal, quienes podrán instar las actuaciones que consideren oportunas, sin perjuicio de las que se puedan acordar de oficio por el Juez Civil.

digo Civil"[10]. Entre las medidas que pueden adoptarse dentro de la orden de protección, al amparo de este artículo, se encuentra la modificación de las ya acordadas sobre los menores en un proceso de familia cuando acontezca una modificación sustancial de las circunstancias, debida a la aparición de episodios de violencia que pongan en peligro o puedan causar perjuicios a los menores, por ser éstos destinatarios directos o indirectos de la violencia. Estos hechos pueden aconsejar, por ejemplo, la suspensión del régimen de visitas o, incluso, de la custodia, al progenitor que ejerce la violencia de forma grave y reiterada[11].

En cualquier caso, la vigencia de las medidas ordenadas por el juez de instrucción es temporal y se encuentra condicionada a la ratificación o modificación por la jurisdicción civil, previa la iniciación de un proceso de familia a instancia de la víctima o de su representante legal, conforme al último apartado del número 7 del artículo 544 *ter* LECrim, que establece:

> *Las medidas de carácter Civil, contempladas en la orden de protección tendrán una vigencia temporal de 30 días. Si dentro de ese plazo fuese incoado a instancia de la víctima o de su representante legal un proceso de familia ante la jurisdicción civil, las medidas adoptadas permanecerán en vigor durante los treinta días siguientes a la presentación de la demanda. En este término, las medidas deberán ser ratificadas, modificadas o dejadas sin efecto por el Juez de primera instancia que resulte competente.*

Llama la atención que para que las medidas civiles acordadas en la Orden de Protección continúen vigentes se exige la in-

---

10 GARCÍA RUBIO, M.ª Paz, "Medidas civiles ante la violencia contra las mujeres. Análisis de los aspectos civiles de la Orden de Protección", *LA LEY*, Tomo III, 2004, p. 1912, resalta la ambigüedad de esta remisión. Considera esta autora, con quien coincidimos, que cualquier situación de violencia en el hogar, aun cuando sólo se ejerza de modo directo contra el otro miembro de la pareja, supone también violencia contra los menores, que la viven en carne propia, aunque se únicamente como violencia psíquica.

11 Vid. TASENDE CALVO, Julio Jesús, op.cit., p. 3.

coación de un proceso de familia ante la jurisdicción civil. La doctrina[12] pone de relieve las dificultades interpretativas de la norma. Asumiendo una interpretación amplia, la expresión "proceso de familia" incluiría entre otros, los procesos de filiación, paternidad, maternidad, los matrimoniales y los de menores. Se plantea a renglón seguido la duda acerca del procedimiento a seguir la víctima para cuya tutela se haya dictado una medida civil en la orden de protección, en el caso de que por ser pareja de hecho del agresor y carecer de hijos menores no le sean aplicables los procesos matrimoniales y de menores. De no admitirse, como es la habitual entre buena parte de la doctrina y de la jurisprudencia, la aplicación de los procesos matrimoniales a estas parejas, la situación de desamparo de la víctima de violencia destinataria de la orden de protección resulta evidente[13].

De acuerdo con el precepto transcrito, las medidas de carácter civil ordenadas en la orden de protección, cuya vigencia es de treinta días, se prorrogan durante treinta días más en el caso de iniciarse un proceso de familia. En este plazo el Juez civil deberá ratificarlas, modificarlas o dejarlas sin efecto. No se refiere la norma al supuesto, perfectamente posible, de que el Juez no cumpla el plazo y éste transcurra sin que se produzca pronunciamiento judicial alguno. El principio de tutela judicial efectiva consagrado por la Constitución Española y el propio tenor literal del artículo 544 *ter* 7 LECrim, que exige pronunciamiento del juez de primera instancia para ratificar, modificar o dejar sin efecto las medidas acordadas, permite entender que tales medidas se prorrogarán automáticamente mientras no se pronuncie dicho juez[14].

---

[12] Vid. GARCÍA RUBIO, M.ª Paz, op.cit., p. 1913; TASENDE CALVO, Julio Jesús, op.cit., p. 3.

[13] Vid. GARCÍA RUBIO, M.ª Paz, op.cit., p.1913.

[14] En este mismo sentido se orientan TASENDE CALVO, Julio Jesús, op.cit., p. 3 y GARCÍA RUBIO, M.ª Paz, op.cit, p. 1914. Otros autores, por el contrario, sostienen que, por tratarse de un plazo perentorio, su incumplimiento produciría la grave consecuencia de la extinción de las medidas dictadas por el juez de instrucción (vid. DELGADO MARTÍN, Joaquín, "La orden de protección de las víctimas de violencia domésti-

La LO 1/2004, en su disposición adicional duodécima añade una disposición adicional cuarta a la LECrim, que dispone que las referencias que se hacen al juez de instrucción y de primera instancia en los apartados 1 y 7 del artículo 544 *ter*, regulador de la orden de protección, se entenderán hechas, en su caso, al juez de violencia sobre la mujer[15]. La ratificación de las medidas civiles acordadas en la orden de protección deberá interesarse ante el juzgado de violencia sobre la mujer, lo que facilita su mantenimiento.

La LO 1/2004 en el capítulo dedicado a las medidas judiciales de protección y seguridad de las víctimas regula medidas propiamente civiles como la suspensión del ejercicio de la patria potestad o de la guarda y custodia de los menores (artículo 65) y la suspensión del régimen de visitas del inculpado a sus descendientes (artículo 66). El análisis de estas y otras medidas será objeto del epígrafe siguiente.

---

ca", en *Encuentros. "Violencia doméstica"*, Consejo General del Poder Judicial, Madrid, 2004, p. 120).

15 El Título V de la Ley, relativo a la Tutela Judicial, dedica su capítulo I a los Juzgados de Violencia sobre la Mujer. Se trata de que, tanto las causas penales en materia de violencia de género, como las civiles relacionadas con ella, sean objeto en la primera instancia de sustanciación procesal ante un mismo órgano jurisdiccional especializado en la materia, asegurando así las garantías del proceso penal al presunto agresor y la más eficaz e inmediata protección a la víctima en ambos órdenes jurídicos, con un tratamiento unitario en cada caso. Además de la novedad que supone la creación de este órgano jurisdiccional específico, el artículo 57 LO 1/2004, mediante la adición de un nuevo artículo 49 *bis* a la LEC aporta una de las grandes novedades: pérdida de competencia objetiva del juzgado de primera instancia a favor del juzgado de violencia contra la mujer, perteneciente al orden penal. El apartado 1 del artículo 49 *bis* contempla el supuesto de inhibición del juez civil a favor del juez de violencia sobre la mujer que resulte competente, como consecuencia de esa pérdida de competencia objetiva de la jurisdicción civil cuando se producen actos de violencia sobre la mujer.

III. MEDIDAS CIVILES DE PROTECCIÓN DEL MENOR EN LOS CASOS DE VIOLENCIA DE GÉNERO

El interés superior del menor y la protección integral de este son los factores determinantes a tener en cuenta para adoptar estas medidas, que pueden ser necesarias para proteger y evitar perjuicios a los menores en caso de ser destinatarios directos o indirectos de los malos tratos. De ahí que resulte importante que la Ley orgánica de protección integral de la infancia y la adolescencia, en aras a la protección de dicho interés, haya reformado el artículo 92.2 del CC de acuerdo con el cual:

> *El juez, cuando deba adoptar cualquier medida sobre la custodia, el cuidado y la educación de los hijos menores, velará por el cumplimiento de su derecho a ser oídos y emitirá una resolución motivada en el interés superior del menor, sobre esta cuestión.*

Las medidas civiles de protección se refieren normalmente a alguna de las siguientes cuestiones:

1. Medidas relativas a la patria potestad

La patria potestad se configura como una responsabilidad parental, que se ejercerá siempre en interés de los hijos e hijas, de acuerdo con su personalidad, y con respeto a sus derechos, a su integridad física y mental (artículo 154, párrafo segundo CC, que también ha sido objeto de retoques en su redacción de acuerdo con la LO 8/2021[16]).

El Capítulo IV de la LO 1/2004 entre las medidas de protección y seguridad de las víctimas, establece que el juez podrá suspender para el inculpado por violencia de género el ejercicio de la patria potestad o de la guarda y custodia, respecto de los meno-

---

16 El artículo 154 CC fue reformado con anterioridad por la Ley 26/2015, de 28 de julio de modificación del sistema de protección de la infancia y la adolescencia -en adelante Ley 26/2015- que puso el acento en el carácter de responsabilidad parental inherente a la patria potestad.

res a que se refiera (artículo 65). Obsérvese que el mencionado artículo 65 habla de suspensión, no de privación. Se trata de una medida de menor gravedad que la privación, de carácter transitorio y temporal, que se basa principalmente en el incumplimiento de los deberes inherentes a la patria potestad (cfr., artículo 170 1º CC). La suspensión es una medida de carácter temporal, que puede dejarse sin efecto por el juez en caso de que cambien las circunstancias que determinaron la adopción de la medida. En cualquier caso, ha de tenerse en cuenta que el interés superior del menor aconseja no separarlo de sus padres salvo en los casos en que sea estrictamente necesario, como es el caso de ser objeto de maltrato por parte de aquellos.

Las medidas relativas a la suspensión de la patria potestad se aplican de modo restrictivo y únicamente cuando sean indispensables para proteger el interés de los hijos e hijas. Si no acordase la suspensión, el juez determinará la forma en que se ejercerá el régimen de estancia, comunicación o comunicación del inculpado por violencia de género, de los menores que dependan del mismo. Asimismo, adoptará las medidas necesarias para garantizar la seguridad, integridad y recuperación de los menores y de la mujer, y realizará un seguimiento periódico de su evolución. El artículo 65 fue redactado nuevamente por el apartado tres de la disposición final tercera de la LO 8/2015.

La suspensión ha de obedecer a motivos graves, por ejemplo, ingreso en prisión del padre por delito del maltrato habitual STS (Sala 1ª Civil) de 13 de mayo de 2016 -RJ 2016/3675-. También Auto AP de Barcelona -20ª Penal- de 28 de abril de 2020 -ARP 2020/1290- en un caso de prisión por presunto asesinato de la expareja, madre de la menor, que es considerada como víctima de la violencia familiar. También puede obedecer a maltrato habitual hacia el propio menor. En el mismo sentido la SAP de Madrid (22ª civil), de 31 de marzo de 2022, en un caso de existencia de orden de protección de la madre.

La LO 1/2015, reformó la LO 10/1995 del CP, introduciendo en su artículo 39, relativo a las penas privativas de derechos, la privación de la patria potestad (apartado j). Por su parte, la LO 8/2021 modifica el artículo 46 CP, de acuerdo con la actual redacción[17]:

> *La inhabilitación especial para el ejercicio de la patria potestad, tutela, curatela, guarda o acogimiento, priva a la* persona condenada *de los derechos inherentes a la primera, y supone la extinción de las demás, así como la incapacidad para obtener nombramiento para dichos cargos durante el tiempo de la condena. La pena de privación de la patria potestad implica la pérdida de la titularidad de la misma, subsistiendo los derechos de los que sea titular* el hijo o la hija *respecto de la* persona condenada *que se determinen judicialmente. La autoridad judicial podrá acordar estas penas respecto de todas o alguna de las* personas *menores de edad o* personas *discapacitadas necesitadas de especial protección*[18] *que estén a cargo de la* persona condenada.

El precepto establece a renglón seguido que, para concretar los derechos de las personas menores de edad o personas con

---

17 El precepto habla de inhabilitación especial para el ejercicio de la patria potestad y de privación de la misma. La primera es una medida de carácter temporal, aneja a la comisión de un delito por lo que la resolución judicial deberá establecer su duración. La privación, a la que también se refiere el precepto, puede ser establecida por los jueces en los casos legalmente previstos, muy particularmente en los de violencia de género sobre la pareja, y sólo puede restablecerse, en interés del hijo, cuando cese la causa que la motivó -170.2 CC- (VELA SÁNCHEZ, Antonio J., *Consecuencias civiles de la violencia de género*, Barcelona, Bosch, 2022, p. 68). Las recientes SSAAPP de Asturias (5ª civil) de 13 de abril de 2021 -JUR 2021/183534-, y Salamanca (1ª civil) 18 de febrero de 2022 -JUR 2022/230236-, insisten en la posibilidad de rehabilitar la patria potestad cuando cesen las causas que motivaron la privación.

18 La referencia a «personas con discapacidad necesitadas de especial protección» ha sido introducida en sustitución de la anterior referencia al término «incapaces», conforme establece el número doscientos cincuenta y ocho del artículo único de la LO 1/2015, de 30 de marzo, por la que se modifica la LO 10/1995, de 23 de noviembre, del Código Penal. Las palabras en negrita han sido introducidas por la Ley orgánica 8/2021, de 4 de junio de protección de la infancia y la adolescencia frente a la violencia.

discapacidad, que hayan de subsistir en caso de privación de la patria potestad, y para determinar respecto de qué personas se acuerda la pena, la autoridad judicial valorará el interés superior de la persona menor de edad o con discapacidad, en función de las circunstancias de cada caso concreto.

La LO 5/2010, modificó también el artículo 55 de la LO 10/1995 estableciendo que la pena de prisión igual o superior a diez años llevará consigo la inhabilitación absoluta durante el tiempo de la condena, salvo que ésta ya estuviere prevista como pena principal para el supuesto de que se trate. El Juez podrá además disponer la inhabilitación especial para el ejercicio de la patria potestad, tutela, curatela, guarda o acogimiento, o bien la privación de la patria potestad, cuando estos derechos hubieren tenido relación directa con el delito cometido. Esta vinculación deberá determinarse expresamente en la sentencia.

El artículo 56.1.3º CP, también redactado conforme a la LO 5/2010, para las penas de prisión inferiores a diez años prevé que los jueces y tribunales puedan, atendiendo a la gravedad del delito, imponer como penas accesorias, a inhabilitación especial para especial para el ejercicio de la patria potestad, tutela, curatela, guarda o acogimiento, o bien la privación de la patria potestad, cuando estos derechos hubieren tenido relación directa con el delito cometido.

Por tanto, como destaca la STSJ de Cantabria de 10 de junio de 2012 -JUR 2012/92538- la Ley Orgánica 5/2010 permite que se puede privar de la patria potestad en la misma sentencia penal que justifique dicha medida, sin que ello suponga infracción del artículo 9.1 de la Ley Orgánica del Poder Judicial, existiendo una atribución legal que atribuye una extensión de la jurisdicción por razones suficientemente justificadas. Recordemos que el artículo 170.1º CC dispone que *el padre o la madre podrán ser privados totalmente de su potestad por sentencia fundada en el incumplimiento de los deberes inherentes a la misma, dictada en causa criminal o matrimonial.*

Importantes en el ámbito penal son también en relación con esta materia, los artículos 153.1 y 173.2 CP. El primero de ellos, para el supuesto de menoscabo psíquico o lesión de menor gravedad, o golpeo o maltrato de obra, sin causar lesión cuando el ofendido sea o hay sido, esposa o mujer ligada con el maltratador por relación de afectividad análoga a la conyugal, dispone que este será castigado con inhabilitación para el ejercicio de la patria potestad, tutela, curatela, guarda o acogimiento hasta cinco años. Así sucederá cuando el juez lo estime, atendiendo al superior interés del menor o de la persona con discapacidad necesitada de especial protección. El artículo 173 CP, por su parte, en relación con los denominados malos tratos habituales establece la misma medida para el maltratador, por un tiempo de entre uno y cinco años.

En cualquier caso, no debe perderse de vista que tanto si estas medias se adoptan como pena principal o como pena accesoria, en virtud de lo que disponen los artículos mencionados, ha de existir relación directa entre el delito mencionado, y la función de la patria potestad del condenado[19]. Tampoco, según se ha dicho, que la medida de privación de la patria potestad tiene carácter excepcional, concibiéndose hoy más como una medida en beneficio del menor que como una sanción al progenitor incumplidor (SSTS de 19 de octubre de 1992 -RJ 1992/8083-, 18 de octubre de 1996 -RJ 1996/7507-, 24 de abril de 2000-RJ 2000/2982-[20] y 11 de febrero de 2002 -RJ 2002/3109-).

En relación con la patria potestad, para delitos de menor entidad (amenazas y coacciones), resulta de gran importancia la adición de los apartados 4 a 6 al artículo 171 CP, por el artículo 38 de la LO 1/2004.

---

19 Vid. MÚRTULA LAFUENTE, Virginia, *El interés superior del menor y las medidas civiles a adoptar en supuestos de violencia de género,* Dykinson, Madrid, 2016, pp. 86-88.

20 Insiste esta Sentencia en que "...con la privación a los progenitores de la patria potestad sobre el hijo menor, insuficientemente atendido, no se trata de sancionar su conducta en cuanto al incumplimiento de sus deberes... sino que con ello lo que se trata es de defender los intereses del menor".

El apartado 4[21], se refiere al delito de amenazas leves contra la esposa o la mujer con la que el autor haya estado ligado en relación de afectividad análoga a la conyugal. Dicho delito, entre otras consecuencias, lleva consigo la posibilidad de que cuando el Juez o Tribunal lo considere adecuado al interés del menor o incapaz, se decrete la inhabilitación especial para el ejercicio de la patria potestad, tutela, curatela, guarda o acogimiento hasta cinco años.

La LO de Violencia de Género, adiciona también un apartado 2 al artículo 172 del CP, relativo al *delito de coacciones leves a la esposa o mujer que haya estado ligada al autor por análoga relación de afectividad, aun sin convivencia será castigado con la pena de prisión de seis meses a un año o de trabajos en beneficio de la comunidad de treinta*

---

21 La STC de 4 de mayo de 2009 -107/2009- resolvió el recurso de amparo interpuesto contra la SAP de Murcia de 12 de marzo de 2007 que condenó al recurrente como autor de los delitos de malos tratos (153.1. CP) y amenazas (171.4 CP). Considera aquel vulneradas la presunción de igualdad del artículo 14 y de inocencia, del artículo 24.2 de la Constitución española. Toda la argumentación de la demanda gira en torno a la constitucionalidad de aquellos preceptos. Se invoca vulneración del principio de igualdad por cuanto ambos preceptos del CP se establece distinto tratamiento penal según el sexo del agresor.
El TC desestima el recurso por considerar que dicha diferencia no vulnera el principio de la Constitución española, establece que las diferencias se deben a la finalidad de proteger la libertad y la seguridad de las mujeres, que el legislador entiende insuficientemente protegidas en el ámbito de la pareja, y la lucha contra la igualdad de la mujer en dicho ámbito, tal como estableció la STC 59/2008 –fundamento jurídico 8-. Establece también la Sentencia que los artículos 153.1 y 171.4 del CP no suponen condena al hombre por el mero hecho de serlo ni vulneran el principio de culpabilidad. Ello porque no existe una presunción legislativa de mayor lesividad en la conducta de los varones, sino la constatación razonable de la mayor gravedad de su conducta. Un interesante estudio sobre el delito de malos tratos puede verse en VALMAÑA OCHAÍTA, Silvia, "El delito de malos tratos", en RODRÍGUEZ YAGÜE, Cristina y VALMAÑA OCHAÍTA, Silvia (Coords.), *La mujer como víctima: aspectos jurídicos y criminológicos,* Colección Estudios, Ediciones de la Universidad de Castilla La Mancha, Cuenca, 2000, pp. 95-99.

y uno a ochenta días.... Dicho apartado establece que aquel podrá ser inhabilitado para el ejercicio de la patria potestad, tutela, curatela, guarda o acogimiento, hasta cinco años, cuando el Juez o Tribunal lo considere adecuado al interés del menor o de la persona con discapacidad necesitada de especial protección.

En ambos casos, la expresión podrá revela el carácter facultativo que para el Tribunal tiene la adopción de la medida de inhabilitación, que se impondrá, si atendidas las circunstancias del caso concreto, aquel lo considera conveniente.

Los criterios generales fijados por el TS (cfr. STS de 3 de mayo de 2001 -RJ\2001\2041-) en materia de privación patria potestad, repetidos constantemente en sentencias posteriores, son los siguientes:

- Se acordará en beneficio del hijo, expresión que constituye una cláusula de estilo que se repite a veces sin atisbar su verdadero sentido.

- Se adoptará con suma cautela por ser una medida de extraordinaria gravedad. Ha de ser objeto de interpretación restrictiva, requiriendo la concurrencia de causas graves, que han de ser debidamente probadas y formuladas en la sentencia con motivación clara, contundente y suficiente.

La necesidad de motivación se destaca en las SSTS de 5 de marzo de 1998 -RJ 1998/1495- entre otres muchas, de las que resulta que:

> *La variabilidad de las circunstancias que han de ser tenidas en cuenta para juzgar los actos de los padres exigen conceder al juez una amplia facultad discrecional de apreciación...pero en modo alguno puede prescindirse de que se trata de una facultad reglada, en cuanto que su aplicación exige tener presente siempre el interés del menor, informante tanto de la privación de la patria potestad como de su mantenimiento.*

En el mismo sentido se pronuncian las SSAP de Murcia de 27 de febrero de 1996 -AC 1996/358-, y Barcelona (12ª civil) de 19 de mayo de 2022 -JUR 2022/270005-.

Las causas más habituales relacionadas con la violencia, que afectan o pueden afectar a la patria potestad (como veremos, en unos casos nuestros tribunales disponen la inhabilitación de la patria potestad y en otros su privación) son las siguientes[22]:

1.1. Abusos sexuales

Constituyen éstos una forma indudable de violencia, tanto física como psíquica, que puede acarrear perjuicios de todo orden al menor, especialmente, psicológicos, que incidirán de por vida en el desarrollo de su personalidad, originándole a veces traumas de muy difícil reparación. El CP (art. 192, ubicado en el Título VIII, relativo a los delitos contra la libertad sexual, fue reformado por la LO 1/2015 de reforma de la LO 10/1995, del Código Penal). Su párrafo segundo para los ascendientes, tutores, curado-

---

22 Nos referiremos más detenidamente a las que llevan consigo formas de violencia, sea esta física o psíquica. Otras causas distintas de las enumeradas, que también han sido declaradas por nuestros tribunales como constitutivas de causa de privación de la patria potestad, son las siguientes:
1) Abandono: No se trata tanto de abandono físico, como de abandono afectivo, no atendiendo al hijo en esta importante parcela de formación de su personalidad. Así, se ha acordado en ocasiones la privación de la patria potestad cuando concurre "la más absoluta despreocupación por las necesidades materiales y afectivas del hijo, a cuya educación no ha contribuido nunca y con el que no ha mantenido más que contactos esporádicos" (SAP de Burgos, de 29 de abril de 1999 -AC 1999/4880-). El abandono ha de llegar a extremos graves para que se acuerde la privación (SAP de Baleares de 30 de marzo de 1999 -AC 1999/4617; -JUR 2010/217435-; Barcelona, de 19 de mayo de 2010 -JUR 2010/276913-; y Ciudad Real, de 7 de julio de 2010 -JUR 2010/288926-), apreciándose más gravedad cuanto más tiempo ha durado el abandono (SAP de Murcia de 18 de enero de 2000 -AC 2000/157-.
2) Impago de alimentos. La falta de pago de pensiones alimenticias, fijada en la sentencia de separación o divorcio se ha considerado a veces como causa de privación de la patria potestad, como se verá más detenidamente después (STS de 5 de marzo de 1998). También la reciente STS de 23 de mayo de 2019 -RJ 2019/1975-.

res, guardadores, maestros, o cualquier otra persona encargada de hecho o de derecho del menor, o de la persona con discapacidad necesitada de especial protección, en el caso de ser autores o cómplices de los delitos comprendidos en el Título VIII, impone la pena que les corresponda en su mitad superior.

La LO 10/2022 ha modificado el artículo 192.3 CP, de interés también en relación con el tema que nos ocupa. De acuerdo con él:

> *La autoridad judicial impondrá a las personas responsables de la comisión de alguno de los delitos de los Capítulos I o V cuando la víctima sea menor de edad y en todo caso de alguno de los delitos del Capítulo II, además de las penas previstas en tales Capítulos, la pena de privación de la patria potestad o de inhabilitación especial para el ejercicio de los derechos de la patria potestad, tutela, curatela, guarda o acogimiento, por tiempo de cuatro a diez años. A las personas responsables del resto de delitos del presente Título*[23] *se les podrá imponer razonadamente, además de las penas señaladas para tales delitos, la pena de privación de la patria potestad o la pena de inhabilitación especial para el ejercicio de los derechos de la patria potestad, tutela, curatela, guarda o acogimiento, por el tiempo de seis meses a seis años, así como la pena de inhabilitación para empleo o cargo público o ejercicio de la profesión u oficio, retribuido o no, por el tiempo de seis meses a seis años.*

El criterio adoptado por el TS en materia de abusos sexuales no ha sido uniforme. En la STS de 7 de noviembre de 2000 -RJ 2000/8932- el alto Tribunal condena al acusado a una pena de un año y diez meses de prisión, al declararse probado que aquel aprovechó el régimen de visitas para abusar sexualmente de su hija. No obstante, rechaza la imposición de la inhabilitación especial para el ejercicio de la patria potestad, solicitada en este caso por la acusación particular por considerar que:

> *La pena de inhabilitación especial para el ejercicio de la patria potestad no es una consecuencia jurídica de aplicación automática*

---

23 El título es el VIII, relativo a los delitos contra la libertad sexual. El capítulo I se refiere a las agresiones sexuales; el II a las agresiones sexuales a los menores de 16 años; y el capítulo V a los delitos de prostitución, explotación sexual y corrupción de menores.

> *tras la subsunción de los hechos en el tipo penal de los delitos contra la libertad sexual. El precepto cuya inaplicación se denuncia*[24] *refiere con el término podrá en carácter facultativo de su imposición, facultad sujeta a la razonabilidad de su decisión por lo que el artículo referenciado exige, como no podía ser de otra manera, la motivación de la decisión*[25].

Por el contrario, la STS de 3 de enero de 2001 -RJ 2001/14- ratifica la de la Audiencia de instancia, inhabilitando al padre para el ejercicio de la patria potestad, en un supuesto de abusos sexuales graves respecto del hijo de tres años:

> *Atendiendo a las características del ámbito personal en que tienen lugar los hechos , en el que el acusado se aprovecha de la confianza natural dentro de la relación padre e hijo, convirtiendo a éste en sujeto pasivo y víctima de su proceder delictivo...Se trata de un comportamiento delictivo particularmente grave realizado en el ejercicio del derecho del procesado a la patria potestad... en el desarrollo del régimen de visitas impuesto en el proceso de separación matrimonial respecto de su esposa, madre del menor y acusadora particular en este proceso.*

---

24 Concretamente, el art. 192. 2 CP.

25 En esta misma línea la SAP de Córdoba de 15 de julio de 1999 -AC 1999/2992- declara improcedente la inhabilitación especial para el ejercicio de la patria potestad, en un supuesto de delito probado de agresión sexual realizada por el padre, consistente en la penetración anal a su hijo de cuatro años. El Tribunal, pese a haber resultado probados los hechos, tiene en cuenta en el presente caso las peculiares circunstancias concurrentes en la familia, dado que, contra lo que suele suceder en estos supuestos el acto "*...no ha impactado en forma alguna en las magníficas relaciones familiares pues la absoluta sinceridad con que todos ellos se manifestaron en el acto del juicio es clara y evidente*" (a favor del padre declaró la esposa y la hija mayor del matrimonio). En consecuencia, declara improcedente la inhabilitación especial para el ejercicio de la patria potestad. Este criterio sostuvo también la SAP de Murcia de 25 de febrero de 2012 -JUR 2012/108538-, que no considera procedente la privación de la patria potestad al padre condenado por abusos sexuales continuados. Considera que la menor ha de aprender la existencia de una referencia paterna con ayuda terapéutica y que el superior principio de interés del menor requiere una introducción progresiva de la figura paterna.

Esta sentencia establece la posibilidad de decretar la inhabilitación especial del padre para el ejercicio de la patria potestad por sentencia dictada en causa criminal en determinadas clases de infracciones punibles, entre las que se encuentran, indudablemente, los abusos sexuales. Considera la sentencia que la imposición de la inhabilitación especial para el ejercicio de la patria potestad está plenamente justificada y es de carácter discrecional, al igual que lo es la fijación de su duración en el máximo legal permitido. La sentencia fija así mismo a cargo del padre una cantidad en concepto de indemnización de daños y perjuicios por daños morales (en la misma línea pueden verse las SSTS, de 9 de abril de 2001 -RJ 2001/10289-; 23 de enero de 2006 -RJ2006/2766-; 8 de enero de 2009 -JUR 2010/96314-; 24 de febrero de 2010 –JUR 2010/123784- y 27 de abril del mismo año -RJ 2010/2560-).

Otras muchas sentencias decretan la inhabilitación especial para el ejercicio de la patria potestad en supuestos de abusos sexuales a menores. A título de ejemplo pueden destacarse las SSAAPP de Murcia, de 15 de noviembre de 2013 -ARP 2013/1261-; Valencia, de 8 de mayo de 2014 -JUR 2014/190543-Barcelona, de 25 de septiembre de 2014 -JUR 2014/260905- (esta sentencia no decreta inhabilitación especial para el ejercicio de la patria potestad, sino suspensión del régimen de visitas).

Son también frecuentes las sentencias que decretan privación de la patria potestad en supuestos de abusos sexuales (cfr. SSAP de Las Palmas, de 20 de abril de 1998-ARP 1998/2523-; Salamanca, de 27 de octubre de 1999 -AC 1999/7106-; y Barcelona, de 16 de enero de 2009 -JUR 2009/174387- en un supuesto de malos tratos continuados y abusos sexuales por parte del padre, al hijo de su compañera, que también era objeto de los mismo; Granada, de 2 de diciembre de 2009 -ARP 2010/409-; Baleares de 28 de junio de 2012 - JUR 2012/243959-; y Asturias, de 6 de octubre de 2014 -JUR 2014/288488-).

Significativa en el ámbito de los abusos sexuales es la STS 695/2020, de 16 de diciembre -RJ 2020/4911-, que acuña el concepto de victimización familiar sexual en los delitos sexuales en que las víctimas son las hijas que viven con sus padres, o las parejas de su madre en el mismo domicilio (extensible también, por supuesto a los abusos sexuales sufridos por hijos que sufren ese tipo de abusos).

1.2. Muerte de la madre

El atentar contra la vida de la madre, o causarle la muerte es, en mi opinión, una de las más graves causas de incumplimiento de los deberes inherentes a la patria potestad, de acuerdo con lo establecido en el artículo 154.1 CC. Entiendo por ello que resultan comprensibles y justificados fallos como el de la STS de 31 de diciembre de 1996 -RJ 1996/9223-. En ella se afirma que la privación de la patria potestad al padre, demandado recurrente, por razón del delito de parricidio que cometió contra su cónyuge, madre del menor, tiene un sólido apoyo puesto que:

> *Repugnaría legal y moralmente mantener al padre en la titularidad de unas funciones respecto de las que se ha mostrado indigno, pues a pesar de su apegado cariño al niño, la proyección de tal sentimiento no ha llegado al sacrificio de sus propios impulsos, privando al hijo de forma trágica de la figura materna.*

Otras sentencias se orientan en esta misma dirección. La STS de 2 de octubre de 2003 -RJ 2003/6400- priva de la patria potestad al padre por muerte dolosa de la madre sobre la base de que este acto constituye una vulneración de los deberes inherentes a la patria potestad. Considera el alto tribunal que esta medida es aconsejable para una adecuada formación de los hijos.

Por su parte la STS de 27 de abril de 2010 -RJ 2010/2250-, para un supuesto de asesinato de la madre, además de la pena de 15 años de prisión, impone al padre la de inhabilitación absoluta durante el tiempo de la condena para el ejercicio de la patria potestad, así como la prohibición de comunicación con la hija en 10 años[26].

---

[26] Sin llegar al resultado de muerte, decretan también la inhabilitación especial para el ejercicio de la patria potestad en casos de malos tratos

Numerosas sentencias de Audiencias Provinciales han decretado también la privación o la inhabilitación para el ejercicio de la patria potestad en estos supuestos (cfr. entre otras muchas, SSAP de Cáceres, de 23 de noviembre de 2006 -JUR 2007/45830-; Vizcaya, de 27 de junio de 2007 -JUR 2007/348730-; y Zamora, de 15 de abril de 2010 -ARP 2010/636-).

Tal sucede con la STSJ de Cataluña de 1 de julio de 2010 -ARP 2010/1208-; la SAP de Barcelona, de 12 de enero de 2012 -ARP 2012/1014- Esta última, precisamente a través del instrumento que proporciona el artículo 170 Cc priva al padre de la patria potestad durante un plazo de 15 años en un caso de asesinato de la madre con especial ensañamiento. Privan de la patria potestad al padre en supuestos de asesinato de la madre las SSAAPP del TSJ de Andalucía (Granada), de 16 de diciembre de 2013 -JUR 2014/79484-; Asturias, de 14 de febrero de 2014 -ARP 2014/248-; Santa Cruz de Tenerife de 22 de septiembre de 2014 -ARP 2014/1328-; y Madrid de 30 de junio de 2015-ARP 2015/765-.

Llegados a este punto interesa referirnos a otra línea jurisprudencial, afortunadamente superada, que fue más reticente a decretar la inhabilitación para el ejercicio de la patria potestad en estos supuestos, remitiendo a los Tribunales civiles la adopción de esta decisión. La STS de 11 de septiembre de 2000 -RJ 2000/7932 - confirma la Sentencia del Tribunal Superior de Justicia de Cataluña de 7 de diciembre de 1999, que había condenado al marido por el homicidio de la esposa, pero la deja sin efecto en cuanto a la privación de la patria potestad.

Por su parte, la STS de 19 de febrero de 2009 -RJ 1009/2049- confirmó la inhabilitación especial para el ejercicio de la patria potestad durante diez años, por el asesinato de la madre. Desestimó, sin embargo, la petición de los recurrentes en casación rela-

---

habituales las SSTS de 7 de julio de 2010 -JUR 2010/288926- y 13 de julio de 2010 -JUR 2010/264038- y las de la Audiencia Provincial de Madrid de 13 de enero de 2010 -JUR 2010/223641- y 1 de junio de 2010 -JUR 2010/258243.

tiva a la inhabilitación especial para el ejercicio de la patria potestad por el delito de maltrato. Argumentó el TS que esta medida, de acuerdo con el artículo 173 CP, está supeditada a que el Juez lo estime conveniente y adecuado al interés del menor. Sobre la base de que en relación con esta cuestión no se pronunció la Audiencia y de que tal medida de inhabilitación ya se acordó como medida derivada del asesinato, el TS consideró que no procede imponerla como derivada del delito de maltrato.

Las SSTS de 18 de septiembre de 2009 -RJ 2009/5512- y 13 de noviembre del mismo año -RJ 2009/7887- rechazaron la imposición al padre parricida de la medida de alejamiento y la relativa a la privación de la patria potestad. Llama poderosamente la atención la argumentación de la sentencia de 13 de noviembre, aunque la de las dos sentencias es muy similar. Considera esta última que resulta improcedente el motivo del recurso que se refiere a la inadecuada inaplicación de los preceptos relativos a la previsión de alejamiento del condenado respecto de los menores, hijo y nieto de la víctima, así como a la privación de la patria potestad respecto del primero de ellos. Declara la sentencia que dicho alejamiento sería en principio perfectamente aplicable no sólo en relación con la propia víctima sino, incluso, con sus familiares, pues así lo establece expresamente como posibilidad abierta al tribunal el artículo 48.2 CP. Sin embargo, entiende que la medida de alejamiento no supone un pronunciamiento punitivo, sino protector respecto de aquellos a quienes se establece. De ahí que haya que apreciar algún riesgo respecto de los menores, que justifique la conveniencia de su adopción. En el caso presente, a pesar de la autoría de tan tremenda acción para con la madre (asesinada de más de cuarenta puñaladas) los hijos no fueron nunca objeto de agresión, ni hubo intención delictiva respecto de los mismos por lo que no cabe apreciar riesgo contra ellos, según el Tribunal. No puedo dejar de transcribir literalmente el siguiente fragmento de la sentencia:

> *Se advierte explícitamente, a pesar de su horrenda acción para con la madre de los niños, el afecto que a éstos personalmente aún les profesa, no sólo tomando la precaución de retirar al hijo varón*

> *de la estancia en que cometió el crimen antes de ejecutarlo, sino, incluso, siendo la primera llamada telefónica que efectuó posteriormente, antes de ponerse en comunicación con la Policía para confesar el hecho, dirigida a su hermana con el único fin de pedirle que viniera a recoger a los menores para evitar su presencia en un escenario tan dramático para ellos, por lo que resulta evidente la ausencia de fundamento para acordar una pena accesoria que no persigue otra finalidad que la de la cautelosa protección de la víctima o de sus familiares frente a la animosidad que contra ellos pudiera aún mantener el autor del delito, o todo lo más, para evitar a aquellas el encuentro traumático con su agresor.*

Más sentencias se orientaron en esta dirección. Afortunadamente, la Sentencia de la Sala 2ª del TS, de 30 de septiembre de 2015 -RJ 2015/4381-, marca un giro radical al disponer la privación de la patria potestad por vía penal en los intentos de asesinato de la pareja presenciados por los hijos. De acuerdo con ella:

> *Repugna legal y moralmente mantener al padre en la titularidad de unas funciones respecto de las que se ha mostrado indigno pues resulta difícil imaginar un más grave incumplimiento de los deberes inherentes a la patria potestad que el menor presencie el severo intento del padre de asesinar a su madre.*

El fallo de esta STS ha sido reiterado en un caso similar por la STS de 24 de mayo de 2018 -RJ 2018/3015-, que priva también de la patria potestad al padre.

Claramente el artículo 140 *bis* CP dispone hoy que si la víctima y quien sea autor de los delitos previstos en los tres artículos precedentes (relativos al homicidio y asesinato), tuvieran un hijo o hija en común, la autoridad judicial impondrá respecto de este, la pena de privación de la patria potestad.

1.3. Traslado al extranjero

Se equipara por nuestros tribunales al incumplimiento grave y reiterado de los deberes inherentes a la patria potestad. Constituye, además, una grave forma de violencia, si es inconsentido.

La LO 9/2002, de 10 de diciembre, sobre modificación del CC y CP en materia de sustracción de menores, introdujo nuevos retoques en ambos cuerpos legales, al efecto de dar solución al grave problema que en los casos de crisis matrimonial supone el traslado del menor fuera del lugar de su residencia, sin consentimiento de progenitor con quien convive habitualmente o de las personas o instituciones encargadas de su guarda (desubicación de su ambiente y entorno, pérdida de contacto con el otro progenitor, abuelos y otros parientes). Situaciones que constituyen, sin duda alguna, formas de violencia psíquica. La Ley, con la finalidad de atajar estas situaciones, previó medidas cautelares en el ámbito civil, que eviten las sustracciones o retenciones de menores. Para ello modificó el apartado tercero del artículo 158 CC, que acabamos de transcribir, introduciendo medidas que se han mantenido prácticamente idénticas en la nueva redacción del artículo 158 CC tras la reforma por la LO 8/2021, a la que hemos hecho referencia en páginas anteriores. La sentencia TS de 20 octubre 2014 -RJ 2014/5376-, declara como doctrina jurisprudencial que, el cambio de residencia del extranjero progenitor custodio puede ser judicialmente autorizado únicamente en beneficio e interés de los hijos menores bajo su custodia que se trasladen con él.

La Ley reguladora del secuestro parental introduce otras modificaciones de importancia en relación con el tema que nos ocupa. Añade un último párrafo al número 1 del artículo 103 CC, que regula las medidas provisionales a adoptar por el Juez, a falta de acuerdo entre los cónyuges, tras las demandas de nulidad, separación o divorcio. Dicho párrafo (el tercero) tiene un contenido prácticamente idéntico al del apartado tercero del artículo 158 CC, al que nos acabamos de referir con anterioridad.

La LO 9/2002 añade también un nuevo párrafo al artículo 224 del CP, para el supuesto del progenitor que induzca a su hijo menor infringir el régimen de custodia establecido por la autoridad judicial y administrativa. También incorpora al CP, el artículo 225 *bis*, que cierra el círculo de medidas a adoptar en los supuestos de sustracción, castigando a aquel progenitor que incumpla las prohibiciones a que se refieren los artículos 158 y 103 CC[27]. Reforma también el artículo 622 CP imponiendo a los padres multa de uno a dos meses cuando infrinjan el régimen de custodia establecido por vía judicial o administrativa.

Los supuestos más frecuentes se producen en los casos en que la guarda está encomendada a uno de los progenitores (normalmente la madre) aprovechando el otro progenitor el ejercicio de su derecho de visitas para efectuar el traslado[28]. La SAP de Alicante de 10 de febrero de 2000 -AC 2000/1135- privó de la patria potestad al padre, que mantuvo alejados a los menores de su madre desde 1996, fecha en que los llevó a Argelia, hasta 1998. Consideró la Audiencia que tal conducta:

> *Constituyó un grave incumplimiento de funciones inherentes a la patria potestad en perjuicio de los hijos menores, y ello en tanto en cuanto, al margen de la calificación penal de los hechos irrelevantes a los efectos que nos ocupan, lo cierto es que el citado comportamiento supuso el alejamiento de los niños de su núcleo familiar más próximo, vedando toda posibilidad de contacto con su madre y desempeño por la misma de los derechos-deberes inherentes a la patria potestad, con necesaria incidencia en el ámbito de educación y conformación íntegra de la personalidad de los menores,*

---

27 Conforme al número 1 del artículo 225 *bis*, el progenitor que sin causa justificada para ello sustrajese al hijo menor será castigado con la pena de prisión de dos a cuatro años e inhabilitación especial para el ejercicio del derecho de patria potestad por tiempo de cuatro a diez años. Las penas que establece este artículo se impondrán igualmente a los ascendientes del menor y a los parientes del progenitor hasta el segundo grado de consanguinidad o afinidad que incurran en las conductas descritas por el precepto.

28 Téngase en cuenta a este respecto el artículo 158. 3º CC, al que se aludió en epígrafes anteriores, que, al efecto de evitar la sustracción de menores prohíbe la salida de éstos del territorio nacional, sin autorización judicial previa y la prohibición de expedición de pasaporte al menor o la retirada del mismo, si ya se hubiera expedido (relación con estas cuestiones véanse los artículos 225 *bis* del CP). El artículo 158.3 CC somete a la necesidad de autorización judicial previa cualquier cambio de domicilio del menor.

que vieron cercenadas sus posibilidades de formación en el ámbito familiar más próximo que le era propio.

2. Medidas relativas al régimen de visitas

El derecho a relacionarse con los hijos menores o incapacitados por parte del progenitor que no los tenga consigo aparece establecido en los artículos 94 y 160 CC. Corresponde al Juez el establecimiento del tiempo y forma del ejercicio de este derecho, que podrá limitar o, incluso, suspender, si se diesen graves circunstancias que así lo aconsejen[29]. Sin duda, la violencia ejercida en el seno del hogar familiar es una de esas graves circunstancias que puede hacer aconsejable la limitación o suspensión del derecho de visitas.

De acuerdo con mencionado artículo 94 CC, párrafos 4 y 5, redactado conforme a la Ley 8/2021 de reforma de la legislación civil y procesal para la protección de las personas con discapacidad en el ejercicio de su capacidad jurídica: No procederá el establecimiento de un régimen de visita o estancia, y si existiera se suspenderá, respecto del progenitor que esté incurso en un proceso penal iniciado por atentar contra la vida, la integridad física, la libertad, la integridad moral o la libertad e indemnidad sexual del otro cónyuge o sus hijos.

---

29 La autoridad judicial podrá reconocer el derecho de comunicación y visita previsto en el apartado segundo del artículo 160, previa audiencia de los progenitores y de quien lo hubiera solicitado por su condición de hermano, abuelo, pariente o allegado del menor o del mayor con discapacidad que precise apoyo para tomar la decisión, que deberán prestar su consentimiento. La autoridad judicial resolverá teniendo siempre presente el interés del menor o la voluntad, deseos y preferencias del mayor con discapacidad. Nueva redacción del párrafo sexto del artículo 94 por la Ley 8/2021 de modificación de la legislación civil y procesal para la protección de las personas con discapacidad en ejercicio de su capacidad jurídica.

Tampoco procederá cuando la autoridad judicial advierta, de las alegaciones de las partes y las pruebas practicadas, la existencia de indicios fundados de violencia doméstica o de género. No obstante, la autoridad judicial podrá establecer un régimen de visita, comunicación o estancia en resolución motivada en el interés superior del menor o en la voluntad, deseos y preferencias del mayor con discapacidad necesitado de apoyos y previa evaluación de la situación de la relación paternofilial.

No procederá en ningún caso el establecimiento de un régimen de visitas respecto del progenitor en situación de prisión, provisional o por sentencia firme, acordada en procedimiento penal por los delitos previstos en el párrafo anterior.

El artículo 57.2 del CP, para los delitos contemplados en el artículo 57.1 (homicidio, aborto, lesiones, torturas, ataques a la libertad y la integridad moral, trata de seres humanos, contra la libertad e indemnidad sexuales, la intimidad, el derecho a la propia imagen y la inviolabilidad del domicilio, el honor, el patrimonio, el orden socioeconómico y las relaciones familiares…-párrafo redactado conforme a la disposición final sexta de la LO 8/2021-) prevé que cuando dichos delitos sean cometidos contra quien haya sido cónyuge, o persona ligada con relación de afectividad análoga a la conyugal…o sobre los menores o personas necesitadas de especial protección que convivan con el autor o se hallen sujetos a potestad, tutela, curatela, acogimiento o guarda de hecho del cónyuge o conviviente, los jueces o Tribunales adoptarán en todo caso las medidas que establece el artículo 48 CP[30]. Entre ellas se encuentra la prohibición de aproximarse a la víctima o a los familiares y personas que determine el juez. Dicha prohibición impide al penado acercarse a ellos quedando en sus-

30 Aunque, como hemos tenido ocasión de poner de relieve en el epígrafe anterior, no siempre se imponen dichas medidas en todo caso, como preceptúa el artículo 48 CP (cfr. las SSTS de 18 de septiembre y 13 de noviembre de 2009 en él mencionadas).

penso respecto de los hijos el régimen de visitas, comunicación y estancia previsto, hasta el total cumplimiento de la pena[31].

La prohibición de comunicarse con la víctima incluye cualquier medio de comunicación (escrito, verbal, visual, informático o telemático).

La LO 1/2004, entre las medidas civiles a adoptar a favor de los menores en los supuestos de violencia, contempla también la posibilidad de suspender al maltratador el régimen de visitas a sus descendientes (art. 66). De acuerdo con este precepto:

> *El Juez ordenará la suspensión del régimen de visitas, estancia, relación o comunicación del inculpado por violencia de género respecto de los menores que dependan de él. Si, en interés superior del menor, no acordara la suspensión, el Juez deberá pronunciarse en todo caso sobre la forma en que se ejercerá el régimen de estancia, relación o comunicación del inculpado por violencia de género respecto de los menores que dependan del mismo. Asimismo, adoptará las medidas necesarias para garantizar la seguridad, integridad y recuperación de los menores y de la mujer, a través de servicios de atención especializada, y realizará un seguimiento periódico de su evolución, en coordinación con dichos servicios* (artículo 66 redactado por el apartado trece de la disposición final novena de la LO 10/2022, de 6 de septiembre, de garantía integral de la libertad sexual).

Como en los casos ya vistos de suspensión o privación de la patria potestad, la adopción de esta medida ha de hacerse atendiendo al interés prioritario del menor. Su procedencia ha de ser valorada por el órgano judicial teniendo en cuenta el material

---

31 La STS de 21 de diciembre de 2022 -RJ 2023/397- fija que los condenados por maltrato con orden de alejamiento no pueden acercarse a la víctima ni con su consentimiento. Consideran los magistrados que, tal y como señalaban en la STS de 13 de julio de 2009 -RJ 2009/6978- "el Derecho penal sobre violencia de género tiene unas finalidades que no se pueden conseguir si se permite a la víctima dejar sin efecto decisiones acordadas por la autoridad judicial en su favor". El bien jurídico protegido directamente por el delito es el principio de autoridad según el alto tribunal.

probatorio de que disponga y atendiendo a las circunstancias de cada caso concreto[32].

La Sala de lo Civil del TS en la sentencia, de 26 de noviembre de 2015 -RJ 2015/5624-, fija doctrina jurisprudencial sobre el régimen de visitas de un progenitor condenado por delito de maltrato en el ámbito doméstico que:

---

32 Entre las sentencias de nuestras Audiencias Provinciales hay ejemplos de todo tipo. En ocasiones se suspende el programa de visitas, ante la inutilidad del mismo, debido a la angustia y ansiedad que aquellas producen a los menores (cfr. SAP de Tarragona de 19 de julio de 2002 -AC 2002/1972-). Particularmente estrictas son las Audiencias cuando existen antecedentes constatados de malos tratos (cfr. Auto de la AP de Guadalajara, de 14 de octubre de 2003 -JUR 2004/48679-). La SAP de Barcelona de 7 de marzo de 2005 (JUR 2005/119846) hace prevalecer el interés de las hijas menores sobre el derecho del padre a comunicarse con ellas, por entender que la relación con el padre sería perjudicial, dadas las relaciones entre los progenitores que ha llevado incluso a dictarse orden de alejamiento del recurrente e, incluso, prisión provisional como responsable de un delito de quebrantamiento de condena y violencia doméstica. Sin embargo, en otras ocasiones se valora la evolución favorable de la conducta del progenitor privado del derecho de visitas y sus deseos de relacionarse con sus hijos (cfr. la SAP de Valencia de 22 de septiembre de 1995 -AC 1995/1575-, a pesar de la difícil situación del padre toxicómano, ante su buena evolución y predisposición para relacionarse con sus cuatro hijos, considera aconsejable abrir una vía de comunicación con éstos. Al efecto de conseguirlo la sentencia establece un mínimo régimen de visitas -tres horas en domingos alternos-, susceptible de ser ampliado si las circunstancias lo aconsejan, siempre teniendo en cuenta el superior interés de los menores). Interesante resulta la SAP de Badajoz de 14 de noviembre de 2019 -JUR 2020/25362-. En este supuesto la AP acuerda la restricción, no supresión, del régimen de visitas hacia un padre, tomando como elementos sustentantes de la resolución la existencia de procedimientos de violencia de género, lo cual demuestra que, aunque recaiga sentencia absolutoria, existe una relación de conflicto en sentido objetivo. Eso sí, deben darse además otras circunstancias que acrediten perjuicio hacia el menor durante el transcurso de sus turnos de visitas por parte de uno de los cónyuges; en este supuesto, el padre realizó diversos comentarios ofensivos y denigrantes sobre la madre al menor.

> *El juez o tribunal podrá suspender el régimen de visitas del menor con el progenitor condenado por delito de maltrato con su cónyuge o pareja y/o por delito de maltrato con el menor o con otro de los hijos, valorando los factores de riesgo existentes.*

La suspensión del derecho de visitas supone una privación temporal de las relaciones (cfr. SAP de Valencia de 22 de septiembre de 1995 -AC 1995/1575-).

Su duración no se prevé en el momento de adopción de la medida, ya que vendrá determinada por la evolución de las circunstancias. Las visitas se reanudarán cuando se produzca la desaparición del obstáculo que motivó la suspensión. Será necesaria una resolución judicial que de por terminada la suspensión y acuerde la reanudación de las visitas bajo el mismo régimen anterior o bajo otro distinto. La competencia para suspender el derecho que a los padres corresponde de visitar y relacionarse con sus hijos menores es exclusiva de los órganos judiciales, incluso en el caso de que aquellos se encontrasen acogidos por una entidad pública. Por ello, la entidad que tenga acogidos a los menores deberá acudir al juez cuando desee restringir o suspender las visitas de los padres. Ciertamente, en caso de riesgo o grave inminente para los menores, la entidad podrá adoptar las medidas cautelares que considere necesarias, pero esta facultad no la exime de instar judicialmente la suspensión ni le autoriza a suplantar competencias que los órganos judiciales tienen conferidas por el Cc (cfr. SAP de Sevilla de 25 de septiembre de 2003-AC 2003/1559-).

Suspende el régimen de visitas al padre la reciente STS de 26 de septiembre de 2022 -RJ 2022/3742-, en un supuesto de violencia de género, con base en el principio de interés superior del menor (cfr. SSTC 178/2020 y 81/2021). Considera el TS que, aun cuando la relación con padre y madre es básica para un adecuado crecimiento emocional de los menores, y una vida familiar completa, en circunstancias de violencia y desafección del padre como el presente, ha de primar la seguridad y estabilidad de la menor para favorecer su desarrollo físico, intelectual y su integración social (en este mismo sentido se manifestaron las SSTS de

11 de febrero de 2011 -RJ 2011/2311-, 26 de noviembre de 2015 -RJ 2015/5624-, 17 de marzo de 2016 -RJ 2016/1131-, entre otras muchas).

En cualquier caso, ha de actuarse con extraordinaria prudencia y adoptar las medidas precisas para que, de ser necesario, las visitas se realicen con las debidas cautelas. En los casos de agresiones o abusos sexuales existen datos contrastados de que algunos padres abusadores aprovechan el tiempo que los menores pasan con ellos para cometer el abuso y/o la agresión sexual (así resulta en los hechos probados de las SSTS de 7 de noviembre de 2000 -RJ 2000/8932-, y 3 de enero de 2001 -RJ 2001/14-) o, como hemos visto con anterioridad, para trasladarlos al extranjero (cfr. SAP de Alicante, de 10 de febrero de 2000 -AC 2000/1135-).

Al efecto de proteger al menor, sin impedir el derecho a relacionarse con él que tiene el progenitor, pueden arbitrarse medidas de carácter intermedio como la presencia en la visita de terceras personas o que aquella se produzca en los denominados "puntos de encuentro" (cfr. STSJ de Cataluña, de 5 de septiembre de 2016 -RJ 2016/5291-). Son estos locales atendidos por una institución oficial o por una asociación privada con apoyo público. En los supuestos en que haya habido episodios de violencia familiar antes del cese de la convivencia, la utilización de estos puntos para la entrega o recogida del menor, o para la realización de toda la visita puede evitar la reiteración de situaciones de violencia, al evitarse la coincidencia de ambos progenitores. Tales centros cumplen además una importante función mediadora, y los informes que remiten periódicamente sobre el desarrollo de las visitas aportan una información decisiva sobre el cumplimiento del régimen acordado y acerca de conductas reveladoras de violencia en la familia.

La suspensión o privación de la patria potestad o la limitación o suspensión del régimen de visitas, en ningún caso afectan a las obligaciones alimenticias de los padres para con los hijos, conforme al artículo 110 CC, como se verá en el siguiente epígrafe. Ilustrativa resulta la Sentencia del Tribunal Supremo de 23 de mayo de 2019 -RJ 2019/1975-, ya citada. Esta resolución decreta la privación de patria potestad como consecuencia de una situación de violencia económica. En este supuesto, tras un divorcio por violencia de género, el padre del menor se negó de forma continuada al pago de la pensión de alimentos, siendo condenado por un delito de abandono familiar, lo cual motivó que se le privase de la patria potestad, circunstancia que el Tribunal Supremo en casación viene a confirmar.

3. Medidas en relación con la prestación de alimentos

Las medidas de naturaleza civil, a adoptar en las situaciones de violencia, pueden referirse también al régimen de prestación de alimentos a los hijos[33], conforme al artículo 544 *ter* 7, al que ya me referí con anterioridad. Esta y las otras medidas que contempla el precepto (atribución de vivienda, patria potestad, visitas...) guardan gran similitud con las contenidas en el artículo 158.4° CC[34]. También con las medidas previas a los procesos matrimoniales

---

33 Especiales cuestiones, especialmente la relacionada con la legitimación para solicitarlos, plantea la fijación de alimentos para los hijos mayores de edad. Pueden verse en relación con este tema, entre otros muchos, los trabajos de POVEDA BERNAL, Margarita Isabel, "Alimentos a los hijos mayores de edad. Cuestiones civiles y procesales a la luz de la nueva realidad familiar. Especial examen de la jurisprudencia", *Revista Jurídica de Notariado,* Núm. 68, 2008, pp.227-283 y MONDÉJAR PEÑA, M.ª Isabel, "La mayoría económica de los hijos como causa de extinción de la obligación de los padres de prestar alimentos a los hijos mayores de edad", en LASARTE ÁLVAREZ, Carlos (Ed.), *Familia, matrimonio y divorcio en los albores del siglo XXI (Jornadas internacionales sobre las reformas de Derecho de Familia. Ponencias y comunicaciones. Madrid, 27, 28 y 29 junio 2005),* Madrid, UNED-IDADFE-El Derecho, 2006, pp.641-648.

34 De acuerdo con este artículo, redactado por la LO 8/2021, de protección integral de la infancia y adolescencia frente a situaciones de violencia: *4.° La medida de prohibición a los progenitores, tutores, a otros parientes o a terceras personas de aproximarse al menor y acercarse a su domicilio o centro educativo y a otros lugares que frecuente, con respecto al principio de proporcionalidad.*

contenidas en el artículo 103, por remisión del artículo 104 CC y con las del artículo 771 LEC.

La forma usual de hacer efectiva la pensión alimenticia es la aportación de una cantidad de dinero mensual. También puede contribuirse con el trabajo que cada uno de los padres dedica a la atención de los hijos sujetos a la patria potestad. Asimismo, entendemos que cuando existen hijos menores o incapaces, la asignación de la vivienda familiar al progenitor bajo cuya guarda o cuidado queden, debe considerarse como supuesto de contribución al deber de prestar los alimentos. De acuerdo con el criterio de proporcionalidad que marca a tal efecto el artículo 164 CC habrá que valorar el estatus económico-familiar en cada caso concreto y las necesidades de los hijos, a la hora de fijar la pensión alimenticia.

En los casos de violencia de género es importante a los fines de la prevención el cumplimiento efectivo de lo acordado en la resolución judicial: abandono inmediato de la vivienda, cumplimiento estricto del régimen de visitas, pago puntual de la pensión alimenticia[35]. A tal efecto, el artículo 776 LEC contiene una serie de reglas destinadas a reforzar la ejecución forzosa de las medidas adoptadas en los procesos matrimoniales, que se aplican también a los casos de malos tratos. El artículo 776.1 establece la posibilidad de imponer al cónyuge que incumpla las obligaciones de pago de la cantidad que le corresponda, multas coercitivas, con arreglo a lo dispuesto en el artículo 711, sin perjuicio de hacer efectivas sobre su patrimonio las cantidades debidas y no satisfechas. El impago de pensiones alimenticias tiene tal trascendencia que ha llegado a configurarse como una forma de violencia económica contra la mujer y los hijos. Pionera en este punto ha sido la STS de 17 de marzo de 2021, que así lo establece. Esta forma de violencia tiene trascendencia también en el CP. La disposición

---

35 Vid. en este sentido, TIRADO GARABATOS, Carmen, "Medidas civiles para el cese de la violencia. Coordinación entre la jurisdicción civil y penal", en *Encuentros. "Violencia...", op.cit.*, p. 570.

final sexta de la LO 8/2021, modifica algunos artículos del CP. Concretamente, retoca el párrafo primero del artículo 57, en sus dos apartados. Para los delitos que menciona, entre los que señala los relativos al patrimonio, al orden socioeconómico y las relaciones familiares, establece que la autoridad judicial podrá acordar en sus sentencias (obsérvese que utiliza la expresión podrá, luego la norma no es imperativa para los jueces) la adopción de alguna de las medidas del artículo 48 CP. Entre ellas, este precepto señala que la prohibición de acercarse a la víctima o a los familiares, que indique la resolución judicial conlleva la suspensión del régimen de visitas, comunicación y estancia con los hijos establecido en la sentencia civil, hasta el total cumplimiento de la pena[36]. A pesar de existir esta posibilidad, en la práctica no resulta nada frecuente que el impago alimenticio conlleve la suspensión del régimen de visitas y la falta de comunicación con el progenitor incumplidor.

La Ley Orgánica de Protección Integral contra la Violencia de Género trata también de dar respuesta a las situaciones de auténtica necesidad económica[37] que pueden llegar a producirse por la falta de impago de las pensiones alimenticias. Su Disposición adicional decimonovena disciplina el Fondo de garantía de pensiones. Conforme a ella:

> *El Estado garantizará el pago de alimentos reconocidos e impagados a favor de los hijos menores de edad en convenio aprobado judicialmente o en resolución judicial, a través de una legislación*

---

36 Para los delitos de impago de dos prestaciones económicas consecutivas, o cuatro no consecutivas, establecidas por convenio aprobado judicialmente, o por la autoridad judicial, en favor del cónyuge o sus hijos, el artículo 227.1. CP impone al incumplidor la pena de prisión de tres meses a un año, o multa de seis a veinticuatro meses.

37 La Ley contiene una amplia gama de medidas económicas a favor de las mujeres maltratadas, entre las que pueden destacarse las ayudas sociales previstas en el artículo 27 (ayudas financiadas con cargo a los Presupuestos Generales del Estado y concedidas por las Administraciones competentes en materia de servicios sociales) y su consideración como colectivo prioritario para el acceso a viviendas protegidas y a residencias públicas para mayores, conforme a la ley aplicable -artículo 28-.

específica que concretará el sistema de cobertura en dichos supuestos y ,que en todo caso, tendrá en cuenta las circunstancias de las víctimas de violencia de género.

El RD 1618/2007, de 7 de diciembre, sobre organización y funcionamiento del Fondo de Garantía de Pago de Alimentos, da cumplimiento a lo prevenido en la Ley Orgánica, al establecer dicho fondo. Su gestión se atribuye al Ministerio de Economía y Hacienda a través de la Dirección General de Costes de Personal y Pensiones Públicas. Su finalidad es garantizar a los hijos e hijas menores de edad el pago de alimentos reconocidos e impagados, establecidos en convenio judicialmente aprobado o en resolución judicial en procesos de separación, divorcio o declaración de nulidad, fijación de alimentos, mediante el abono de una cantidad, que tendrá la condición de anticipo.

La concesión del anticipo se hará mediante la previa instrucción del expediente dirigido a comprobar su procedencia. Para acceder a los anticipos del fondo será necesario que la resolución en que se reconozcan los alimentos haya sido dictada por los tribunales españoles.

El fondo estará dotado con las aportaciones que anualmente se consignen en los Presupuestos Generales del Estado y, cuando así lo prevea la Ley, con los retornos de procedentes de los reintegros y reembolsos de los anticipos concedidos.

En cualquier caso, se trata de un fondo carente de personalidad jurídica.

El RD regula con detalle los sujetos beneficiarios y condiciones de acceso a los anticipos (artículos 4 a 7); la determinación y efectos del anticipo (artículos 8 a 11); el procedimiento de reconocimiento de anticipos (artículos 12 a 23); y las acciones de subrogación y reintegro a favor del estado (artículos 24 y 25).

El tiempo de vigencia de esta disposición pone de relieve cómo la rigidez de la norma ha sido un obstáculo para el buen funcionamiento del fondo. La ayuda pública resulta insuficiente a todas luces para subvenir a las necesidades de los afectados por el impago de las pensiones alimenticias.

De especial importancia resulta en este punto la referencia a la Ley 3/2019 de mejora de la situación de orfandad de las hijas e hijos víctimas de violencia de género, y otras formas de violencia contra la mujer. Ha modificado varios artículos del TR de la Ley General de Seguridad Social, aprobado por el RD Legislativo 8/2015, creando dentro de las prestaciones por muerte y supervivencia, las de orfandad por violencia contra la mujer. Concretamente, la Ley 3/2019, añade un nuevo apartado 3 al artículo 216, con la siguiente redacción:

> *Asimismo, en caso de muerte, tendrán derecho a una prestación de orfandad las hijas e hijos de la causante fallecida como consecuencia de violencia contra la mujer, en los términos en que se defina por la ley o por los instrumentos internacionales, ratificados por España, siempre que se hallen en circunstancias equiparables a una orfandad absoluta, en los términos establecidos reglamentariamente, y no reúnan los requisitos necesarios para causar una pensión de orfandad.*

Fue esta una de las principales cuestiones y demandas, que, entre otras muchas que ya van cristalizando en importantes medidas legislativas, se pusieron de manifiesto en el Pacto de Estado contra la Violencia de Género, aprobado por unanimidad en el Congreso de los Diputados en septiembre de 2017[38].

---

[38] En el ámbito económico, aunque será objeto de tratamiento también en otra ponencia, interesa al menos hacer referencia al mencionado RD Legislativo 8/2015. Establece en su art. 220.1 que serán acreedoras de pensión de viudedad quienes pudieran acreditar que eran víctimas de violencia de género en el momento de la separación judicial o el divorcio mediante sentencia firme, o archivo de la causa por extinción de la responsabilidad penal por fallecimiento; en defecto de sentencia, a través de la orden de protección dictada a su favor o informe del Ministerio Fiscal que indique la existencia de indicios de ser víctima de violencia de género. De interés en relación con esta cuestión son las siguientes sentencias: Sentencia del Tribunal Superior de Justicia de Andalucía de 2 de Julio de 2015 -AS 2015/1552; Sentencia del Tribunal

La LO 2/2022, de 21 de marzo, modifica la regulación de la prestación de orfandad, contenida en los artículos 216.3 y 224.2 de la Ley 3/2019 para dar mayor acceso a la misma a las personas huérfanas en situación de pobreza y mayor vulnerabilidad. En concreto, se contempla el reconocimiento del derecho a prestación de orfandad, en los casos en que la muerte de la mujer haya sido ocasionada por un agresor distinto del progenitor de los hijos e hijas de la causante. Se exige que los rendimientos en la unidad de convivencia no superen en cómputo anual el 75% del salario mínimo interprofesional, excluida la parte proporcional de las pagas extras.

De interés resulta también la presunción de orfandad absoluta cuando se haya producido abandono de responsabilidad familiar del progenitor supérstite, y se hubiera otorgado el acogimiento o tutela de la persona huérfana por violencia contra la mujer a favor de terceros o familiares.

La STS de 7 de septiembre de 2022 -RJ 2022/4073-, tiene especial importancia en cuanto concluye que puede asimilarse a la situación de orfandad absoluta, el estado de necesidad provocado por una prolongada y acreditada desatención del padre en cuanto que aunque no está previsto expresamente en la norma, guarda identidad de razón con los previstos en ella.

IV. VIOLENCIA DE GÉNERO Y CUSTODIA COMPARTIDA

La Ley de 8 de julio de 2005 modificó la redacción del artículo 92 CC. Su párrafo 5 permite una práctica habitual en países de nuestro entorno: la custodia compartida. Ésta se establecerá

Superior de Justicia, Sala de lo Social, de Cataluña de 20 de octubre de 2015 -AS 2016/169-; Sentencia del Tribunal Superior de Justicia de Cataluña de 21 de octubre de 2016 -AS 2017/43. Interesa así mismo destacar que la Ley 4/2018 de Castilla-La Mancha ha sido pionera en el reconocimiento de ayudas económicas a los menores huérfanos por causa de la violencia de género.

únicamente si hay acuerdo de los padres, plasmado en el convenio regulador, o si ambos llegan a este acuerdo a lo largo del procedimiento de separación, nulidad o divorcio. En defecto de acuerdo la custodia compartida podrá ser decretada por el Juez si lo estima conveniente para el interés del menor, procurando siempre no separar a los hermanos. De interés, aunque no relativa a violencia de género, pero digna de resaltar, es la reciente STS de 30 de octubre de 2014 -RJ 2014/5268-, que considera debe negarse la custodia compartida cuando por la situación de conflictividad entre los progenitores no quepa entender que la misma sea beneficiosa para el interés del menor. Una peculiaridad de relieve a los efectos de este estudio es la siguiente: por imperativo del párrafo 7 del artículo 92, no procederá la custodia compartida cuando cualquiera de los padres esté incurso en proceso penal por haber atentado contra la vida, la integridad física, moral o la indemnidad del otro cónyuge, o de los hijos que convivan con ambos. Tampoco cuando el Juez advierta el más mínimo indicio de violencia doméstica[39]. La Ley 17/2022, de 15 de diciembre, sobre régimen jurídico de los animales, ha dado nueva redacción al párrafo 7 del artículo 92, añadiendo que a estos efectos, se apreciará como causa de no procedencia de la custodia compartida, la existencia de malos tratos a los animales, o la amenaza de causarlos como medio para controlar o victimizar a las personas en él mencionadas.

La improcedencia de la custodia compartida en ls casos de violencia de género se recoge en las leyes autonómicas de violencia de

---

[39] El Pleno del Tribunal Constitucional, por providencia de 7 de marzo de 2023, ha acordado admitir a trámite la cuestión de inconstitucionalidad número 899-2023, en relación con el artículo 92.7 del Código Civil, y, de conformidad con lo dispuesto en el artículo 10.1 c) LOTC, reservar para sí el conocimiento de la presente cuestión 10.2 CE. («B.O.E.» 16 marzo). La cuestión, planteada por el Auto del Juzgado número 1 de Jerez de la Frontera de 28 de septiembre de 2020, se funda en la contradicción del precepto con el principio de interés superior del menor, el derecho al libre desarrollo de la personalidad, y el derecho a la vida privada y familiar.

género de Aragón (Aragón RDL 1/20011. Art. 80. 6); Navarra (Ley Navarra 3/2011. Art. 3.8); Cataluña (Libro II Código Civil Cataluña. Art. 233. 11); País Vasco (Ley 7/2015 País Vasco. Art. 11.3

Igualmente, contraria a la custodia compartida en los casos de violencia de género, se muestra la Ley 4/2018 de Castilla-La Mancha para una sociedad libre de violencia de género en Castilla-La Mancha[40].

V. OTRAS CONSECUENCIAS CIVILES DE LA VIOLENCIA DE GÉNERO EN RELACIÓN CON LOS MENORES

El artículo 58.2 de la Ley del Registro Civil, en su redacción anterior, establecía que:

> *En caso de el solicitante de la autorización del cambio de sus apellidos sea objeto de violencia de género y en cualquier otro en que la urgencia de la situación así lo requiera podrá accederse al cambio por Orden del Ministerio de Justica, en los términos fijados por el Reglamento.*

La vigente Ley 20/2011 del Registro Civil, en su artículo 55, dispone que:

> *Cuando se trate de víctimas de violencia de género o de sus descendientes que vivan o hayan vivido en hogares en los que se haya producido tal situación, así como en aquellos supuestos en los que la urgencia de la situación o las circunstancias excepcionales lo requieran, podrá autorizarse el cambio de apellidos por Orden del Ministerio de Justicia, en los términos fijados reglamentariamente.*

Las reglas comunes al cambio de nombre y apellidos son las siguientes, de acuerdo con el artículo 57:

---

40 Un interesante estudio sobre las cuestiones relacionadas con la custodia compartida y su problemática en el Derecho español puede encontrarse en ZURILLA CARIÑANA, M.ª Ángeles, *Las disputas judiciales en torno a los hijos: una constante en las crisis matrimoniales*, Ediciones de la Universidad de Castilla-La Mancha, Cuenca, 2010.

1. El cambio de apellidos alcanza a todas las personas sujetas a la patria potestad y también a los demás descendientes que expresamente lo consientan.

2. El cambio de nombre y apellidos se inscribirá en el registro individual del interesado. Dicha inscripción tiene carácter constitutivo.

3. Los cambios señalados en los párrafos anteriores podrán ser solicitados por el propio interesado si es mayor de dieciséis años.

Por su parte el Reglamento del Registro Civil, aprobado por Decreto de 14 de noviembre de 1958, en su artículo 208 3º y 4º - redactado por el Real Decreto 170/2007, de 9 de febrero-, establece:

En caso de que el solicitante de la autorización del cambio de sus apellidos sea objeto de violencia de género, podrá accederse al cambio por Orden del Ministro de Justicia. Para ello deberá acreditarse que quien alegue ser objeto de violencia de género ha obtenido alguna medida cautelar de protección judicial en el citado ámbito. También se podrá acceder al cambio de apellidos en la misma forma en cualquier supuesto en que la urgencia de la situación así lo requiera.

La Orden ministerial a que se refiere el párrafo anterior no será objeto de publicación en el "Boletín Oficial del Estado" ni en cualquier otro medio.

Simplificar el procedimiento de autorización del cambio de apellidos, así como agilizar el mismo, según la propia Exposición de Motivos del Real Decreto 170/2007, es en estos casos acorde con la protección que las víctimas demandan[41].

Otras muchas son las consecuencias que la violencia de género produce en el ámbito civil. La esposa víctima de violencia de género no tendrá que esperar para solicitar la separación o el divorcio

---

41 Un tratamiento detallado de estas cuestiones puede verse en VELA SÁNCHEZ, Antonio José, *Las consecuencias civiles de la violencia...*, op.cit., pp. 143-160.

el transcurso del plazo de tres meses desde la celebración del matrimonio de acuerdo con los artículos 81.2 y 86 CC, que remite a lo dispuesto en el artículo 81.

De acuerdo con el primero de ellos:

> *Se decretará judicialmente la separación cuando existan hijos menores no emancipados o hijos mayores respecto de los que se hayan establecido judicialmente medidas de apoyo atribuidas a sus progenitores, cualquiera que sea la forma de celebración del matrimonio:*
>
> *2. A petición de uno solo de los cónyuges, una vez transcurridos tres meses desde la celebración del matrimonio. No será preciso el transcurso de este plazo para la interposición de la demanda cuando se acredite la existencia de un riesgo para la vida, la integridad física, la libertad, la integridad moral o libertad e indemnidad sexual del cónyuge demandante o de los hijos de ambos o de cualquiera de los miembros del matrimonio.*

El artículo 97 CC establece la posibilidad del cónyuge a quien la separación o divorcio deje en una situación de desequilibrio económico solicite la denominada pensión compensatoria. Entiendo, posición que comparto con otros autores[42], que, dado que el número 9 de este precepto dispone que para el establecimiento de aquella y la determinación de su cuantía, el juez puede tener en cuenta cualquier circunstancia relevante, la violencia de género reviste la suficiente relevancia para que la pensión compensatoria se deniegue o retire al cónyuge maltratador, en caso de este el que la disfruta[43].

---

42 Vid. VELA SÁNCHEZ, Antonio José, *Las consecuencias civiles de la violencia...*, op.cit., p. 215. En esta misma dirección, LASARTE ÁLVAREZ, Carlos, *Principios de Derecho Civil. Tomo VI, Derecho de Familia*, Madrid, Marcial Pons, 2017, p.131.

43 Recuérdese que el artículo 231 del a Ley General de la Seguridad Social establece en su párrafo 1º que, sin perjuicio con lo establecido en la LO 1/2004: *no podrá tener la condición de beneficiario de las prestaciones que por causa de muerte o supervivencia pudieran corresponderle, quien fuera condenado por sentencia firme por la comisión de un delito doloso de homicidio*

Otra consecuencia importante de la violencia de género en el ámbito civil es la relativa a la posibilidad de revocación de las donaciones por ingratitud. Recuérdese que el artículo 648.1°. CC dispone que también pueden ser revocadas las donaciones, a instancia del donante: *Si el donatario cometiese algún delito contra la persona, el honor o los bienes del donante.*

En sede de donaciones por razón del matrimonio ha de tenerse en cuenta también el artículo 1343. *Estas donaciones serán revocables por las causas comunes, excepto la supervivencia o superveniencia de hijos.*

En las otorgadas por terceros, se reputará incumplimiento de cargas, además de cualesquiera otras específicas a que pudiera haberse subordinado la donación, la anulación del matrimonio por cualquier causa, la separación y el divorcio si al cónyuge donatario le fueren imputables, según la sentencia, los hechos que los causaron.

En las otorgadas por los contrayentes, se reputará incumplimiento de cargas, además de las específicas, la anulación del matrimonio si el donatario hubiere obrado de mala fe. Se estimará ingratitud, además de los supuestos legales, el que el donatario incurra en causa de desheredación del artículo 855 o le sea imputable, según la sentencia, la causa de separación o divorcio.

El artículo 855, en su causa número 1, habla de incumplimiento grave y reiterado de los deberes conyugales. En la número 4, de haber atentado contra la vida del cónyuge testador, si no hubiese habido entre los cónyuges reconciliación.

La violencia de género tiene sus repercusiones también en el ámbito sucesorio. En sede de indignidad, el artículo 756.1 CC establece la incapacidad para suceder por causa de indignidad:

> *1.° El que fuera condenado por sentencia firme por haber atentado contra la vida, o a pena grave por haber causado lesiones o por haber ejercido habitualmente violencia física o psíquica en el ámbito*

---

en cualquiera de sus formas, cuando la víctima fuera el sujeto causante de la prestación.

> *familiar al causante, su cónyuge, persona a la que esté unida por análoga relación de afectividad o alguno de sus descendientes o ascendientes..*
>
> *2.° El que fuera condenado por sentencia firme por delitos contra la libertad, la integridad moral y la libertad e indemnidad sexual, si el ofendido es el causante, su cónyuge, la persona a la que esté unida por análoga relación de afectividad o alguno de sus descendientes o ascendientes.*
>
> *Asimismo, el condenado por sentencia firme a pena grave por haber cometido un delito contra los derechos y deberes familiares respecto de la herencia de la persona agraviada.*
>
> *También el privado por resolución firme de la patria potestad, o removido del ejercicio de la tutela o acogimiento familiar de un menor o del ejercicio de la curatela de una persona con discapacidad por causa que le sea imputable, respecto de la herencia del mismo. .*
>
> *3.° El que hubiese acusado al causante de delito para el que la ley señala pena grave, si es condenado por denuncia falsa..*
>
> *4.° El heredero mayor de edad que, sabedor de la muerte violenta del testador, no la hubiese denunciado dentro de un mes a la justicia, cuando ésta no hubiera procedido ya de oficio.*
>
> *Cesará esta prohibición en los casos en que, según la ley, no hay la obligación de acusar.*

Amplio elenco de causas de indignidad relacionadas con la violencia de género, tanto contra la persona directamente afectada como contra sus descendientes.

Finalmente, resulta indispensable una referencia a la LO 2/2022, que alude expresamente a la incapacidad de que en los casos de violencia de género el cónyuge sobreviviente pueda heredar recogido expresamente en los artículos 852, 855.4 y 756.1 CC.

BIBLIOGRAFIA

DELGADO MARTÍN, Joaquín, "La orden de protección de las víctimas de violencia doméstica", en *Encuentros. "Violencia doméstica"*, Consejo General del Poder Judicial, Madrid, 2004.

DURÁN FEBRER, María, "Aspectos procesales de la violencia doméstica" en *Encuentros. "Violencia Doméstica"*, CGPJ, Madrid, 2004.

GARCÍA RUBIO, M.ª Paz, "Medidas civiles ante la violencia contra las mujeres. Análisis de los aspectos civiles de la Orden de Protección", *LA LEY*, Tomo III, 2004.

LASARTE ÁLVAREZ, Carlos, *Principios de Derecho Civil. Tomo VI, Derecho de Familia*, Madrid, Marcial Pons, 2017.

MONDÉJAR PEÑA, M.ª Isabel, "La mayoría económica de los hijos como causa de extinción de la obligación de los padres de prestar alimentos a los hijos mayores de edad", en LASARTE, C. (Ed.), *Familia, matrimonio y divorcio en los albores del siglo XXI (Jornadas internacionales sobre las reformas de Derecho de Familia. Ponencias y comunicaciones. Madrid, 27, 28 y 29 junio 2005)*, Madrid, UNED-IDADFE-El Derecho, 2006.

MÚRTULA LAFUENTE, Virginia, *El interés superior del menor y las medidas civiles a adoptar en supuestos de violencia de género*, Dykinson, Madrid, 2016.

POVEDA BERNAL, Margarita Isabel, "Alimentos a los hijos mayores de edad. Cuestiones civiles y procesales a la luz de la nueva realidad familiar. Especial examen de la jurisprudencia", *Revista Jurídica de Notariado*, Núm. 68, 2008.

TASENDE CALVO, Julio Jesús, "Aspectos civiles de la Ley Orgánica de Medidas de Protección Integral contra la Violencia de Género", *Actualidad Jurídica Aranzadi*, N.º 664, Abril 2005.

TIRADO GARABATOS, Carmen, "Medidas civiles para el cese de la violencia. Coordinación entre la jurisdicción civil y penal", en *Encuentros. Encuentros. "Violencia Doméstica"*, CGPJ, Madrid, 2004.

VALMAÑA OCHAÍTA, Silvia, "El delito de malos tratos", en RODRÍGUEZ YAGÜE, Cristina y VALMAÑA OCHAÍTA, Silvia (Coords.), *La mujer como víctima: aspectos jurídicos y criminológicos*, Colección Estudios, Ediciones de la Universidad de Castilla La Mancha, Cuenca, 2000.

VELA SÁNCHEZ, Antonio J., *Las consecuencias civiles de la violencia de género. Estudio doctrinal y jurisprudencial*, Barcelona, Bosch Ed., 2022.

ZURILLA CARIÑANA, M.ª Ángeles, *Las disputas judiciales en torno a los hijos: una constante en las crisis matrimoniales*, Ediciones de la Universidad de Castilla-La Mancha, Cuenca, 2010.

Violencia de género y sustracción internacional de menores a la luz de la Guía de Buenas Prácticas de la Conferencia de La Haya

M.ª VICTORIA CUARTERO RUBIO[1]

Universidad de Castilla-La Mancha

Sumario: I. Introducción. II. La Guía de Buenas Prácticas sobre la interpretación y aplicación del art. 13.1 b) del Convenio de La Haya. 1. Contexto. 2. Valor jurídico e impacto. III. Violencia de género y sustracción internacional de menores en la Guía: la práctica y las recomendaciones. 1. La alegación de violencia doméstica como excepción de grave riesgo. 1.1. La invisibilización del problema de género en la Guía. 1.2. Violencia doméstica y riesgo prospectivo. 1.3. Violencia doméstica, riesgo prospectivo y medidas de protección. 2. Buenas prácticas recomendadas a los tribunales. IV. Algunas observaciones. 1. La traslación de las buenas prácticas a la alegación de violencia de género. 2. Supuestos sustancialmente distintos. 3. Perspectiva de género para preservar el Convenio. V. Conclusiones. Bibliografía.

I. INTRODUCCIÓN

Una de las situaciones familiares más críticas es la sustracción de un menor por uno de sus progenitores. Cuando implica el cruce de frontera supone un auténtico desafío para el Derecho que se enfrenta con una cuestión jurídica particularmente compleja. En 1980, un Convenio internacional celebrado en el seno de la Conferencia de La Haya, puso las bases para dar respuesta a este

---

1 ORCID ID: http://orcid.org/0000-0002-6275-9333. Trabajo realizado en el marco del Proyecto nacional I+D+i: El derecho al respeto a la vida familiar transfronteriza en una Europa compleja: cuestiones abiertas y problemas de la práctica (PID2020-113061GB-I00). Webs consultadas por última vez el 9 de julio de 2023, fecha de cierre de este trabajo; actualización en nota 18.

problema: el Convenio sobre los aspectos civiles de la sustracción internacional de menores[2]. El Convenio de La Haya establece un sistema con su propia racionalidad que se asienta en un postulado: el interés del menor sustraído es el retorno a su residencia habitual presustracción, salvo que de forma excepcional resulte lo contrario de las circunstancias del caso. En interés del menor el retorno ha de ser inmediato, lo que determina que el debate jurídico en el proceso de restitución se limite severamente[3]. El Convenio de La Haya es la definición apriorística y *ex lege* del interés superior del menor en estos supuestos y la forma de asegurarlo[4]; y, con su racionalidad heterodoxa, ha demostrado ser la solución más adecuada para un conflicto que siempre parte con un pronóstico reservado. De hecho, en el marco europeo la regulación de las sustracciones transfronterizas, en la actualidad por el Reglamento 2019/1111, es el Convenio de La Haya con el valor añadido europeo que permite y al que obliga el objetivo jurídico de integración[5]. Y esto, aunque todo empezó como un plan b para resolver los problemas de competencia judicial internacional que

---

2 Convenio de La Haya de 25 de octubre de 1980 sobre los aspectos civiles de la sustracción internacional de menores, BOE núm. 202, de 24 de agosto de 1987 (en adelante, Convenio de La Haya).

3 El retorno inmediato implica su articulación mediante procedimientos nacionales urgentes y la sujeción estricta al objetivo: devolver al menor a la residencia habitual presustracción sin entrar en su situación jurídica.

4 Recuérdese art. 3.1 de la Convención NU sobre los Derechos del Niño de 1989 y Observación General N.º 14 del Comité NU de Derechos del Niño, de 29 de mayo de 2013, sobre el derecho del niño a que su interés superior sea una consideración primordial (en relación con el art. 11.1 de la Convención NU relativo a la lucha contra los traslados ilícitos de niños al extranjero y la retención ilícita de niños en el extranjero); art. 39.4 CE y art. 24.2 CDFUE.

5 Reglamento (UE) 2019/1111, de 25 de junio de 2019, relativo a la competencia, el reconocimiento y la ejecución de resoluciones en materia matrimonial y de responsabilidad parental, y sobre la sustracción internacional de menores, DO L 178, de 2.7.2019 (en adelante, el Reglamento).

provoca el traslado ilícito del menor y prevenir el *forum shopping*[6]. En definitiva, el Convenio es un plan b que ha resultado una historia de éxito: un instrumento que es puro interés superior del menor, con un planteamiento y una racionalidad iconoclasta y que cuarenta años después, con sus virtudes y defectos, sigue siendo la mejor respuesta que ha acertado a articular el Derecho para las sustracciones internacionales de menores.

Unos meses antes de la conclusión del Convenio de La Haya, Naciones Unidas positivizaba los derechos de las mujeres en un texto universal: la Convención sobre la eliminación de todas las formas de discriminación contra la mujer[7]. La Convención situaba en primera línea cuestiones tales como la modificación imprescindible de los estereotipos, la legitimidad de las acciones positivas y la urgencia de la lucha contra la violencia contra las mujeres por razones de género[8]. En cuanto a esta última, la gravedad de esta

---

6 Cf. PÉREZ VERA, Elisa, *Informe explicativo del Convenio sobre los aspectos civiles de la sustracción internacional de menores*, La Haya, 1982, párs. 11, 15 y 16 (en adelante, *Informe Pérez Vera*).

7 Adoptada y abierta a la firma y ratificación, o adhesión, por la Asamblea General en su resolución 34/180, de 18 de diciembre de 1979 (en adelante, Convención NU de 1979). Hay que poner de relieve que la Convención incluye un mecanismo propio de control no jurisdiccional (Parte V) por el que se crea el Comité para la Eliminación de la Discriminación contra la Mujer (CEDAW). Las limitaciones de este sistema de control condujeron a la elaboración del Protocolo Facultativo que abrió la posibilidad de que el Comité conociera de denuncias individuales formuladas por las propias víctimas o en su nombre así como de iniciar investigaciones de oficio (hecho el 6 de octubre de 1999, entró en vigor el 22 de diciembre de 2000; España firmó el Protocolo el 14 de marzo de 2000 y depositó el instrumento de ratificación el 5 de julio de 2001). Entre las Recomendaciones Generales del CEDAW, recuérdese Recomendación general núm. 35 sobre la violencia por razón de género contra la mujer, por la que se actualiza la Recomendación general núm. 19, publicada el 26 de julio de 2017.

8 El Convenio de Estambul (vid. *infra*) consagra el término "violencia contra las mujeres por razones de género" como equivalente al clásico "violencia de género", que es el utilizado en los textos jurídicos fun-

lacra y las extraordinarias dificultades para un abordaje efectivo del problema se han ido visibilizando y desde entonces ha sido y es objeto de regulación por fuentes internacionales, europeas e internas; entre las más significadas, la Convención de Belem do Pará de 1994[9] y el Convenio de Estambul de 2011[10]. En la actualidad, la erradicación de la violencia contra las mujeres por razones de género es un compromiso jurídico global y prioritario[11].

---

damentales, cf. CONSEIL DE L'EUROPE, *Rapport explicatif de la Convention du Conseil de l'Europe sur la prévention et la lutte contre la violence à l'égard des femmes et la violence domestique, Série des traités du Conseil de l'Europe*, n.° 210, 11.V.2011, apdo. 44. En este sentido clásico y equivalente que invoca el Convenio, se usa en este trabajo.

9 Convención Interamericana para prevenir, sancionar y erradicar la violencia contra la mujer, gestada en el marco de la OEA.

10 Convenio del Consejo de Europa sobre prevención y lucha contra la violencia contra la mujer y la violencia doméstica, hecho en Estambul el 11 de mayo de 2011, entrada en vigor 1 de abril de 2014, BOE núm. 137, de 6 de junio de 2014. Acuerdo mixto, recuérdese firma por la UE 13 de junio de 2017 (https://www.coe.int/en/web/conventions/full-list?module=signatures-by-treaty&treatynum=210) y Dictamen 1/19 del Tribunal de Justicia (Gran Sala) de 6 de octubre de 2021; adhesión al Convenio, DO L 143I, de 2.6.2023, junto con Decisiones (UE) 2023/1075 y 2023/1076 del Consejo, de 1 de junio de 2023, relativas a la celebración, en nombre de la Unión Europea, del Convenio en lo que respecta a las instituciones y la administración pública de la Unión, y en lo que respecta a asuntos relacionados con la cooperación judicial en materia penal, asilo y no devolución. Declaración relativa a la competencia de la Unión Europea en los asuntos regulados por el Convenio y Código de conducta por el que se establecen las disposiciones internas relativas al ejercicio de los derechos y obligaciones de la Unión Europea y los Estados miembros en virtud del Convenio publicados en DO C 194, de 2.6.2023.

11 Agenda 2030, Objetivo 5 de los ODS: "lograr la igualdad entre los géneros y empoderar a todas las mujeres y las niñas". Elocuente del nivel de este compromiso en la UE y particularmente atinente para este trabajo, véanse los términos de la Resolución del Parlamento Europeo, de 6 de octubre de 2021, sobre el impacto de la violencia doméstica y del derecho de custodia en las mujeres y los niños, con invocación del Convenio de La Haya y del art. 31 del Convenio de Estambul (2019/2166(INI),

La realidad se ha ocupado de confrontar estos dos polos jurídicos ante la constatación creciente de supuestos de sustracción internacional en los que la secuestradora es la madre y la violencia contra la madre es causa directa de la sustracción o un factor coadyuvante. Esta evolución hacia una inversión del modelo tipo en el que la sustracción era perpetrada por el padre acaso puede verse como una consecuencia paradójica, una derivación indeseada de los avances en la lucha contra los estereotipos[12]. En paralelo a este cambio, se han incrementado los procesos de restitución en que se alega la violencia de género para detener el retorno inmediato del menor, esto es, la clave sobre la que se construye el Convenio de La Haya. Esta alegación suele articularse sobre la base jurídica que proporciona el art. 13.1 b), que contempla la excepción de grave riesgo para el menor[13]. La cuestión es que, en un escenario

---

https://www.europarl.europa.eu/doceo/document/TA-9-2021-0406_EN.html).

12 También puede interpretarse como una realidad en la que subyace un choque de culturas que se manifiesta de la forma más radical en los supuestos de violencia (vid. PRETELLI, Ilaria, "Una reinterpretación del Convenio de La Haya sobre la sustracción de menores para proteger a los niños de la exposición al sexismo, la misoginia y la violencia contra las mujeres", *Cuadernos de Derecho Transnacional*, Vol. 14, N.º 2, 2022, pp. 1310-1337).

13 Artículo 13. "No obstante lo dispuesto en el artículo precedente, la autoridad judicial o administrativa del Estado requerido no está obligada a ordenar la restitución del menor si la persona, institución u otro organismo que se opone a su restitución demuestra que:
a) la persona, institución u organismo que se hubiera hecho cargo de la persona del menor no ejercía de modo efectivo el derecho de custodia en el momento en que fue trasladado o retenido o había consentido o posteriormente aceptado el traslado o retención; o
b) existe un grave riesgo de que la restitución del menor lo exponga a un peligro grave físico o psíquico o que de cualquier otra manera ponga al menor en una situación intolerable.
La autoridad judicial o administrativa podrá asimismo negarse a ordenar la restitución del menor si comprueba que el propio menor se opone a la restitución, cuando el menor haya alcanzado una edad y un grado de madurez en que resulte apropiado tener en cuenta sus opiniones.

de violencia de género, cuando la sustracción de los hijos es una manifestación más del maltrato contra la mujer, el Convenio es un instrumento perfecto pues el sistema juega en favor de la víctima y es eficaz para desmontar la posición de poder del maltratador. Pero cuando la sustracción es la respuesta (aunque *de facto* e ilegal) de la víctima a la violencia, el mismo sistema del Convenio condena a la víctima, bien a volver al entorno de violencia, bien a renunciar a acompañar al menor en la restitución.

La aplicación del Convenio de La Haya es muy compleja siempre y el momento más delicado para el juez es el de la apreciación de las excepciones al retorno, particularmente, la prevista en el art. 13.1 b). El juez ha de responder con la lógica del Convenio (interés del menor-retorno inmediato), y prestar una atención extraordinaria a las circunstancias del caso así como a la delicada ponderación de los principios e intereses en presencia pues, reconocido el interés superior del menor como prevalente, no pueden ignorarse los derechos procesales de las partes en el proceso y el derecho de todos al respeto a la vida familiar: una ponderación diabólica[14]. Para facilitar el manejo de la excepción de grave riesgo, la Conferencia de La Haya ha elaborado una *Guía de Buenas Prácticas. Parte IV. Art. 13(1)(b)*[15]. Como se ha indicado, esta es la

---

Al examinar las circunstancias a que se hace referencia en el presente artículo, las autoridades judiciales y administrativas tendrán en cuenta la información que sobre la situación social del menor proporcione la Autoridad Central u otra autoridad competente del lugar de residencia habitual del menor".

14 Véase CUARTERO RUBIO, M.ª Victoria, "La sustracción internacional de menores ante el juez: a vueltas con la racionalidad del Convenio de La Haya de 1980 y la ponderación", en CUARTERO RUBIO, M.ª Victoria y VELASCO RETAMOSA, José Manuel (Dirs.), *La vida familiar internacional en una Europa compleja: cuestiones abiertas y problemas de la práctica*, Valencia, Tirant lo Blanch, 2021, pp. 323-344.

15 CONFERENCIA DE LA HAYA DE DERECHO INTERNACIONAL PRIVADO, *Convenio sobre Sustracción de Niños de 1980. Guía de Buenas Prácticas. Parte IV. Art. 13(1)(b)*, La Haya, 2021 (en adelante, *Guía de Buenas Prácticas*). C. Bernasconi, Secretario General de la Conferencia, explica

base jurídica habitual mediante la que se articula la alegación de violencia de género y la Guía es un instrumento imprescindible para conocer cuál es el entendimiento de la Conferencia sobre este punto y su encaje y tratamiento en el marco del Convenio, por tanto, un elemento de extraordinaria importancia para su interpretación y aplicación. Conviene avanzar dos datos. Primero, el planteamiento de la Guía está muy acotado: su objeto es recomendar buenas prácticas para la "gestión efectiva" de la excepción del art. 13.1 b) en el proceso de restitución. Y segundo, la Guía no aborda la violencia de género sino la violencia doméstica (contra el menor, el padre o la madre) y como uno más de los supuestos subsumibles en el art. 13.1 b)[16].

---

el proceso legislativo en el Prólogo de la Guía: fue elaborada por la Oficina Permanente, con el apoyo de un Grupo de Trabajo dirigido por D. Bryan, e integrado por un amplio catálogo de expertos, por encargo del Consejo de Asuntos Generales y Política de la Conferencia, y aprobada por todos los entonces Estados miembros de la Conferencia (cf. *Guía de Buenas Prácticas*, p. 3 y pár.10). La primera reunión del Grupo de Trabajo data de 2013 (*ibidem*). El Proyecto se presentó al Consejo en febrero de 2019 y el texto finalmente aprobado se publicó en marzo de 2020 (cf. las informaciones de CELIS, Mayela, "Much-awaited draft guidelines on the grave risk exception of the Child Abduction Convention (Art. 13(1)(b)) have been submitted for approval", 24 de febrero de 2019, https://conflictoflaws.net/2019/much-awaited-draft-guidelines-on-the-grave-risk-exception-of-the-child-abduction-convention-art-131b-have-been-submitted-for-approval/; "At last – The "grave risk exception" Guide under the HCCH Child Abduction Convention has been published", 9 de marzo de 2020, https://conflictoflaws.net/2020/at-last-the-grave-risk-exception-guide-under-the-hcch-child-abduction-convention-has-been-published/). El Proyecto, disponible en https://assets.hcch.net/docs/1e6f828a-4120-47b7-83ac-a11852f77128.pdf.

16 Hubo un Proyecto de Guía de 2017 que dedicaba a este problema mayor atención. Este Proyecto fue objeto de discusión en la Séptima reunión de la Comisión Especial sobre el funcionamiento práctico del Convenio de 1980 sobre Sustracción Internacional de Menores y del Convenio de 1996 sobre Protección de Niños (10-17 de octubre de 2017), vid. *Conclusiones y Recomendaciones de la Comisión Especial*, apdo. 54, https://assets.hcch.net/docs/b50c61b7-50a2-495c-b004-36e9000646df.pdf.

II. LA GUÍA DE BUENAS PRÁCTICAS SOBRE LA INTERPRETACIÓN Y APLICACIÓN DEL ART. 13.1 B) DEL CONVENIO DE LA HAYA

1. Contexto

La Guía de Buenas Prácticas es un documento que se enmarca en los trabajos que presta la Conferencia de La Haya en el seguimiento de los Convenios: un "servicio pos-Convenio". En este sentido, se comprende dentro del conjunto de actividades que

---

Por ejemplo, este Proyecto incluía un Anexo 3: *Dynamique de la violence domestique et normes internationales concernant les violences domestique et à l'égard des enfants*. El Proyecto de 2017, disponible en: 18c71b81-06d1-4161-9d38-5506ec8affdd.pdf (hcch.net). Vid. la información de CELIS, Mayela, "HCCH Draft Guide to Good Practice on Article 13(1)(b) of the Hague Child Abduction Convention", 17 de septiembre de 2017, https://conflictoflaws.net/2017/hcch-draft-guide-to-good-practice-on-article-131b-of-the-hague-child-abduction-convention/. Subraya la drástica reducción en el tratamiento de esta cuestión REIG FABADO, Isabel, "Violencia de género en la sustracción internacional de menores: ¿regulación insuficiente, infrautilizada o ambas cosas?", en LARA AGUADO, Ángeles (Dir.), *Protección de menores en situaciones transfronterizas: análisis multidisciplinar desde las perspectivas de género, de los derechos humanos y de la infancia*, Valencia, Tirant lo Blanch, 2023, p. 908. Sobre este Proyecto y, en particular, la valoración del tratamiento de la alegación de violencia, RODRÍGUEZ PINEAU, Elena, "La oposición al retorno del menor secuestrado: movimientos en Bruselas y La Haya", *Revista Electrónica de Estudios Internacionales*, núm. 35, 2018, pp. 12-13 y 23-26. El Proyecto discurrió en paralelo a la Propuesta de Reglamento 2019/1111, donde el escenario violencia-sustracción fue un elemento importante de discusión, vid. RUIZ SUTIL, Carmen, "Implementación del Convenio de Estambul en la refundición del Reglamento Bruselas II bis y su repercusión en la sustracción internacional de menores", *Cuadernos de Derecho Transnacional*, Vol. 10, N.º 2, 2018, pp. 622 y 631-635. Destaca cómo Proyecto de Guía y Propuesta de Reglamento se alineaban en sus soluciones, RODRÍGUEZ PINEAU, Elena, "La oposición…", op. cit., pp. 26-29.

desde la Conferencia se orientan a monitorizar el funcionamiento de los textos principales y mejorar su implementación en la práctica[17]: las reuniones de Comisiones Especiales y sus Conclusiones y Recomendaciones[18], la posibilidad de prestar a los Estados parte en los Convenios una asistencia pos-Convenio, o la publicación de textos, como esta Guía, con una particular voluntad de ayuda al operador jurídico. En el caso del Convenio de La Haya de sustracción, este apoyo a la práctica se completa con instrumentos como INCADAT, la base de datos de jurisprudencia sobre sustracción internacional de menores[19]. En el marco de estos trabajos pos-Convenio, la violencia de género en los supuestos de sustracción internacional de menores es una preocupación que está presente desde hace años en los Cuestionarios dirigidos a los Estados sobre el funcionamiento práctico del Convenio y en las reuniones de la Comisión Especial[20].

---

17 Cf. https://www.hcch.net/es/home.

18 Con posterioridad al cierre de este trabajo ha tenido lugar la Octava Reunión de la Comisión Especial sobre el funcionamiento práctico del Convenio sobre Sustracción de Niños de 1980 y del Convenio sobre Protección de Niños de 1996, celebrada entre los días 10 y 17 de octubre de 2023. En lo que aquí concierne, las Conclusiones y Recomendaciones de la Comisión Especial subrayan algunos aspectos de la Guía y proponen la celebración de un posible foro sobre violencia doméstica y art. 13(1)(b) (https://assets.hcch.net/docs/8941c6be-709c-4994-950b-b142906e8afa.pdf). En cuanto a la documentación, es de destacar el documento de información n.º 6: "A mistake waiting to happen: the failure to correct the Guide to Good Practice on Article 13(1)(b) – Article by Professor Rhona Schuz and Professor Merle Weiner" (https://assets.hcch.net/docs/007f1358-f418-4649-ae22-c4a71c03b6c9.pdf). Webs citadas en este nota consultadas el 22 de noviembre de 2023.

19 Asimismo, INCASTAT, base de datos estadísticos de casos de sustracción o iChild, para la gestión digital.

20 Cuestionario sobre el funcionamiento práctico del Convenio de La Haya de 25 de octubre de 1980 sobre los aspectos civiles de la sustracción internacional de menores, documento preliminar n.º 1, abril 2006, preguntas 25-32, Cuestionario sobre el funcionamiento práctico del Convenio de La Haya de 25 de octubre de 1980 sobre los aspectos civiles de la sustracción internacional de menores y del Convenio de

El Convenio sobre los aspectos civiles de la sustracción internacional de menores es un texto cuya aplicación concita una particular atención y un trabajo de seguimiento muy fructífero. En punto a las Guías de Buenas Prácticas, la que nos ocupa, relativa al art. 13.1 b), viene a sumarse a las ya publicadas sobre los siguientes aspectos: práctica de las Autoridades Centrales, medidas de aplicación, medidas preventivas, ejecución y mediación. De hecho,

---

La Haya de 19 de octubre de 1996 relativo a la competencia, la ley aplicable, el reconocimiento, la ejecución y la cooperación en materia de responsabilidad parental y de medidas de protección de los niños, documento preliminar n.º 1, noviembre 2010, preguntas 5.1-5.7; Cuestionario relativo a la oportunidad y a la viabilidad de un Protocolo a la Convención de La Haya sobre los aspectos civiles de la sustracción internacional de menores, documento preliminar n.º 2, diciembre 2010, pregunta 5; Cuestionario sobre el funcionamiento práctico del Convenio de La Haya de 25 de octubre de 1980, documento preliminar n.º 2, enero 2017, pregunta 5.5. Conclusiones y Recomendaciones adoptadas por la Comisión Especial sobre el funcionamiento práctico de los Convenios de La Haya de 1980 y 1996 (1-10 de junio de 2011) y Conclusiones y Recomendaciones adoptadas por la Comisión Especial (25-31 de enero de 2012). Entre los documentos preliminares para esta Sexta Sesión de la Comisión Especial, documento n.º 9 de mayo de 2011 sobre *Violence conjugale et familiale et l'article 13 « risque grave » exception dans le fonctionnement de la Convention de La Haye du 25 octobre 1980 sur les aspects civils de l'enlèvement international d'enfants : document de réflexion*. Todos los documentos disponibles en https://www.hcch.net/es/instruments/conventions/specialised-sections/child-abduction. Vid. las informaciones de BORRÁS RODRÍGUEZ, Alegría, "Comisión Especial sobre el funcionamiento práctico del Convenio de La Haya de 1980 sobre sustracción de menores (30 de octubre a 9 de noviembre de 2006)", *REDI*, vol. LVIII, 2006-2, pp. 1110-1116, "Reunión de la Comisión Especial sobre el funcionamiento práctico del Convenio de La Haya de 1980 sobre sustracción internacional de menores y del Convenio de La Haya de 1996 sobre protección de niños (1 a 10 de junio de 2011)", *REDI*, vol. LXIII, 2011-2, pp. 314-320, "Reunión de la Comisión Especial sobre el funcionamiento práctico del Convenio de La Haya de 1980 sobre sustracción internacional de menores y del Convenio de La Haya de 1996 sobre protección de niños, 2ª parte (25 a 31 enero de 2012)", *REDI*, vol. LXIV, 2012-2, pp. 308-312.

la Guía sobre el art. 13.1 b) constituye en realidad la Sexta parte de la Guía de Buenas Prácticas del Convenio formando un todo con las precitadas. A ella hay que añadir otras, como la *Guía sobre Contacto Transfronterizo relativo a los Niños: Principios Generales y Guía de Buenas Prácticas*, y la relativa a acuerdos familiares respecto a los niños, que conecta con los trabajos legislativos específicos abiertos sobre esta cuestión[21]. Finalmente, hay que recordar la Guía elaborada en concreto para afrontar las dificultades añadidas por la pandemia en los supuestos de sustracción[22].

En cuanto a su estructura, la Guía de Buenas Prácticas se divide en cinco apartados[23]. El apartado I hace una aproximación teórica al art. 13.1 b) en el marco del Convenio, el apartado II a su aplicación en la práctica, y los siguientes apartados III y IV establecen las buenas prácticas recomendadas en los casos en que se invoque la excepción, dirigidas a los tribunales y a las Autoridades centrales[24]. Un último apartado V se dedica a los recursos útiles que pueden ayudar a la mejor comprensión y utilización del precepto.

---

21 *Practitioners' Tool: Cross-Border Recognition and Enforcement of Agreements Reached in the Course of Family Matters Involving Children*, https://assets.hcch.net/docs/333f37cc-28c9-4b6a-864a-8c335101592c.pdf; sobre los trabajos en curso vid. https://www.hcch.net/es/projects/legislative-projects/recognition-and-enforcement-of-agreements.

22 *Guía de herramientas para el Convenio sobre sustracción de niños de 1980 en tiempos de covid-19*, https://assets.hcch.net/docs/3a0aceaf-a251-4eaa-a42c-4bbc227cd863.pdf.

23 Más un Glosario, el Prólogo precitado, la Introducción y el índice de jurisprudencia citada en la Guía, cuya utilidad hay que subrayar dado que el texto tiene una base jurisprudencial importante.

24 La gestión de la excepción *ex* art. 13.1 b) corresponde a los tribunales, de forma que la intervención en este punto de las Autoridades Centrales es limitada (cf. *Guía de Buenas Prácticas*, pár. 96). No obstante, la Conferencia dirige una serie de observaciones a las Autoridades del Estado requirente y del Estado requerido para coadyuvar a la mejor gestión de la excepción y formula diversas buenas prácticas en punto a la colaboración e información (*ibidem*, párs. 97 y 98).

2. Valor jurídico e impacto

La Guía es explícita sobre su valor jurídico: no es vinculante. Insiste en su carácter orientativo, en la sumisión de las prácticas recomendadas a lo dispuesto en las leyes y procedimientos correspondientes y en la naturaleza ejemplificativa y no prescriptiva de la jurisprudencia citada. "Promover, a nivel global, la aplicación apropiada y uniforme de la excepción de grave riesgo en consonancia con las disposiciones y los objetivos del Convenio"[25]: este es su fin exacto y con esta clave se ha de entender el texto. Esta cautela en cuanto a su valor jurídico como norma no opaca su extraordinaria importancia como fuente en la interpretación y aplicación del Convenio, máxime cuando se apoya a su vez en otros textos que cumplen una función interpretativa incuestionable, en particular, el Informe explicativo del Convenio[26]. En este sentido, la Guía permite la comprensión de la excepción de grave riesgo, en una puesta al día respetuosa y acorde con los documentos interpretativos esenciales que expresan el sentido auténtico del texto de 1980: el Informe explicativo y las Actas y Documentos de la Decimocuarta Sesión de la Conferencia[27].

Su utilidad e impacto parecen indiscutibles habida cuenta del precepto interpretado, el art. 13.1 b), particularmente complejo en su aplicación práctica, y de la elevada participación de que goza el Convenio. Este efecto está llamado a ser de la mayor trascendencia en el ámbito de la Unión Europea dado que la respuesta a las sustracciones transfronterizas regulada en el Reglamento

---

25 Cf. *Guía de Buenas Prácticas*, párs. 3, 8 y 77.

26 *Informe Pérez Vera* precitado. La Guía se elabora teniendo en cuenta asimismo las Conclusiones y Recomendaciones de la Comisión Especial y las otras Guías de Buenas Prácticas sobre el Convenio, cf. *Guía de Buenas Prácticas*, pár. 3.

27 CONFERENCIA DE LA HAYA, *Actes et documents de la Quatorzième session*, 6 à 25 octobre 1980, Tome III. Enlèvement d'enfants, La Haya, 1982.

2019/1111 se construye sobre la base del Convenio de La Haya[28]. El objetivo jurídico de integración, la marca del Derecho de la Unión, tiende a colonizar los Convenios internacionales de los que se vale, como es el caso. Pero, admitido esto, en pura técnica jurídica el Reglamento 2019/1111 hace una remisión al Convenio de La Haya, no una incorporación por referencia. Por tanto, no solo por la obligación de interpretación y aplicación del Convenio conforme a la buena fe, sino por razones de técnica jurídica merced a la remisión, el Reglamento hace suyo el Convenio con respeto a su autonomía y a la interpretación auténtica, que es la que proporciona el Informe explicativo y las Actas y Documentos, y que monitoriza la Conferencia de La Haya, en este caso, a través de la Guía.

Al fin, es importante poner de relieve la función de la Guía desde el punto de vista de la armonización del Derecho. El Convenio de La Haya articula una respuesta original para un problema imposible desde la óptica tradicional por sectores del Derecho internacional privado. Su solución es pura cooperación y confianza (su acierto y su debilidad). Por eso, en el contexto del Convenio, la consecución de una unificación internacional del Derecho sólida, que se extienda al momento de su interpretación y aplicación, es un condicionante importante de su éxito o fracaso. En la medida en que la gestión de la excepción de grave riesgo se armoniza, la confianza se refuerza y el sistema del Convenio se fortalece.

[28] Recuérdese art. 96 Reglamento 2019/1111 en cuanto a la aplicabilidad espacial de las normas del Reglamento (menor retenido o trasladado ilícitamente de Estado miembro a otro Estado miembro, resolución por la que se ordena la restitución dictada en Estado miembro a reconocer y ejecutar en otro Estado miembro).

III. VIOLENCIA DE GÉNERO Y SUSTRACCIÓN INTERNACIONAL DE MENORES EN LA GUÍA: LA PRÁCTICA Y LAS RECOMENDACIONES

1. La alegación de violencia doméstica como excepción de grave riesgo

1.1. La invisibilización del problema de género en la Guía

La Guía no hace un estudio específico del problema de las sustracciones internacionales con un fondo de violencia de género. Lo aborda desde el enfoque limitado que supone el examen y formulación de recomendaciones para una gestión eficaz de la excepción al retorno *ex* art. 13.1 b), la base jurídica habitual mediante la que se articula la alegación de violencia de género. Con este planteamiento, es de particular interés el apartado II de la Guía, que lleva por título: "El art. 13.1 b) en la práctica". Este apartado se divide en dos subapartados. En el primero, se realizan unas observaciones generales sobre la consideración de la excepción por los tribunales en torno a estos puntos: análisis paso a paso, medidas de protección, arreglos prácticos y normas procesales y probatorias[29]. En el segundo subapartado, se ofrecen ejemplos de alegaciones que se pueden oponer sobre esta base jurídica. La violencia se examina en este contexto; de hecho, abre este segundo epígrafe[30]. Los ejemplos de alegaciones *ex* art. 13.1

---

[29] *Guía de Buenas Prácticas,* párs. 38-54. El análisis paso a paso implica: primero, constatar que las alegaciones pueden indicar un grave riesgo por su carácter y el suficiente nivel de detalle y contundencia, y, segundo, en tal caso, proceder al estudio de las pruebas e informaciones, teniendo en cuenta las relativas a las medidas de protección. La decisión depende de determinar entonces si se alcanza en el caso el "alto umbral" que requiere la excepción (*ibidem* párs. 38-42 y esquema de actuaciones, p. 33). Respecto a los demás puntos véase *infra.*

[30] *Guía de Buenas Prácticas,* párs. 57-59.

b) enumerados son los siguientes: violencia doméstica contra el niño y/o el padre o madre sustractor, desventajas económicas o de desarrollo para el niño tras la restitución, riesgos asociados a las circunstancias del Estado de residencia habitual, riesgos asociados a la salud del niño, separación del niño del padre o madre sustractor cuando éste último no puede o no quiere regresar al Estado de residencia habitual del niño y, finalmente, separación del niño de su(s) hermano(s). La Guía subraya el limitado propósito de este apartado: exponer algunos ejemplos con citas de jurisprudencia escogida[31]. Además, se reitera el protagonismo absoluto de la valoración del caso concreto, pues la relevancia de los hechos y circunstancias particulares hacen que cada decisión sea "única", así como del necesario análisis paso a paso del grave riesgo. Por esta razón, se repite, los factores que en los ejemplos sirven para sustentar el retorno o no del menor, no constituyen una lista exhaustiva ni está predeterminado su peso en la decisión[32].

El apartado II pone en evidencia el dato esencial que condiciona el análisis de la violencia en la Guía: la renuncia a observar el problema como una cuestión de género. La Conferencia de La Haya elige abordar la violencia de género desde la óptica neutra de la violencia doméstica, evitando el tratamiento especial de esta especie concreta de violencia familiar. La rúbrica bajo la que se estudia la violencia como ejemplo de excepción no deja lugar a dudas en cuanto a que ésta es la opción: "Violencia doméstica contra el niño y/o el padre o madre sustractor". El término utilizado es "violencia doméstica" y, a mayor abundamiento, se aclara su significado[33]. El desarrollo del texto es también explícito

---

31 Cf. *Guía de Buenas Prácticas*, pár. 56.

32 Cf. *Guía de Buenas Prácticas*, pár. 55. Con carácter general se insiste en ello en la Introducción, *ibidem* pár. 7.

33 El término "Violencia doméstica y familiar" es definido en el Glosario de la Guía: "puede, según la definición utilizada en cada jurisdicción, cubrir un abanico de diferentes comportamientos abusivos en el marco de la familia, entre ellos, el maltrato físico, emocional, psíquico, sexual y económico. Pueden estar dirigidos hacia el niño ("maltrato infantil"),

al referirse sistemáticamente al padre/madre sustractor. Con esta perspectiva, la Guía enumera las diversas formas que puede adoptar la violencia doméstica a efectos de la excepción al retorno por grave riesgo: el daño directo por maltrato físico, abuso sexual u otro tipo de maltrato dirigido al niño, pero igualmente el daño por exposición del niño a la violencia doméstica contra el padre o madre sustractor o grave riesgo para el niño por el daño que puede llegar a sufrir el padre o madre sustractor, que puede perjudicar su capacidad como cuidador[34]. En definitiva, la Guía insiste en que la excepción es el grave riesgo para el niño y que, con este prius, es posible considerar el daño para los progenitores, tanto el padre como la madre, en la medida en que provoque un grave riesgo para el menor.

1.2. Violencia doméstica y riesgo prospectivo

La renuncia a un tratamiento específico de la violencia de género ha de ponerse en conexión con otro dato: el enfoque del grave riesgo es "prospectivo", esto es, la clave para el manejo correcto de la excepción es el "efecto que la violencia doméstica produce en el niño tras su restitución"[35]. Debe constatarse la naturaleza, frecuencia e intensidad de la violencia y las circunstancias en que es probable que se manifieste para determinar si el retorno del menor al Estado de su residencia habitual "alcanza el alto umbral" que exige la excepción. La consecuencia de este aproximación se establece de forma explícita en los párrafos 58 y 59: las pruebas de violencia doméstica "por sí solas" no activan la excepción pues no son suficientes para sostener lo esencial a tal efecto: el grave

hacia la pareja (a veces denominado "maltrato conyugal" o "violencia en una relación íntima de pareja") o hacia otros miembros de la familia".

34 Cf. *Guía de Buenas Prácticas,* párs. 33 y 57. En cuanto al daño indirecto, vid. *infra.*

35 En este punto, la Guía traslada a los supuestos de violencia uno de los elementos básicos de la excepción: su sentido prospectivo, cf. *Guía de Buenas Prácticas,* párs. 35-37, en especial, pár. 37.

riesgo prospectivo para el niño[36]. En el supuesto de que efectivamente se haya demostrado un escenario de violencia doméstica presustracción que podría "llegar a convertirse en un grave riesgo para el niño", y a resultas del enfoque prospectivo, la atención se concentra en las medidas que el Estado de residencia habitual puede desplegar para la protección del niño. En este sentido, la decisión *ex* art. 13.1 b) debe tener en cuenta factores como la disponibilidad, idoneidad y efectividad de tales medidas. Los ejemplos jurisprudenciales que se citan apuntan, tanto a precedentes de retorno cuando existen tales medidas de protección[37], como a su rechazo si se considera que no bastan para proteger al niño[38], tomando también en consideración su vulnerabilidad psíquica[39]. Como resulta del análisis paso a paso que exige la evaluación de los posibles supuestos de grave riesgo, en la hipótesis de que el caudal probatorio, incluida la prueba del escenario de violencia presustracción y la existencia y viabilidad de las medidas de protección, no conduzca al tribunal a la convicción de existencia en el caso concreto de un riesgo grave para el niño, debe ordenar la restitución. En el caso de que llegue a la convicción de que el riesgo grave existe y que las medidas no son suficientes no está obligado a ordenarla[40].

---

[36] Cf. *Guía de Buenas Prácticas*, pár. 58. El riesgo prospectivo no significa que los incidentes pasados de violencia no sean relevantes y pueden ser prueba del riesgo para el niño, *ibidem* pár. 37.

[37] En este punto, la Guía se refiere de forma más amplia a las víctimas y no solo al niño: "había tanto protección jurídica, como servicios policiales y sociales disponibles en el Estado de residencia habitual del niño para asistir a las víctimas de violencia doméstica", *Guía de Buenas Prácticas*, pár. 59.

[38] Por ejemplo, si se han infringido las órdenes de protección, cf. *Guía de Buenas Prácticas*, pár. 59.

[39] Cf. *Guía de Buenas Prácticas*, pár. 59.

[40] Cf. *Guía de Buenas Prácticas*, pár. 42. La expresión que utiliza la Guía puede llamar a confusión. El término laso "no está obligado a" responde a la dicción exacta del art. 13 (véase *supra*).

1.3. Violencia doméstica, riesgo prospectivo y medidas de protección

La renuncia a un enfoque de género y el carácter prospectivo de la excepción sitúan en primer plano la argumentación sobre las medidas de protección pues la existencia y valoración de "medidas de protección adecuadas y eficaces" en el Estado de residencia habitual presustracción se erige en elemento decisivo en la restitución[41]. Sin embargo, no hay tampoco en este punto un enfoque específico, pese a que es inmediato el efecto radical que este planteamiento tiene en los supuestos de violencia y a que el apartado general dedicado a las "Medidas de protección" comienza señalando su marcada importancia en los supuestos en que la excepción de grave riesgo responde a una situación de violencia familiar[42]. Pero la Guía opta por un tratamiento general, común para cualquiera de los supuestos de la alegación.

En cuanto a la gestión en el proceso, la Guía constata que la cuestión de las medidas se estudia junto con la alegación de grave riesgo pero que puede ser también después de que éste haya quedado probado. Considera que lo idóneo es introducir este punto en una fase temprana del debate procesal con vistas a la tramitación oportuna de las pruebas aunque el tribunal puede ordenar la restitución sin una "evaluación más exhaustiva" de los hechos si "está convencido" de la existencia de medidas de protección viables en el Estado de residencia habitual. Asimismo, la Guía señala

---

41 *Guía de Buenas Prácticas*, pár. 36.

42 Vid. *Guía de Buenas Prácticas*, párs. 43-48. En el marco de la violencia doméstica, la Guía contempla medidas jurídicas como el asesoramiento o las policiales y penales, así como otras de índole social propias de la respuesta integral que requieren las situaciones de maltrato, *ibidem* pár. 43. Sobre estas medidas, MORENO CORDERO, Gisela, "El interés superior del menor y su retorno seguro en sustracciones intracomunitarias fundadas en la violencia de género: el grave riesgo en la guía de buenas prácticas", en ORTEGA GIMÉNEZ, Alfonso (Dir.), *Europa en un mundo cambiante: estrategia Europa 2020 y sus retos sociales. Una perspectiva desde el Derecho internacional privado*, Cizur Menor, Thomson Reuters-Aranzadi, 2021, pp. 127-129.

que la competencia para imponer estas medidas puede corresponder o no al tribunal competente para la restitución y que, en tal caso, se puede aceptar el compromiso de la parte, si bien se reconoce que los compromisos voluntarios no son fáciles de ejecutar por lo que se recomienda un uso prudente, especialmente en supuestos de violencia[43].

La trascendencia que han cobrado las medidas de protección en la decisión sobre el retorno es una cuestión muy controvertida en cuanto se perpetúa una idea: que se trata de medidas de protección del menor y solo se contemplan medidas de protección de la madre víctima de violencia si entran en el concepto de violencia contra el menor[44]. La Guía responde a este planteamiento: dedica un apartado general a las "Medidas de protección" referidas a la protección del menor, que "pueden encontrarse disponibles y ser de fácil acceso", aunque reconoce que pueden no ser suficientes.

---

43 Cf. *Guía de Buenas Prácticas*, párs. 45-47.

44 Las críticas en la doctrina sobre este punto son generalizadas, con argumentos diversos, y concluyen en la necesidad de proteger, aun excepcionalmente, también a la víctima (por todos, REIG FABADO, Isabel, "Secuestros internacionales de menores en contextos de violencia de género", en LARA AGUADO, Ángeles (Dir.), *Guía de buenas prácticas para la efectividad de los derechos de la niñez, adolescencia y juventud en situaciones de movilidad transfronteriza desde las perspectivas de género y de la infancia*, Valencia, Tirant lo Blanch, 2022, p. 406). El tema es objeto de atención monográfica en TRIMMINGS, Katarina, DUTTA, Anatol, HONORATI, Costanza y ZUPAN, Mirela (Eds.), *Domestic Violence and Parental Child Abduction. The Protection of Abducting Mothers in Return Proceedings*, Cambridge, Intersentia, 2022; de particular interés, las recomendaciones en forma de "Guía de Buenas prácticas para la protección de las madres sustractoras en los procedimientos de restitución", *ibidem* pp. 219-279. En el marco de las normas europeas recuérdense las destacadas Directiva 2011/99/UE del Parlamento Europeo y del Consejo, de 13 de diciembre de 2011, sobre la orden europea de protección, DO L 338, de 21.12.2011, y Reglamento (UE) 606/2013 del Parlamento Europeo y del Consejo de 12 de junio de 2013 relativo al reconocimiento mutuo de medidas de protección en materia civil, DO L 181 de 29.6.2013.

Asimismo considera que puede requerirse su implementación antes de la restitución, si bien con carácter excepcional y con un límite temporal[45]. Igualmente, se refiere a la eficacia extraterritorial de las medidas de protección acordadas en la orden de restitución y su continuidad mediante órdenes espejo[46]. La Guía destaca la importancia que tiene la aplicación coordinada con otros instrumentos jurídicos, de forma señalada con el Convenio de La Haya de 1996 relativo a la Competencia, la Ley Aplicable, el Reconocimiento, la Ejecución y la Cooperación en materia de Responsabilidad Parental y de Medidas de Protección de los Niños[47]. En la misma línea, en el marco de la Unión Europea se refiere el art. 27.5 del Reglamento 2019/1111[48].

---

45 La implementación se dicta desde el Estado postsustracción por lo que, explica la Guía, tendrían sentido en tanto el Estado de residencia habitual determina si son precisas medidas y cuáles son las más adecuadas, cf. *Guía de Buenas Prácticas*, pár. 44.

46 Cf. *Guía de Buenas Prácticas*, pár. 47.

47 BOE núm. 291, de 2 de diciembre de 2010; cf. *Guía de Buenas Prácticas*, pár. 48.

48 Este precepto faculta al juez postsustracción para dictar medidas provisionales a fin de proteger al menor del riesgo grave del art. 13.1 b) siempre que no se retrase indebidamente el procedimiento de restitución. Art. 27. Procedimiento de restitución de un menor… "3. Cuando un órgano jurisdiccional considere la posibilidad de denegar la restitución del menor únicamente sobre la base del artículo 13, párrafo primero, letra b), del Convenio de La Haya de 1980, no denegará la restitución del menor si la parte que solicita la restitución del menor demuestra al órgano jurisdiccional, o si consta de otro modo al órgano jurisdiccional, que se ha dispuesto lo necesario para garantizar la protección del menor tras su restitución… 5. Cuando ordene la restitución del menor, el órgano jurisdiccional podrá, en su caso, dictar medidas provisionales, incluidas las cautelares, de conformidad con el artículo 15 del presente Reglamento a fin de proteger al menor del riesgo mencionado en el artículo 13, párrafo primero, letra b), del Convenio de La Haya de 1980, siempre que el estudio y la adopción de dichas medidas no retrase indebidamente el procedimiento de restitución". Hay que recordar que estas medidas siguen el régimen de ejecución previsto en el Reglamento habida cuenta de su inclusión expresa por virtud del art. 2.1 b).

2. Buenas prácticas recomendadas a los tribunales

El apartado III de la Guía recoge las buenas prácticas aconsejadas a los tribunales en los casos en que se invoca el art. 13.1 b). Como ya se ha dicho, se trata de prácticas *recomendadas* para la mejor gestión de los casos: su fuerza obligatoria es la propia de una recomendación. Del mismo modo hay que señalar que se trata de buenas prácticas que sirven para todos los ejemplos de alegaciones que se fundamenten en este precepto. Aunque se hace alguna inflexión particular, no hay un tratamiento específico para el caso en que el riesgo grave se sustente sobre la violencia doméstica. Y un último dato que hay que tener presente para comprender las buenas prácticas: su objetivo. Así, las recomendaciones comienzan con un apartado "Principio general: gestión efectiva de los casos", que señala que este es el propósito exacto. Se trata, por tanto, de un catálogo de prácticas orientadas a que la respuesta de los tribunales ante una alegación *ex* art. 13.1 b) sea eficaz, rápida y precisa; que el proceso esté enfocado en su objeto, que es la restitución, se acelere la resolución, se eviten demoras injustificadas y se asegure su eficacia inmediata[49]. En definitiva, las buenas prácticas son, en esencia, una mejor gestión del tiempo.

Las buenas prácticas recomendadas son las siguientes. La primera, la identificación temprana de las cuestiones relevantes; de esta manera, será posible limitar desde el principio las pruebas y argumentos sustanciales para decidir sobra la restitución. La segunda, la evaluación por el juez de una solución amigable como la mediación. Se sigue en este punto una tendencia general en Derecho de familia que contempla de forma destacada esta vía alternativa[50]. La tercera, la supervisión de la participación de las partes en el proceso para que este aspecto se siga con eficacia y sin retrasos indebidos. La cuarta práctica recomendada a los tri-

---

49 Cf. *Guía de Buenas Prácticas*, párs. 78-80.

50 Expresamente se incluye en este catálogo "alentar a las partes a considerar la mediación u otra forma de mecanismo alternativo de resolución de controversias", *Guía de Buenas Prácticas*, pár. 83.

bunales es asegurar la participación del niño en el proceso pero evitando demoras indebidas. Las buenas prácticas quinta y sexta se refieren a las pruebas y su acotación a las relevantes. En particular, en relación con las periciales, la Guía dedica una significativa atención a las recomendaciones a los tribunales para su conducción ajustada a este objetivo[51]. Finalmente, y en este ánimo de mejorar la eficiencia de la gestión de la alegación en el proceso, la séptima buena práctica se refiere a la asistencia de las Autoridades Centrales y las comunicaciones judiciales directas[52].

A partir de este catálogo de aplicación general la Guía hace alguna referencia específica respecto de la violencia doméstica. Es el caso del recurso a la solución amigable y, en concreto, a la mediación. En este punto, se advierte sobre la importancia de una evaluación cuidadosa ya sea de la mediación o de otro medio alternativo, en particular, en los supuestos de violencia. En este sentido se cita el Derecho español, que impide esta vía en los supuestos en que se alega violencia doméstica[53]. Las observaciones de la Guía de Buenas Prácticas en relación con la mediación son reflejo de las ya advertidas y tratadas con mucho más detenimiento en la Guía de buenas prácticas sustracción-mediación[54].

---

51 Señala, por ejemplo, la conveniencia de listas de expertos en el Convenio que estén disponibles para una rápida intervención, la designación de un único experto por las dos partes, la determinación de las cuestiones que realmente requieren pericial o la posibilidad de pericial oral. En caso de considerarse necesaria la intervención de un experto, la Guía hace diversas propuestas, por ejemplo, con afectación directa en el factor tiempo, establecer fechas: fecha límite para presentar la pericial y fecha para la audiencia garantizando la disponibilidad del experto ese día (cf. *Guía de Buenas Prácticas,* pár. 90).

52 Cf. *Guía de Buenas Prácticas*, párs. 82-92.

53 Cf. *Guía de Buenas Prácticas*, pár. 83.

54 Citada *supra*, párs. 261-282.

IV. ALGUNAS OBSERVACIONES

1. La traslación de las buenas prácticas a la alegación de violencia de género

El propósito de la Guía es procurar que la gestión por el juez de la alegación del art. 13.1 b) sea eficaz, rápida y precisa. Por tanto, cualquier valoración de la Guía pasa por su comparación con este objetivo acotado: optimizar la tramitación procesal de la alegación. Para alcanzar este fin, pone el foco en los problemas prácticos que suscita el art. 13.1 b) en el proceso y procura la preservación de la esencia del Convenio: la identificación del interés superior del menor con su retorno inmediato, salvo excepciones tasadas[55]. Este es un aspecto de la Guía que debe ser destacado. Para comprender su valor hay que recordar que el postulado sobre el que se construye el Convenio, la identificación *ex lege* del retorno inmediato con el interés superior del menor, es fácil de asumir en sede legislativa pero en la práctica, y no solo en casos patológicos, su asimilación no está exenta de dificultades; particularmente si el juez llamado a aplicar el Convenio no es un especialista que ha hecho suya aquella racionalidad. Se trata de una opción de política legislativa muy exigente y, por esta razón, la aplicación práctica somete el postulado del Convenio a un cuestionamiento continuo[56]. Frente a esta tensión, la Guía lo reivindica y refuerza.

Entrando en la alegación de violencia para excepcionar el retorno, ya se ha señalado, la Guía renuncia a una aproximación de género al problema. La alegación de violencia de género queda englobada dentro de la categoría "violencia doméstica". La voluntad de indiferenciación es patente, tanto respecto de las situaciones de violencia contra el menor como entre progenitores, refi-

---

55 Cf. *Guía de Buenas Prácticas*, pár. 14.

56 Cf. CUARTERO RUBIO, M.ª Victoria, "La sustracción...", op. cit., pp. 328-330.

riéndose sistemáticamente las observaciones a los casos de "padre o madre sustractor". Este abordaje desde la violencia doméstica se corresponde con la perspectiva por la que ha apostado la Conferencia en trabajos anteriores, de manera que puede entenderse como la opción de continuidad[57]. A ésta se suma una segunda indiferenciación pues, a su vez, la violencia doméstica es objeto de estudio como un supuesto más. Y comparte con las demás el enfoque prospectivo del grave riesgo, con la atención centrada en las medidas y en el retorno seguro del menor[58]. Pues bien, con esta aproximación generalista y pretendidamente neutra, la propia Guía pone en evidencia de forma palmaria las especialidades de esta alegación y la necesidad de un tratamiento específico.

En efecto, las buenas prácticas recomendadas están llamadas a ser una ayuda importante en general, de aplicación siempre que resulten apropiadas y si un tribunal considera que son apropiadas en el caso específico[59]. Pero dicho esto, ¿las buenas prácticas de la Guía son útiles para una gestión eficaz de la alegación de violencia doméstica? ¿Y para la alegación de violencia de género en concreto? La Guía hace esta estimación en relación con la bue-

---

57 Vid. los Cuestionarios y Conclusiones y Recomendaciones citados *supra*. El documento preliminar n.º 9 de mayo de 2011 aborda violencia conyugal y familiar pero, se aclara, ambos términos se refieren a violencia familiar en sentido amplio (cf. apdo. 10). Esta neutralidad aparente es general en Derecho internacional privado y puede considerarse una forma de violencia institucional (cf. LARA AGUADO, Ángeles, "Neutralidad del Derecho internacional privado en cuanto al género, una forma de violencia de género institucional", *Anales de la Cátedra Francisco Suárez. Protocolo II*, 2022, pp. 317-318).

58 La ausencia de tratamiento específico se observa también en el Reglamento 2019/1111 (la entonces Propuesta) pese a las advertencias de las instituciones europeas, cf. RODRÍGUEZ PINEAU, Elena, "Sustracción internacional de menores en casos de violencia familiar", en QUICIOS MOLINA, Susana y ÁLVAREZ MEDINA, Silvina (Dirs.), *El derecho frente a la violencia dentro de la familia: un acercamiento multidisciplinar a la violencia de género y la protección de los hijos menores de edad*, Cizur Menor, Thomson Reuters-Aranzadi, 2019, p. 238.

59 Cf. *Guía de Buenas Prácticas*, pár. 77.

na práctica relativa al fomento de la solución amigable. En este punto la recomendación reconoce que la evaluación cuidadosa de la adecuación de los MASC "puede resultar de particular importancia" en un entorno de violencia doméstica[60]. Esta paráfrasis formulada en positivo parecería más realista en negativo: que difícilmente la solución amigable será viable en estos supuestos. Es significativo que la Guía refiera esta afirmación a la violencia doméstica, con apoyo en la LO 1/2004 del Derecho español que prohíbe la mediación en estos supuestos, cuando la LO 1/2004 no regula violencia doméstica sino violencia de género[61]. También el Reglamento 2019/1111 aborda el asunto con perspectiva de género al reconocer que "la mediación puede no resultar siempre apropiada, en especial en los casos de violencia sobre la mujer"[62].

En relación con las demás recomendaciones la Guía no hace inflexiones específicas en punto a la alegación de violencia doméstica. Es el caso de las relativas a la participación de las partes y el menor en el proceso. Observemos en particular esta última. La audiencia al menor en los procesos que afectan a su interés tiene

---

60 *Guía de Buenas Prácticas*, pár. 83.

61 Art. 1. Objeto de la Ley. "1. La presente Ley tiene por objeto actuar contra la violencia que, como manifestación de la discriminación, la situación de desigualdad y las relaciones de poder de los hombres sobre las mujeres, se ejerce sobre éstas por parte de quienes sean o hayan sido sus cónyuges o de quienes estén o hayan estado ligados a ellas por relaciones similares de afectividad, aun sin convivencia". El art. 44 adiciona el art. 87 ter LOPJ en relación con la competencia de los Juzgados de Violencia sobre la Mujer, vedando la alternativa a la medicación en el apdo. 5.

62 Considerando 43 del Reglamento. Sobre el tratamiento en el Consejo de Europa y el art. 48.1 del Convenio de Estambul, en la *Guía de Buenas Prácticas* de la Conferencia de La Haya sobre Mediación y en el Reglamento vid. ESPLUGUES MOTA, Carlos, "El Reglamento Bruselas II Ter y el recurso a los MASC en materia de responsabilidad parental y sustracción internacional de menores", *Cuadernos de Derecho Transnacional*, Vol. 13, N.º 2, 2021, pp. 139, 142 y 159.

una extraordinario relevancia[63]. En el Convenio de La Haya es un elemento esencial del sistema porque la oposición del menor constituye una posible causa de excepción al retorno. Pero, además, asistimos a una tendencia *child friendly*, vinculada al protagonismo creciente de la noción de acceso a la justicia, que potencia el valor de esta intervención del menor en el proceso. Se manifiesta, por ejemplo, en el art. 26 del Reglamento 2019/1111 y en el sentido sustancial del trámite como posibilidad "real y efectiva" del menor de expresarse. La Guía, deudora también de este entendimiento, reflexiona sobre la necesidad de una audiencia experta: exploración por juez o experto, recurso a informes familiares a la medida del Convenio, formación específica de los llamados a recabar la opinión del menor; en definitiva: una audiencia al menor especializada y practicada por expertos en el Convenio[64]. Pero en un escenario de violencia de género esta recomendación es incompleta. Este conocimiento específico debe serlo también de la lógica de la violencia de género: de los intereses, principios y derechos fundamentales comprometidos, así como del considerable cuerpo normativo que los defiende. Entendida la audiencia al menor como una posibilidad real y efectiva de expresarse, que va más allá de un trámite procesal que proscriba la indefensión y que implica una toma en consideración adecuada de la opinión del menor, en el marco del binomio violencia-sustracción puede dar lugar a situaciones que sólo pueden ser resueltas con una aproximación de género al Convenio[65].

---

[63] Por ejemplo, el art. 21 del Reglamento 2019/1111 reconoce el derecho del menor a ser oído pero el novedoso art. 26 recoge expresamente este derecho en el proceso de restitución. Recuérdense art. 12 Convenio de NU sobre los derechos del niño de 1989 y Observación General N.º 12 del Comité NU de Derechos del Niño (2009) sobre el derecho del niño a ser escuchado; art. 24.1 CDFUE y como contenido del derecho fundamental a la tutela judicial efectiva sin indefensión, art. 24.1 CE, y del art. 6.1 CEDH.

[64] Cf. *Guía de Buenas Prácticas*, párs. 86-88.

[65] Piénsese en el caso extremo (en términos de ponderación, nada improbable en la práctica): que el menor exprese su deseo de regresar, cons-

La Guía tampoco hace desarrollos especiales en atención a la alegación de violencia doméstica en cuanto a las recomendaciones relativas a las pruebas o a la recomendación primera y principal: la identificación temprana de las cuestiones relevantes. Y la violencia de género es el paradigma de *cuestión relevante* en el sentido de la Guía. No es admisible que la sustracción internacional sea la respuesta a una situación de violencia de género, ni que se pretenda subvertir el proceso de restitución en un nicho procesal para resolverla, pero ante la eventualidad de su alegación como causa para detener el retorno es una alegación sustancial en el proceso que precisa un tratamiento impecable en términos de motivación, y de contradicción y prueba, con la singularidad de una fase probatoria en una materia tan delicada y compleja que exige ser practicada con extrema celeridad; en el Derecho español, en última instancia, por pura exigencia constitucional *ex* art. 24 CE en su calidad de alegación sustancial que compromete derechos fundamentales sustantivos y que requiere motivación reforzada[66]. Tanto para admitirla como para rechazar su viabilidad

---

ciente del entorno de maltrato hacia la madre, en clara perpetuación del estereotipo que el Derecho está comprometido a erradicar desde el art. 5 de la Convención NU de 1979.

66 Véase CUARTERO RUBIO, M.ª Victoria, "La alegación de violencia doméstica en el proceso de restitución internacional de menores", en MARTÍN LÓPEZ, Teresa y VELASCO RETAMOSA, José Manuel (Dirs.), *La igualdad de género desde la perspectiva social, jurídica y económica*, Cizur Menor, Civitas-Thomson Reuters, 2014, pp. 73-100. Destaca las dificultades particulares de la prueba (en relación con el Proyecto de Guía de 2017), RODRÍGUEZ PINEAU, Elena, "La oposición...", op. cit., p. 25. Insiste en la importancia de la cooperación y el reforzamiento del régimen de prueba ante las dificultades de demostración de los malos tratos, ESPINOSA CALABUIG, Rosario, "La (olvidada) perspectiva de género en el Derecho internacional privado", *Freedom, Security & Justice: European Legal Studies*, núm. 3, 2019, pp. 46-47. Con énfasis en la argumentación sobre las medidas de protección ZUPAN, Mirela y MRCELA, Marin, "Implementation of Cross-Border Protective Measures in Return Proceedings: Problems of Evidence under National Procedural Law", en TRIMMINGS, Katarina, DUTTA, Anatol, HONORATI, Cos-

de plano. Y esta obligación indeclinable ni desaparece ni queda cumplida por el hecho de que se constaten o adopten medidas para el retorno seguro. En un supuesto de violencia de género, violencia y medidas son dos cuestiones relevantes y las dos requieren prueba y motivación[67]. De hecho, el controvertido carácter decisivo que se ha otorgado a las medidas las convierte por extensión en una cuestión relevante identificable desde el principio y parte necesaria del debate procesal. Es precisamente en este punto donde son más necesarias buenas prácticas específicas y con enfoque de género porque, a diferencia de otras alegaciones, la gestión ineficaz de ésta tiene potencial no solo para frustrar su aplicación en el caso, sino para dinamitar el Convenio[68].

2. Supuestos sustancialmente distintos

La Guía trata en una misma categoría la alegación de violencia contra el menor y la de violencia contra la madre. Pero, desde la lógica del Convenio, son supuestos sustancialmente distintos. El Convenio está concebido para preservar al menor de la violencia dirigida contra él,[69]. Un resultado distinto solo puede ser consecuencia de una mala aplicación del Convenio. Para la protección del menor frente a la violencia no es necesario revisar el texto del

---

tanza y ZUPAN, Mirela (Eds.), op. cit., pp. 107-137. Hay que subrayar que, en el apdo. II, subapdo. 1 de la Guía, las observaciones generales sobre las normas procesales y probatorias son muy limitadas, *Guía de Buenas Prácticas*, párs. 50-54.

67 En este sentido, el análisis paso a paso, párs, 38-42, así como el esquema en *Guía de Buenas Prácticas*, p. 33. Recuérdese que la Guía constata que algunos tribunales, si existen medidas, pueden ordenar la restitución sin "una evaluación más exhaustiva de los hechos alegados", *ibidem* pár. 45.

68 Cf. CUARTERO RUBIO, M.ª Victoria, "La alegación…", op. cit., p. 90.

69 El Convenio se integraría en el completo grupo de normas orientado a este fin, en última instancia, art. 19 del Convenio de Derechos del Niño que obliga a proteger al niño "contra toda forma de perjuicio o abuso físico o mental, descuido o trato negligente, malos tratos o explotación, incluido el abuso sexual".

Convenio[70]. Ante un maltrato infantil, la subsunción del supuesto en el art. 13.1 b) es inmediata y la posibilidad de excepción al retorno coherente con la lógica del Convenio: porque el maltrato infantil es el paradigma del riesgo grave. El juego de las medidas de protección para un retorno seguro que queda a la valoración del juez es una garantía que se añade, para facilitar la ponderación y coadyuvar a la mejor concreción del interés del menor en el caso. Lo mismo puede decirse de la viabilidad del Convenio para proteger al menor del riesgo grave por daño indirecto, esto es, la exposición a la violencia y el daño al progenitor que afecta al niño. El problema en estos casos nunca fue el Convenio sino la resistencia a una interpretación del concepto de riesgo grave del menor que contemplara estas manifestaciones; interpretación uniforme que es ya obligada desde otros instrumentos normativos y que la Guía reconoce expresamente (demostrando que el Convenio no era el problema)[71].

La lógica del Convenio no solo es compatible con la excepción al retorno en situaciones de maltrato infantil, sino que éste sería un supuesto paradigmático de excepción. Las disposiciones del Convenio sustentan esta conclusión, siempre ponderada *ad casum*, y esto no ataca el principio de retorno inmediato como regla general ni pone en cuestión el Convenio. Bien al contrario, demuestra su capacidad para concretar el interés superior del menor en situaciones muy complejas desde su propia lógica, confirma el Convenio como clave de bóveda de la solución a las situaciones de sustracción internacional en cualquier escenario y la resiliencia del postulado. En esta línea, las afirmaciones de la

---

70 Planteada esta opción, la Conferencia se inclinó por elaborar la Guía (cf. RODRÍGUEZ PINEAU, Elena., "La oposición...", op. cit., p. 2).

71 En cuanto a la regulación actual de la exposición como forma de violencia contra el menor vid. RODRÍGUEZ CABEZAS, Concepción, "Impacto de la violencia de género en los menores. Regulación legislativa y evolución en la jurisprudencia", en LARA AGUADO, Ángeles (Dir.), *Protección de menores*... op. cit., pp. 857-876; en concreto, en conexión con la obligación *ex* art. 26 Convenio de Estambul, *ibidem* pp. 862 y 868).

Guía en los párrafos 58 y 59 en cuanto al relativo peso decisorio de los antecedentes de violencia doméstica, están llamadas a tener un impacto limitado cuando lo que está comprometido es el riesgo grave para el menor[72].

Pero, a diferencia de la alegación de riesgo grave para el menor, la alegación de violencia contra la madre víctima de violencia de género parece tener un encaje más complejo en la lógica del Convenio, vista la resistencia que suscita el recurso al art. 20: la excepción al retorno en prevención de la violación de derechos humanos[73]. Y con el agravante de que una solución poco reflexiva y ponderada sobre este asunto tiene potencial para desactivar el Convenio porque es una alegación que exige una consideración adecuada y esto significa tiempo. La Guía hace una inflexión que hemos subrayado al incluir en el concepto de violencia *ex* art. 13.1 b) el daño directo al menor tanto como la exposición del niño a la violencia doméstica y el grave riesgo para el niño a resultas del daño al padre o madre sustractor como cuidador. Pero en estas dos hipótesis de daño indirecto, el grave riesgo sigue predicándose del menor, lo que unido al enfoque prospectivo y el alto umbral de riesgo requerido lastra seriamente los efectos que esta previsión pudiera tener respecto de la víctima de género[74]. Por eso, los términos radicales de la Guía sobre el tratamiento de la alegación

---

72 Vid. *supra*.

73 El Convenio dispone de base jurídica suficiente por la más directa y exacta excepción del art. 20. La excepción al retorno cuando están en juego derechos humanos, como es el caso de la violencia de género, forma parte de la racionalidad del Convenio, sin perjuicio del carácter excepcional y las condiciones a las que se deba someter (cf. *Informe Pérez Vera*, op. cit., párs. 31-33 y 118); y pese a los problemas que se han asociado a este fundamento (por todos, vid. WEINER, Merle H., "International Child Abduction and the Escape from Domestic Violence", *Fordham Law Review*, vol. 69 (2), 2000, pp. 664-667 o REQUEJO ISIDRO, Marta, "Secuestro de menores y violencia doméstica en la Unión Europea", *AEDIPr*, t. VI, 2006, pp. 189-192).

74 El grave riesgo para el menor será más difícil de apreciar por el juez si se fundamenta en la exposición a la violencia o el daño contra la madre

de violencia doméstica de los párrafos 58 y 59 se muestran con toda su crudeza si los referimos a la violencia contra la víctima de género. Y por eso, respecto de la violencia de género las recomendaciones generales son inadaptadas y de cuestionable utilidad.

Por último, desde la perspectiva del Convenio la alegación de violencia contra la mujer por razones de género también es distinta de la relativa a cualquier otra víctima de violencia; sin perjuicio de que la violencia dentro de la familia contra el otro progenitor, ya sea el padre o el padre/madre en caso de progenitores del mismo sexo, u otro familiar, sea una situación de la máxima gravedad que requiere la mayor atención en cualquiera de sus manifestaciones. Pero son distintas. Porque a día de hoy el problema para el Convenio es un problema de género: la realidad que ha puesto en cuestión el Convenio no ha sido la violencia doméstica sino la violencia de género y la razón que subyace en esta nueva realidad es un cambio significativo de patrones de comportamiento en las mujeres. Abunda en la singularidad de la alegación que, a diferencia de otras manifestaciones de la violencia doméstica, al resolver una sustracción sobre un fondo de violencia de género, el juez que aplica el Convenio debe cumplir unos objetivos que van más allá de la sustracción y de la violencia: erradicar estereotipos, defender el principio de igualdad y proscribir las discriminaciones de género. Aunque la violencia doméstica en cualquiera de sus manifestaciones es un asunto en progresión en las agendas legislativas, es la violencia de género la que cuenta en la actualidad con un entramado extraordinario de normas jurídicas que la sitúan como objetivo jurídico global y prioritario.

Con la misma lógica, corregir una realidad en la que subyace un problema de género (el incremento de sustracciones por la madre con un fondo de violencia de género y el correlativo incremento de la alegación para detener el retorno del menor) requiere acciones positivas en el sentido más esencial del art. 4.1

---

que si se fundamenta en la violencia infligida directamente contra él, pero más aún en las condiciones requeridas: prospectivo y alto umbral.

de la Convención NU de 1979: una regulación específica de esta categoría es la acción positiva más básica. Un abordaje atento a sus particularidades, la primera y principal, las dificultades que experimenta, no ya en punto a la base jurídica, sino en su articulación en la lógica y en la aplicación del Convenio, es requisito para unas recomendaciones eficaces[75]. En definitiva, el problema crucial hoy por hoy para el Convenio es un problema de género y la Guía lo invisibiliza. La cuestión no es por qué la violencia de género debería merecer un tratamiento específico sino al revés: por qué no lo recibe. Más aún, puestos a resolver con un enfoque indistinto que renuncia a delimitar y abordar el problema, por qué no se opta por una solución más matizada, y, por tanto, más adecuada y eficaz para el tratamiento de la alegación de violencia de género, como la que articula el Convenio de Estambul. Este Convenio aborda el problema de la violencia de género y se extiende a la violencia doméstica aunque sin perder de vista su objetivo primero. Así, trata las dos pero en una relación género-especie justamente invertida al Convenio de La Haya: la violencia contra las mujeres como categoría y la violencia doméstica como una de sus manifestaciones que se abre a otras víctimas[76].

---

75 En este sentido, MORENO CORDERO, Gisela, op. cit., p. 136, REIG FABADO, Isabel, "Secuestros…", op. cit., pp. 404-405, y por consecuencia, las propuestas en pp. 405-408. Las críticas por esta falta de atención especial, máxime cuando era un problema destacado en la Sexta Comisión, RODRÍGUEZ PINEAU, Elena, "La oposición…", op. cit., p. 24.

76 Conforme al art. 2.1, el Convenio se aplica "a todas las formas de violencia contra la mujer, incluida la violencia doméstica, que afecta a las mujeres de manera desproporcionada". Los redactores consideraron importante subrayar que la mayoría de las víctimas de violencia doméstica son mujeres (cf. *Rapport explicatif…*, op. cit., apdo. 36). En cuanto a las demás víctimas de violencia doméstica, el art. 2.2. "alienta a las Partes a aplicar el presente Convenio a todas las víctimas de violencia doméstica", sin perder ni siquiera entonces su objetivo principal, al añadir inmediatamente: "Las Partes prestarán especial atención a las mujeres víctimas de violencia basada en el género en la aplicación del presente Convenio". En definitiva, respecto de las demás víctimas de violencia doméstica el Convenio alienta su aplicación, pero en cuanto

3. Perspectiva de género para preservar el Convenio

Una vez introducida en el debate del proceso de restitución, el análisis adecuado de la alegación de violencia de género es indeclinable. La ponderación a la que se ve abocado el tribunal, en la que hay que considerar siempre los derechos fundamentales procesales y el derecho al respeto a la vida familiar de todos, se complica porque, frente al interés superior del menor que el Convenio identifica con el retorno y que constituye el interés "primordial"[77], hay que valorar también el derecho a la vida y a la integridad física y el derecho a no sufrir tratos inhumanos y degradantes de la madre, quedando comprometidos los bienes jurídicos más preciados[78]. Por si esto no resultara inmediato, el art. 31.2 del Convenio de Estambul viene a evidenciarlo: el ejercicio de ningún derecho de visita o custodia puede poner en peligro los derechos y la seguridad ni de los niños ni de la víctima[79]. La protección de los menores y la protección de las mujeres frente a la violencia de género se imponen como objetivos jurídicos, los dos, ineludibles[80]. La jurisprudencia del TEDH es el mejor refle-

se manifiesta contra las mujeres debe figurar en el centro de cualquier medida adoptada en aplicación del Convenio (*ibidem*, apdo. 37). Sobre el proceso legislativo centrado en la violencia contra las mujeres que acabó incluyendo la violencia doméstica, *ibidem*, apdos. 7-18.

77 No exclusivo. Recuérdense art. 3.1 de la Convención NU sobre los Derechos del Niño y Observación General Nº 14, de 29 de mayo de 2013 precitados.

78 Sentencia TEDH (Sección Tercera) de 9 de junio de 2009, asunto *Opuz c. Turquía*. El Tribunal condenó a Turquía tanto por violación del art. 2 (derecho a la vida), como por violación del art. 3 (prohibición de la tortura tratos inhumanos o degradantes) y del art. 14 en relación con los arts. 2 y 3 (prohibición de discriminación).

79 Bajo el título "Custodia, derecho de visita y seguridad", el art. 31 regula asimismo la obligación de tener en cuenta los incidentes de violencia al estipular los derechos de custodia y visita (art. 31.1).

80 En una síntesis, la necesidad de protección de dos grupos vulnerables, cf. KRUGER, Thalia y VAN WYNSBERGHE, Lorène, "Vulnerability, Domestic Violence and Child Abduction", en WAUTELET, Patrick y COR-

jo de esta complejidad, obligada a una fundamentación jurídica que pondere lo esencial: *todos* los derechos humanos comprometidos invocados[81]. Y lo que es más arriesgado para el Convenio de La Haya: la indiscutible prevalencia del postulado del Convenio como mecanismo para combatir y disuadir de la sustracción internacional se ha de medir con una aparato integral de instrumentos jurídicos en la lucha contra la violencia contra las mujeres elevado a objetivo jurídico prioritario global.

Resolver sobre la restitución sin tener en cuenta si existe un riesgo prospectivo y de alto umbral para la madre es inviable porque, aun admitiendo a efectos dialécticos la dificultad de su encaje en el Convenio, esta obligación se residencia en otras normas. Esta afirmación es particularmente pertinente ante el peso creciente de las medidas de protección: una ponderación adecuada exige evaluar las medidas de protección para la madre porque devolver a la víctima al entorno del maltratador sin descartar el riesgo del que había escapado (aunque mediante una acción ilegal) compromete sus derechos más elementales. Asimismo, hay que recordar que el análisis de la alegación de violencia contra la madre es la manera de evaluar el riesgo más irracional para el menor: la violencia vicaria. En este punto tan dramático conviene volver al principio: que el Convenio fue un plan b para resolver un problema de competencia judicial internacional y que, en esta clave, devolver a la víctima al entorno del maltratador o separarla del menor sería la consecuencia de una deficiencia legislativa en sede de competencia[82]; lo que resulta más paradójico aun si se

---

SO, Cécile (Dirs.), *L'accès aux droits de la personne et de la famille en Europe*, Bruselas, Bruylant, 2022, p. 48.

81 Por todas, las clásicas STEDH (Gran Sala) de 6 de julio de 2010, asunto 41615/07, *Neulinger y Shuruck c. Suiza* y STEDH (Gran Sala) de 26 de noviembre de 2013, asunto 27853/09, *X c. Letonia*. Sobre el razonamiento en la Sentencia Neulinger, que pone de manifiesto la complejidad de la ponderación véase CUARTERO RUBIO, M.ª Victoria, "La alegación…", op. cit., pp. 81-85.

82 Vid. *supra*. En el mismo sentido, LARA AGUADO, Ángeles, op. cit., p. 304. Se ha planteado regular la competencia, pero atribuyéndola a los

refiere al ámbito de la Unión Europea, con los sistemas de competencia judicial internacional más avanzados[83].

El juez que aplica el Convenio está obligado por un cuerpo normativo muy desarrollado que ha situado como opción legislativa global prioritaria la lucha por la eliminación de toda forma de discriminación contra las mujeres y, en particular, la erradicación de la violencia contra las mujeres. La alegación de violencia de género es una *cuestión relevante* incluso con el limitado objeto del proceso de restitución. Una aproximación eficiente requiere partir de estos datos: que el Convenio tiene que enfrentar una cuestión de género, que el juez precisa recomendaciones ajustadas a la singularidad de la alegación de violencia de género en el proceso de restitución, y que, como es una cuestión de género, la metodología más efectiva para la consecución de recomendaciones ajustadas es la perspectiva de género[84]. El Convenio es un instrumento jurídico autosuficiente, capaz de integrarlos[85], y esta aproximación con perspectiva de género es la manera de que sea el Convenio, desde su racionalidad, el que indique cómo determi-

---

tribunales de residencia postsustracción del menor (sobre esta opción véase RUIZ SUTIL, Carmen, op. cit., p. 632) lo que supondría otra vuelta de tuerca a la paradoja: el Convenio como plan b y, a resultas de ignorar a la víctima en este marco, volver a la competencia pero para asegurar lo que se perseguía evitar en el origen.

83 Y cuando el peso de la alegación de violencia de género se impone en otros contextos. Por ejemplo, padre que reclama la restitución del menor a Suecia cuando, con fundamento en la violencia de género la madre solicitó asilo en la Unión y con fundamento en la solicitud de asilo, se determinó el traslado de madre e hijo a Finlandia desde Suecia (donde el permiso de residencia expiraba), STJUE (Sala Primera) de 2 de agosto de 2021, A y B, C-262/21. En la misma línea, sin un fondo de sustracción, asunto C-621/21, (Conclusiones del Abogado General Sr. Jean Richard de la Tour presentadas el 20 de abril de 2023).

84 Propuesta constante en los estudios sobre el problema, por todos, LARA AGUADO, Ángeles, op. cit., p. 304.

85 Un marco jurídico con mecanismos suficientes para resolver la sustracción internacional de una manera matizada, cf. KRUGER, Thalia y VAN WYNSBERGHE, Lorène, op. cit., p. 58.

nar el equilibrio de valores en presencia y orientar la ponderación de los derechos subjetivos que están en juego. Porque acaso la claridad meridana de que el Convenio y su solución heterodoxa es la única manera de combatir la sustracción internacional, unida a la voluntad de preservarlo, impiden ver el peor desenlace a que puede abocar ignorar aquellos datos: que la perspectiva de género *invisibilice* el Convenio y los casos de sustracción internacional sobre un fondo de violencia de género pasen a ser casos de violencia de género sobre un fondo de sustracción[86]. Este desenlace puede alcanzar al legislador y que opte por soluciones poco matizadas como prohibir *ex lege* la devolución en supuestos de violencia de género, complicando más un marco normativo que debe liderar el Convenio[87].

V. CONCLUSIONES

1º) La Guía de Buenas Prácticas sobre la interpretación y aplicación del art. 13.1 b) del Convenio de La Haya constituye una valiosa ayuda para que la gestión por el juez de las alegaciones sustentadas en este complejo precepto sea, como requiere el proceso de restitución, eficaz, rápida y precisa. A tal fin, la Guía renueva el compromiso con la esencia del Convenio y con su racionalidad,

---

86 La especialización jurisdiccional (recomendada, por ejemplo, en Resolución del Parlamento Europeo, op. cit., pár. 48) es terreno abonado para esta inversión; el caso del Derecho español cuando resulte competente el Juzgado de violencia sobre la mujer.

87 Por ejemplo, en el Derecho uruguayo, art. 15 de la Ley n.º 18.895 de 20 de abril de 2012: "Siempre que se acredite que exista o haya existido violencia basada en género del demandante contra los hijos cuya restitución se solicita, o contra la persona a cuyo cargo se encuentren, se considera configurado el grave riesgo a que hace referencia el inciso anterior" (FRESNEDO DE AGUIRRE, Cecilia, "Los estereotipos de género y cómo deconstruirlos. Una visión desde el Derecho Internacional Privado", *Revista de la Facultad de Derecho (especial Perspectiva de Género y Derecho),* Universidad de la República- Uruguay, 2022, p. 12).

recorre la práctica en aplicación del art. 13.1 b) y recomienda una serie de buenas prácticas de marcada utilidad.

2°) En la actualidad, uno de los problemas más acuciantes, si no el principal, en la interpretación y aplicación del Convenio es el cambio operado en la realidad de la sustracción internacional de menores, concebida crecientemente como respuesta *de facto* a situaciones de violencia de género. Esto se traduce en una alegación en el proceso de restitución del menor que presenta unos perfiles jurídicos singulares y que se articula habitualmente por la vía del art. 13.1 b) por lo que entra dentro del objetivo de la Guía. Pese a su singularidad, la Guía no otorga a la violencia de género un tratamiento específico y opta por su examen como una manifestación más de la violencia doméstica. Elegido este enfoque, se renuncia incluso a una aproximación más ajustada, como la que sigue el Convenio de Estambul.

3°) Este planteamiento soslaya el hecho de que desde la racionalidad del Convenio, como también desde la realidad y el sistema jurídico, la violencia contra el menor, la violencia contra las mujeres por razones de género y otras manifestaciones de violencia dentro de la familia son supuestos sustancialmente distintos. La alegación que es desconcertante para el Convenio, que presenta una marcada singularidad y que tiene entidad como problema estructural capaz de poner en cuestión el Convenio es la alegación de violencia de género y, en consecuencia, una aproximación generalista y pretendidamente neutra como la que propone la Guía conduce a recomendaciones inadaptadas de utilidad relativa. La necesidad de buenas prácticas específicas para la gestión efectiva de la alegación de violencia de género subsiste. Esto es, básicamente cómo gestionar mejor el tiempo cumpliendo las obligaciones indeclinables en la garantía de los derechos.

4°) El Convenio es un instrumento jurídico capaz de integrar en su sistema el compromiso jurídico global y prioritario que constituye la lucha contra la violencia contra las mujeres por razones de género. Como clave de bóveda del grupo normativo que regula la sustracción internacional de menores, es el Convenio de

La Haya, desde su racionalidad, el que debe conformar el equilibrio de valores en presencia y la ponderación de los derechos subjetivos que están en juego. Pero para esto tiene que reconocer que se enfrenta a una cuestión de género y abordarla teniendo en cuenta su naturaleza y especialidad.

BIBLIOGRAFÍA

BORRÁS RODRÍGUEZ, Alegría, "Comisión Especial sobre el funcionamiento práctico del Convenio de La Haya de 1980 sobre sustracción de menores (30 de octubre a 9 de noviembre de 2006)", *REDI*, vol. LVIII, 2006-2, pp. 1110-1116.

BORRÁS RODRÍGUEZ, Alegría, "Reunión de la Comisión Especial sobre el funcionamiento práctico del Convenio de La Haya de 1980 sobre sustracción internacional de menores y del Convenio de La Haya de 1996 sobre protección de niños (1 a 10 de junio de 2011)", *REDI*, vol. LXIII, 2011-2, pp. 314-320.

BORRÁS RODRÍGUEZ, Alegría, "Reunión de la Comisión Especial sobre el funcionamiento práctico del Convenio de La Haya de 1980 sobre sustracción internacional de menores y del Convenio de La Haya de 1996 sobre protección de niños, 2ª parte (25 a 31 enero de 2012)", *REDI*, vol. LXIV, 2012-2, pp. 308-312.

CELIS, Mayela, "HCCH Draft Guide to Good Practice on Article 13(1)(b) of the Hague Child Abduction Convention", 17 de septiembre de 2017, https://conflictoflaws.net/2017/hcch-draft-guide-to-good-practice-on-article-131b-of-the-hague-child-abduction-convention/

CELIS, Mayela, "Much-awaited draft guidelines on the grave risk exception of the Child Abduction Convention (Art. 13(1)(b)) have been submitted for approval", 24 de febrero de 2019, https://conflictoflaws.net/2019/much-awaited-draft-guidelines-on-the-grave-risk-exception-of-the-child-abduction-convention-art-131b-have-been-submitted-for-approval/

CELIS, Mayela, "At last – The "grave risk exception" Guide under the HCCH Child Abduction Convention has been published", 9 de marzo de 2020, https://conflictoflaws.net/2020/at-last-the-grave-risk-exception-guide-under-the-hcch-child-abduction-convention-has-been-published/

CONFERENCIA DE LA HAYA, *Actes et documents de la Quatorzième session, 6 à 25 octobre 1980*, Tome III. Enlevement d'enfants, La Haya, 1982.

CONSEIL DE L'EUROPE, *Rapport explicatif de la Convention du Conseil de l'Europe sur la prévention et la lutte contre la violence à l'égard des femmes et la violence domestique, Série des traités du Conseil de l'Europe,* n.° 210, 2011, https://rm.coe.int/16800d38c9.

CUARTERO RUBIO, M.ª Victoria, "La alegación de violencia doméstica en el proceso de restitución internacional de menores", en MARTÍN LÓPEZ, Teresa y VELASCO RETAMOSA, José Manuel (Dirs.), *La igualdad de género desde la perspectiva social, jurídica y económica,* Cizur Menor, Civitas-Thomson Reuters, 2014, pp. 73-100.

CUARTERO RUBIO, M.ª Victoria, "La sustracción internacional de menores ante el juez: a vueltas con la racionalidad del Convenio de La Haya de 1980 y la ponderación", en CUARTERO RUBIO, M.ª Victoria y VELASCO RETAMOSA, José Manuel (Dirs.), *La vida familiar internacional en una Europa compleja: cuestiones abiertas y problemas de la práctica,* Valencia, Tirant lo Blanch, 2021, pp. 323-344.

ESPINOSA CALABUIG, Rosario, "La (olvidada) perspectiva de género en el Derecho internacional privado", *Freedom, Security & Justice: European Legal Studies,* núm. 3, 2019, pp. 36-57.

ESPLUGUES MOTA, Carlos, "El Reglamento Bruselas II Ter y el recurso a los MASC en materia de responsabilidad parental y sustracción internacional de menores", *Cuadernos de Derecho Transnacional,* Vol. 13, N.° 2, 2021, pp. 132-173.

FRESNEDO DE AGUIRRE, Cecilia, "Los estereotipos de género y cómo deconstruirlos. Una visión desde el Derecho Internacional Privado", *Revista de la Facultad de Derecho (especial Perspectiva de Género y Derecho),* Universidad de la República- Uruguay, 2022, pp. 1-24.

KRUGER, Thalia y VAN WYNSBERGHE, Lorène, "Vulnerability, Domestic Violence and Child Abduction", en WAUTELET, Patrick y CORSO, Cécile (Dirs.), *L'accès aux droits de la personne et de la famille en Europe,* Bruselas, Bruylant, 2022, pp. 47-58.

LARA AGUADO, Ángeles, "Neutralidad del Derecho internacional privado en cuanto al género, una forma de violencia de género institucional", *Anales de la Cátedra Francisco Suárez. Protocolo II,* 2022, pp. 293-326.

MORENO CORDERO, Gisela, "El interés superior del menor y su retorno seguro en sustracciones intracomunitarias fundadas en la violencia de género: el grave riesgo en la guía de buenas prácticas", en ORTEGA GIMÉNEZ, Alfonso (Dir.), *Europa en un mundo cambiante: estrategia Europa 2020 y sus retos sociales. Una perspectiva desde el Derecho internacional privado,* Cizur Menor, Thomson Reuters-Aranzadi, 2021, pp. 119-136.

PÉREZ VERA, Elisa, *Informe explicativo del Convenio sobre los aspectos civiles de la sustracción internacional de menores,* La Haya, 1982.

PRETELLI, Ilaria, "Una reinterpretación del Convenio de La Haya sobre la sustracción de menores para proteger a los niños de la exposición al sexismo, la misoginia y la violencia contra las mujeres", *Cuadernos de Derecho Transnacional,* Vol. 14, N.º 2, 2022, pp. 1310-1337.

REIG FABADO, Isabel, "Secuestros internacionales de menores en contextos de violencia de género", en LARA AGUADO, Ángeles (Dir.), *Guía de buenas prácticas para la efectividad de los derechos de la niñez, adolescencia y juventud en situaciones de movilidad transfronteriza desde las perspectivas de género y de la infancia,* Valencia, Tirant lo Blanch, 2022, pp. 397-408.

REIG FABADO, Isabel, "Violencia de género en la sustracción internacional de menores: ¿regulación insuficiente, infrautilizada o ambas cosas?", en LARA AGUADO, Ángeles (Dir.), *Protección de menores en situaciones transfronterizas: análisis multidisciplinar desde las perspectivas de género, de los derechos humanos y de la infancia, Valencia,* Tirant lo Blanch, 2023, pp. 903-934.

REQUEJO ISIDRO, Marta, "Secuestro de menores y violencia doméstica en la Unión Europea", *AEDIPr,* t. VI, 2006, pp. 179-194.

RODRÍGUEZ CABEZAS, Concepción, "Impacto de la violencia de género en los menores. Regulación legislativa y evolución en la jurisprudencia", en LARA AGUADO, Ángeles (Dir.), *Protección de menores en situaciones transfronterizas: análisis multidisciplinar desde las perspectivas de género, de los derechos humanos y de la infancia,* Valencia, Tirant lo Blanch, 2023, pp. 857-876.

RODRÍGUEZ PINEAU, Elena, "La oposición al retorno del menor secuestrado: movimientos en Bruselas y La Haya", *Revista Electrónica de Estudios Internacionales,* núm. 35, 2018, pp. 1-31.

RODRÍGUEZ PINEAU, Elena, "Sustracción internacional de menores en casos de violencia familiar", en QUICIOS MOLINA, Susana y ÁLVAREZ MEDINA, Silvina (Dirs.), *El derecho frente a la violencia dentro de la familia: un acercamiento multidisciplinar a la violencia de género y la protección de los hijos menores de edad,* Cizur Menor, Thomson Reuters-Aranzadi, 2019, pp. 233-254.

RUIZ SUTIL, Carmen, "Implementación del Convenio de Estambul en la refundición del Reglamento Bruselas II bis y su repercusión en la sustracción internacional de menores", *Cuadernos de Derecho Transnacional,* Vol. 10, N.º 2, 2018, pp. 615-641.

TRIMMINGS, Katarina, DUTTA, Anatol, HONORATI, Costanza y ZUPAN, Mirela (Eds.), *Domestic Violence and Parental Child Abduction. The Protection of Abducting Mothers in Return Proceedings,* Cambridge, Intersentia, 2022.

WEINER, Merle H., "International Child Abduction and the Escape from Domestic Violence", *Fordham Law Review,* vol. 69, 2000, pp. 593-706.

El matrimonio infantil en España. Una visión desde el derecho internacional privado para esta forma de violencia contra las niñas

ISABEL E. LÁZARO GONZÁLEZ[1]
Universidad Pontificia Comillas

I. INTRODUCCIÓN: UNA REALIDAD QUE NOS TOCA DE CERCA

Actualmente, en nuestro entorno, la libertad para contraer matrimonio y la libertad de terminar con la unión matrimonial se entienden como un derecho del que ningún ser humano debería ser privado. La mayoría de los sistemas jurídicos occidentales entienden que esa libertad comprende la de libre elección de la forma de convivencia (pues se puede vivir en pareja sin contraer matrimonio y están socialmente admitidas formas diversas de convivencia), la libre manifestación del consentimiento -en ausencia de toda violencia física o psíquica- y la libertad de elección de la persona con la que se quiere contraer matrimonio cualquiera que

---

1 Profesora Propia Ordinaria y Directora de la Clínica Jurídica ICADE de la Facultad de Derecho de la Universidad Pontificia Comillas. www.orcid.org/0000-0002-3282-9978.

sea su sexo. Sin embargo, el derecho a contraer matrimonio libremente reconocido en la Declaración Universal de los Derechos Humanos y en otros textos internacionales no es respetado en muchos lugares del mundo[2].

Como consecuencia de mi afición por la lectura de ensayos, novelas, informes de distinto tipo, que abren una ventana a las vidas de otras mujeres en diferentes partes del mundo, cayó en mis manos un pequeño texto de NOYUD ALÍ, escrito con la colaboración de DELPHINE MINOUI, titulado *Me llamo Noyud, tengo 10 años y estoy divorciada.* Comenzaba este libro como un cuento, "Érase una vez una tierra prodigiosa plena de leyendas tan increíbles como sus edificios, similares a panecillos de especias decorados con finos hilos de azúcar glas". Se refería a Yemen. Allí se desarrolla la vida de Noyud, una niña que pertenece a una familia numerosa, una niña a la que un día gris de febrero de 2008 su padre le anunció que iba a casarse con un hombre que le triplicaba la edad. Pocos días después la casaron con aquel hombre al que no conocía y su mundo de niña terminó. "Me ha pegado y ha abusado sexualmente de mí", cuenta Noyud. La historia de esta niña termina bien por su coraje excepcional: "una mañana, cuando salí a comprar el pan, me subí a un autobús y me refugié en un tribunal hasta que un juez me quiso escuchar".

---

2 Conforme establece el artículo 16 de la Declaración: "1. Los hombres y las mujeres, a partir de la edad núbil, tienen derecho, sin restricción alguna por motivos de raza, nacionalidad o religión, a casarse y fundar una familia, y disfrutarán de iguales derechos en cuanto al matrimonio, durante el matrimonio y en caso de disolución del matrimonio.
2. Sólo mediante libre y pleno consentimiento de los futuros esposos podrá contraerse el matrimonio.
3. La familia es el elemento natural y fundamental de la sociedad y tiene derecho a la protección de la sociedad y del Estado".
Asimismo, el artículo 23.3 del Pacto Internacional de Derechos Civiles y Políticos señala que "El matrimonio no podrá celebrarse sin el libre y pleno consentimiento de los contrayentes".

La historia de Noyud no solo me conmovió -como no podía ser menos- sino que impulsó mi interés por conocer cómo el Derecho articula instrumentos de lucha contra el matrimonio forzado y concretamente el matrimonio infantil y cuál es su eficacia.

El matrimonio forzado es reconocido como una violación de los derechos humanos y una forma específica de violencia de género, que afecta principalmente a mujeres y niñas[3]. Para CHANTLER y MCCARRY el matrimonio forzado debe ser analizado como parte de un proceso y no como un evento puntual, pues las dinámicas que giran en torno a este tipo de abuso comienzan en la infancia, mediante los procesos de socialización y la transmisión de valores familiares y culturales en torno al matrimonio[4].

Se caracterizan por un control coercitivo, ejercido principalmente por presión familiar y comunitaria, que anula el consentimiento y reviste implicaciones jurídicas y penales. Según datos de la Organización Internacional del Trabajo[5], se estima que en el año 2021 había 22 millones de personas víctimas de matrimonios forzados, el 68% de las cuales son mujeres. Casi un 40% son menores de 18 años en el momento de contraer matrimonio, de los cuales, un 87% son niñas.

Se trata, según entienden algunos cuya opinión compartimos, de una manifestación de la violencia de género estructural,

> *"un proceso de sometimiento, en el que la violencia se manifiesta en momentos e intensidades diversas, y no meramente como un episodio puntual de violencia. Esta perspectiva posibilitaría la apre-*

---

3 Aunque predominan las mujeres y niñas sobre los varones, alrededor de 115 millones de jóvenes y hombres de todo el mundo se casaron cuando todavía eran niños, una cifra en absoluto despreciable. Vid. *UNICEF global databases*, 2022.

4 CHANTLER, Khatidja y McCARRY, Melanie, "Forced Marriage, Coercive Control, and Conducive Contexts: The Experiences of Women in Scotland", *Violence Against Women* 2020, Vol. 26 (1), pp.89-109.

5 International Labour Organization (ILO), Walk Free, and International Organization for Migration (IOM), *Global Estimates of Modern Slavery: Forced Labour and Forced Marriage*, Geneva, 2022.

> *hensión de toda una serie de conductas abusivas y violentas que se suceden con carácter previo y posterior a la celebración del matrimonio y que incluyen desde la presión emocional, la coacción y las amenazas hasta el secuestro, los malos tratos, la violación y la violencia sexual. Estas formas de violencia, ejercidas en mayor o menor intensidad, se manifiestan antes de contraer matrimonio, durante el matrimonio, y también en el momento en que se intenta romper o abandonar la relación"*[6].

En este mismo sentido, se pronuncian el Comité para la Eliminación de la Discriminación contra la Mujer y el Comité de Derechos del Niño:

> *"muchas prácticas tipificadas como nocivas están todas estrechamente relacionadas con papeles asignados a cada género creados por la sociedad y con sistemas de relaciones de poder patriarcales, y refuerzan dichos papeles y sistemas, y a veces reflejan percepciones negativas o creencias discriminatorias con respecto a determinados grupos desfavorecidos de mujeres y niños... se incluyen modificaciones corporales que se practican en aras de la belleza o las posibilidades de contraer matrimonio de las niñas y las mujeres (por ejemplo, engorde, aislamiento, el uso de discos en los labios y el alargamiento de cuello con anillos) o en un intento por proteger a las niñas del embarazo precoz o de ser sometidas al acoso sexual y la violencia (por ejemplo, planchado de los senos)"*[7].

En el mundo el matrimonio infantil ha ido reduciendo sus cifras lentamente. El Fondo de Población de las Naciones Unidas (UNFPA)[8] señala que mientras en el año 2000 una de cada tres mujeres de entre 20 y 24 años informó de que se había casado

---

6 TORRES ROSELL, Nuria, "Matrimonio forzado: Aproximación fenomenológica y análisis de los procesos de incriminación", *Estudios Penales y Criminológicos*, vol. XXXV, 2015, pp. 831-917.

7 Recomendación general núm. 31 del Comité para la Eliminación de la Discriminación contra la Mujer y observación general núm. 18 del Comité de los Derechos del Niño sobre las prácticas nocivas, adoptadas de manera conjunta (CEDAW/C/GC/31/CRC/C/GC/18).

8 El UNFPA es el organismo de las Naciones Unidas encargado de la salud sexual y reproductiva, tiene como misión crear un mundo en el que todos los embarazos sean deseados, todos los partos sean seguros y se

cuando era una niña, en el 2021 la cifra era alrededor de una de cada cinco mujeres. En mayo de 2023 UNICEF cifraba que, en todo el mundo, 640 millones de niñas y mujeres vivas en la actualidad se casaron en la infancia, lo que asciende a 12 millones de niñas al año, según las cifras mundiales más recientes incluidas en el análisis. El porcentaje de mujeres jóvenes que contrajeron matrimonio siendo niñas ha disminuido del 21% al 19% desde las últimas estimaciones publicadas hace cinco años. Sin embargo, a pesar de estos avances, la reducción mundial debería ser 20 veces más rápida si se quiere lograr el Objetivo de Desarrollo Sostenible de poner fin al matrimonio infantil para 2030[9]. En el *Informe de los Objetivos de Desarrollo Sostenible 2023: Edición especial. Por un plan de rescate para las personas y el planeta* se llega a afirmar que los recientes avances para combatir el matrimonio infantil se ven amenazados[10].

---

aproveche el potencial de todos los jóvenes. En este marco el UNFPA apoya esfuerzos para poner fin al matrimonio infantil.

9 África Subsahariana, que actualmente ocupa el segundo lugar en el mundo en cuanto al número de niñas casadas (20%), está a más de 200 años de acabar con esta práctica al ritmo actual. Todo parece indicar que el rápido crecimiento de la población, a lo que se suman las crisis actuales, incrementarán la cifra de niñas casadas, en contraposición con la disminución prevista en el resto del mundo. UNICEF, *Is an end to child marriage within reach? Latest trends and future prospects 2023 update*, Nueva York, 2023.

10 En la actualidad, una de cada cinco mujeres jóvenes (19%) contrajo matrimonio antes de cumplir los 18 años, frente a una de cada cuatro (25%) de hace 25 años. Se han logrado avances notables en países como Bangladesh, Etiopía, India, Maldivas y Rwanda. Sin embargo, apenas se ha avanzado en las zonas de África subsahariana donde el matrimonio infantil es más frecuente, y los niveles se han mantenido estancados en América Latina y el Caribe. Además, es mucho más probable que las niñas de los hogares más ricos se beneficien de los avances que las niñas de los hogares más pobres. Si los avances continuaran al ritmo actual, llevaría al menos 300 años acabar con el matrimonio infantil y más de 9 millones de niñas contraerían matrimonio para el año 2030. Los desafíos adicionales vinculados con la pandemia de la COVID-19, los conflictos y los efectos del cambio climático amenazan con obstaculizar

Es preciso aclarar que la existencia de matrimonios forzados y matrimonios infantiles no afecta únicamente a Estados culturalmente lejanos a nuestro entorno cercano. El matrimonio infantil está presente tanto en países en desarrollo como en países desarrollados, aunque con una presencia diferente.

Sorprende, por ejemplo, que en Estados Unidos pocos son los Estados que prohíben el matrimonio infantil sin excepciones en caso de embarazo, consentimiento de los padres o menores emancipados, y, en algunos Estados no existe una edad mínima para contraer matrimonio[11]. Aunque no hay muchos datos sobre su presencia en la Unión Europea, en general se asume que esta práctica resulta más común de lo que parece[12].

Históricamente, hasta el siglo XIX y principios del XX era frecuente en Europa la celebración de matrimonios acordados por las familias cuando los futuros contrayentes eran menores de edad con el fin de asegurar el mantenimiento de la propiedad en la familia, sumar patrimonios o conservar para la familia determinados títulos. Son muchos los factores que han contribuido a la desaparición de estos matrimonios concertados y han llevado al reconocimiento en el Derecho de libertad matrimonial real para las mujeres y no es este breve texto el espacio para entrar en su análisis.

---

aún más estos avances. Se espera que solamente los efectos de la pandemia provoquen que otros 10 millones de niñas contraigan matrimonio de aquí al 2030.

11 Recoge UNFPA que entre 2000 y 2015, más de 200.000 menores de 18 años contrajeron matrimonio en Estados Unidos. UNFPA, Estado de la Población Mundial 2020. *Contra mi voluntad. Desafiar las prácticas que perjudican a las mujeres y niñas e impiden la igualdad*, 2020.

12 PARELLA, Sònia, GÜELL, Berta y CONTRERAS, Paola, "Los matrimonios forzados como forma de violencia de género desde un enfoque interseccional" *Revista CIDOB d'Afers Internationals*, N.° 133, 2023, pp.137-159. DOI: doi.org/10.24241/rcai.2023.133.1.137. Estas autoras consideran que los escasos datos registrados no son más que la punta del iceberg.

Generalmente se vincula la existencia de los matrimonios forzados y los matrimonios infantiles a los flujos migratorios de personas procedentes de áreas geográficas en las que tienen arraigo estas prácticas[13]. En los estudios corresponde un papel secundario a los matrimonios infantiles en comunidades gitanas a los que me referiré más adelante. Son los jóvenes y adolescentes que proceden de determinados Estados del norte de África o del África subsahariana, de Oriente Próximo u Oriente Medio o de América Latina. Resulta frecuente el traslado de las niñas o las jóvenes al país del que proceden ellas o sus padres, con el fin de que se celebre el matrimonio sin que medie el consentimiento de la contrayente.

> *"A menudo, esto ocurre cuando la joven viaja a su país de origen para pasar unas vacaciones en familia. Cuando llega, todo está preparado para la celebración del matrimonio y es obligada a aceptar el mismo. Estas jóvenes se encuentran sometidas a fuertes presiones psicológicas por parte de la familia y en particular por el padre y los hermanos. Las amenazas de muerte son frecuentes y la negativa a contraer matrimonio ha conducido, en más de una ocasión, al asesinato de la joven por un familiar cercano con el fin de «reintegrar el honor de la familia» (murders of honour)"*[14].

Ciertamente la percepción en Europa de estos matrimonios continúa vinculándolos al terreno de la inmigración, relacionándolos con la religión o cultura de origen o, en otro caso, con la trata de seres humanos.

No es muy conocida en España la práctica de los matrimonios forzados ni de los matrimonios infantiles, aunque en Cataluña se ha llevado a cabo algún estudio y existe en esa Comunidad Autónoma un protocolo de actuación para los profesionales que en-

---

13 VIDAL GALLARDO, Mercedes, "La protección integral a la infancia y a la adolescencia frente a la violencia que representa el matrimonio forzado", *Anuario de Derecho Eclesiástico del Estado*, vol. XXXVIII, 2022, pp.279-317.

14 ASÍN CABRERA, M.ª Asunción, "La práctica judicial española ante la diversidad multicultural de las relaciones familiares", *Anuario CIDOB de la Inmigración en España 2014*, 2015, pp. 302-326.

tran en contacto con estas situaciones de violencia que afectan sobre todo a jóvenes y adolescentes. Con razón GÓMEZ-QUINTERO, CASTILLA ALAGÓN y COSCULLUELA PROS denuncian la escasa producción de estudios empíricos en España sobre matrimonios concertados, que se explican por la tardía incorporación de España a los países de inmigración y la dificultad de acceder a fuentes de información primaria y secundaria[15].

En el texto que sigue, tras una breve aclaración de conceptos, haré referencia a las causas y consecuencias del matrimonio infantil, para referirme a continuación a la respuesta del Derecho, con especial referencia al Derecho Internacional Privado, para terminar con una reflexión sobre el alcance de las normas en vigor y la necesidad de una respuesta holística.

II. DELIMITACIÓN DEL FENÓMENO Y ACLARACIÓN DE CONCEPTOS

1. Delimitación de conceptos

Como bien se recoge en "El estado de la población mundial 2020. Contra mi voluntad. Desafiar las prácticas que perjudican a las mujeres y niñas e impiden la igualdad" del UNFPA, todos los matrimonios en los que los contrayentes no actúen con libre y pleno consentimiento son uniones forzadas y, sin excepciones, una

[15] GÓMEZ-QUINTERO, Juan David, CASTILLA ALAGÓN, Margarita y COSCULLUELA PROS, Laura, "Entre la obediencia y la rebeldía: los matrimonios concertados de mujeres de origen senegambiano en España", *Alternativas. Cuadernos de Trabajo Social*, Vol. 30, núm. 1, 2023, pp. 152-179.

violación de los derechos humanos[16]. Se considera sin paliativos que se trata de prácticas nocivas[17].

Conviene distinguir el matrimonio forzado del matrimonio concertado y el matrimonio infantil del matrimonio precoz, así como aclarar la consideración del matrimonio infantil como una forma de matrimonio forzado.

1.1. Matrimonio forzado

Se habla de matrimonio forzado en aquellos casos en los que, al menos uno de los contrayentes, no presta un consentimiento pleno y libre por haber sido forzado física o psicológicamente a contraer matrimonio, o uno de ellos o ambos carecen de la capacidad de

---

16 UNFPA, *Estado de la Población Mundial 2020. Contra mi voluntad. Desafiar las prácticas que perjudican a las mujeres y niñas e impiden la igualdad*, 2020.

17 La Recomendación general núm. 31 del Comité para la Eliminación de la Discriminación contra la Mujer y observación general núm. 18 del Comité de los Derechos del Niño sobre las prácticas nocivas, adoptadas de manera conjunta (CEDAW/C/GC/31/CRC/C/GC/18) entiende que, para que se consideren nocivas, las prácticas deben ajustarse a los criterios siguientes:
"a) Constituyen una negación de la dignidad o integridad de la persona y una violación de los derechos humanos y libertades fundamentales consagrados en las dos Convenciones;
b) Representan una discriminación contra las mujeres o los niños y son nocivas en la medida en que comportan consecuencias negativas para sus destinatarios como personas o como grupos, incluidos daños físicos, psicológicos, económicos y sociales o violencia y limitaciones a su capacidad para participar plenamente en la sociedad y desarrollar todo su potencial;
c) Son prácticas tradicionales, emergentes o reemergentes establecidas o mantenidas por unas normas sociales que perpetúan el predominio del sexo masculino y la desigualdad de mujeres y niños, por razón de sexo, género, edad y otros factores interrelacionados;
d) A las mujeres y los niños se las imponen familiares, miembros de la comunidad o la sociedad en general, con independencia de que la víctima preste, o pueda prestar, su consentimiento pleno, libre e informado".

separarse o poner fin al matrimonio, entre otros motivos debido a coacciones o a una intensa presión social o familiar[18]. Efectivamente algunos matrimonios que nacen inicialmente de forma voluntaria no pueden ser disueltos por la coacción o violencia que se ejerce sobre uno o los dos esposos para que permanezcan juntos. Se habla de matrimonios forzosos sobrevenidos[19]. Denuncia TORRES ROSELL que las definiciones existentes sobre el matrimonio forzado tienden a centrarse, exclusivamente, en determinar si los contrayentes tenían capacidad de elección en el momento de contraer matrimonio, prestándose menor atención a la capacidad para salir, abandonar o escapar de un matrimonio[20].

---

18 Informe de la Oficina del Alto Comisionado de las Naciones Unidas para los Derechos Humanos, *Prevención y eliminación del matrimonio infantil, precoz y forzado*, A/HRC/26/22. 2 de abril de 2014.

19 IGAREDA GONZÁLEZ describe así esta situación: "muchas mujeres no pueden salir de los matrimonios, que devienen por tanto en forzados, tras ingresar en una vida marital donde se ejerce un férreo control sobre sus roles de género, donde se encuentran con grandes dificultades para divorciarse (por amenazas familiares si lo haces sobre su persona, sobre los hijos/as, sobre miembros de su familia o por su situación de dependencia económica que las hace muy difícil emprender una vida solas) o cuando los controles migratorios funcionan como instrumentos de sometimiento (condicionando por ejemplo el acceso a determinados permisos de residencia y trabajo, o derecho de reagrupación familiar, y a la permanencia en el matrimonio durante un periodo mínimo de tiempo)". IGAREDA GONZÁLEZ, Noelia, "Debates sobre la autonomía y el consentimiento en los matrimonios forzados", *Anales de la Cátedra Francisco Suárez*, Vol. 47, 2013, pp.203-219.

20 "Es habitual que las personas que han sido forzadas a contraer matrimonio, y en especial las mujeres de determinadas comunidades minoritarias, tengan menos posibilidades de salir de un matrimonio forzado, dado el control al que son sometidas después del mismo, la existencia de normas sociales contrarias al divorcio e, incluso, por el temor a perder la residencia legal en caso de disolución del matrimonio". TORRES ROSELL, Núria, "Matrimonio forzado: Aproximación…", op.cit. p.839.

En la conceptualización del matrimonio forzado -entiende TORRES ROSELL[21]- "confluyen perspectivas sociales, históricas y culturales sobre los dos términos que designan el fenómeno: matrimonio y fuerza".

1.2. Matrimonio infantil

Se habla de matrimonio infantil respecto a los matrimonios en los que al menos uno de los contrayentes es menor de edad. Solo las personas que hayan alcanzado la mayoría de edad con arreglo a la ley que resulte aplicable a su estado civil deberían considerarse capaces para prestar su consentimiento para contraer matrimonio, aunque no siempre es así. El Derecho de algunos Estados considera capaces de contraer matrimonio a personas menores de edad. En la mayor parte de los casos son las niñas las obligadas a casarse y, además, en ocasiones, el matrimonio tiene lugar entre una niña y un adulto con el que le separa una gran diferencia de edad.

El Comité para la Eliminación de la Discriminación contra la Mujer y el Comité de Derechos del Niño consideran que el matrimonio infantil es:

> *"una forma de matrimonio forzoso, ya que no se cuenta con el consentimiento pleno, libre e informado de una de las partes o de ninguna de ellas. Como una cuestión de respeto a las capacidades en evolución del niño y a su autonomía a la hora de tomar decisiones que afectan a su vida, en circunstancias excepcionales se puede permitir el matrimonio de un niño maduro y capaz menor de 18 años, siempre y cuando el niño tenga como mínimo 16 años de edad y tales decisiones las adopte un juez basándose en motivos excepcionales legítimos definidos por la legislación y en pruebas de madurez, sin dejarse influir por la cultura ni la tradición"*[22].

---

21 TORRES ROSELL, Nuria, "Matrimonio forzado: Aproximación...", op.cit. p.833.

22 Recomendación general núm. 31 del Comité para la Eliminación de la Discriminación contra la Mujer y observación general núm. 18 del Comité de los Derechos del Niño sobre las prácticas nocivas, adoptadas de manera conjunta (CEDAW/C/GC/31/CRC/C/GC/18).

El UNFPA entiende que se trata de una violación de los derechos humanos que pone en riesgo la vida y la salud de las niñas y limita sus perspectivas futuras. Estos matrimonios niegan a las niñas la elección de con quién y cuándo quieren casarse.

1.3. Matrimonio precoz

En los matrimonios precoces uno de los contrayentes es menor de 18 años en países en los que la mayoría de edad se alcanza más temprano o después del matrimonio. También se consideran precoces los matrimonios en los que ambos contrayentes han alcanzado los 18 años pero, por distintos factores, se considera que no están preparados para consentir contraer matrimonio. Por ejemplo, su nivel de desarrollo físico, emocional, sexual o psicosocial, etc.[23].

No todos los matrimonios precoces son matrimonios infantiles, aunque sí todos los matrimonios infantiles son precoces. Se trata de un concepto más amplio que el de matrimonio infantil.

1.4. Matrimonio concertado

Estos matrimonios que llamamos concertados han sido pactados por los padres o familiares, pero los contrayentes no se oponen a su celebración, sino que aceptan la decisión ajena y prestan su consentimiento. La línea que separa los matrimonios concertados –que culturalmente no resultan en nuestra historia tan ajenos- de los matrimonios forzados es muy fina. Como bien señala ASÍN CABRERA, en muchos supuestos resulta difícil determinar hasta qué punto el consentimiento matrimonial ha sido expresado con total y absoluta libertad por los contrayentes y no se deben a presiones familiares vinculadas a la tradición y costumbres cul-

---

23 Informe de la Oficina del Alto Comisionado de las Naciones Unidas para los Derechos Humanos, *Prevención y eliminación del matrimonio infantil, precoz y forzado*, A/HRC/26/22. 2 de abril de 2014.

turales[24]. La escala de grises que se abre entre el consentimiento libre y la coacción o la imposición es amplia y allí donde se da una presión sutil sobre el contrayente o los contrayentes que lleva a que se acepte la imposición familiar se hace difícil deslindar el matrimonio forzado del matrimonio concertado[25].

2. Causas y consecuencias del matrimonio infantil

Las causas del matrimonio infantil son muy diversas: la estructura patriarcal de la familia, la relegación de la mujer a lo doméstico, las necesidades económicas de la familia de origen, las normas culturales, los preceptos religiosos, los códigos de conducta, la exigencia de protección de las hijas, la falta de educación y de oportunidades, son todos ellos factores que subyacen al fenómeno de los matrimonios infantiles. La pobreza y la discriminación de la mujer tienen un importante caldo de cultivo en ciertas culturas y tradiciones que obligan a las niñas a contraer matrimonio a edades tempranas[26]. Abundan en las zonas rurales más que las urbanas de ciertos países y se vinculan también a los niveles de educación más bajos[27].

Es interesante el análisis de CHANTLER y McCARRY que entienden el matrimonio forzado como parte de un proceso que comienza en la infancia con la transmisión de valores familiares y

---

24 ASÍN CABRERA, M.ª Asunción, "La práctica judicial española ante la diversidad ...", op.cit. p.313.

25 TORRES ROSELL, Nuria, "Matrimonio forzado: Aproximación...", op.cit. p.837.

26 En el libro que he mencionado al comenzar mi trabajo (*Me llamo Noyud, tengo 10 años y estoy divorciada*), el padre de Noyud rebate a su hermana que intenta protegerla del inminente matrimonio: "¡Ya he tomado mi decisión! Además, sabes de sobra que no tenemos dinero para alimentar a toda la familia. Así tendremos una boca menos".

27 DÍEZ PERALTA, Eva, El matrimonio infantil y forzado en el Derecho internacional. Un enfoque de género y de derechos humanos, Valencia, Tirant lo Blanch, 2019.

culturales[28]. Por eso, son las propias madres, y en general las mujeres, las que defienden esta práctica y contribuyen a perpetuarla. Es sabido como las niñas de etnia gitana que son casadas a edades muy tempranas celebran en muchos casos la decisión paterna y presumen ante sus hermanas, primas y amigas de pasar a formar parte de un grupo social que es más valorado, el de las mujeres casadas. TORRES ROSELL, en su consideración del matrimonio forzado como un fenómeno poliédrico, señala que, en el mundo occidental en determinadas comunidades de migrantes,

> *"algunos de sus miembros se esfuerzan por mantener los códigos morales y las costumbres de la sociedad de origen, en ocasiones de forma incluso más férrea y menos permeable que lo que se observa en los territorios de origen"*[29].

Y añade que:

> *"en algunas de estas comunidades, en las que la pervivencia del patrón social mantiene a las mujeres a cargo de las tareas domésticas, dificultando con ello su contacto con los valores de la sociedad de acogida, son las propias mujeres, quienes también en su momento fueron obligadas a contraer matrimonio, cuando eran niñas o adolescentes, las que participan de forma particularmente activa en la perpetuación del modelo familiar tradicional, fomentado su resurgimiento en el mundo occidental".*

En situaciones de crisis humanitaria muchos padres temen que no van a poder ofrecer protección a sus hijas ni cuidarlas. Los

---

[28] CHANTLER, Khatidja y McCARRY, Melanie, "Forced Marriage, Coercive Control, and…", op.cit., al afirmar que: "As illustrated by the testimonies of the women below, it is important to consider forced marriage as a process rather than a singular event because for some women, the start of this process began in early childhood, and for others, while the marriage ceremony was evaded, this did not diminish the trauma or impact of the experience. Participants recounted their experiences of being forced to marry describing loss of liberty and betrayal but importantly also their resistance. Significantly, all of them rejected their marriage proposals".

[29] TORRES ROSELL, Nuria, "Matrimonio forzado: Aproximación…", op.cit. pp.385-386.

conflictos armados y los desplazamientos masivos de población favorecen la celebración de matrimonios de niños y adolescentes. Así ocurrió con la crisis de Siria y la salida masiva de refugiados huyendo de la guerra.

Un aspecto en absoluto desdeñable del matrimonio infantil es el económico. Tras estos matrimonios existen unas transacciones económicas que dan soporte a la práctica: la dote y el precio de la novia. La dote es abonada por la familia de la novia al novio o su familia para el mantenimiento de la esposa. El precio de la novia se abona por el novio o su familia para comprarla. Una y otra figura favorecen el matrimonio infantil: cuanto menor sea la niña menor será la dote y mayor el precio de la novia[30]. Cualquiera de estos sistemas constituye una "mercantilización" de niñas y mujeres que supone una violación de su derecho a contraer matrimonio libremente[31]. Las hijas son una mercancía y el matrimonio constituye una fuente de ingresos para la familia. El pago de dotes y de un precio por la novia, que varía entre las comunidades practicantes, puede incrementar la vulnerabilidad de las mujeres y las niñas a la violencia y a otras prácticas nocivas. El marido o sus familiares pueden participar en actos de violencia física o psicológica, incluso asesinatos, inmolaciones y ataques con ácido, si no se satisfacen las expectativas relacionadas con el pago de una dote o su cuantía.

Pero también los y las adolescentes pueden querer contraer matrimonio como una forma de ganar autonomía o incluso prestigio social en su comunidad. Es frecuente ver en los institutos a las compañeras mirar con envidia a aquella que entra en un "matrimonio irregular" y alcanza otro estatus.

---

30 Cuanto mayor sea la niña tendrá menos pretendientes y deberá aumentarse la dote para conseguir que algún varón se case con ella. Cuanto menor sea la niña tiene por delante más años para la maternidad y el servicio doméstico y, en consecuencia, su precio debe ser mayor.

31 UNFPA, Estado de la Población Mundial 2020. Contra mi voluntad..., op.cit. p.68.

Los grupos armados también están utilizando cada vez más los matrimonios forzosos durante los conflictos y, alternativamente, dichos matrimonios pueden ser un medio para que una niña escape de la pobreza posterior a un conflicto.

En cuanto a sus consecuencias, debemos señalar que el matrimonio infantil tiene graves consecuencias para las niñas y jóvenes que, tras contraerlo, se ven apartadas de las actividades propias de su edad, sometidas a abusos sexuales "legalizados", a los que siguen gestaciones que a tan tempranas edades conllevan riesgos para su salud.

Es frecuente que tras la celebración del matrimonio se genere un embarazo que, por tratarse una adolescente, pone en riesgo la salud de la niña e incluso su propia vida o la del bebé por las complicaciones del embarazo o por el parto. También en este sentido se han pronunciado la CEDAW y el Comité de Derechos del Niño en su Observación General conjunta de 2014:

> *"El matrimonio infantil a menudo va acompañado de embarazos y partos precoces y frecuentes, que provocan unas tasas de mortalidad y morbilidad materna superiores a la media. Las muertes relacionadas con el embarazo son la causa principal de mortalidad para las niñas de entre 15 y 19 años de edad, ya estén casadas o solteras, en todo el mundo. La mortalidad de lactantes entre los niños de madres muy jóvenes es más elevada (a veces incluso el doble) que la registrada entre los de madres de más edad. En los casos de matrimonio infantil o forzoso, en particular cuando el marido es considerablemente mayor que la esposa, y en los que las niñas tienen un nivel educativo escaso, las niñas suelen tener un poder de decisión restringido con respecto a sus propias vidas. El matrimonio infantil también conduce a unas tasas de deserción escolar más altas, especialmente entre las niñas, a la expulsión forzosa de la escuela y a un mayor riesgo de violencia doméstica, además de limitar el disfrute del derecho a la libertad de circulación"*[32].

---

32 Recomendación general núm. 31 del Comité para la Eliminación de la Discriminación contra la Mujer y observación general núm. 18 del Comité de los Derechos del Niño sobre las prácticas nocivas, adoptadas de manera conjunta (CEDAW/C/GC/31/CRC/C/GC/18).

El matrimonio infantil pone en marcha un ciclo de marginación que niega a las niñas sus derechos más básicos como la educación y la libertad y termina con su infancia. Muchas de las niñas que se encontraban escolarizadas abandonan la escuela y otras reducen sus resultados académicos. Comienzan a tener hijos a edades tempranas y pasan la adolescencia y la juventud en casa cuidando de los hijos pequeños, sin posibilidad de continuar sus estudios, disminuyendo sus posibilidades de trabajar fuera del hogar y de acceder a trabajos más satisfactorios y mejor remunerados. Sus posibilidades de ser autosuficientes desde un punto de vista económico se reducen y esto supone un mayor recorte a su libertad.

GÓMEZ-QUINTERO, CASTILLA ALAGÓN y COSCULLUELA PROS constatan en su trabajo los sentimientos de infelicidad y sufrimiento de las mujeres adultas que han sacrificado su sexualidad y su libertad por preservar el honor de la palabra paterna, la cohesión social y el orgullo familiar[33].

Existe también un vínculo entre el matrimonio infantil y la violencia de género. Un mayor porcentaje de mujeres casadas siendo niñas ha sufrido violencia física o sexual que aquellas que contrajeron matrimonio siendo adultas.

> *"El matrimonio infantil perpetúa la violencia por razón de género, ya que se caracteriza por las diferencias de edad entre los cónyuges, los desequilibrios de poder, la autonomía restringida de las mujeres, el aislamiento social y normas femeninas y masculinas que aceptan y justifican la violencia en la pareja. El uso de la violencia -e incluso la amenaza de usarla- constituye una forma fundamental con la que los hombres ejercen el control sobre las jóvenes"*[34].

---

[33] GÓMEZ-QUINTERO, Juan David, CASTILLA ALAGÓN, Margarita y COSCULLUELA PROS, Laura, "Entre la obediencia y la rebeldía…", op.cit. p.174.

[34] UNFPA, Estado de la Población Mundial 2020. Contra mi voluntad…, op.cit. p.109.

III. EL MATRIMONIO INFANTIL Y LA RESPUESTA DEL DERECHO. ESPECIAL CONSIDERACIÓN DE LAS CUESTIONES DE DERECHO INTERNACIONAL PRIVADO

El Derecho entiende el matrimonio como un negocio jurídico bilateral que necesita de una manifestación de voluntad bilateral de los contrayentes con la finalidad de asumir los efectos jurídicos previstos para el matrimonio. El consentimiento matrimonial constituye el elemento esencial de este negocio jurídico. "No hay matrimonio sin consentimiento matrimonial", establece el artículo 45 del Código Civil español. Esta firme posición del sistema para constituir un instrumento real frente al matrimonio infantil necesita de otros desarrollos normativos para su eficacia.

En países como España el Estado tiende a responder prohibiendo los matrimonios forzados tanto en el terreno del Derecho Civil como haciendo intervenir al Derecho Penal. La mayoría de los países de nuestro entorno cultural han asumido la tipificación como delito del matrimonio forzado[35].

En el Derecho español dos artículos del Código Penal se refieren al matrimonio forzado[36]. Con arreglo al artículo 172 bis,

> *"1. El que con intimidación grave o violencia compeliere a otra persona a contraer matrimonio será castigado con una pena de prisión de seis meses a tres años y seis meses o con multa de doce a veinticuatro meses, según la gravedad de la coacción o de los*

---

35 Vid. Al respecto el resumen de DÍEZ PERALTA, Eva, *El matrimonio infantil y forzado en el Derecho...*", op.cit. p.267.

36 Estos artículos se introdujeron por la Ley 1/2015, de 30 de marzo, por la que se modifica la Ley Orgánica 10/1995, de 23 de noviembre, del Código Penal (BOE núm. 77, de 31 de marzo de 2015) que responde a las exigencias de la Directiva 2011/36/UE, de 5 de abril, que incluye el matrimonio forzado entre las formas de explotación de las personas. Se trata de la DIRECTIVA 2011/36/UE del Parlamento Europeo y del Consejo de 5 abril de 2011 relativa a la prevención y lucha contra la trata de seres humanos y a la protección de las víctimas y por la que se sustituye la Decisión marco 2002/629/JAI del Consejo (DOUE L 101, 15.4.2011).

> *medios empleados. 2. La misma pena se impondrá a quien, con la finalidad de cometer los hechos a que se refiere el apartado anterior, utilice violencia, intimidación grave o engaño para forzar a otro a abandonar el territorio español o a no regresar al mismo. 3. Las penas se impondrán en su mitad superior cuando la víctima fuera menor de edad. 4. En las sentencias condenatorias por delito de matrimonio forzado, además del pronunciamiento correspondiente a la responsabilidad civil, se harán, en su caso, los que procedan en orden a la declaración de nulidad o disolución del matrimonio así contraído y a la filiación y fijación de alimentos".*

Por otro lado, al tipificar el delito de trata de seres humanos, el artículo 177 bis incluye la celebración de matrimonios forzados entre las finalidades del delito[37]. Esta vía jurídica que viene a sancionar el matrimonio forzado no resulta eficaz para la perse-

---

37 "Será castigado con la pena de cinco a ocho años de prisión como reo de trata de seres humanos el que, sea en territorio español, sea desde España, en tránsito o con destino a ella, empleando violencia, intimidación o engaño, o abusando de una situación de superioridad o de necesidad o de vulnerabilidad de la víctima nacional o extranjera, o mediante la entrega o recepción de pagos o beneficios para lograr el consentimiento de la persona que poseyera el control sobre la víctima, la captare, transportare, trasladare, acogiere, o recibiere, incluido el intercambio o transferencia de control sobre esas personas, con cualquiera de las finalidades siguientes:
a) La imposición de trabajo o de servicios forzados, la esclavitud o prácticas similares a la esclavitud, a la servidumbre o a la mendicidad.
b) La explotación sexual, incluyendo la pornografía.
c) La explotación para realizar actividades delictivas.
d) La extracción de sus órganos corporales.
e) La celebración de matrimonios forzados.
Existe una situación de necesidad o vulnerabilidad cuando la persona en cuestión no tiene otra alternativa, real o aceptable, que someterse al abuso.
Cuando la víctima de trata de seres humanos fuera una persona menor de edad se impondrá, en todo caso, la pena de inhabilitación especial para cualquier profesión, oficio o actividades, sean o no retribuidos, que conlleve contacto regular y directo con personas menores de edad, por un tiempo superior entre seis y veinte años al de la duración de la pena de privación de libertad impuesta" (art. 177 bis.1).

cución de algunas de estas conductas reprobables. CHAVES CAROU advierte de que

> *"el delito de matrimonio forzado no contempla la situación de víctimas de muy corta edad. Al exigirse los medios comisivos típicos quedan fuera del tipo y, por tanto, impunes, aquellos supuestos en los que no sea necesario utilizar la violencia, la intimidación grave o el engaño para quebrantar la voluntad de la víctima"*[38].

Interesa destacar en el delito de trata de seres humanos con finalidad de matrimonios forzados del artículo 177 bis la jurisprudencia exige que la unión impuesta o a imponer sea legalmente reconocida por el ordenamiento jurídico español[39]. No recibe la

---

38 CHAVES CAROU, Marcos, "Comparación analítico-dogmática de los delitos de matrimonio forzado y de trata de seres humanos con finalidad de celebrar matrimonios forzados", *Revista Sistema Penal Crítico,* N.º 3, 2022, pp. 129-144.

39 Así se pronuncia el Tribunal Superior de Justicia de Andalucía (Sala de lo Civil y Penal) en su sentencia de 28 de julio de 2021 al valorar la decisión de la Audiencia Provincial recurrida: "El Ministerio Fiscal formalizó y mantuvo su acusación en base al apartado 1.e) del art. 177 bis (ejecución del hecho para la celebración del matrimonio forzado) y, alternativamente, al apartado 1.a) (práctica similar a la esclavitud o trabajo forzado). La audiencia provincial, con buen criterio, excluyó de raíz la primera de las calificaciones en cuanto la ceremonia de unión en pareja conforme al rito gitano, sin perjuicio de su arraigo y sustento tradicional, carece de reconocimiento legal como unión matrimonial, no pudiendo ser equiparada al matrimonio para incluirla en el tipo penal so pena de incurrir en interpretación extensiva *ad malam partem*". STSJ AND 12438/2021 – ECLI:ES:TSJAND:2021:12438.
Un sector de la doctrina mantiene una posición contraria. Por ejemplo, TORRES ROSELL, Nuria, "Matrimonio forzado: Aproximación...", op.cit., sostiene que la referencia al matrimonio debe configurarse como elemento descriptivo del tipo sin exigir, por lo tanto, la concurrencia de los requisitos civiles necesarios para el contrato matrimonial. "Esta interpretación, que comporta que pueda apreciarse la comisión del delito en aquellos supuestos en que la celebración del matrimonio no se ajusta a las condiciones reconocidas por la legislación civil española, resulta del todo necesaria si tenemos en cuenta que ésta va a ser la tónica en no pocos de los supuestos: menor de edad núbil obligado

misma interpretación el tipo recogido en el artículo 172 bis para el que resulta indiferente la validez de la unión en España.

ALCAZAR ESCRIBANO, aun valorando de forma positiva la inclusión del matrimonio forzado como conducta delictiva autónoma, critica la forma en que se ha llevado a cabo esta regulación. Por una parte, considera que no se trata solo de un atentado contra la libertad por la falta de consentimiento, sino que constituye un delito de detención ilegal, de trato degradante o maltrato dentro del ámbito familiar o contra la libertad sexual una vez celebrado el matrimonio y, en definitiva, una manifestación de violencia contra la mujer por el hecho de serlo. Por otra parte, se ha tipificado el delito sin distinguir si se dirige contra mujeres menores o mayores de edad[40].

La eficacia de la respuesta penal está en cuestión ya que existe el riesgo de que las niñas y jóvenes no denuncien la situación al tomar conciencia de las consecuencias del procesamiento y la privación de libertad para su padre, madre o hermanos, tanto las Naciones Unidas como las organizaciones regionales europeas han generado instrumentos normativos en los que la respuesta jurídica fundamental se centra en la vía penal[41]. No debe minus-

---

a contraer matrimonio, matrimonio celebrado en terceros estados, etc. Esta interpretación permite observar la perpetración de un matrimonio forzado en supuestos de uniones no reconocidas legalmente e, incluso, en casos que vulneren la legalidad civil y penal como, por ejemplo, al forzar a una persona a contraer matrimonio en el marco de una familia polígama".

40 ALCAZAR ESCRIBANO, M.ª Angustias, "El matrimonio forzado: violencia de género más allá del libre consentimiento", *Revista Electrónica de Ciencia Penal y Criminológica,* Núm.25-02, 2023, pp.1-43, http://criminet.ugr.es/recpc/25/recpc25-02.pdf.

41 Pueden citarse en este capítulo el Convenio del Consejo de Europa sobre la lucha contra la trata de seres humanos, hecho en Varsovia el 16 de mayo de 2005, el Convenio del Consejo de Europa sobre prevención y lucha contra la violencia contra la mujer y la violencia doméstica, hecho en Estambul el 11 de mayo de 2011, la Directiva 2011/36/UE del Parlamento Europeo y del Consejo de 5 abril de 2011 relativa a la

valorarse, sin embargo, el efecto pedagógico de la sanción penal en la consideración social del matrimonio infantil.

Por otra parte, no es el Derecho penal que castiga estas conductas de lo que quiero ocuparme fundamentalmente en estas páginas. Sería una osadía por mi parte adentrarme en este ámbito que está fuera de mi especialidad. Es el terreno de la relación jurídico privada y, concretamente, de aquellas en las que existen contactos con distintos ordenamientos del que me voy a ocupar.

Si pensamos en matrimonios infantiles en los que puedan verse llamadas a intervenir las autoridades españolas, puede venir a la cabeza desde el imaginario colectivo el llamado "matrimonio gitano" en el que los contrayentes son en muchas ocasiones menores de edad. Ciertamente pueden celebrarse estas uniones entre personas procedentes de países distintos al nuestro puesto que en España se han establecido personas de esta etnia venidas de otros países europeos, fundamentalmente de Rumanía. Pero no es necesaria la concurrencia de un elemento de extranjería en estos casos. Respecto a estas uniones es necesario aclarar que se constituyen al margen del Derecho, no son matrimonios para el Estado y, por tanto, carecen de eficacia ante él.

La consecuencia de esta conformación de las uniones al margen de la ley no puede ser la desprotección de los niños y niñas que son unidos en "matrimonio" y entregados a otra familia para que se incorporen a la vida en pareja y a la vida familiar como si de una verdadera unión matrimonial se tratara. No hay expediente

---

prevención y lucha contra la trata de seres humanos y a la protección de las víctimas y por la que se sustituye la Decisión marco 2002/629/JAI del Consejo, la Directiva 2011/92/UE del Parlamento Europeo y del Consejo de 13 de diciembre de 2011 relativa a la lucha contra los abusos sexuales y la explotación sexual de los menores y la pornografía infantil y por la que se sustituye la Decisión marco 2004/68/JAI del Consejo o la Directiva 2012/29/UE del Parlamento Europeo y del Consejo de 25 de octubre de 2012 por la que se establecen normas mínimas sobre los derechos, el apoyo y la protección de las víctimas de delitos, y por la que se sustituye la Decisión marco 2001/220/JAI del Consejo.

matrimonial previo, no hay autoridad que vele por los derechos de los niños cuando se trata de un negocio puramente privado. El sistema de protección de menores debe intervenir garantizando el respeto a los derechos de los niños y su protección frente a toda forma de violencia.

La historia de vida que se relata en la sentencia de la Audiencia Provincial de Zamora de 27 de mayo de 2021 no es única desgraciadamente[42]. Por un procedimiento de jurisdicción voluntaria la hermana mayor es declarada guardadora de hecho de sus hermanas menores por haber sido violadas por su padre biológico. Pasados varios meses de convivencia con la hermana mayor y su pareja, como consecuencia de un acuerdo, las dos niñas son entregadas y recibidas por unas familias con la finalidad de contraer matrimonio a cambio de ciertas cantidades de dinero. Las dos niñas conviven maritalmente con menores de edad de las familias a las que han sido entregadas y ambas quedan embarazadas y dan a luz cuando están bajo la tutela de la Entidad Pública de la Comunidad Autónoma.

En la mayor parte de los casos, sin embargo, está presente algún elemento de extranjería y se hace necesario el planteamiento propio del Derecho Internacional privado.

Aunque, como en toda relación internacional también en lo que se refiere a los matrimonios infantiles con elemento extranjero es preciso determinar qué autoridad o qué autoridades tienen competencia para la celebración del matrimonio y determinada la autoridad competente resolver las leyes que puedan resultar aplicables, no vamos a entrar en las cuestiones de competencia de autoridades para la celebración del matrimonio y nos centraremos en los problemas relativos a la determinación de la ley aplicable que surgen tanto en la celebración del matrimonio infantil

---

42 Sentencia 14/2021, de 27 de mayo de 2021 (SAP ZA 283/2021 – ECLI:ES:APZA:2021:283). En el caso se condena a los acusados -la hermana mayor y su pareja- por un delito de trata de seres humanos con la finalidad de matrimonios forzados.

ante autoridad española como cuando se pretenda su inscripción en el Registro Civil español en caso de que así proceda.

Como es sabido no contamos con normas de Derecho Internacional Privado europeas que señalen la ley aplicable a la constitución del matrimonio. En consecuencia, son las normas de conflicto del Derecho español las que resultan aplicables. Y digo normas y no norma porque en nuestro sistema no existe una única ley aplicable a los requisitos del matrimonio. Se determinan separadamente la ley aplicable a la capacidad matrimonial, la ley aplicable al consentimiento matrimonial y la ley aplicable a la forma de celebración del matrimonio.

En este acercamiento al matrimonio infantil en Derecho Internacional Privado nos interesa detenernos el consentimiento y la capacidad matrimoniales pues son los dos elementos afectados.

El consentimiento de los contrayentes constituye, a juicio de GONZÁLEZ CAMPOS, un verdadero presupuesto material para la validez del matrimonio[43]. El objeto y la causa del matrimonio están fijados por la ley de forma invariable y estricta y la autonomía de la voluntad no entra a reglar el régimen del matrimonio pues éste está directamente tipificado por la ley. No hay matrimonio sin consentimiento matrimonial[44], es decir, sin el consentimiento dirigido a crear una comunidad de vida entre los cónyuges con la finalidad de asumir los fines propios y específicos del matrimonio, esto es, de fundar una familia. Se exige una declaración de voluntad real, incondicionada y no viciada.

Hablar del consentimiento matrimonial como presupuesto del matrimonio nos sitúa en el mundo de los hechos: "El consentimiento matrimonial se presta o no se presta. Existe intención real de casarse o no existe; eso es todo", afirma con rotundidad

---

43 GONZÁLEZ CAMPOS, Julio D. *et al.*, *Derecho internacional privado. Parte especial*, 4ª ed., revisada, Centro de Estudios Superiores Sociales y Jurídicos Ramón Carande, Madrid, 1991, pp. 406-408.

44 Artículo 45.1 CC.

ESPINAR VICENTE[45]. Todo matrimonio, para ser considerado tal, requiere de consentimiento matrimonial y esta exigencia del artículo 45 del Código Civil pesa sobre cualquier matrimonio con independencia de los elementos de extranjería que estén presentes en la relación.

Esta consideración del primer inciso del artículo 45 como regla de aplicación necesaria no significa que otros aspectos del consentimiento matrimonial, como los requisitos para prestarlo y las consecuencias cuando falta, queden por fuerza sometidos a la ley española. La ley española no contiene ninguna norma de conflicto específica sobre la ley aplicable al consentimiento matrimonial. Ante la ausencia de una regulación, parte de la doctrina entiende que es aplicable la ley nacional de los contrayentes, mientras que para otro sector debería aplicarse la ley rectora de los efectos del matrimonio.

En este capítulo habría que incluir los Derechos que admiten, con fórmulas diversas, obtener una esposa a cambio de un precio (la "compra de la esposa" a la familia de esta). Se prescinde en estos casos del consentimiento matrimonial de la mujer, lo que afecta al orden público español. Tanto la aplicación de estas leyes al consentimiento matrimonial como la inscripción en el Registro Civil español de los matrimonios constituidos mediante compra no tienen cabida en nuestro sistema.

En el caso de los niños se entiende que no puede haber verdadero consentimiento matrimonial por su falta de desarrollo físico y psíquico. Los niños no pueden conformar una decisión de unirse en matrimonio porque no alcanzan a comprender la significación del compromiso que asumen. Como hemos señalado supra el matrimonio infantil se considera que es un matrimonio forzado y, en consecuencia, falta en él auténtico consentimiento matrimonial.

---

45 ESPINAR VICENTE, José M.ª, *El matrimonio y las familias en el sistema español de Derecho internacional privado*, Civitas, 1996, p. 116.

El sistema español de Derecho Internacional Privado considera nulo el matrimonio en el que no hay consentimiento matrimonial con independencia de que la ley aplicable sea una ley extranjera. El orden público español reacciona contra la unión matrimonial que se constituye sin contar con la voluntad de los contrayentes. Cuestión distinta es la de la ley aplicable a la nulidad de ese matrimonio. Si la ley aplicable es una ley extranjera, las consecuencias de la nulidad se regirán por ella.

La capacidad matrimonial comprende, entre otros aspectos, la edad para contraer matrimonio, que no es coincidente en todos los sistemas jurídicos. En algunos no existe una edad mínima para contraer matrimonio, en otros se fija en la pubertad el momento en el que puede contraerse, otros señalan determinados años (los doce, los catorce, quince) y otros señalan es necesario alcanzar la mayoría de edad. También existen diferencias en cuanto a la edad matrimonial de varones y mujeres en algunos sistemas. Algunos Derechos establecen excepciones para la regla general establecida y otros no. Las excepciones pueden vincularse a determinadas circunstancias o quedar en manos de una autoridad su valoración y la decisión de dispensar del cumplimiento de este requisito de edad. Otros Derechos dejan la posibilidad de que sean los padres los que autoricen el matrimonio de sus hijos menores de edad. Estamos, pues, ante un terreno abonado para el conflicto de leyes. Ni siquiera la Convención de los Derechos del Niño ha establecido una regla que obligue a los Estados Parte a establecer en sus legislaciones la exigencia de la mayoría de edad para contraer matrimonio por más que el Comité haya insistido en sus Observaciones a los Informes periódicos que presentan los Estados en que fijen en la mayoría de edad la edad matrimonial[46]. Parece, no

---

46 En el caso de España, en 2010, las Observaciones Finales indicaban lo siguiente: "23. El Comité señala que la edad a la que se puede contraer matrimonio en el Estado parte está establecida en 18 años, pero reitera su inquietud por el hecho de que, en circunstancias excepcionales, un juez pueda autorizar el matrimonio a tan sólo 14 años de edad (véase CRC/C/15/Add.185). 24. El Comité recomienda al Estado parte que

obstante, que debería existir coherencia entre las edades que el Derecho fija para determinar la capacidad para la realización de distintos actos con relevancia en la vida jurídica.

La ley personal de cada contrayente rige su capacidad matrimonial siguiendo lo establecido en la regla general que se contiene en el artículo 9.1 del Código Civil. La capacidad matrimonial de cada contrayente se rige por la ley nacional de cada uno en el momento de la celebración del matrimonio. No obstante, como acertadamente recoge FERNÁNDEZ PÉREZ, esta premisa puede quedar mediatizada por cuestiones de diversa índole que finalmente acaban propiciando una aplicación de la ley del foro[47].

Los Estados deben garantizar "que la edad mínima legal para contraer matrimonio para niñas y niños, con o sin el consentimiento de los padres, se fije en los 18 años. Cuando se permita un matrimonio a una edad más temprana en circunstancias excepcionales, la edad mínima absoluta no debe ser inferior a 16 años, los motivos para obtener el permiso deben ser legítimos y estar rigurosamente definidos por la legislación, y el matrimonio solo lo debe permitir un tribunal de justicia con el consentimiento pleno, libre e informado del niño o de ambos niños, que deben comparecer ante el tribunal"[48].

---

revise su legislación para elevar a 16 años la edad mínima para contraer matrimonio en circunstancias excepcionales y con el permiso de un juez, y que se especifique de manera explícita que se trata de casos excepcionales". Examen de los informes presentados por los Estados parte en virtud del artículo 44 de la Convención Observaciones finales: España. CRC/C/ESP/CO/3-4. Como resultado de esta recomendación se reforma en el Código Civil la edad matrimonial. Solo los mayores de edad y los menores emancipados pueden contraer matrimonio según la ley española.

47 FERNÁNDEZ PÉREZ, Ana, "La inclusión de la perspectiva de género en el Derecho Internacional Privado", en MARTÍN LÓPEZ, M.ª Teresa y VELASCO RETAMOSA, José Manuel (coords.), *La igualdad de género desde la perspectiva social, jurídica y económica*, Civitas, 2014.

48 Recomendación general núm. 31 del Comité para la Eliminación de la Discriminación contra la Mujer y observación general núm. 18 del

La falta de capacidad del niño para asumir los fines del matrimonio y, por tanto, los compromisos que asume si lo contrae afecta al consentimiento. La minoría de edad supone que el consentimiento prestado por el niño no puede considerarse un consentimiento libre y pleno.

Como bien recoge CARRASCOSA GONZÁLEZ, la edad, impedimento unilateral que afecta exclusivamente a uno de los contrayentes, queda sometida a la ley nacional de este, pero

> *"si un contrayente dispone de capacidad matrimonial con arreglo a su Ley nacional pero el otro contrayente no dispone de tal capacidad con arreglo a su respectiva Ley nacional, el matrimonio no es posible y si se celebra está viciado de nulidad"*[49].

La capacidad de un español se rige por la ley española cualquiera que sea el lugar de celebración del matrimonio. En algunas ocasiones -pocas-, se ha intentado la inscripción en el Registro Civil español de matrimonios de españolas menores de edad celebrados en el extranjero. En una revisión del Anuario de la Dirección General de Seguridad Jurídica y Fe Pública (antes Anuario de la Dirección General de los Registros y del Notariado) desde 2011 hasta el último publicado (2020), solo en tres ocasiones se ha pronunciado esta Dirección General[50]. En todos los casos el matrimonio se había celebrado en el extranjero sin dispensa para el impedimento de minoría de edad, aunque en uno de ellos constaba la autorización de la madre de la menor. En todos ellos se deniega la inscripción del matrimonio celebrado según la *lex loci*. Entiende la Dirección General que el matrimonio es, en prin-

---

Comité de los Derechos del Niño sobre las prácticas nocivas, adoptadas de manera conjunta (CEDAW/C/GC/31/CRC/C/GC/18).

49 CARRASCOSA GONZÁLEZ, Javier, "Matrimonio y parejas de hecho", en CAAMIÑA DOMINGUEZ, Celia M., CARRASCOSA GONZÁLEZ, Javier, CALVO CARAVACA, Alfonso Luis, RODRÍGUEZ RODRIGO, Juliana y CASTELLANOS RUIZ, Esperanza, *Tratado de Derecho internacional privado,* Tomo I, Segunda edición, 2022, pp.1375-1519.

50 Resolución de 23 de agosto de 2012 (45ª), Resolución de 9 de enero de 2013 (4ª) y Resolución de 26 de julio de 2013 (23ª).

cipio, nulo y no inscribible en el Registro Civil español, salvo que la persona interesada solicite y obtenga dispensa ulterior de edad, competencia del Juez Encargado del Registro Civil del domicilio. La última salvedad ya no resulta posible al haber desaparecido en 2015 la posibilidad de dispensa del impedimento de edad[51]. En la actualidad, en el Derecho español puede celebrar válidamente matrimonio un menor de edad siempre que tenga más de 16 años y esté emancipado por concesión de quienes tienen la responsabilidad parental o por concesión judicial. El menor emancipado no necesita autorización judicial para casarse.

A la capacidad matrimonial del extranjero se le aplica también su ley nacional, la ley extranjera. Puede ocurrir que el Derecho extranjero permita a los menores de edad contraer matrimonio, bien sin necesidad de dispensa por una autoridad del Estado de su nacionalidad, bien con necesidad de dispensa o autorización de sus responsables parentales. Solo si el orden público español reaccionara frente a la aplicación de esa ley extranjera competente, como permite el artículo 12.3 del Código Civil, no sería posible la celebración del matrimonio en España. CARRASCOSA GONZÁLEZ considera necesaria la intervención del orden público internacional en el caso de que las leyes extranjeras admitan el matrimonio de niños[52].

Podría pensarse que para dar contenido al orden público en este caso el Encargado del Registro deberá examinar si el contrayente o los contrayentes menores han alcanzado la pubertad, valorar el grado de madurez del contrayente o de la contrayente menores de edad, hasta qué punto comprende el significado del matrimonio y está en condiciones de formar una voluntad libre asumiendo las responsabilidades que derivan de la institución[53].

---

51 La posibilidad de dispensa queda derogada por la Ley 15/2015, de 2 de julio, de la Jurisdicción Voluntaria (BOE núm. 158, de 3 de julio de 2015).

52 CARRASCOSA GONZÁLEZ, Javier, "Matrimonio y parejas...", op.cit.

53 VIDAL GALLARDO, Mercedes, "La protección integral...", op.cit., pone de manifiesto que es una cuestión controvertida la de determi-

Sin embargo, la exclusión de la ley extranjera debería darse en el caso de que se pretendiera la celebración del matrimonio en España sin más valoración que la de la minoría de edad. España es parte en la Convención sobre eliminación de todas las formas de discriminación contra la mujer y conforme a su artículo 16.2 "No tendrán ningún efecto jurídico los esponsales y el matrimonio de niños"[54].

Al hacer esta evaluación debe tener en cuenta la evolución social. Como sabemos el orden público no solo es variable en el espacio; lo es también en el tiempo. La sociedad española actual no entiende los matrimonios a edades tempranas del mismo modo que eran entendidos en el primer tercio del siglo XX.

No obstante, esta reacción del orden público impidiendo la aplicación de una ley extranjera que permita el matrimonio de niños puede no tener la misma fuerza en el caso de matrimonios celebrados entre extranjeros en el extranjero con arreglo a la ley extranjera competente. Si el Encargado del Registro Civil español está llamado a inscribir ese matrimonio (porque alguno de los contrayentes o ambos han adquirido la nacionalidad española), es posible que el orden público se atenúe permitiendo la inscripción de la unión matrimonial en el Registro.

---

nar cuándo una persona se encuentra en condiciones de prestar un consentimiento matrimonial libre, es decir, a partir de qué edad los contrayentes tienen capacidad suficiente para asumir este compromiso sin condicionamientos y de forma plenamente voluntaria. No existe -señala esta autora- unanimidad sobre la edad exacta en la que se alcanza el grado de madurez suficiente pero es mayoritaria la opinión de quienes consideran que el desarrollo de la personalidad se produce de una forma continua, sin puntos de inflexión a una edad determinada.

[54] Convención sobre la eliminación de todas las formas de discriminación contra la mujer, hecha en Nueva York el 18 de diciembre de 1979 (BOE núm. 69, de 21 de marzo de 1984).

IV. LA LUCHA CONTRA LOS MATRIMONIOS INFANTILES Y SU EFICACIA. ¿QUÉ HACER?

En la Agenda 2030, el Objetivo 5 marca el propósito de lograr la igualdad entre los géneros y empoderar a las mujeres y las niñas. En el marco de este objetivo, la meta tercera se propone de manera explícita la eliminación de las prácticas nocivas como el matrimonio infantil, precoz y forzado y la mutilación genital femenina[55]. Aunque la cuestión está en el foco de atención los resultados no son suficiente y avanzan a un ritmo suficiente.

Es necesario trabajar sobre las evidencias que resultan de investigaciones solventes sobre este tema. Es necesario un análisis profundo de las medidas adoptadas hasta el momento y un serio planteamiento de estrategias cuyo impacto sea evaluado[56].

Sigue ocupando en el Derecho un lugar relevante la respuesta penal pero la persecución penal de estas conductas genera situaciones no deseadas para las niñas y jóvenes que son obligadas a contraer matrimonio con un hombre con el que no quieren casarse. En mayo de 2023 publicaba Mònica Bernabé en *Diari Ara*

---

55 *Transformar nuestro mundo: la Agenda 2030 para el Desarrollo Sostenible*. Resolución aprobada por la Asamblea General el 25 de septiembre de 2015. A/RES/70/1.

56 Así se afirma con toda claridad en el informe de UNICEF, *Evolution in the evidence base on child Marriage 2000-2019*, 2021: "The evidence base on interventions also suggests that it is important to revisit long cherished intervention strategies, especially as most of them have not been sustained or scaled up over a period of 20 years. The recent critical mass of intervention evaluations on child marriage prevention provides a lot of food for thought, both on unpacking education and economic interventions into more fine-tuned classifications, and in raising doubts as to the effectiveness of multicomponent, comprehensive intervention approaches. In the next phase of intervention research on child marriage, it will be important to develop strategic research and programme alignment partnerships with select actors in the education, social protection and employment sectors to fully figure out how their platforms and resources can be the go to option for action to end child Marriage".

la experiencia de una joven paquistaní. Aunque en una ocasión la llevaron a los Mossos d'Esquadra para que denunciara la situación, la joven no lo hizo porque no podía independizarse. "Las jóvenes no solo tienen que hacer algo tan fuerte como denunciar a sus padres, sino también pasar a ser autosuficientes, autónomas. Y no es fácil". Tuvo que esperar a tener un trabajo que le permitía mantenerse por sí misma y disponer de pasaporte y dos teléfonos para denunciar lo que ocurría. Tampoco debe olvidarse que la persecución penal incita en ocasiones a la celebración de matrimonios clandestinos al margen del Derecho que pueden colocar a las víctimas en situaciones de mayor desprotección.

La nulidad de las uniones cuando estas existen para el Derecho tampoco basta, aunque en ocasiones trunque ciertas aspiraciones del cónyuge mayor de edad o de las familias que promovieron la celebración del matrimonio.

El sistema de protección de menores cuando la situación es detectada está obligado a intervenir, pero no siempre puede hacerlo con eficacia y evitando el sufrimiento de las niñas afectadas. En el caso que se resuelve en la sentencia de la Audiencia Provincial de Castellón de la Plana de 27 de septiembre de 2018[57], el tribunal valora las medidas cautelares adoptadas en el procedimiento considerándolas suficientes y proporcionadas. La menor que había sido forzada a contraer matrimonio en Marruecos se encontraba ya tutelada por la Generalitat Valenciana, se había prohibido al marido la aproximación a una distancia inferior a 800 metros de la niña, de su domicilio, lugar de trabajo o estudios o de cualquier lugar donde pudiera encontrarse, así como la comunicación por cualquier medio.

Aunque el Derecho constituye un elemento fundamental en la lucha por la protección de los derechos humanos, el Derecho no basta. Gran parte de las prácticas de violencia contra las mujeres y las niñas se desarrollan a pesar de las prohibiciones legales. Para

---

57 Auto 509/2018, de 21 de septiembre de 2018 (AAP CS 1941/2018 -ECLI:ES:APCS:2018:1941A).

acabar con estas prácticas es necesaria "una estrategia holística bien definida, ... debe abarcar leyes, políticas e intervenciones sociales que se combinen con un compromiso político acorde y la correspondiente rendición de cuentas a todos los niveles"[58]. En esta estrategia la prevención debe constituir el primer interés.

En la medida en que las niñas tienen mayor formación, capacidad de elección sobre su futuro y se sienten empoderadas, el matrimonio infantil disminuye. Por eso una de las estrategias con mayor eficacia en la lucha contra el matrimonio infantil es la de mejorar la educación de las niñas. Alcanzar un mayor nivel de estudios constituye un factor de protección para las niñas[59].

Como bien señala UNFPA, en última instancia, poner fin al matrimonio infantil consiste en defender los derechos de las niñas y las mujeres en todas partes. Cuando todas las niñas pueden disfrutar sus derechos, los beneficios repercuten en todos, como una salud mejor, fuerzas de trabajo más productivas y el avance hacia la igualdad de género. Casarse a los 13 años constituye prácticamente una garantía de que esa niña tendrá una vida de pobreza y sin educación, con muchos hijos de los que tendrá que cuidar. Casarse antes de los 18 años implica numerosos riesgos para las niñas: pueden ver incrementados los problemas para su salud, su propio bienestar y el de sus hijos y su familia, y estos efectos nefastos se multiplicarán hasta dañar al conjunto de la sociedad[60].

Lo que en 2014 señalaba el Informe de la Oficina del Alto Comisionado de las Naciones Unidas para los Derechos Humanos, "Prevención y eliminación del matrimonio infantil, precoz y for-

---

58 UNFPA, *Estado de la Población Mundial 2020. Contra mi voluntad...*, op.cit.

59 Cada año de educación secundaria puede reducir la probabilidad de casarse antes de los 18 años en cinco puntos porcentuales o más en muchos países. Por el contrario, las niñas casadas tienen muchas más probabilidades de abandonar la escuela y completar menos años de educación que sus pares que se casan temprano. Vid. *Educar a las niñas y poner fin al matrimonio infantil*, https://www.worldbank.org/en/news/immersive-story/2017/08/22/educating-girls-ending-child-marriage.

60 UNFPA, *Estado de la Población Mundial 2020. Contra mi voluntad...*, op.cit.

zado", sigue estando vigente y me atrevo a trasladarlo para cerrar este capítulo[61].

A pesar de los avances logrados, sigue habiendo problemas importantes en la adopción y aplicación de leyes, políticas y estrategias para hacer frente a los factores sistémicos y subyacentes que permiten la existencia del matrimonio infantil e impiden que las mujeres contraigan matrimonio con el cónyuge de su elección. (…)

Se necesitan enfoques amplios y coordinados para abordar con eficacia el matrimonio infantil, precoz y forzado. Se recomienda la formulación y ejecución de políticas y estrategias nacionales con la participación de los departamentos gubernamentales competentes en los planos nacional y local, las organizaciones de la sociedad civil, incluidos los grupos de mujeres, los líderes religiosos y comunitarios, las instituciones nacionales de derechos humanos y otros interesados pertinentes, incluidos los legisladores y los jueces.

Las medidas y las estrategias políticas y de protección deben guiarse por el interés superior del niño, estar adaptadas a los contextos y ajustarse a las normas internacionales de derechos humanos. Deberían formar parte de una labor más amplia para promover la igualdad y eliminar la discriminación contra las mujeres y las niñas, no solo en el acceso a la educación sino también, entre otras cosas, en el empleo, la participación política, la salud, el derecho de sucesión, la tierra y los recursos productivos. Esas políticas y planes, según corresponda, deberían abarcar las siguientes grandes áreas:

a) Garantizar un marco jurídico nacional conforme a las normas internacionales de derechos humanos, en particular con respecto a la mayoría de edad y la edad mínima para contraer matrimonio para los niños de ambos sexos, la pro-

---

61 A/HRC/26/22. 2 de abril de 2014.

hibición de los matrimonios forzados, y la inscripción en el registro de nacimientos y matrimonios.

b) Armonizar la legislación nacional sobre el matrimonio, entre otros medios modificando las leyes existentes para eliminar los obstáculos jurídicos a que se enfrentan las niñas que buscan el cumplimiento de las leyes nacionales sobre la prevención o prohibición del matrimonio infantil y sobre los recursos jurídicos, eliminar los excesivos requisitos legales para poner fin oficialmente a un matrimonio infantil y proporcionar acceso a los recursos a quienes abandonan un matrimonio.

c) Promover el acceso de las niñas a una educación de alta calidad, de conformidad con las normas internacionales pertinentes, incluidos los programas de reintegración adaptados a las niñas que se ven obligadas a abandonar la escuela por contraer matrimonio o tener hijos; la prestación de apoyo económico y de incentivos a las niñas escolarizadas y a sus familias ha demostrado su eficacia para que puedan cursar estudios superiores y retrasar el matrimonio.

d) Promover el empoderamiento económico de la mujer y el acceso a los recursos productivos, en particular abordando la cuestión de las normas y prácticas discriminatorias a este respecto.

e) Hacer frente a la aceptación cultural y social generalizada del matrimonio infantil, precoz y forzado, por ejemplo concienciando sobre los daños que inflige a las víctimas y el costo para la sociedad en general, proporcionando plataformas y oportunidades de debate en el seno de las comunidades y las familias sobre los beneficios de postergar el matrimonio y velando por que las niñas reciban educación. Es esencial la participación de las mujeres de edad, los líderes religiosos y comunitarios, y los hombres y los niños como participantes clave en esta labor.

f) Ofrecer a las mujeres y las niñas una educación global adecuada a la edad, pertinente desde un punto de vista cultural y basada en datos empíricos sobre sexualidad, salud sexual y reproductiva, igualdad de género y preparación para la vida, y velar por que conozcan sus derechos en relación con el matrimonio y tengan la capacidad necesaria para exigirlos y ejercerlos.

g) Apoyar el establecimiento de redes para facilitar el intercambio de información entre las niñas y las jóvenes sobre el matrimonio infantil, precoz y forzado mediante un uso innovador de la tecnología.

h) Impartir programas de formación a los funcionarios públicos, los miembros de la judicatura, las fuerzas del orden y otros funcionarios estatales, los maestros, los trabajadores de los servicios de salud y de otro tipo, los que trabajan con los inmigrantes y los solicitantes de asilo, y los sectores y los profesionales pertinentes sobre la forma de identificar a las niñas en situación de riesgo o a las víctimas reales y sobre la legislación aplicable y las medidas de prevención y atención.

i) Proporcionar recursos financieros adecuados y apoyo a programas globales de lucha contra el matrimonio infantil, precoz y forzado, como los destinados a las muchachas casadas y las que pertenecen a comunidades indígenas y rurales, en cooperación con los organismos de las Naciones Unidas, las organizaciones regionales, las organizaciones de la sociedad civil y otros interesados pertinentes.

j) Mejorar la recopilación de datos, la investigación y la difusión de las buenas prácticas existentes, y garantizar un análisis y una evaluación claros de los efectos de las políticas y los programas existentes a fin de reforzarlos, velar por su eficacia y supervisar su aplicación.

BIBLIGRAFÍA

ALCAZAR ESCRIBANO, M.ª Angustias, "El matrimonio forzado: violencia de género más allá del libre consentimiento", *Revista Electrónica de Ciencia Penal y Criminológica*, Núm. 25-02, 2023, pp.1-43, http://criminet.ugr.es/recpc/25/recpc25-02.pdf.

ASÍN CABRERA, M.ª Asunción, "La práctica judicial española ante la diversidad multicultural de las relaciones familiares", *Anuario CIDOB de la Inmigración en España 2014*, 2015, pp. 302-326.

CARRASCOSA GONZÁLEZ, Javier, "Matrimonio y parejas de hecho", en CAAMIÑA DOMINGUEZ, Celia M., CARRASCOSA GONZÁLEZ, Javier, CALVO CARAVACA, Alfonso Luis, RODRÍGUEZ RODRIGO, Juliana y CASTELLANOS RUIZ, Esperanza, *Tratado de Derecho internacional privado*, Tomo I, Segunda edición, 2022, pp.1375-1519.

CHANTLER, Khatidja y McCARRY, Melanie, "Forced Marriage, Coercive Control, and Conducive Contexts: The Experiences of Women in Scotland", *Violence Against Women* 2020, Vol. 26 (1), pp.89-109.

CHAVES CAROU, Marcos, "Comparación analítico-dogmática de los delitos de matrimonio forzado y de trata de seres humanos con finalidad de celebrar matrimonios forzados", *Revista Sistema Penal Crítico*, N.º 3, 2022, pp. 129-144.

DÍEZ PERALTA, Eva, *El matrimonio infantil y forzado en el Derecho internacional. Un enfoque de género y de derechos humanos*, Valencia, Tirant lo Blanch, 2019.

ESPINAR VICENTE, José M.ª, *El matrimonio y las familias en el sistema español de Derecho internacional privado*, Civitas, 1996.

FERNÁNDEZ PÉREZ, Ana, "La inclusión de la perspectiva de género en el Derecho Internacional Privado", en MARTÍN LÓPEZ, M.ª Teresa y VELASCO RETAMOSA, José Manuel (coords.), *La igualdad de género desde la perspectiva social, jurídica y económica*, Civitas, 2014.

GÓMEZ-QUINTERO, Juan David, CASTILLA ALAGÓN, Margarita y COSCULLUELA PROS, Laura, "Entre la obediencia y la rebeldía: los matrimonios concertados de mujeres de origen senegambiano en España", *Alternativas. Cuadernos de Trabajo Social*, Vol. 30, núm. 1, 2023, pp. 152-179.

GONZÁLEZ CAMPOS, Julio D. *et al.*, *Derecho internacional privado. Parte especial*, 4ª ed., revisada, Centro de Estudios Superiores Sociales y Jurídicos Ramón Carande, Madrid, 1991.

IGAREDA GONZÁLEZ, Noelia, "Debates sobre la autonomía y el consentimiento en los matrimonios forzados", *Anales de la Cátedra Francisco Suárez*, Vol. 47, 2013, pp.203-219.

International Labour Organization (ILO), Walk Free, and International Organization for Migration (IOM), *Global Estimates of Modern Slavery: Forced Labour and Forced Marriage*, Geneva, 2022.

PARELLA, Sònia, GÜELL, Berta y CONTRERAS, Paola, "Los matrimonios forzados como forma de violencia de género desde un enfoque interseccional" *Revista CIDOB d'Afers Internationals*, N.º 133, 2023, pp.137-159. DOI: doi.org/10.24241/rcai.2023.133.1.137.

TORRES ROSELL, Nuria, "Matrimonio forzado: Aproximación fenomenológica y análisis de los procesos de incriminación", *Estudios Penales y Criminológicos*, vol. XXXV, 2015, pp. 831-917.

UNFPA, *Estado de la Población Mundial 2020. Contra mi voluntad. Desafiar las prácticas que perjudican a las mujeres y niñas e impiden la igualdad*, 2020.

UNICEF, *Is an end to child marriage within reach? Latest trends and future prospects 2023 update*, Nueva York, 2023.

VIDAL GALLARDO, Mercedes, "La protección integral a la infancia y a la adolescencia frente a la violencia que representa el matrimonio forzado", *Anuario de Derecho Eclesiástico del Estado*, vol. XXXVIII, 2022, pp.279-317.

La discriminación de la mujer musulmana por razón de vestimenta en el ámbito público en la jurisprudencia europea

DAVID GARCÍA-PARDO
Universidad de Castilla-La Mancha

I. INTRODUCCIÓN: LA RESTRICCIÓN DEL DERECHO A LA VESTIMENTA BASADA EN LAS CONVICCIONES RELIGIOSAS DE LAS MUJERES MUSULMANAS

El artículo 9.1 del Convenio Europeo de Derechos Humanos reconoce a los individuos el derecho a "manifestar su religión o sus convicciones individual o colectivamente, en público o en privado, por medio del culto la enseñanza, las prácticas y la observancia de los ritos"[1], en lo que constituye la vertiente externa del derecho de libertad de pensamiento, de conciencia y de religión. Debe subrayarse que, como quiera que el elenco de manifesta-

---

[1] En idénticos términos se pronuncia el artículo 10.1 de la Carta de Derechos Fundamentales de la Unión Europea.

ciones que incluye el precepto no es exhaustivo, sino meramente ejemplificativo[2], cabe admitir otra serie de posibles manifestaciones de la libertad religiosa, como el derecho a la libertad de vestimenta y a portar símbolos de significación religiosa.

En el caso de las mujeres musulmanas, conviene recordar que el Corán les recomienda cubrir sus cabezas[3], si bien no se trata de una obligación inequívoca[4]. No obstante, aunque resulta discutible la imperatividad del texto y en ocasiones se ha desvinculado esta tradición de connotaciones religiosas[5], debe resaltarse que la

---

2 Así lo ha reiterado la doctrina. Vid., entre otros, MARGIOTTA-BROGLIO, Francesco, *La protezione internazionale della libertà religiosa nella Convenzione Europea dei diritti dell'uomo,* Giuffrè, Milano, 1967, pp. 43-44, y MORVIDUCCI, Claudia, "Libertà di religione o di convinzioni (dir. int.)", VV. AA., *Enciclopedia giuridica,* Roma, Istituto della Enciclopedia Italiana fondata da Giovanni Treccani, 1990, pp. 6-7.

3 En concreto, son dos los pasajes del Corán de los que puede inferirse esta recomendación. El primero reza: "Di los creyentes que bajen sus ojos, oculten sus partes y no muestren sus adornos más que en lo que se ve. ¡Cubran su seno con el velo! No muestren sus adornos más que a sus esposos, o a sus hijos, o a los hijos de sus esposos, o a sus hermanos, o a los esclavos que posean, o a los varones, de entre los hombres, que carezcan de instinto, o las criaturas que desconocen las vergüenzas de las mujeres; estas no meneen sus pies de manera que enseñen lo que, entre sus adornos, ocultan. Todos volveréis a Dios, ¡Oh creyentes! Tal vez seáis bienaventurados" (Verso 24.31). El segundo se pronuncia en los siguientes términos: "¡Profeta! Di a tus esposas, a tus hijas y a las mujeres de los creyentes que se cubran con el manto. Es lo mejor para que se las distinga y no sean molestadas. Alá es indulgente, misericordioso" (Verso 33.59).

4 Sobre la obligatoriedad del velo para las mujeres musulmanas, vid. MELÉNDEZ VALDÉS NAVAS, Marina, "El velo islámico: contexto y significado", *Anuario de Derecho Eclesiástico del Estado,* vol. XXVI, 2010, pp. 845-847.

5 En este sentido, Lourdes RUANO ESPINA advierte que, "aunque siempre se ha supuesto que el origen de la tradición de llevar el velo es típicamente musulmán, no es así. No parece que pueda afirmarse sin más que el velo, en sus diversas formas, sea un signo religioso islámico". "Derecho e Islam en España", *Ius Canonicum,* XLIII, núm. 86, 2003, p. 526.

obligatoriedad moral de su uso para las mujeres musulmanas es indudable[6].

Por otra parte, hay que tener en cuenta que los atuendos utilizados por las mujeres de religión islámica distan mucho de ser uniformes, existiendo numerosas modalidades, que predominan, en función de las tradiciones imperantes, en las distintas áreas geográficas. Sin ningún ánimo de exhaustividad, podemos distinguir entre el *hiyab*, un pañuelo que cubre la cabeza y el cuello, que es el más extendido en los países del Magreb y, consecuentemente, también en el ámbito europeo, el *niqab*, que es un velo que cubre el rostro, dejando únicamente los ojos al descubierto, el *chador*, una túnica que cubre todo el cuerpo, salvo el rostro, o el burka, un vestido que también cubre todo el cuerpo, con una rejilla a la altura de los ojos[7].

Sea como fuere, con independencia del origen y el carácter ineludible o no del precepto religioso, atendiendo a la recurrente jurisprudencia, debe subrayarse que la utilización de tales vestimentas está amparada por derechos fundamentales reconocidos en la legislación internacional. Así, el Tribunal Europeo de Derechos Humanos (TEDH) ha reiterado que el hecho de que las mujeres de religión musulmana se cubran la cabeza, o incluso el rostro, en función de las distintas tradiciones imperantes, supone una legítima expresión de sus convicciones religiosas[8], subsumible en el derecho reconocido en el artículo 9.1 del Convenio, y

---

6 Vid. MOTILLA DE LA CALLE, Agustín, "La libertad de vestimenta. El velo islámico", en CIÁURRIZ LABIANO, M.ª José, GARCÍA-PARDO, David, LORENZO, Paloma, ROSSELL GRANADOS, Jaime, MOTILLA DE LA CALLE, Agustín (ed.), *Los musulmanes en España. Libertad religiosa e identidad cultural*, Madrid, Trotta, 2004, pp.107-108.

7 En relación con la tipología de vestidos, puede verse RUANO ESPINA, Lourdes, "Derecho e Islam en España", *op.cit.*, pp. 525-529.

8 En este sentido, vid., entre otras, *Dogru contra Francia*, núm. 27058/2005, TEDH (2008), apdo. 47; *Kervanci contra Francia*, núm. 31645/2004, TEDH (2008), apdo. 47, y *SAS contra Francia* (GS), núm. 43835/2011 (2014), apdo. 108.

una manifestación del derecho a la vida privada[9], que se reconoce en el artículo 8.1 del Convenio[10].

El artículo 17.1 del Tratado de Funcionamiento de la Unión Europea reconoce la autonomía de los estados a la hora de establecer las relaciones que tengan por oportunas con los distintos grupos religiosos, de lo que se deduce que la Unión admite que los estados miembros dispongan la existencia de diversas categorías de confesiones religiosas, atendiendo a su estatuto jurídico[11]. Así las cosas, ocurre que los individuos podrán disfrutar de una libertad religiosa más o menos plena, en función del grado de cooperación que el Estado mantenga con su confesión de pertenencia, dado que el ejercicio de determinadas manifestaciones del derecho de libertad religiosa –tales como el derecho a recibir enseñanza de la propia religión en el ámbito de la enseñanza reglada, el derecho a recibir asistencia religiosa de la propia confesión en situaciones de especial dificultad o el derecho a contraer matrimonio en forma religiosa con efectos civiles– se verá favorecido u obstaculizado, dependiendo de la religión que se profese. Debe matizarse, sin embargo, que la utilización de símbolos e indumentaria religiosa constituye una manifestación individual del mencionado derecho que, a diferencia de otras, en principio no requiere de colaboración alguna por parte del Estado, más allá de que no se restrinja por algún motivo.

---

9 En palabras del propio tribunal, "las decisiones en cuanto a la apariencia que uno desea mostrar en los espacios públicos y privados son la expresión de la personalidad de cada uno y por tanto de la vida privada". *S. A. S. contra Francia*, apdo. 107. En el mismo sentido, vid. *Belcacemi y Oussar contra Bélgica*, 37798/2013, TEDH (2017), apdo. 44, y *Dakir contra Bélgica*, 4619/2012, TEDH (2017), apdo. 47.

10 "Toda persona tiene derecho al respeto de su vida privada y familiar, de su domicilio y de su correspondencia".

11 Por vía de ejemplo, en España existen cinco categorías de confesiones religiosas atendiendo a su estatuto jurídico: la Iglesia católica, las confesiones con acuerdo, las confesiones con notorio arraigo, las confesiones inscritas en el Registro de Entidades Religiosas y el resto de grupos religiosos.

Sin embargo, a diferencia de lo que ocurre con la libertad de conciencia, que constituye la vertiente interna del derecho de libertad religiosa, que rige con carácter absoluto, no admitiendo limitación alguna[12], las manifestaciones externas de la libertad religiosa pueden ser objeto de limitaciones en la medida en que puedan interferir con valores superiores del ordenamiento o con otros derechos fundamentales. El propio Convenio Europeo se refiere expresamente a la cuestión en el artículo 9.2, al disponer que "la libertad de manifestar su religión o sus convicciones no puede ser objeto de más restricciones que las que, previstas por la Ley, constituyan medidas necesarias, en una sociedad democrática, para la seguridad pública, la protección del orden, de la salud o de la moral pública, o de los derechos o las libertades de los demás"[13]. Tratándose, no de un elenco de limitaciones concretas, sino de los requisitos que habrán de observarse para que puedan establecerse límites al ejercicio del referido derecho –una suerte de limitaciones a los límites–, puede inferirse que su misión es la de evitar que los estados adopten deliberadamente medidas restrictivas a la libertad de manifestar la religión o las convicciones, impidiendo así que aquellos puedan arrogarse competencias, por ejemplo, a la hora de identificar la moral pública con la de la confesión religiosa mayoritaria u otro tipo de medidas que pudieran dar lugar a consecuencias discriminatorias. Por ese mismo moti-

---

12 Ello a salvo de lo dispuesto en el artículo 15.1 del Convenio Europeo, que autoriza a los estados parte, en caso de guerra u otro peligro público que amenace la vida de la nación, a "tomar medidas que deroguen las obligaciones previstas en el presente Convenio en la medida estricta en que lo exija la situación, y supuesto que tales medidas no están en contradicción con las otras obligaciones que dimanan del Derecho internacional".

13 El Convenio fue el primer documento internacional que se refirió expresamente a la posibilidad de limitar las manifestaciones externas del derecho de libertad religiosa bajo determinadas condiciones. El texto del apartado 2 del artículo 9 se reproduce en sus mismos exactos términos en el apartado 3 del artículo 18 del Pacto Internacional de Derechos Civiles y Políticos. Sin embargo, la Carta de Derechos Fundamentales de la Unión Europea no alude a esta cuestión.

vo, cabe entender que el elenco es taxativo, y no meramente ejemplificativo, y que las circunstancias mencionadas habrán de interpretarse restrictivamente, dado que una interpretación extensiva de las mismas, especialmente de la relativa al orden público, en la práctica, significaría autorizar al Estado a incluir prácticamente cualquier restricción[14].

Así las cosas, al formar parte de la dimensión externa de la libertad religiosa, el derecho a manifestar las propias convicciones mediante la exhibición de símbolos o de prendas que evidencien tales creencias por parte de los individuos ha sido objeto de restricciones en determinados ámbitos, ya sea para salvaguardar principios que se consideran basilares por los distintos ordenamientos, como la laicidad o la seguridad pública, o por la necesidad de hacerlos compatibles con derechos de terceros, como el de la libertad de empresa.

Algunas de esas limitaciones se articulan expresamente para prohibir la utilización de determinadas prendas por las mujeres musulmanas en el ámbito público, como ocurre con la prohibición de cubrirse el rostro en los espacios públicos en Francia o Bélgica, cuya vulneración tiene consecuencias en el ámbito penal, de las que nos ocuparemos en el epígrafe sucesivo. En otros casos, la restricción del derecho a la vestimenta se plantea en ámbitos concretos, como el laboral, en el que se da lugar a un conflicto de intereses entre las dos partes de la relación de trabajo, que conlleva la imposición de sanciones a las mujeres de religión islámica –en muchos casos, el despido–, por contravenir los códigos de vestimenta de las empresas[15].

---

14 Vid. MARTÍNEZ-TORRÓN, Javier, "El derecho de libertad religiosa en la jurisprudencia en torno al Convenio Europeo de derechos humanos", *Anuario de Derecho Eclesiástico del Estado,* núm. II, 1986, p. 459.

15 Nos hemos ocupado de esa cuestión en "La discriminación religiosa en el ámbito laboral en la jurisprudencia de Estrasburgo", *Derecho y Religión,* núm. 11, 2016, pp. 11-50.

A la hora de tratar la cuestión del velo islámico, especialmente de las prendas que conllevan la ocultación del rostro, tampoco deben perderse de vista las implicaciones que el uso de la referida prenda en sus distintas modalidades plantea desde la perspectiva de género, por cuanto se le atribuye un componente discriminatorio para las mujeres que las portan[16]. En estos casos se plantea un conflicto entre el derecho de libertad religiosa y la igualdad entre los sexos, al que los distintos operadores jurídicos deben dar respuesta, con el agravante de que la cuestión afecta a las fieles de una confesión religiosa minoritaria en el contexto que se trata[17].

Por otra parte, también cabe plantearse en este tipo de situaciones, si las mujeres que cubren u ocultan su rostro lo hacen en el ejercicio de su propia voluntad o si están privadas de ella debido a condicionantes familiares que ensalzan la figura del varón frente a la de la mujer, lo que nos sitúa de nuevo frente al problema de la desigualdad o, incluso en determinados casos, de la violencia de género. Aunque puedan albergarse dudas acerca de si la mujer musulmana porta la prenda de que se trate por su propia voluntad, no por ello puede privársele del ejercicio de derechos fundamentales de tal calado como la libertad religiosa o el derecho a la propia imagen[18]. Ante esta tesitura, más allá de las medidas restrictivas tendentes a limitar los derechos fundamentales de la

---

16 Respecto a esta cuestión, puede verse MANCINI, Letizia, "Burqa, Niqab and Women`s Rights", en FERRARI, Alessandro y PASTORELLI, Sabrina (eds.), *The burqa affair across Europe. Between Public and Private State,* London, Ashgate, 2013, pp. 31-34.

17 Como pone de relieve Ángeles SOLANES CORELLA, el conflicto que se presenta entre la religión y la igualdad de género parte de una categoría de género que se define desde el punto de vista de las mujeres de la mayoría, sin tomar en consideración la perspectiva de las mujeres de las minorías, "Límites a los derechos de las mujeres en el espacio público: mujeres, velos y convivencia", Cuadernos Electrónicos de Filosofía del Derecho, núm. 31, 2015, p. 65.

18 Vid. ALÁEZ CORRAL, Benito, "Neutralidad del Estado y símbolos religiosos en el espacio público", *Anuario de Derecho Eclesiástico del Estado,* Vol. XXXIII, 2017, p. 251.

mujer que puedan establecer los estados, éstos disponen también de otro tipo de instrumentos dirigidos a supervisar las relaciones familiares, a fin de evitar que los padres o esposos adoctrinen a sus mujeres e hijas en sus convicciones religiosas[19].

En el presente trabajo, analizaremos la jurisprudencia del TEDH relativa a la restricción del derecho de las mujeres musulmanas a manifestar sus convicciones religiosas mediante la vestimenta en la esfera pública. A tal efecto, distinguiremos entre la prohibición general de endosar el burka o el *niqab* en el ámbito público y las restricciones al uso del hiyab en el ámbito docente. Como podrá verse, en muchos de los casos planteados ante los tribunales europeos, la cuestión se aborda desde la perspectiva de la discriminación. En este sentido, debe tenerse en cuenta que el Convenio Europeo de Derechos Humanos menciona expresamente la religión entre las circunstancias que no pueden dar lugar a ningún tipo de discriminación[20].

---

19 Vid. ALÁEZ CORRAL, Benito, "Reflexiones jurídico-constitucionales sobre la prohibición del velo islámico integral en Europa", *Teoría y Realidad Constitucional*, núm. 28, 2011, p. 514.

20 El artículo 14 del Convenio dispone que "el goce de los derechos y libertades reconocidos en el presente Convenio ha de ser asegurados sin distinción alguna, especialmente por razones de sexo, raza, color, lengua, religión, opiniones políticas u otras, origen nacional o social, pertenencia a una minoría nacional, fortuna, nacimiento o cualquier otra situación", mientras que el artículo 21 de la Carta establece que "se prohíbe toda discriminación, y en particular la ejercida por razón de sexo, raza, color, orígenes étnicos o sociales, características genéticas, lengua, religión o convicciones, opiniones políticas o de cualquier otro tipo, pertenencia a una minoría nacional, patrimonio, nacimiento, discapacidad, edad u orientación sexual".

II. LA PROHIBICIÓN GENERAL DEL VELO INTEGRAL EN LOS ESPACIOS PÚBLICOS

1. Los ordenamientos europeos

Aunque el complejo debate relativo al uso de las distintas prendas utilizadas para cubrirse por parte de las mujeres musulmanas no ha arrojado una solución unánime en todos los países europeos, la realidad es que, hasta hace poco, la posición mayoritaria evidenciaba una resistencia a establecer prohibiciones de carácter general, con dos únicas excepciones, las de Francia y Bélgica, que aprobaron en 2010 y 2011, respectivamente, sendas disposiciones legislativas dirigidas a limitar el uso de prendas que conlleven la ocultación del rostro en los espacios públicos, comprometiendo así el ejercicio del derecho de las mujeres de religión islámica a manifestar sus creencias religiosas a través de la vestimenta, puesto que, como es sabido, la tradición islámica prevé que aquellas se cubran el rostro precisamente en el ámbito público.

Por regla general, la doctrina se ha mostrado reticente a admitir la prohibición general de utilizar prendas como el burka o el *niqab* en el ámbito público, basada en argumentos como que las mujeres las endosan por imposición de sus esposos o padres, o de su religión, o de usos sociales, porque, aunque tales imposiciones estén detrás de muchos supuestos, no puede descartarse que haya casos en que las mujeres deciden llevar ese tipo de atuendos por voluntad propia[21].

Entre las disposiciones que establecen restricciones con carácter general, la primera en aprobarse, con una considerable ma-

---

[21] Vid. FERRARI, Silvio, "Il «burqa» e la sfera pubblica in Europa", *Quaderni di diritto e politica ecclesiastica*, vol. 20, núm. 1, 2012, pp. 3-4.

yoría[22], fue la Ley francesa 2010-1992, de 11 de octubre[23], que establece la prohibición de llevar una prenda con intención de ocultar el rostro en los espacios públicos[24] y que el incumplimiento de dicha prohibición está penado con un máximo de 150 euros[25]. Además, debe subrayarse que el ejercicio del derecho de libertad religiosa no se incluye entre las excepciones a dicha prohibición que se prevén en la propia ley[26]. La Ley establece también la modificación del 225-4-10 del Código Penal, que castiga con un año de prisión y multa de 30.000 euros a aquellos que impongan a una o más personas la ocultación de su rostro mediante amenazas, violencia, coacción, abuso de autoridad o abuso de poder, debido a su género, aumentando las penas a dos años de prisión y 60.000 euros de multa cuando la víctima sea un menor de edad[27]. En cuanto al ámbito de la prohibición, la propia norma aclara que, por espacios públicos, deben entenderse las vías públicas, así como los lugares abiertos al público o que ofrecen un servicio público[28].

Aunque de la redacción del precepto legal se desprende claramente que la prohibición abarca, no sólo a las mujeres musulmanas, sino a cualquier ciudadano que se cubra el rostro –lo que incluiría, por ejemplo, a los individuos que lo hacen con un casco

22 El proyecto de ley fue aprobado por la Asamblea Nacional, con 335 votos, uno en contra y tres abstenciones y por el Senado, por 246 votos a favor, por sólo uno en contra.

23 Un comentario a la misma puede verse en BASDEVANT-GAUDEMET, Brigitte, "Commentaire de la loi du 15 mars 2004", *Quaderni di diritto e politica ecclesiastica*, vol. 12, núm. 2, 2004, pp. 407-420.

24 Art. 1.

25 Art. 3.

26 Tales excepciones abarcan los casos en los que "la prenda está prescrita o autorizada por las disposiciones legislativas o reglamentarias, si está justificada por razones de salud o por motivos profesionales, o si se inscribe en el marco de prácticas deportivas, fiestas o manifestaciones artísticas o tradicionales" (Art. 2).

27 Art. 4.

28 Art. 2.

o un pasamontañas–, de la exposición de motivos de la Ley se infiere claramente que la norma está dirigida a aquellas, puesto que, además de en la defensa del orden público y la protección de la seguridad pública, justifica la prohibición en el respeto de la dignidad de las personas[29], la igualdad entre hombres y mujeres[30] y las exigencias fundamentales de la convivencia en la sociedad francesa[31]. También avala esta tesis el hecho de que, como hemos visto, la Ley introduzca en el Código Penal el delito de imponer a las personas la ocultación del rostro, con unas penas que distan mucho de ser simbólicas, lo que, a nadie se le escapa, tiene la finalidad de castigar a los varones que obliguen a sus esposas o a sus hijas a cubrirse el rostro.

En el caso de Bélgica, la prohibición tiene su origen en la Ley de 1 de junio de 2011[32], cuyo artículo 2 dispuso la introducción de un nuevo precepto en el Código Penal –el art. 523 *bis*–, que prevé la imposición de multas de quince a veinticinco euros y penas de prisión de entre uno y siete días a quienes, salvo disposiciones legales contrarias, se presenten en lugares accesibles al público con

---

29 Se alude a que "esta forma de reclusión pública, a pesar de que fuera voluntaria o aceptada, constituye obviamente un ataque al respeto de la dignidad humana. Por otra parte, no se trata sólo de la dignidad de la persona en esas circunstancias, sino también de la de las personas que comparten con ella su espacio público y son tratadas como personas de las que deben protegerse por el rechazo a cualquier intercambio, incluso solamente visual".

30 En este sentido, se llama la atención sobre el hecho que "esta violación de la dignidad de la persona va pareja con la manifestación pública de una ostensible negación de la igualdad entre hombres y mujeres, de la que es su traducción".

31 La exposición de motivos pone de relieve que "volviendo a negar la pertenencia a la sociedad de las personas implicadas, la ocultación del rostro en los espacios públicos es portadora de una violencia simbólica y deshumanizante, que golpea el cuerpo social".

32 Un interesante análisis acerca de la controversia que generó la aprobación de esta ley puede verse en TORREKENS, Corinne, "La prohibición del velo integral en Bélgica: entre histeria colectiva y política simbólica", *Revista CIDOB d'Afers Internacionals*, núm.115, 2017, pp. 81-93.

el rostro total o parcialmente cubierto, de tal manera que no sean identificables, exceptuando los casos en que la ocultación del rostro obedezca a la necesidad de cumplir con lo establecido en un reglamento de trabajo o de una ordenanza de policía con ocasión de manifestaciones festivas[33].

Como quiera que, de los trabajos preparatorios de la Ley, se infiere que la disposición obedecía, no sólo a motivos de orden y seguridad pública, sino principalmente a la protección de la convivencia, teniendo en cuenta el papel preponderante del rostro en las relaciones sociales, y a la necesidad de preservar la igualdad entre hombre y mujer, tal y como ocurre en el caso francés, puede bien deducirse que, aunque la prohibición establecida se extiende a cualquier individuo, el espíritu de la norma era el de combatir la utilización de prendas que cubren el rostro por parte de las mujeres musulmanas. Esta interpretación también resulta avalada por la sentencia del Tribunal Constitucional belga 145/2012, de 6 de diciembre, que desestimó la demanda de anulación de la ley, al considerar que la prohibición de utilizar ese tipo de prendas respondía a una necesidad social imperiosa desde la perspectiva de los tres objetivos legítimos alegados en los trabajos preparatorios de la norma[34].

Como decíamos, antes, este planteamiento restrictivo, que limita el uso del velo integral en la esfera pública, fue excepcional

---

33 VRIELINK, Jogchum, BREMS, Eva y OUALD-CHAIB, Saila, "Il divieto del «burqa» nel sistema giuridico belga", *Quaderni di diritto e politica ecclesiastica,* Vol. 20, núm. 1, 2012 pp. 161-192.

34 Según el Tribunal Constitucional, el recurso a una norma penal para garantizar el cumplimiento de la prohibición no es desproporcionado en relación con los objetivos perseguidos, teniendo en cuenta también que la sanción prevista es la más leve posible. Un extenso análisis de esta sentencia puede verse en RUIZ RUIZ, Juan José, "Leyes de prohibición del velo integral en el espacio público: entre juicio de constitucionalidad y juicio de convencionalidad (a propósito de la Sentencia del Tribunal Constitucional belga 145/2012, de 6 de diciembre de 2012)", *Revista General de Derecho Canónico y Derecho Eclesiástico del Estado,* n.º 33, 2013.

en el ámbito europeo hasta el año 2016, cuando Bulgaria introdujo también una prohibición al respecto. La ley que prohíbe la ocultación total o parcial del rostro en instituciones públicas, administrativas y educativas y en los espacios públicos dedicados al desarrollo de actividades lúdicas, deportivas y culturales se aprobó el 30 de septiembre de 2016 y prevé multas para los infractores de 200 levas –unos 102 euros al cambio, aproximadamente–, que en el caso de los reincidentes se elevan a 1.500 levas –el equivalente a 767 euros–.

El 1 de octubre de 2017 entró en vigor una ley en Austria que establece que el uso de prendas u objetos que conlleven la ocultación del rostro, impidiendo que la persona que los porte sea reconocible constituirá una infracción punible con hasta 150 euros. Al igual que las leyes francesa y belga, la redacción de esta disposición no se refiere expresamente al burka ni al *niqab*, pero la finalidad de la norma resulta evidente, por cuanto se alude expresamente a que el objetivo de la misma es favorecer la integración mediante el reforzamiento de la convivencia social. Además, se permite el uso del casco a los motociclistas, y de máscaras con un propósito artístico, cultural, deportivo o por cuestiones laborales o sanitarias, así como con el uso de prendas de abrigo en invierno[35].

Posteriormente, después de varios años de debate[36], en Dinamarca se estableció la prohibición del velo integral a partir del 1 de agosto de 2018, impidiéndose la utilización de toda prenda

---

35 Sobre la difícil aplicación de esta norma, vid. FAGGIANI, Valentina, *La controvertida cuestión del velo islámico. Una perspectiva de género desde el espacio europeo*, Valencia, Tirant lo Blanch, 2020, pp. 54-57.

36 En relación con la génesis de la prohibición danesa, véase CHRISTOFFERSEN, Lisbet, "A Quest for Open Helmets. On the Danish Burqa-Affair", *Quaderni di diritto e politica ecclesiastica*, Vol. 20, núm. 1, 2012, pp. 193-210.

que conlleve la ocultación del rostro, salvo que ello se haga con una finalidad legítima[37].

En los Países Bajos se aprobó el 1 de agosto de 2019, la ley que prohíbe la utilización de las prendas que cubren total o parcialmente el rostro en los espacios en los que las personas interactúan entre sí, como el transporte público –la prohibición alcanza únicamente al interior de los vehículos, permitiéndose el uso de prendas en las paradas, andenes o estaciones– y las instituciones educativas, gubernamentales y sanitarias –en este caso la limitación se aplica a todo el recinto, incluidas las zonas exteriores–. El artículo 1 de la Ley dispone que los individuos que contravengan la norma deberán ser advertidos, a fin de que puedan despojarse de la prenda o el complemento, o bien abandonar las instalaciones en que rige la prohibición, y que, en caso de negarse a ello, podrán recibir una multa de entre 150 y 410 euros. Debe precisarse que, al igual que en los casos anteriores, la prohibición abarca, no sólo prendas como el burka o el *niqab* –no así el *chador* o el *hiyab*–, sino también otro tipo de prendas que conllevan la ocultación del rostro como los cascos integrales, los pasamontañas y las máscaras. Desde la perspectiva del ámbito de aplicación, sin embargo, la restricción en los Países Bajos no comprende la vía pública[38].

Más recientemente, tuvo lugar un referéndum en Suiza cuyo resultado fue favorable a la prohibición del burka[39]. El proyecto de ley que prohíbe el velo integral y de cualquier prenda que conlleve la ocultación del rostro fue enviado al Parlamento en octu-

---

37 Se ha atribuido a esta ley un carácter meramente simbólico. En este sentido, sobre la aplicación de esta ley, vid. FAGGIANI, Valentina, *La controvertida cuestión del velo islámico…*, *op.cit.*, pp. 57-59.

38 La cuestión llevaba años debatiéndose, como puede verse en OVERBEEKE, Adriaan, "Verso un divieto generale del «burqa» nei Paesi Bassi", *Quaderni di diritto e política ecclesiastica*, vol. 20, núm.1, 2012, pp. 107-132.

39 El referéndum tuvo lugar el 7 de marzo de 2021 y la medida fue respaldada por un 51,2% de los votantes, lo que demuestra la división social existente en torno a la medida en cuestión,

bre de 2022 y prevé multas de 1.000 francos suizos –el equivalente a 1.032 euros– para los infractores[40].

Además, también en Alemania rigen una serie de restricciones parciales a nivel federal, en virtud de una Ley aprobada el 27 de abril de 2017 por la Cámara Baja alemana, que afectan al uso del velo integral en determinados ámbitos, como el de la Administración Pública, el judicial y el militar.

Debe, eso sí, precisarse que en todos los casos la prohibición abarcaría únicamente las prendas que suponen la ocultación, ya sea total o parcial, del rostro, por lo que estarían comprendidas prendas como el burka o el *niqab*, pero no así el *chador* o el *hiyab*, puesto que, aunque cubren la cabeza, dejan el rostro al descubierto.

2. La jurisprudencia del Tribunal Europeo de Derechos Humanos

El Tribunal de Estrasburgo ha tenido la oportunidad de pronunciarse respecto a las leyes francesa y belga en las sentencias, ya citadas, *S. A. S. contra Francia* (GS), de 26 de junio de 2014[41], y

---

40 Un recorrido sobre su génesis y una devastadora crítica sobre la prohibición en Suiza puede verse en FAGGIANI, Valentina, "La Constitución suiza «velada»: La prohibición del burka en el contexto de las tendencias regresivas de la democracia en Europa", *Anuario de Derecho Eclesiástico del Estado*, vol. XXXVIII, 2022, pp. 551-564.
También Agustín MOTILLA ha criticado el tinte "islamofóbico" de la medida que, a su entender, "no se compadece con la secular política de un país, Suiza, protector de refugiados por motivos políticos o ideológicos, y cuna en Europa de muchas de las principales instituciones humanitarias, políticas y económicas de la Organización de las Naciones Unidas. Este hecho debería fortalecer los estándares de cumplimiento de los convenios internacionales sobre los derechos humanos y la proscripción de la discriminación… y no al contrario". Vid. "Suiza y el veto al burqa", *Stato, Chiese e plualismo confessionale (Rivista telematica: https://statoechiese.it/)*, 2021/6, p. 46.

41 Un comentario a esta sentencia puede verse en PAROLARI, Paola, "Velo integrale e rispetto per le differenze nella giurisprudenza della

Belcacemi y Oussar contra Bélgica y *Dakir contra Bélgica*, ambas de 11 de julio de 2017.

En la primera de ellas, la Gran Sala resuelve un recurso promovido por una ciudadana francesa de origen paquistaní contra la Ley de 11 de octubre de 2010, al considerar que la prohibición de llevar prendas que cubran total o parcialmente el rostro en espacios públicos vulnera los artículos 8 (derecho al respeto de la vida personal y familiar), 9 (libertad religiosa), 10 (libertad expresión) y 14 (no discriminación) del Convenio Europeo de Derechos Humanos[42]. El Tribunal decide analizar conjuntamente la eventual vulneración de los artículos 8 y 9, pero poniendo el acento en este último pues, aunque admite que la referida prohibición afecta al derecho al respeto de la vida privada de las mujeres que desean llevar el velo integral, tiene en cuenta que la decisión de portar tales prendas se basa en motivos relacionados con sus creencias religiosas[43].

La Gran Sala admite que la norma en cuestión conlleva una restricción del derecho a manifestar las propias creencias religiosas[44], de lo que se deduce la necesidad de verificar si concurren los requisitos previstos en el artículo 9.2 del Convenio, al objeto de determinar si tal limitación está justificada, lo que, en esencia,

---

Corte europea dei diritti umani: il caso "S.A.S. c. Francia", *Diritti umani e diritto internazionale*, vol. 1, 2015, pp. 85-100.

42 La recurrente había sido condenada por sentencia del Tribunal de proximidad de Paris del 12 de diciembre de 2011, a realizar un curso de ciudadanía de una duración de quince días por llevar el velo integral durante una manifestación de protesta contra la mencionada ley ante el Palacio del Eliseo, siendo confirmada dicha sentencia por la sala de lo penal del Tribunal de Casación, con fecha de 5 de marzo de 2013, basándose en que el artículo 9.2 del Convenio permite limitar las manifestaciones del derecho de libertad religiosa, y que la limitación de la ley está dirigida a proteger el orden y la seguridad pública.

43 Apdos. 108-109. Además, descarta profundizar en el análisis de la eventual vulneración del artículo 10 del Convenio, al considerar que no se plantea ninguna cuestión diferente al amparo de dicho precepto.

44 Apdo. 110.

exige constatar si existe un objetivo legítimo de los mencionados en el referido precepto, y si la restricción prevista puede considerarse necesaria en una sociedad democrática, a los efectos de tutelar el referido objetivo o, lo que es lo mismo, si se cumple con la regla de la proporcionalidad[45].

En el caso concreto, el Tribunal atiende al razonamiento del Gobierno, que alega la seguridad pública como objetivo legítimo por considerar que la prohibición en cuestión obedece a la necesidad de identificar a los individuos para prevenir atentados contra la seguridad de personas y bienes y para luchar contra el fraude de identidad[46]. Sin embargo, considera que la limitación del derecho a manifestar las propias convicciones no puede justificarse sobre la base de la protección de la seguridad pública, al entender que la restricción en cuestión dirigida a tutelar referido objetivo no puede considerarse necesaria en una sociedad democrática, por cuanto, según sus propias palabras, "teniendo en cuenta su impacto sobre los derechos de las mujeres que desean usar el velo integral por motivos religiosos, una prohibición absoluta para usar en los espacios públicos una vestimenta destinada a ocultar su rostro solo puede pasar por proporcional en presencia de un contexto que suponga una amenaza general contra la seguridad pública"[47].

---

[45] El artículo 8.2 del Convenio también prevé la posibilidad de limitar el derecho a la vida privada en los siguientes términos: "No podrá haber injerencia de la autoridad pública en el ejercicio de este derecho, sino en tanto en cuanto esta injerencia esté prevista por la ley y constituya una medida que, en una sociedad democrática, sea necesaria para la seguridad nacional, la seguridad pública, el bienestar económico del país, la defensa del orden y la prevención del delito, la protección de la salud o de la moral, o la protección de los derechos y las libertades de los demás".

[46] Apdo. 115. Sobre esta cuestión, vid. ABU SALEM, Miriam, "Il velo integrale: una questione di sicurezza reale o di insicurezza presunta?", *Quaderni di diritto e politica ecclesiastica*, vol. 28, núm. 2, 2020, pp. 381-393.

[47] El Tribunal subraya que "en cuanto a las mujeres afectadas, están obligadas a renunciar totalmente a una parte de su identidad que ellas con-

En relación con la seguridad pública como objetivo legítimo para limitar el derecho a manifestar las propias convicciones religiosas, debe recordarse la decisión del TEDH en el caso *El Morsli contra Francia*, de 4 de marzo de 2008[48], en la que se inadmite, por manifiestamente infundado, un recurso planteado por una ciudadana marroquí casada con un ciudadano francés, que alegaba la vulneración de los artículos 9 y 14 del Convenio, por no habérsele concedido el visado para poder entrar en Francia, al haber rechazado quitarse el velo al objeto de ser identificada por el personal masculino del Consulado de Francia en Marrakech. El Tribunal, en efecto, tuvo en cuenta que el trámite de la verificación de la identidad previsto por el Consulado era una medida de prevención dirigida a salvaguardar la seguridad pública y que la obligación de la demandante de despojarse de su velo era por un espacio muy breve de tiempo[49].

---

sideran importante, así como a la forma de manifestar su religión o creencias que han elegido, mientras que el objetivo mencionado por el gobierno se lograría por una simple obligación de mostrar su rostro y de identificarse cuando se presenta un riesgo para la seguridad de las personas y bienes o cuando circunstancias especiales llevan a sospechar un fraude de identidad" (Apdo. 139).

48 Núm. 15585/06 (2008).

49 Análogo planteamiento del Tribunal encontramos en el caso *Phull contra Francia*, resuelto por decisión de 11 de enero de 2005 (Núm. 35753/03), en el que el demandante, de religión sij, reclama la vulneración del derecho a manifestar sus propias convicciones, tras haber sido obligado por las autoridades aeroportuarias a quitarse el turbante, como parte del control de seguridad impuesto a los pasajeros que acceden a la sala de espera. El recurrente alegaba que no había motivo para retirar la prenda, teniendo en cuenta que había atravesado el escáner y se había sometido al detector de mano. Sin embargo, el Tribunal considera que la demanda es manifiestamente infundada y, por tanto, inadmisible, al entender que los controles de seguridad de los aeropuertos son necesarios para salvaguardar la seguridad pública, como límite previsto en el artículo 9.2 del Convenio, y que la medida era proporcional, al resultar subsumible dentro del margen de apreciación del Estado, especialmente tratándose de una medida que se adoptaba de modo aleatorio.

En *S. A. S. contra Francia,* el Gobierno también había alegado como objetivo legítimo el respeto de una base mínima de los valores de una sociedad democrática y libre, invocando tres valores: el respeto a la igualdad entre hombres y mujeres, el respeto a la dignidad de las personas y el respeto de los requisitos mínimos de la vida en sociedad –la convivencia, en la exposición de motivos del proyecto de ley–. El Tribunal descarta los dos primeros. En el caso del respeto a la igualdad entre hombres y mujeres, el Tribunal considera que no puede invocarse la igualdad entre los sexos para prohibir una práctica que las mujeres reivindican en el ejercicio de los derechos consagrados en el Convenio[50]. Y en lo que concierne al respeto a la dignidad de las personas, entiende que la prenda en cuestión constituye la expresión de una identidad cultural que contribuye al pluralismo, recalcando que no dispone de elemento alguno que le lleve a concluir que las mujeres que usan el velo integral pretenden expresar una forma de desprecio o atentar contra la dignidad de los demás"[51]. Debe recordarse, especialmente en lo que tiene que ver con este último motivo, que la norma en cuestión introduce en el Código penal francés una disposición que castiga severamente a las personas que obliguen a otras a portar dichas prendas, lo que sin duda cabe vincular a una vocación de preservar la dignidad de las mujeres.

Por el contrario, la Gran Sala admite que la convivencia pueda considerarse un objetivo legítimo en el ámbito del que alude a la protección de los derechos y libertades de los demás, al conceder que el rostro juega un papel importante en la interacción social y el hecho de ocultarlo puede conllevar una dificultad para articular las relaciones interpersonales[52]. Así las cosas, la legitimidad de la restricción del derecho a manifestar las propias convicciones de la demandante queda, por tanto, a expensas del necesario juicio de proporcionalidad, es decir, si puede considerarse que

50 Apdo. 119.

51 Apdo. 120.

52 Apdo. 122. En el mismo sentido, vid. *Belcacemi y Oussar contra Bélgica,* apdo. 49, y *Dakir contra Bélgica,* apdo. 51.

la prohibición es necesaria en una sociedad democrática para salvaguardar la convivencia. En su análisis, el TEDH admite que una medida como la adoptada por la ley en cuestión puede resultar contraproducente desde la perspectiva de la promoción de la tolerancia[53] y que su implementación implica, en cierta medida, una limitación del pluralismo, por cuanto la prohibición puede suponer un obstáculo para que algunas mujeres expresen sus convicciones mediante la utilización de ese tipo de prendas en público[54]. Sin embargo, otorga gran importancia al hecho de que la prohibición no está basada en la connotación religiosa de la indumentaria, sino en el mero hecho de que tales prendas conllevan la ocultación del rostro[55] y tiene en cuenta que las sanciones previstas sean las más leves posibles[56].

La Gran Sala, en definitiva, considera que "la aceptación o no del uso del velo integral en los espacios públicos es una opción social"[57], y recuerda que, dado el papel fundamentalmente subsidiario del Convenio[58], "cuando están en juego cuestiones

---

53 En este sentido, razona el Tribunal que "un Estado que participa en un proceso legislativo de este tipo corre el riesgo de contribuir a la consolidación de estereotipos que afectan a determinadas categorías de personas y fomentar expresiones de intolerancia, cuando, al contrario, se debe promover la tolerancia", añadiendo que "declaraciones que constituyen un ataque general y vehemente contra un grupo identificado por una religión o etnia son incompatibles con los valores de la tolerancia, la paz social y la no discriminación subyacente al Convenio y no participan del derecho a la libertad de expresión que consagra" (Apdo. 149). Idéntico razonamiento puede verse en *Belcacemi y Oussar contra Bélgica*, apdo. 52, y *Dakir contra Bélgica*, apdo. 55.

54 Apdo. 153. En el mismo sentido, vid. *Belcacemi y Oussar contra Bélgica*, apdo. 52, y *Dakir contra Bélgica*, apdo. 55.

55 Apdo. 151.

56 Apdo. 152.

57 Apdo. 153.

58 Valora el Tribunal que "las autoridades nacionales disfrutan de una legitimidad democrática directa... [y] en principio están en mejor situación que los tribunales internacionales para pronunciarse sobre las necesidades y contextos locales" (Apdo. 129).

de política general, sobre las que es razonable que existan profundas divergencias en un Estado democrático, procede conceder una especial importancia al papel de los poderes decisorios nacionales"[59]. De todo ello se deduce que, a juicio del TEDH, "el Estado demandado disponía en el presente caso de un amplio margen de apreciación"[60] y que, por lo tanto, la prohibición establecida por la Ley "puede pasar por proporcional al objetivo perseguido, es decir la preservación de las condiciones de 'la convivencia' como parte de la 'protección de los derechos y libertades de los demás'"[61].

Respecto a la eventual vulneración del artículo 14 del Convenio en relación con los artículos 8 y 9, la demandante alegaba la existencia de una discriminación indirecta basada en que, tratándose de una mujer musulmana que desea llevar el velo integral en los espacios públicos por razones religiosas, se incluye en una categoría de personas que se encuentran particularmente expuestas a la prohibición en cuestión y a las sanciones que conlleva, motivo por el cual considera que dicha prohibición resulta mucho menos restrictiva para otras personas, por cuanto no se ven afectadas en modo alguno en el ejercicio de derechos y libertades fundamentales[62]. En relación con esta cuestión, el TEDH admite que "una política o una medida general que tiene efectos perjudiciales des-

---

59 Apdo. 154. Este es un criterio recurrente en la jurisprudencia del TEDH, especialmente cuando se tratan cuestiones relativas a las relaciones entre el Estado y los grupos religiosos (Ibidem). Este razonamiento lo encontramos también en *Belcacemi y Oussar contra Bélgica,* apdo. 51 y en *Dakir contra Bélgica,* apdo. 54.

60 Apdo. 155.

61 Apdo. 157. Una crítica al recurso al margen de apreciación de los estados en este caso concreto puede verse en GAJARDO FALCÓN, Jaime, "La prohibición del velo integral en los espacios públicos y el margen de apreciación de los estados. Un análisis crítico de la sentencia del TEDH de 01.07.2014, S.A.S. c. Francia, 43835/11", *Revista de Derecho Comunitario Europeo,* Año n.º 19, n.º 51, 2015, pp. 779-781.

62 Apdo. 160. En el mismo sentido, vid. *Belcacemi y Oussar contra Bélgica,* apdo. 64, y en *Dakir contra Bélgica,* apdo. 63.

proporcionados sobre un grupo de personas puede considerarse como discriminatoria incluso si no están dirigidas específicamente a este grupo y si no hay ninguna intención discriminatoria", sin embargo, entiende que no cabe apreciar vulneración porque dicha medida tiene una justificación objetiva y razonable por las mismas razones que se han expuesto respecto a la restricción del derecho a manifestar las propias convicciones religiosas[63].

En las sentencias *Belcacemi y Oussar contra Bélgica* y *Dakir contra Bélgica,* la Sección segunda del Tribunal reitera los argumentos de la Gran Sala, al resolver sendos recursos interpuestos por una ciudadana belga y otra marroquí, en el primer caso, y una ciudadana belga, en el segundo, que alegaban que la prohibición del uso del velo integral en espacios públicos en Bélgica vulnera los artículos 8, 9, 10 y 14[64]. Al igual que en la sentencia *S. A. S contra Francia,* y por idénticos motivos, el Tribunal analiza conjuntamente la eventual vulneración de los derechos a la vida privada y a la libertad religiosa, poniendo énfasis en este último y llegando a idéntica conclusión: la prohibición en cuestión implica una injerencia en el derecho a manifestar las propias convicciones religiosas y el derecho a la vida privada de las demandantes pero se descarta la existencia de vulneración, al admitir que concurre el objetivo legítimo de garantizar las exigencias mínimas de la vida en sociedad, como un elemento de la protección de los derechos y libertades de los demás, y considerar que la medida adoptada es proporcional a dicho objetivo.

Debe recordarse que el TEDH apreció, sin embargo, la existencia de vulneración del derecho a manifestar las propias creencias religiosas en su sentencia de 23 de febrero de 2010, en el caso *Ahmet Arslan y otros contra Turquía*[65], en el que 127 miembros de

---

63 Apdo. 161. Idéntico razonamiento encontramos en *Belcacemi y Oussar* contra Bélgica, apdo. 67, y en *Dakir contra Bélgica,* apdo. 65.

64 Las demandantes habían presentado previamente una demanda de suspensión y de anulación de la ley ante el Tribunal Constitucional, que fue desestimada mediante la sentencia 145/2012, ya referida.

65 Núm. 41135/1998 (2010).

un grupo religioso llamado *Aczimendi tarikatÿ* se habían constituido como demandantes, tras haber sido condenados penalmente por violar una ley que regulaba el uso de prendas religiosas en público[66], por haber recorrido las calles –y luego comparecido en la audiencia judicial en el proceso que se siguió contra ellos– con la indumentaria distintiva de su grupo[67]. La Corte, que admitió que concurrían varios objetivos legítimos para restringir el derecho a manifestar las propias convicciones –el mantenimiento de la seguridad pública, la defensa del orden y la protección de los derechos y las libertades de los demás–[68], descartó que la medida fuera necesaria en una sociedad democrática, al tomar en consideración que no había podido acreditarse que los demandantes hubieran representado una amenaza para el orden público[69], ni que hubieran incurrido en proselitismo ejerciendo una presión inapropiada sobre los transeúntes durante su reunión[70]. Además, subrayó que, a diferencia de otros supuestos, en este caso el castigo se había impuesto por endosar una vestimenta particular en áreas públicas que estaban abiertas a todos, y no en establecimientos en los que la neutralidad religiosa puede prevalecer sobre el derecho a manifestar las propias creencias religiosas[71].

3. La posición del Tribunal Supremo

Como hemos visto, la jurisprudencia del TEDH ha descartado que la prohibición de usar el velo integral en los espacios públicos suponga un riesgo para la dignidad de la mujer y la igualdad

---

66 Ley núm. 2596 sobre la reglamentación del uso de cierta indumentaria, que prohíbe ciertos atuendos religiosos en lugares públicos abiertos a todos, como las vías o plazas públicas, fuera de las ceremonias religiosas.

67 Dicha indumentaria constaba de un turbante, unos pantalones bombachos, una túnica, todo de negro, y un bastón.

68 Apdo. 43.

69 Apdo. 50.

70 Apdo. 51.

71 Apdo. 49.

entre los sexos y que conlleve un riesgo para la seguridad pública. Lo que justifica la restricción de los derechos a manifestar las propias convicciones religiosas y al respeto de la vida privada es la necesidad de proteger la convivencia, al objeto de salvaguardar las relaciones intersubjetivas.

En España, tal y como ocurre en la mayoría de Estados europeos, no se ha aprobado una norma de ámbito nacional que limite con carácter general el uso del velo integral en los espacios públicos. Sin embargo, la Sección 7ª. de la Sala de lo Contencioso-Administrativo del Tribunal Supremo (TS) tuvo ocasión de pronunciarse sobre esta cuestión en su sentencia de 14 de febrero de 2013[72], con motivo de un recurso de casación interpuesto contra la sentencia del Tribunal Superior de Justicia (TSJ) de Cataluña de 7 de junio de 2011, que había desestimado el recurso especial de protección de los derechos fundamentales interpuesto por una asociación destinada a promover la protección y el desarrollo de los extranjeros en distintos ámbitos[73] contra un acuerdo del Pleno del Ayuntamiento de Lérida, de 8 de octubre de 2010, por el que se dispuso la modificación de algunos preceptos de la Ordenanza de Civismo y Convivencia y de tres reglamentos municipales[74], en el sentido de limitar o prohibir acceder o permanecer en los espacios o locales destinados a los respectivos usos a las personas que porten "velo integral, pasamontañas, casco integral u otras vesti-

---

72 Un detallado comentario de esta sentencia puede verse en ARENAS RAMIRO, Mónica, "Corramos un tupido velo. A propósito de la sentencia del Tribunal Supremo de 14 de febrero de 2013 sobre el caso del burka", Anuario de Derecho Eclesiástico del Estado, vol. XXX, 2014, pp. 116-139. Una breve nota se encuentra en VALENCIA CANDALIJA, Rafael, "La prohibición del velo integral en Italia y España: el caso lombardo y el catalán", *Stato, Chiese e pluralismo confessionale (Rivista telematica: https://statoechiese.it)*, 2020/1, pp. 139-141.

73 La Asociación Watani para la Libertad y la Justicia.

74 Los que regulan el Archivo Municipal, el servicio de transporte urbano de pasajeros y el funcionamiento de los centros cívicos y locales sociales.

mentas o accesorios que impidiesen o dificulten la identificación y la comunicación visual de las personas"[75].

El TSJ había desestimado el recurso al entender que el acuerdo en cuestión no conculcaba el derecho a manifestar las propias convicciones religiosas, dado que concurrían los requisitos previstos en el artículo 9.2 del CEDH. La sentencia recurrida tenía en cuenta el hecho de que la prohibición abarcaba cualquier prenda o accesorio que ocultara el rostro, y no únicamente el velo integral, y había justificado la restricción del derecho de libertad religiosa en la protección de la convivencia o de la vida colectiva[76], el mantenimiento de la seguridad y el límite del orden público[77]. El TS estima el recurso de casación, avalando la existencia de vulneración del derecho de libertad religiosa, porque considera que el Ayuntamiento de Lérida excedió los límites de su competencia[78]. En este sentido, citando abundante jurisprudencia del Tribunal Constitucional, subraya que, tratándose de un derecho funda-

---

75 En el caso del Reglamento que regula el Servicio de transporte de viajeros lo que se establece es que "el uso de las diferentes tarjetas de tarifa social o de precio reducido en función de colectivos especiales, habrá de estar debidamente acreditado. El personal del servicio podrá demandar la acreditación de la personalidad a los beneficiarios y comprobar la concordancia con las fotografías de los títulos de transporte. Ningún usuario podrá hacer uso de estas tarjetas si se niega a identificarse para hacer estas comprobaciones" (Art. 21).

76 Se aludía expresamente a que el uso de tales prendas podía dar lugar a "la perturbación de la tranquilidad del resto de personas usuarias del servicio o espacio público municipal".

77 Un comentario a esta sentencia se encuentra en ARENAS RAMIRO, Mónica, "Corramos un tupido velo", *op.cit.*, pp. 107-110.

78 Ello con la salvedad de la modificación introducida en el Reglamento del Servicio de transporte porque entiende que, en ese caso, el sentido de esa modificación no impide la utilización del velo integral, dado que la exigencia de identificación se establece con el fin de controlar el uso de un beneficio al que la portadora del velo integral se acoge libremente y no supone una limitación del ejercicio del derecho de libertad religiosa (FJ Undécimo).

mental, rige la reserva de ley establecida en los arts. 53.1 y 81.1 de la Constitución[79].

Una vez estimado el recurso en lo sustancial, basado en la incompetencia de los ayuntamientos para introducir límites al ejercicio de un derecho fundamental, el TS admite que no debe pronunciarse sobre lo que el legislador pudiera decidir en un futuro respecto a la eventual limitación del uso de este tipo de prendas porque "ello constituiría una intromisión en el espacio del legislador, inaceptable en un órgano jurisdiccional"[80]. Sin embargo, el tribunal expone abiertamente su punto de vista acerca de los motivos de fondo que, a juicio del TSJ de Cataluña, justificaban la limitación del velo integral en los referidos locales y espacios[81]. En este sentido, el Supremo subraya que la perturbación de la tranquilidad en nuestra cultura occidental, a la que alude la sentencia de instancia, "carece de una demostración convincente en cuanto simple constatación sociológica, con lo que la base esencial sobre la que la sentencia se sustenta se desvanece" y alerta sobre el "efecto perverso" que puede derivarse de la prohibición en cuestión: "el enclaustramiento de la mujer en su entorno familiar inmediato, si decide anteponer a otras consideraciones sus convicciones religiosas", lo que, a juicio del Tribunal, resultaría

79 Según sus propias palabras, "la esencialidad de la ley y su insustituibilidad por cualquier otra fuente normativa para poder establecer el límite al ejercicio al ejercicio del derecho de libertad religiosa que entraña la prohibición que se cuestiona en el proceso, resulta así en nuestro marco constitucional inequívoca" (FJ Noveno).

80 FJ Décimo.

81 Según el Tribunal, "es necesario que nos detengamos en los extremos clave de la sentencia en los que expresa la justificación de la Ordenanza impugnada en relación con los fines indicados en el art. 9.2 del Convenio Europeo, que cita, para dar respuesta a las alegaciones cruzadas al respecto entre las partes; lo que en modo alguno podrá verse como un imposible análisis anticipado de si los fines que la sentencia invoca para justificar la medida cuestionada, pueden habilitar al legislador para regular tal prohibición, sino exclusivamente como el enjuiciamiento de lo que en relación con ellos dice la sentencia" (FJ Décimo).

contrario al objetivo de integración de aquella en los diferentes espacios sociales, de modo que "en vez de servir a la eliminación de discriminaciones, pudiera contribuir a incrementarlas"[82].

III. LA PROHIBICIÓN DE USO DEL PAÑUELO ISLÁMICO EN EL ÁMBITO DOCENTE

1. Alumnas

El Tribunal de Estrasburgo se ha ocupado en diversas ocasiones de resolver conflictos planteados en relación con la prohibición de llevar el pañuelo islámico en el ámbito docente. En estos casos, a diferencia de los aludidos en el epígrafe anterior, el motivo fundamental invocado por las autoridades y tribunales nacionales para considerar ajustada a Derecho la limitación del derecho a manifestar las convicciones religiosas de las alumnas y profesoras de religión musulmana ha sido la vigencia del principio de laicidad, que conlleva la exigencia de neutralidad de las instituciones educativas públicas[83]. Por ello, no debe extrañarnos que la mayor parte de los casos resueltos por el TEDH hayan afectado a Francia y a Turquía[84].

---

[82] Ibidem.

[83] Sobre el concepto de laicidad y sus distintas acepciones en la jurisprudencia del Tribunal Europeo de Derechos Humanos, vid. THORSON PLESNER, Ingvill, "The European Court on Human Rights between fundamentalist and liberal secularism", en DURHAM, W. Cole, TORFS, Rik, KIRKHAM David M. y SCOTT, Christine (eds.), *Islam, Europe and Emerging Legal Issues*, New York, Routledge, 2016, pp. 63-74.

[84] Sobre la situación en este país, tuve ocasión de pronunciarme en "El velo islámico en la jurisprudencia del Tribunal Europeo de Derechos Humanos: El caso turco", en MOTILLA, Agustín (coord.), *El pañuelo islámico en Europa*, Madrid, Marcial Pons, 2009, pp. 63-89.

1.1. Turquía

En el caso del país otomano, tras la fundación de la República turca en 1923 de la mano de Atatürk, se instauró un modelo laicista, que se esmeró en apartar al Islam de la esfera pública y que conllevó la limitación de la utilización de los símbolos religiosos, en concreto del velo islámico, en ese ámbito. En concreto, se decretó la prohibición de su uso en la universidad en 1980 y en los organismos públicos en 1982. Sin embargo, desde la llegada al poder de Erdogan en el año 2007, las iniciativas legislativas en la materia han seguido la dirección contraria, con el levantamiento de la prohibición del hiyab en las instituciones públicas y en las universidades en el año 2013, tras varios intentos fallidos[85].

La cuestión de la prohibición del pañuelo islámico en las universidades turcas fue objeto de análisis por parte del TEDH, en la sentencia de 29 de junio de 2004, en el caso *Leyla Şahin contra Turquía*[86], que fue revisada por la Gran Sala en pronunciamiento de 10 de noviembre de 2005. Se trata de una demanda interpuesta por una ciudadana turca, estudiante de Medicina en la Universi-

---

85 En concreto, en la sesión del 8 febrero de 2008, el Parlamento turco aprobó por iniciativa del partido en el Gobierno –Partido de la Justicia y el Desarrollo, islamista y moderado– con el apoyo del Partido de Acción Nacionalista sendas enmiendas constitucionales (artículos 10 y 42) con la intención de levantar la prohibición del uso del velo islámico en la universidad, al establecerse que "nadie pueda verse privado de su derecho a la educación superior", en alusión a las jóvenes que usan ese símbolo religioso . Dicha medida –que, en principio, no afectaba a los niveles educativos inferiores ni a las administraciones públicas– fue ampliamente contestada en la calle con una sucesión de manifestaciones contrarias al levantamiento de la prohibición al entender que era incompatible con el principio de laicidad del Estado, aunque algunas encuestas revelaban que la mayor parte de la población compartía la reforma. Tales enmiendas fueron, sin embargo, anuladas por el Tribunal Constitucional meses después, a raíz de un recurso interpuesto por la oposición socialdemócrata –Partido Republicano del Pueblo–, por entender que las mismas eran contrarias al principio de laicidad.

86 Núm. 44774/1998 (2004).

dad de Estambul, en la que reclama la vulneración de los artículos 8, 9, 10 y 14 del Convenio, así como del artículo 2 del Protocolo núm. 1, que reconoce el derecho a la educación[87], por la prohibición de llevar el pañuelo islámico en el recinto de la universidad[88], alegando que se le denegó la posibilidad de presentarse a sendos exámenes, matricularse en una asignatura e, incluso, asistir a clase[89].

En opinión de la Corte, el hecho de llevar el pañuelo islámico constituye un acto basado en una religión o una convicción, por lo

---

87 En la primera parte de este precepto se dispone que "a nadie se le puede negar el derecho a la educación".

88 La prohibición tenía su origen en una circular difundida por el Rector de la Universidad, en la que se regulaban las normas de acceso al campus universitario, que establecía que "las estudiantes que lleven la 'cabeza cubierta' (llevando el velo islámico) y los estudiantes que lleven barba (incluidos los estudiantes extranjeros) no deben ser admitidos en los cursos, cursillos y prácticas" y ello "en virtud de la Constitución, de la legislación, de los reglamentos, y de conformidad con la jurisprudencia del Consejo de Estado, de la Comisión europea de Derechos Humanos y las decisiones adoptadas por los comités administrativos de las universidades". Esta circular se enmarcaba en el contexto de la vigencia de la Constitución de 7 de noviembre de 1982, que confirmó el marcado carácter laico del Estado turco, expresamente reconocido en su artículo 2, que tuvo su reflejo en la restricción del uso de determinadas vestimentas religiosas, como el velo, en distintos ámbitos, incluyendo el de los establecimientos educativos, restricciones que fueron avaladas por el Tribunal Constitucional turco en diversos pronunciamientos.

89 Además, se incoaron sendos procedimientos disciplinarios contra ella, uno por la falta de observancia de las normas relativas a la vestimenta, que concluyó con la imposición de una advertencia, y otro por participar en una reunión no autorizada para protestar contra dichas normas, que se resolvió con una expulsión durante un semestre, que fue objeto de un recurso por parte la demandante, rechazado por el Tribunal Administrativo de Estambul, mediante sentencia de 30 de noviembre de 1999, aunque no llegó a llevarse a efecto, dado que el 28 de junio de 2000 se aprobó una ley que dispuso la amnistía de las sanciones pronunciadas contra los estudiantes y la anulación de las consecuencias relativas a ellas.

que concede que la norma que limita su uso en el ámbito universitario conllevó una injerencia en el ejercicio de la demandante del derecho a manifestar sus creencias religiosas[90]. Así las cosas, la existencia o no de vulneración del derecho reconocido en el artículo 9 del Convenio dependerá del cumplimiento de las condiciones que establece el apartado 2 del mencionado precepto.

En relación con el objetivo legítimo, el Tribunal admite que "la injerencia litigiosa puede considerarse compatible con los fines legítimos enumerados en el segundo apartado del artículo 9 del Convenio, teniendo en cuenta la importancia de la protección del principio de laicidad y de la neutralidad de las universidades en Turquía"[91], concluyendo que "la medida en cuestión perseguía esencialmente los fines legítimos de la protección de los derechos y libertades ajenos y de la protección del orden"[92]. Además, el Tribunal recalca que el sistema constitucional turco pone énfasis en los derechos de las mujeres y que "la igualdad entre los sexos [ha sido] reconocida por el Tribunal europeo como uno de los principios esenciales subyacentes en el Convenio y un objetivo de los Estados miembros del Consejo de Europa"[93].

A la hora de realizar el juicio de proporcionalidad. que exige verificar que la restricción impuesta sea necesaria en una sociedad democrática, el Tribunal subraya que "en un país como Turquía en el que la gran mayoría de la población pertenece a una religión concreta, las medidas tomadas en las universidades para impedir a ciertos movimientos fundamentalistas religiosos ejercer una presión sobre los estudiantes que no practican la religión en

---

90 Apdo. 71 Este extremo es confirmado por la sentencia de la Gran Sala (Apdo. 78).

91 Apdo. 83.

92 Apdos. 83-84. Idénticos fines menciona la Gran Sala en el apartado 99 de su sentencia, que pone de relieve que las partes coinciden en este punto.

93 Apdo. 107. En el apartado 115 de su sentencia, la Gran Sala dice no encontrar motivos para contradecir este planteamiento.

cuestión o sobre los que pertenecen a otra religión pueden estar justificadas respecto al artículo 9.2 del Convenio"[94].

Siempre a los efectos de apreciar la proporcionalidad de la injerencia, el Tribunal alude a lo que, como ya hemos visto, constituye un argumento recurrente en su jurisprudencia, que establece que, en principio, las autoridades nacionales se encuentran en mejor posición que el TEDH para pronunciarse sobre las necesidades y contextos locales[95], precisando que, en relación al objeto del caso, "se impone especialmente un margen de apreciación cuando los Estados contratantes regulan el uso de símbolos religiosos en los establecimientos de enseñanza, dado que la reglamentación en la materia varía de un país a otro en función de las tradiciones nacionales, y que los países europeos no tienen una concepción uniforme de las exigencias relativas a la protección de los derechos ajenos y al orden público"[96]. En aplicación de este planteamiento al caso concreto, el Tribunal considera que "cuando se aborda la cuestión del velo islámico en el contexto turco, no

---

94 Apdo. 99. Sigue el Tribunal argumentando que "en este contexto, las universidades laicas pueden igualmente reglamentar la manifestación de los ritos y de los símbolos de esta religión, señalando restricciones de lugar y de forma, con el fin de garantizar el carácter mixto de los estudiantes de creencias diversas y de proteger así el orden público y las creencias ajenas" (Ibidem). En el mismo sentido, vid. la sentencia 41340/1998 (2003) del mismo tribunal, en el caso *Refah Partisi y otros contra Turquía,* (Apdo. 95). En relación con esta sentencia, puede verse, entre otros, LÓPEZ-JACOISTE DÍAZ, M.ª Eugenia, "Sentencia del Tribunal Europeo de Derechos Humanos en el caso Refah Partisi y otros contra Turquía: Legítima disolución de un partido político", *Anuario Español de Derecho Internacional,* Vol. XIX, 2003, pp. 443-464.

95 Apdo. 100.

96 Apdo. 102. Matiza, eso sí, la Corte que "bien entendido, esto no excluye un control europeo, tanto más cuanto que tal reglamentación no debe nunca suponer un atentado contra el principio del pluralismo, ni chocar contra otros derechos consagrados por el Convenio, ni suprimir totalmente la libertad de manifestar la religión o la convicción" (*Ibidem*). En este sentido se pronuncia también la Gran Sala, citando abundante jurisprudencia del TEDH al respecto (Apdos. 109-110).

se puede hacer abstracción del impacto que puede tener el uso de este símbolo, presente o percibido como una obligación religiosa, sobre los que no hacen gala de él[,] entran[do] en juego principalmente… la protección de los «derechos y libertades ajenos» y el «mantenimiento del orden público» en un país en el que la mayoría de la población, manifestando una adhesión profunda a los derechos de las mujeres y a un modo de vida laico, pertenece a la religión musulmana [y que] una limitación en la materia puede por lo tanto ser considerada como una «necesidad social imperiosa» para alcanzar estos dos fines legítimos, tanto más cuanto que, como indican los tribunales turcos, este símbolo religioso ha adquirido en Turquía en el curso de los últimos años un aspecto político"[97].

Por lo tanto, el Tribunal considera que no hay violación del precepto del Convenio y rechaza analizar la vulneración del resto de las disposiciones invocadas por la demandante, al entender que no se plantea ninguna cuestión distinta, al ser las circunstancias pertinentes las mismas que las referidas en relación con el artículo 9[98].

La sentencia de la Gran Sala confirma el pronunciamiento de la Sección, descartando la existencia de vulneración del derecho

---

97 Apdo. 108. La Gran Sala dice no tener motivos para contradecir este argumento (Apdo. 115). Muy crítico con el mismo se muestra, sin embargo, Jeremy GUNN, que pone de relieve que "*the Chamber seems to be suggesting that the headscarf can be banned at universities to protect the feelings of those who do not want to wear it. We would not normally expect a human rights tribunal to be more solicitous of the sensibilities of those who do not like religious expression (which is not guaranteed by the European Convention) than on the right to manifest religion (which is guaranteed by the Convention). Such a conclusion is completely inconsistent with one of the most oft-cited principles articulated by the European Court of Human Rights: that expression that is of public interest or of a political nature cannot be restricted on the grounds that it might «offend, shock, or disturb»*". "Fearful Symbols: The Islamic Headscarf and the European Court of Human Rights in *Sahin v. Turkey*", *Annuaire Droit et Religions*, Vol.3, 2008-2009, pp. 357-358.

98 Apdo. 117.

a la libertad de pensamiento de conciencia y de religión, al considerar que concurren los requisitos para limitar el derecho a manifestar las propias convicciones religiosas. Sin embargo, a diferencia de la primera sentencia, analiza separadamente la posible violación del derecho a la educación, reconocido en el artículo 2 del Protocolo número 1 al Convenio, al tener en cuenta las especiales circunstancias del caso, la importancia fundamental del mencionado derecho a la educación y la posición de las partes[99]. En relación con esta cuestión, la Gran Sala pone de relieve que, a pesar de su importancia, el derecho a la educación no es un derecho absoluto pudiendo, por lo tanto, ser objeto de restricciones y que los estados gozan de un cierto margen de apreciación en la materia, si bien las limitaciones deben tener una finalidad legítima y ser proporcionales a la misma[100]. En el caso concreto, el Tribunal entiende que, puesto que a la demandante le fue negado el acceso a varias clases y exámenes, existe una restricción del derecho a la educación pero que, al igual que ocurre en el caso del derecho de libertad religiosa, la limitación está justificada puesto que persigue un fin legítimo y existe proporcionalidad entre los medios empleados y el referido fin[101].

---

99 Apdo. 129.

100 Apdo. 154.

101 En la misma fecha que recayó la primera sentencia en el caso *Şahin contra Turquía*, el Tribunal dictó sentencia 41556/1998 (2004), en el caso *Zeynep Tekin contra Turquía*, con motivo del recurso planteado por una estudiante de Enfermería de la Universidad de Ege, que había sido advertida y posteriormente expulsada por un período de quince días por llevar velo islámico en lugar de la cofia reglamentaria, de acuerdo con lo establecido por el Consejo de Enseñanza Superior, que había emitido una circular relativa al uniforme de los enfermeros durante su trabajo en el hospital –la recurrente había invocado la violación del derecho de libertad religiosa, que había sido rechazada en primera y segunda instancia por el Tribunal Administrativo alegando el principio de laicidad–. Sin embargo, la Corte no se pronunció sobre el fondo del asunto, al presentar la demandante su desistimiento en 2003.

No podemos por menos que considerar contradictorio el planteamiento de la Gran Sala, que considera necesario tratar separadamente la posible vulneración del derecho a la educación, pero seguidamente indica que el análisis de la eventual conculcación de este no puede separarse del de la posible violación del derecho a manifestar las propias convicciones religiosas, por lo que se reiteran sin más los argumentos vertidos en relación con la posible vulneración de este último.

La posición de la Corte en este conflicto ha sido objeto de duras críticas por parte de la doctrina. En líneas generales, puede constatarse que el Tribunal centra su atención en el análisis de la realidad turca y, a la hora de determinar si la medida adoptada era necesaria en una sociedad democrática, renuncia a analizar la cuestión desde una perspectiva propia, al entender que las autoridades nacionales se encuentran en mejor posición que él mismo para pronunciarse sobre las necesidades y contextos locales. Esta actitud por parte del Tribunal supone ponerse en manos del criterio de una de las partes en el conflicto –en este caso, el Gobierno turco–, siendo así que la esencia del sistema internacional de derechos humanos debe ser el de proteger a los individuos y no a los gobiernos en el poder.

En relación con el uso del velo islámico en el ámbito docente en Turquía, hay que aludir también a la decisión de inadmisibilidad de 24 de enero de 2006, en el caso *Köse y otros 93 contra Turquía*[102]. Los demandantes, noventa y cuatro alumnos y padres de diversos centros públicos de educación secundaria, pertenecientes todos ellos a una misma organización[103], alegaban la vulneración del derecho de libertad religiosa en su vertiente externa, como consecuencia de la prohibición sobrevenida de llevar el pañuelo islámico dentro del recinto escolar. Además, los padres

---

102 Núm. 26625/02 (2006).

103 Se trataba de los liceos Imam-Hatip, centros de educación fundados por el Estado en los años 50, dirigidos fundamentalmente a personas con vocación religiosa, en los que aproximadamente el 40% de las asignaturas impartidas versaban sobre teología islámica.

reclamaban también la vulneración del derecho a la educación de sus hijos y de su derecho a decidir que dicha educación sea conforme a sus convicciones religiosas y filosóficas, del artículo 2 del Protocolo Adicional al Convenio.

El Tribunal considera inadmisible el recurso por entender que las normas de vestimenta establecidas constituían una medida general aplicable a todos los alumnos, con independencia de sus creencias religiosas, y que, por lo tanto, aunque conlleve una injerencia en el derecho a manifestar las propias creencias religiosas de los demandantes, no existe apariencia de vulneración del artículo 9 del Convenio. En relación con la eventual violación del derecho a la educación, considera que la limitación del mencionado derecho era necesaria a fin de evitar desórdenes y salvaguardar los derechos de los demás. Y, por lo que respecta al derecho de los padres a que sus hijos sean educados conforme a sus convicciones religiosas, entiende el Tribunal que la prohibición establecida no entra en conflicto con el mismo.

Por último, cabe referirse a los casos *Karaduman contra Turquía* y *Bulut contra Turquía*, resueltos por la Comisión Europea de Derechos Humanos mediante sendas decisiones de 3 de mayo de 1993[104], que no admitieron a trámite los recursos planteados por las demandantes, que alegaban la vulneración del derecho a la libertad de pensamiento, conciencia y religión, por el hecho de haberle sido retenidos durante dos años sus títulos universitarios por no haber entregado una fotografía con el rostro descubierto –en la que habían presentado las recurrentes llevaban el velo islámico–. Por ese motivo, las autoridades académicas de la Universidad de Ankara se negaron a entregarles unos certificados provisionales que acreditaban la obtención de los mencionados títulos y los tribunales internos habían rechazado la demanda alegando que la fotografía suministrada no cumplía con la normativa universitaria vigente y que, además, no era adecuada a los efectos de poder identificar a la recurrente. Aunque la Comisión rechaza

---

[104] Núms. 16278/1990 (1993) y 18783/91 (1993), respectivamente.

las demandas por no haber agotado los recursos internos, en sus observaciones llama la atención sobre el hecho que, tratándose de una universidad laica, esta puede imponer a sus estudiantes ciertas normas de conducta a fin de asegurar el respeto de los derechos y libertades de los demás y que ello puede incluir exigencias como la que es objeto de litigio en este caso[105]. Añade la Comisión que, tratándose sobre todo de países donde la mayor parte de la población profesa una determinada religión, la utilización de símbolos de esa confesión sin ningún tipo de restricción puede ejercer una presión para aquellos que no practiquen esa religión o pertenezcan a otras confesiones[106].

---

105 Para Santiago CAÑAMARES ARRIBAS, este razonamiento pone de relieve que la Corte de Estrasburgo ha asumido una concepción ciertamente temerosa del derecho de libertad religiosa, que le lleva a considerarla dependiente de un principio de laicidad entendido en una acepción muy estricta, que demanda el confinamiento de las creencias al ámbito meramente privado. "La inclusión de los otros: la simbología religiosa en el espacio público", en GUTIÉRREZ, Ignacio y PRESNO, Miguel Ángel (eds.), La inclusión de los otros: símbolos y espacios de la multiculturalidad, Granada, Comares, 2012, p. 118.

106 Más recientemente, el Tribunal también ha considerado inadmisible una demanda planteada por un ciudadano de religión sij, que alegaba que el requisito de aparecer con la cabeza descubierta en la fotografía de su permiso de conducir suponía una vulneración de sus derechos a la vida privada y a la libertad religiosa, al no disponerse una normativa diferenciada para los miembros de su comunidad. Se trata de la decisión en el caso *Mann Singh contra Francia*, de 13 de noviembre de 2008 (Núm. 24479/07), en la que el Tribunal razona que el requisito en cuestión era necesario, en orden a permitir a las autoridades encargadas de la seguridad y el orden público identifiquen a los conductores a los efectos de verificar si están autorizados para conducir los vehículos de que se trate, haciendo hincapié en que tales controles son necesarios para garantizar la seguridad pública y que los detalles acerca de su implementación recaen dentro del margen de apreciación del Estado demandado. Además, se toma en consideración que el requisito de que los individuos se retiren sus turbantes con ocasión de un control o para la emisión del permiso de conducir tiene carácter esporádico. Por todo ello, considera la Corte que se cumplen con los requisitos previstos en el artículo 9.2 para restringir el derecho a manifestar las propias convic-

1.2. Francia

En el caso del país vecino, debe necesariamente aludirse al contexto de laicidad, propio del Estado francés, que tiene su origen en el período revolucionario y en la Declaración de derechos del hombre y del ciudadano de 1789, y que se consolidó con la Ley de 9 de diciembre de 1905, conocida como la Ley de separación entre la Iglesia y el Estado, que zanjó la confrontación entre las tesis revolucionarias y la Iglesia católica. Estos planteamientos laicistas afrontaron a partir de los años ochenta el reto de la integración de los musulmanes en el ámbito público, dándose lugar a la polémica del "pañuelo islámico" y su compatibilidad con el modelo laicista, especialmente en el contexto escolar. Sobre esta cuestión se manifestó en un primer momento el Consejo de Estado, con un dictamen de 27 de noviembre de 1989, en el que se advertía de que la libertad de manifestar las propias creencias religiosas no incluye la utilización de signos que, por su carácter ostentoso, puedan constituir un acto de presión, provocación, proselitismo o propaganda, socavando la dignidad o la libertad de otros miembros de la comunidad educativa, llamando a los centros a la adopción de reglamentos que establezcan normas precisas que desarrollen el referido planteamiento. A dicho dictamen siguieron sendas circulares del Ministerio de Educación Nacional, dirigidas a los rectores, inspectores escolares y directores de los centros, que incidían en la relevancia del principio de laicidad en el ámbito escolar y una jurisprudencia no uniforme del Consejo de Estado a la hora resolver litigios relacionados con ese asunto.

La cuestión se zanjó definitivamente con la aprobación de la Ley 2004-228, de 15 de marzo de 2004[107], que regula, en aplica-

---

ciones religiosas, descartando también que exista evidencia alguna que sugiera la vulneración de los artículos 8 y 14, en este caso en relación con los artículos 8 y 9, del Convenio, tal y como planteaba la demanda.

107 Un sucinto análisis de la jurisprudencia francesa relativa a la cuestión anterior a la promulgación de esta ley se encuentra en CAÑAMARES ARRIBAS, Santiago, "El empleo de la simbología religiosa en Francia. Las propuestas de la Comisión para la reflexión sobre la aplicación del

ción del principio de laicidad, el uso de signos o prendas de vestir que acrediten la afiliación religiosa en las escuelas, colegios y liceos públicos, incorporando al Código de Educación un precepto en el que se establece que "en las escuelas públicas, colegios y liceos, está prohibido llevar signos o vestimentas mediante los cuales los alumnos manifiesten ostensiblemente una afiliación religiosa"[108]. Al igual que en la Ley que prohíbe la utilización del burka en el ámbito público, la prohibición no alude expresamente a la prenda utilizada por las alumnas de religión musulmana, sino, en este caso concreto, a toda prenda o símbolo religioso que, por su carácter ostensible, sean reveladores de las creencias religiosas de los estudiantes. Sin embargo, habida cuenta la génesis de la disposición legislativa[109], resulta evidente que la misma no tenía otra finalidad que la de impedir la presencia del hiyab en las escuelas públicas francesas, por considerar que comportaba un grave riesgo para la vigencia del principio de laicidad en el ámbito docente[110].

La cuestión de la prohibición del hiyab en el ámbito docente fue tratado por el TEDH en las sentencias en los casos *Dogru contra Francia* y *Kervanci contra Francia,* ambas de 4 de diciembre de 2008, que resuelven sendos recursos interpuestos por dos alumnas que alegan la vulneración de los artículos 9 del Convenio (libertad religiosa) y 2 del Protocolo Adicional (derecho a la educación), tras haber sido expulsadas de su centro escolar cuando tenían once y doce años, respectivamente, por incumplir con el deber

---

principio de laicidad", *Anuario de Derecho Eclesiástico del Estado,* núm. 22, 2006, pp. 276-282.

108 Art. 141.5.1.

109 Sobre los antecedentes y el proceso que llevó a la aprobación de esta ley en Francia, vid. MOTILLA, Agustín, "El problema del velo islámico en Europa y en España", *Anuario de Derecho Eclesiástico del Estado,* núm. 20, 2004, pp. 97-106.

110 A juicio de MOTILLA, "no cabe duda que detrás del conflicto del foulard en Francia late el problema del rechazo a una cultura foránea, que se entiende puede amenazar los valores de la sociedad francesa". *Ibidem,* p. 102.

de asistencia, debido a la falta de participación activa, a las clases de Educación Física, al haberse negado en reiteradas ocasiones a quitarse el pañuelo islámico durante las mismas, ignorando las indicaciones del profesor

Como ya hemos visto, el Tribunal admite que el uso del velo constituye un acto basado en las convicciones religiosas[111] y que la expulsión de las demandantes de su escuela por negarse a prescindir de él constituye una restricción de su derecho a manifestar la libertad de religión, que conllevaría una violación del artículo 9 del Convenio, en el caso de que no cumplieran los requisitos previstos en el apartado 2 del referido precepto[112].

Respecto a la finalidad legítima, el Tribunal constata que la limitación tenía por objeto la protección de los derechos y libertades de los demás y el orden público[113]. A la hora de valorar la proporcionalidad de la restricción, el Tribunal se basa en su propia doctrina en la sentencia en el caso *Sahin contra Turquía.* En este sentido, recalca que los estados gozan de margen de apreciación para regular las "delicadas" relaciones entre el Estado y las confesiones religiosas y que, en este contexto, resulta admisible, a la luz de los valores del Convenio, la limitación de la libertad religiosa para atender a los valores de la laicidad, especialmente en países como Francia, Turquía o Suiza, que otorgan singular relevancia a la neutralidad como principio constitucional y cuya defensa parece esencial, especialmente en el ámbito educativo[114]. Además, considera que la conclusión de las autoridades nacionales de que el uso del pañuelo islámico no es compatible con la práctica del

---

111 Apdo. 47.

112 Apdo. 48.

113 Apdo. 60.

114 Apdo. 72. Para Alfonso RUIZ MIGUEL, este planteamiento supone "una limitación de la libertad religiosa que [amplía] en exceso el ámbito de la acción estatal en favor de la laicidad". "Libertad religiosa, símbolos religiosos y laicidad estatal", en GUTIÉRREZ, Ignacio y PRESNO, Miguel Ángel (eds.), *La inclusión de los otros...*, *op.cit.*, p. 84.

deporte por razones de seguridad o higiene no es carente de fundamento[115].

Por lo tanto, al igual que en el caso *Sahin*, el Tribunal admite que hay una injerencia en el derecho de libertad religiosa de las demandantes, pero descarta la existencia de vulneración, al concurrir las condiciones previstas en el apartado 2 del artículo 9, que permite limitar las manifestaciones externas del referido derecho.

En relación con la eventual vulneración del artículo 2 del Protocolo número 1 del Convenio, también alegada por las recurrentes, el Tribunal considera que no procede ser examinada, por cuanto no se plantea ninguna cuestión distinta, ya que las circunstancias pertinentes son las mismas que las analizadas en relación con el artículo 9[116].

Con posterioridad, el TEDH tuvo ocasión de volver a pronunciarse sobre la prohibición de que los alumnos utilicen símbolos y vestimentas religiosas en las escuelas públicas francesas en sus decisiones, de 30 de junio de 2009, en los casos *Aktas contra Francia*[117], *Bayrak contra Francia*[118], *Gamaleddyn contra Francia*[119], *Ghazal contra Francia*[120], *J. Singh contra Francia*[121] y *R. Singh contra Francia*[122]. Los recurrentes alegaban la vulneración del artículo 9 del Convenio y, en cinco de los casos[123], también del artículo 2 del Protocolo Núm. 1, por haber sido expulsados de los centros públicos de educación en que cursaban sus estudios, tras no desistir de acudir a los mismos endosando prendas que revelaban sus con-

115 Apdo. 73.
116 Apdo. 84.
117 Núm. 43563/08 (2009).
118 Núm. 14308/08 (2009).
119 Núm. 18527/08 (2009).
120 Núm. 29134/08 (2009).
121 Núm. 25463/08 (2009).
122 Núm. 27561/08 (2009).
123 Todos, excepto *Gamaleddyn*.

vicciones religiosas[124]. Sin embargo, el Tribunal declara inadmisibles las demandas, al considerar que la injerencia en la libertad de los alumnos a manifestar su religión perseguía los objetivos legítimos de proteger los derechos y libertades de los demás y de salvaguardar el orden público, subrayando el papel del Estado como organizador neutral para regular el ejercicio de diversas religiones, credos y creencias. En cuanto a la sanción de expulsión impuesta a los alumnos, sostiene que no fue desproporcionada con arreglo a los fines perseguidos, ya que los alumnos conservaban la opción de continuar su escolarización mediante cursos por correspondencia[125]. El Tribunal también descarta la existencia de discriminación que planteaban cuatro de las demandas[126], puesto que la restricción impuesta afecta a los miembros de todas las confesiones religiosas.

Así las cosas, puede concluirse que el TEDH ha respaldado sin ambages la posición de las autoridades y tribunales franceses en la aplicación de la Ley de 2004, que prohíbe la utilización de prendas y símbolos que, por su carácter ostentoso, sean reveladores de las propias creencias religiosas en las escuelas públicas, con la finalidad de salvaguardar la vigencia de los principios de laicidad y neutralidad en ese ámbito.

Se ha puesto de relieve que, en nuestro marco constitucional, que hace compatibles los principios de laicidad y cooperación en el artículo 16.3 de la Carta magna, y a la luz de la doctrina del Tribunal Constitucional, no tendría cabida la prohibición a las alumnas de los centros docentes públicos de llevar el pañuelo islámico. Ni desde la perspectiva del orden público, único límite al derecho de libertad religiosa consagrado en la Constitución, que,

---

124 El pañuelo islámico en el caso de las alumnas *Aktas, Bayrak, Gamaleddyn* y *Ghazal*, y el *keski* –una prenda que se coloca bajo el turbante sij– en el caso de los alumnos *J. Singh* y *R. Singh*.

125 Sobre la eventual vulneración del derecho a la educación, la Corte prescinde de su análisis, al considerar que no se plantea ninguna cuestión distinta respecto a la analizada a la luz del artículo 9 del Convenio.

126 Las interpuestas por *Ghazal, Aktas, J. Singh* y *R. Singh*.

salvo casos excepcionales, no puede utilizarse como una cláusula abierta con carácter preventivo[127]. Ni, tampoco, con el fin de proteger la vertiente negativa del derecho de libertad religiosa de los demás alumnos, que comprende el derecho a no sufrir los actos de proselitismo ajenos, por cuanto se trata de una manifestación estrictamente pasiva que, si no va acompañada de otras acciones que revelen una intención de influir en ellos, no puede considerarse una injerencia[128]. Sea como fuere, en España la cuestión no está regulada legalmente y tampoco hay jurisprudencia relevante al respecto[129], por cuanto los conflictos que se han planteado no han trascendido a los tribunales[130].

---

127 En este sentido se pronuncia la sentencia del Tribunal Constitucional 46/2001, de 15 de febrero, FJ 11.

128 Vid. VIDAL GALLARDO, M.ª Mercedes, "Símbolos religiosos y señas de identidad", *Anuario de Derecho Eclesiástico del Estado*, núm. 31, 2015, pp. 341-342.

129 Ello con la salvedad de una sentencia del Juzgado Contencioso-Administrativo núm. 32 de Madrid de 25 de enero de 2012, en el conocido como *caso Najwa*, que resuelve sobre el supuesto de un instituto de Pozuelo de Alarcón, que prohibió el acceso al centro de una alumna con pañuelo islámico, basado en su reglamento que prohibía endosar gorros o prendas que cubrieran la cabeza dentro de sus instalaciones, lo que motivó que la alumna tuviera que cambiar de centro. Como quiera que la limitación tenía su origen en una norma de convivencia, el Juzgado se basa en el principio de autonomía de los centros docentes, que les habilita para dictar ese tipo de normas, para rechazar que la injerencia constituya una vulneración del derecho de libertad religiosa de la alumna o un atentado a su dignidad, que es lo que se planteaba en la demanda. Esta sentencia se recurrió ante el Tribunal Superior de Justicia de Madrid y ante el Tribunal Supremo, que inadmitieron el recurso por razón de cuantía, mediante sentencias de 8 de febrero y 11 de marzo de 2013, respectivamente.

130 A algunos de los conflictos anteriores al caso Najwa, que no trascendieron al ámbito judicial, se alude en MARTÍ SÁNCHEZ, José M.ª, "Los conflictos por el uso de las vestimentas religiosas en las relaciones escolares y laborales. Derecho europeo y español", *Anuario de Derecho Eclesiástico del Estado*, núm. 28, 2012, pp. 131-132.

2. Profesoras

Cuando la prohibición de endosar el pañuelo, o cualquier otra prenda o símbolo de significación religiosa, en el ámbito de la escuela pública afecta, no ya a las alumnas, sino al personal docente, la cuestión reviste unas características singulares, dado que la limitación del derecho a manifestar las propias creencias religiosas se impone a un individuo que ejerce sus funciones en una institución pública –con mayor motivo si se trata de un funcionario– y, al hacerlo, en cierto modo, está representando al Estado[131]. En estos casos, en efecto, el conflicto tiende a asimilarse con el que se plantea con ocasión de la exhibición de símbolos religiosos –como los crucifijos– en las aulas de los colegios u otros espacios del ámbito público.

En el caso de las prohibiciones que afectan a las profesoras, hemos de mencionar las decisiones en los casos *Dahlab contra Suiza*, de 15 de febrero de 2001[132], y *Kurtulmuş contra Turquía*, de 24 de enero de 2006[133].

En la primera de ellas, la Comisión no admite a trámite la demanda planteada por una profesora de Educación Primaria conversa al Islam, que alegaba la vulneración del artículo 9 del Convenio debido a la prohibición de llevar el pañuelo islámico mientras ejercía sus labores docentes, impuesta por la dirección del centro en aplicación de una norma cantonal aprobada en orden a

---

131 En este sentido, el propio Tribunal ha recordado que procede distinguir entre los "simples ciudadanos", que no representan al Estado en el ejercicio de una función pública y los que, por razón de un estatus oficial, están obligados a una obligación de discreción en la expresión pública de sus convicciones religiosas. Vid. *Ahmet Arslan y otros contra Turquía*, apdo. 48.

132 Núm. 42393/92 (2001). Un comentario a esta decisión se encuentra en LORETEAN, Adrian y SAHFELD, Konrad W., "L'Islam pone nuove sfide alla Svizzera. La Corte europea dei Diritti umani in due casi contro la Svizzera", *Quaderni di Diritto e Politica Ecclesiastica*, núm. 3, 2002, pp. 827-841.

133 Núm. 65500/01 (2006).

preservar el carácter laico de las escuelas[134]. Aunque la Comisión concede que existe una restricción del derecho de libertad religiosa de la demandante, considera inadmisible la demanda por entender que la limitación resultaba necesaria para proteger los derechos de los demás, el orden y la seguridad pública, todos ellos objetivos legítimos a la luz de lo dispuesto en el artículo 9.2 del Convenio. Coherentemente con la ya referida jurisprudencia del TEDH, que otorga a los estados un cierto margen de apreciación a los efectos de determinar la proporcionalidad de la injerencia al objetivo perseguido, la Comisión otorga relevancia a la vigencia de la laicidad en el ámbito docente al objeto de proteger las creencias de los alumnos[135], sobre todo teniendo en cuenta que se trata de niños de una edad entre cuatro y ocho años, lo que les supone especialmente influenciables[136], considerando que el

---

134 En relación con este tema, cabe aludir a la sentencia del Tribunal Constitucional alemán de 27 de enero de 2015, que revoca la prohibición impuesta por algunos estados federados a las profesoras de llevar el velo durante las clases, zanjando una cuestión que había tenido una gran repercusión jurídica y mediática a raíz del caso *Ludin*, relativo a una mujer musulmana de origen afgano a la que el Estado de Baden-Württenberg se negó a dar posesión de su cargo como profesora, por insistir en impartir sus clases con el pañuelo. En relación con el caso *Ludin*, vid. LÓPEZ-SIDRO, Ángel, "Breve comentario sobre la sentencia del Tribunal Constitucional Federal de Alemania, de 24 de septiembre de 2003 (2 BvR 1436/02), sobre el velo islámico de una profesora en centro escolar público", *Revista General de Derecho Canónico y de Derecho Eclesiástico del Estado*, núm.3, 2003.

135 Respecto al alcance de la laicidad en la escuela pública suiza, vid. EISENRIG, Gabriela, "La neutralidad del Estado en el ámbito escolar suizo. Una especial consideración del Cantón de Ginebra", *Revista Electrónica de Derecho de la Universidad de La Rioja*, núm. 4, 2006, pp. 65-73.

136 La Cour admet qu'il est bien difficile d'apprécier l'impact qu'un signe extérieur fort tel que le port du foulard peut avoir sur la liberté de conscience et de religion d'enfants en bas âge. En effet, la requérante a enseigné dans une classe d'enfants entre quatre et huit ans et donc d'élèves se trouvant dans un âge où ils se posent beaucoup de questions tout en étant plus facilement influençables que d'autres élèves se trouvant dans un âge plus avancé.

pañuelo islámico reviste un carácter proselitista y que se trata de un símbolo difícilmente conciliable con el principio de igualdad entre sexos[137].

Así las cosas, según la Comisión, en este caso, la limitación del derecho a manifestar las propias convicciones del personal docente estaba justificada por la necesidad de proteger a los alumnos y por el mantenimiento de la paz religiosa en la escuela, de modo que la prohibición de utilizar símbolos religiosos ostensibles, entre los que se incluye el pañuelo islámico, no excede en este caso el referido margen de discrecionalidad que se reconoce a los estados en la adopción de medidas restrictivas al ejercicio del mencionado derecho[138].

---

137 Según Javier MARTÍNEZ-TORRÓN, el Tribunal parte de una presunción consistente en "la supuesta identificación entre Islam y religiosidad reaccionaria e intolerante, especialmente en lo relativo a la igualdad entre varón y mujer. Una presunción que el TEDH simplemente deja caer, casi dándola por sentada y obviando cualquier clase de matices, sin preocuparse de analizarla con el rigor que resultaría exigible en el máximo órgano europeo en materia de protección de derechos humanos". "La cuestión del velo islámico en la jurisprudencia de Estrasburgo", *Derecho y Religión*, núm. 4, 2009, p. 94.

138 Javier MARTÍNEZ-TORRÓN discrepa de la interpretación del Tribunal, al entender que este "mostró un respeto excesivo por el margen de apreciación del Estado suizo en este caso. Por un lado, no había prueba alguna de que la "paz religiosa" en la escuela hubiera sufrido ninguna amenaza seria. Al contrario, la demandante había llevado su velo durante unos cinco años antes de que le fuera prohibido formalmente por las autoridades escolares... y, en esos años, no constaba una sola queja de los padres de sus alumnos por razón de su indumentaria religiosa. Por otro lado, resulta un tanto discutible una interpretación del principio de laicidad de acuerdo con la cual sea necesario –en un país como Suiza, donde no existen tensiones religiosas notables– que los profesores eliminen los símbolos religiosos de su vestimenta personal. Más bien podría pensarse que una laicidad entendida como neutralidad debería impulsar a que los estudiantes pudieran ver en su propio colegio las mismas expresiones de pluralismo religioso que encuentran en la sociedad suiza extramuros de la escuela. Es indudable que la situación de los profesores es distinta a la de los alumnos de un centro educativo, y

En *Kurtulmuş contra Turquía*, la demandante es una profesora numeraria de la Universidad de Estambul que, tras recibir varias advertencias, perdió su plaza por insistir en llevar el pañuelo islámico durante el ejercicio de sus funciones docentes[139]. La Corte inadmite el recurso interpuesto por la profesora, que alegaba la vulneración del derecho a manifestar sus convicciones religiosas[140], al considerar que se cumplen las condiciones previstas en el artículo 9.2 del Convenio para poder restringir el mencionado derecho. En concreto, el Tribunal menciona que los funcionarios públicos se encuentran especialmente vinculados al principio de neutralidad mientras se encuentran en el ejercicio de sus fun-

---

más susceptible de limitaciones en la expresión de sus ideas religiosas o morales. Pero, mientras los profesores respeten las creencias de sus alumnos y no adopten una actitud proselitista o adoctrinadora, la visibilidad del pluralismo religioso parece más coherente con la posición de un Estado neutral, y también quizá más educativa para los alumnos, que la ausencia ficticia de creencias religiosas por parte del personal docente". *Ibidem.*

En contra de esta apreciación, Yolanda GÓMEZ sostiene que "en este caso, la valoración y ponderación de los intereses en conflicto está mucho más ajustada ya que la posición de una profesora respecto de los alumnos menores de edad no es equiparable a la posición inversa, es decir, una alumna en la escuela o en la universidad. Esta diferencia es, en mi opinión, fundamental ya que el Estado suizo... no estaba obligado a probar que la vestimenta de la profesora generaba un conflicto religioso en el aula sino que los requisitos establecidos para la indumentaria de dicha profesora estaban dentro de los márgenes de discrecionalidad atribuidos al Estado suizo lo cual fue confirmado por el Tribunal Europeo". "El pañuelo islámico: la respuesta europea", *Anuario de Derecho Eclesiástico del Estado*, núm. 28, 2012, p. 157.

139 Debe tenerse en cuenta que en septiembre de 1999 entró en vigor en Turquía una ley de amnistía que dejó sin efecto las sanciones disciplinarias impuestas a los funcionarios, motivo por el cual el Tribunal Supremo Administrativo turco consideró innecesario examinar los argumentos de la apelación de la recurrente.

140 También alega la vulneración de los artículos 8, 10 y 14 del Convenio y el artículo 1 del Protocolo núm. 1 (derecho a la propiedad).

ciones[141] y, teniendo en cuenta el margen de apreciación de que gozan los estados en este ámbito, considera que la limitación es proporcional al objetivo legítimo perseguido.

Aunque el TEDH no se ha pronunciado sobre los conflictos en este ámbito que han tenido lugar en Alemania en las dos últimas décadas, debe subrayarse que la sentencia de 13 de marzo de 2015 del Tribunal Constitucional Federal se refirió a esta cuestión, dictaminando que, contrariamente a la prohibición de llevar pañuelo islámico para las profesoras, vigente en ocho de sus *länder*[142], las maestras de la escuela pública puedan llevar dicha prenda, salvo que concurra un peligro concreto que pueda conllevar la alteración del orden en las aulas o comprometer el principio de neutralidad religiosa[143], confirmando así su propio criterio, plasmado en la sentencia de 24 de septiembre de 2003, en el conocido como caso *Ludin,* en el que el propio Tribunal Constitucional Federal determinó que las resoluciones administrativas y judiciales que habían considerado a la recurrente en ese caso no apta para acceder a la función pública como maestra por negarse a impartir sus clases sin el pañuelo en la cabeza, vulneraron su derecho al acceso

---

141 En palabras del TEDH, "the Court notes that the rules on dress apply equally to all public servants, irrespective of their functions or religious beliefs. As public servants act as representatives of the State when they perform their duties, the rules require their appearance to be neutral in order to preserve the principle of secularism and its corollary, the principle of a neutral public service. The rules on dress require public servants to refrain from wearing a head covering on work premises".

142 En cinco de ellos, la prohibición del velo islámico era específica, permitiéndose el uso de símbolos cristianos o compatibles con la cultura occidental.

143 Acerca de esta sentencia, y de la cuestión del velo islámico y, en general, de la evolución del modelo de integración de los inmigrantes musulmanes en Alemania, vid. ELÓSEGUI ITXASO, María, "La vuelta del concepto de Deutsche Leitkultur a raíz de los actuales planes de integración de los inmigrantes en Alemania", *Estudios de Deusto. Revista de Derecho Público,* Vol.63, núm.1, 2015, pp. 267-286.

a la función pública en condiciones de igualdad, en relación con el derecho de libertad religiosa[144].

3. Breve referencia al tratamiento de la simbología religiosa pasiva en el ámbito docente en la jurisprudencia del Tribunal Europeo de Derechos Humanos: El caso *Lautsi contra Italia*

Como decíamos antes, cuando la prohibición de utilizar vestimenta o símbolos reveladores de las propias creencias religiosas afecta al personal docente, el conflicto se emparenta con la problemática de los símbolos religiosos estáticos en las aulas, como los crucifijos[145], que también ha sido objeto de análisis por parte del Tribunal de Estrasburgo, en el caso *Lautsi contra Italia*, resuelto por sentencia de la Gran Sala de 18 de marzo de 2011[146]. En este pronunciamiento, la Corte descarta la existencia de vulneración del derecho de los padres a que sus hijos reciban una educación conforme a sus propias convicciones religiosas y filosóficas del artículo 2 del Protocolo Adicional del Convenio, planteada por una madre de dos alumnos menores de edad, por el hecho de que en las aulas de la escuela pública donde acudían sus hijos –de once y trece años– se exhibieran crucifijos, basándose en que la

---

144 Sobre esta sentencia, vid. MARTÍN VIDA, M.ª Ángeles y MÜLLER-GRUNE, Sven, "¿Puede una maestra portar durante las clases en una escuela pública un pañuelo en la cabeza por motivos religiosos? (Comentario a la Sentencia del Tribunal Constitucional Federal Alemán de 24 de septiembre de 2003, caso *Ludin*)", *Revista Española de Derecho Constitucional*, núm. 70, 2004, pp. 313-337, y ROSSELL GRANADOS, Jaime, "La cuestión del velo islámico y la vestimenta religiosa en la República Federal de Alemania", en MOTILLA, Agustín (coord..), *El pañuelo islámico en Europa, op.cit.*, pp. 186-193.

145 Ello no obstante, debe tenerse en cuenta que con frecuencia se atribuye a los crucifijos un significado que trasciende lo religioso. En relación con esta cuestión, vid. PRIETO ÁLVAREZ, Tomás, "El crucifijo como símbolo religioso y como símbolo cultural e histórico", *Anuario de Derecho Eclesiástico del Estado*, núm. 28, 2012, pp. 197-214.

146 Núm. 30814/2006 (2011).

presencia de tales símbolos en las aulas era una cuestión que, en principio, recaía dentro del margen de apreciación del Estado, al tratarse de un asunto en relación con el cual no existía un consenso a nivel europeo, siempre que las decisiones en ese ámbito no puedan conllevar ninguna forma de adoctrinamiento[147]. En el caso concreto, la Gran Sala considera que Italia decidió conferir a la religión mayoritaria del país una visibilidad predominante en la escuela pero que ello, en sí mismo, no resultaba suficiente para apreciar la existencia de un proceso de adoctrinamiento, dado que no existía ninguna evidencia que sugiriera que las autoridades adaptaran una actitud intolerante con los alumnos no creyentes o de otras confesiones religiosas, al tratarse el crucifijo, además, de un símbolo esencialmente pasivo[148]. En su razonamiento, el Tribunal es tajante a la hora de rechazar que la presencia de crucifijos en espacios públicos conlleve una vulneración del principio de neutralidad religiosa, aunque no excluye que, de probarse la efectiva injerencia del símbolo en el proceso de formación

---

147 Esta sentencia rectifica el criterio de la Sección segunda, que en su pronunciamiento de 3 de noviembre de 2009 había entendido que la presencia obligatoria del símbolo de una religión en las aulas de las escuelas públicas suponía una vulneración del derecho de los padres a educar a sus hijos según las propias convicciones y el derecho de libertad religiosa de los alumnos, al atentar contra el deber de neutralidad del Estado en el ejercicio de la función pública y, en particular en el ámbito educativo (Apdo. 57). Un extenso análisis y comentario sobre esta primera sentencia puede verse en RELAÑO PASTOR, Eugenia, “El asunto del crucifijo en el Tribunal Europeo de Derechos Humanos: hacia una solución de compromiso”, *Anuario de Derecho Eclesiástico del Estado*, núm. 27, 2011, pp. 393-431.

148 Apdos. 71-72. Un exhaustivo comentario a las dos sentencias, que se detiene en la polémica doctrinal suscitada por ambas, puede verse en MARTÍN SÁNCHEZ, Isidoro, “El caso Lautsi ante el Tribunal Europeo de Derechos Humanos”, *Anuario de Derecho Eclesiástico del Estado*, núm. 28, 2012, pp. 215-252.

de la conciencia de los individuos pueda llegar a prohibirse en determinados contextos[149].

Puede llamar la atención el hecho de que la jurisprudencia de Estrasburgo –así en *Dahlab* y *Kurtulmuş*– haya avalado, por un lado, la restricción del derecho de libertad religiosa de las funcionarias de religión islámica a las que se impidió llevar el pañuelo en el ejercicio de sus funciones docentes, basándose en la vigencia del principio de neutralidad en el ámbito de la escuela pública, y por otro, la presencia del crucifijo en las aulas de los centros docentes públicos, pero debe tenerse en cuenta que tales posiciones se basan en una premisa común: la de otorgar a las autoridades estatales un amplio margen de apreciación, lo que, en la práctica, supone conceder una relevancia decisiva al criterio de los estados demandados, siendo así que estos, no debemos olvidarlo, son una parte en estos procesos ante el TEDH.

En España, se ha ocupado de esta cuestión la sentencia del Tribunal Superior de Justicia de Castilla y León de 14 de diciembre de 2009[150], que resuelve el recurso interpuesto por la Junta de

---

149 En este sentido, Benito ALÁEZ CORRAL llama la atención sobre el hecho que la "falta de hincapié en la injerencia en la libertad religiosa negativa de los jóvenes alumnos confrontados con el crucifijo, más que la injerencia en los derechos educativos de los padres o la vulneración del principio de neutralidad religiosa del Estado explica… [que la Gran Sala] revocase la decisión tomada por la Sala en 2009. En efecto, la recurrente Sra. Lautsi se obstinó en tratar la cuestión como un problema de derecho objetivo: laicidad del Estado y confusión de funciones, y no como un problema de afectación o vulneración de los derechos subjetivos de sus hijas, no tanto de su derecho como madre a elegir la formación religiosa y moral para sus hijas acorde con sus convicciones… sin acreditar suficientemente que la presencia del crucifijo en las aulas implicaba una injerencia en la libertad religiosa negativa y en el derecho a una educación en el libre desarrollo de la personalidad de estas". "Neutralidad del Estado…", *op.cit.*, p. 243.

150 Un comentario crítico de este pronunciamiento puede verse en BARRERO ORTEGA, Abraham, "El vía crucis judicial de unos padres quisquillosos", en REVENGA SÁNCHEZ, Miguel, RUIZ-RICO, Gerardo

esa comunidad autónoma contra la sentencia del Juzgado de lo Contencioso-Administrativo núm. 2 de Valladolid, de 14 de noviembre de 2008, que estimó el recurso planteado por una asociación laica en orden a la supresión de los crucifijos de un colegio público, al entender que su presencia era contraria al principio de no confesionalidad (Art. 16.3 CE) y a la no discriminación por motivos religiosos (Art. 14 CE). El TSJ, que se basa en la doctrina del TEDH en la primera sentencia en el caso *Lautsi contra Italia*, rectifica parcialmente el criterio del juzgado, al entender que, si bien cabe atender a la solicitud de los padres que no desean que sus hijos estén expuestos a presencia del crucifijo, el símbolo deberá retirarse únicamente de las aulas en las que se encontraran alumnos cuyos padres hubieran solicitado su retirada, al entender que allá donde no exista petición de retirada no existe conflicto alguno[151]. El Tribunal matiza que la prohibición de exhibir crucifijos se extenderá a las zonas comunes[152] y que la petición habrá de renovarse al inicio de cada curso académico, debiendo reves-

José y RUIZ RUIZ, Juan José (dirs.), *Símbolos religiosos en el espacio público*, Madrid, Centro de Estudios Políticos y Constitucionales, 2011, pp. 217-232.

151 El argumento íntegro del Tribunal lo encontramos en el fundamento de Derecho séptimo: "[La] nulidad radical no puede declararse indiscriminadamente, generalizadamente. Resulta palmario que en aquellos casos en los que no existe petición de retirada de símbolos religiosos, el conflicto no existe y la vulneración de derechos fundamentales tampoco. Por ello, lo que no puede este Tribunal es presumir la existencia de vulneración del artículo 16 de la Constitución Española. Incurriría manifiestamente en un vicio de incongruencia *extra petita*. Esta fue precisamente la declaración del TEDH; si hay petición concreta, hay conflicto, si no la hay, no".

152 En palabras del Tribunal, "fácil es concluir también que en aquellas dependencias de uso común de los alumnos tales como pasillos, salones de actos, vestuarios... etc., la existencia de petición de retirada implicará también la existencia de conflicto y por lo tanto procederá su retirada, aunque su posible influencia y perturbación sea cuantitativamente menor". *Ibidem*.

tir las mínimas garantías de seriedad[153], lo que pone a los padres de los alumnos en la tesitura de revelar sus creencias religiosas, comprometiendo seriamente el derecho reconocido en el artículo 16.2[154] de la Constitución o, como mínimo, la vertiente negativa del derecho de libertad religiosa[155]. Precisamente, en relación con la vigencia del derecho a guardar secreto sobre las propias convicciones religiosas, aunque las circunstancias de los supuestos planteados difieren, debe subrayarse que la jurisprudencia del Tribunal de Estrasburgo no se ha pronunciado de un modo uniforme[156], apreciando vulneración en sus sentencias *Alexandridis contra Grecia,* de 21 de febrero de 2008[157], y *Dimitras y otros contra Grecia,* de 3 de junio de 2010[158], pero no en sus pronunciamientos en los casos *Kosteski contra Macedonia,* de 13 de abril de 2006[159], y *Wasmuth contra Alemania,* de 17 de febrero de 2011[160].

---

153 "En aquellas aulas y para el curso escolar concreto en el que medie una petición de retirada de cualquier símbolo religioso o ideológico, petición materializada por los padres del alumno y la cual revista las más mínimas garantías de seriedad, deberá procederse a su retirada inmediata". FD octavo.

154 "Nadie podrá ser obligado a declarar sobre su ideología, religión o creencias".

155 En este sentido, vid. MARTÍN-RETORTILLO BAQUER, Lorenzo, "Símbolos religiosos en aulas y espacios institucionales", *Anuario de Derecho Eclesiástico del Estado,* núm. 28, 2012, p. 69.

156 Sobre esta cuestión, vid. GARCÍA-PARDO, David, "La discriminación religiosa en el ámbito laboral en la jurisprudencia de Estrasburgo", *op.cit.,* pp. 27-32.

157 Núm. 19516/2006 (2008).

158 Núms. 42837/2006, 3237/2007, 3269/2007, 35793/2007 y 6099/2008 (2010).

159 Núm. 55170/2000 (2006).

160 Núm. 12884/2003 (2011).

IV. OTROS SUPUESTOS DE PROHIBICIÓN DEL USO DEL PAÑUELO ISLÁMICO EN EL ÁMBITO PÚBLICO EN LA JURISPRUDENCIA DEL TRIBUNAL DE ESTRASBURGO

El Tribunal Europeo de Derechos Humanos se ha ocupado en varios de sus pronunciamientos sobre otros supuestos en los que las mujeres –o en algún caso los varones– de religión musulmana han visto restringido su derecho a manifestar las propias convicciones religiosas a través de la vestimenta en el ámbito público.

Tal es el caso de la sentencia en el caso *Ebrahimian contra Francia*, de 26 de noviembre de 2015[161], que resuelve la demanda planteada por una ciudadana francesa, que alegaba la vulneración del derecho de libertad religiosa, por no habérsele renovado su contrato como asistente social en el Servicio de Psiquiatría de un centro de acogida y de cuidados hospitalarios –un establecimiento público de carácter social y sanitario– en las afueras de Paris, debido a que la institución había recibido quejas por parte de algunos pacientes, denunciando el hecho de que les atendía con el pañuelo islámico. Al igual que en la mayor parte de los supuestos en los ha tenido ocasión de pronunciarse sobre la eventual vulneración del artículo 9 del Convenio, el Tribunal parte de la existencia de una injerencia en el derecho a manifestar las propias creencias religiosas, pero descarta que este resulte violado, al considerar que la restricción en cuestión está justificada por atender a un objetivo legítimo y ser necesaria en una sociedad democrática.

Por lo que se refiere al fin legítimo, el Tribunal considera que la medida restrictiva tiene la pretensión de tutelar los derechos y libertades de los demás, en particular la necesidad de preservar el respeto de las creencias religiosas y la igualdad de trato de todos los pacientes, así como la salvaguarda del principio de laicidad.

En cuanto a la proporcionalidad de la medida adoptada, la Corte subraya la especial relevancia que adquiere en Francia la vigencia de los principios de laicidad y neutralidad religiosa vigen-

---

161 Núm. 64846/2011 (2015).

tes, incidiendo en el hecho de que la demandante presta sus servicios en una institución pública. Según sus propias palabras, "*se trataba de preservar el respeto de todos los credos religiosos y orientaciones espirituales de los pacientes, usuarios del servicio público y destinatarios de la exigencia de neutralidad impuesta a la demandante, garantizándoles una estricta igualdad. Asimismo, el objetivo era el de velar porque estos usuarios se beneficiaran de una igualdad de trato sin distinción de religión*".

Así las cosas, y siguiendo la línea de su razonamiento en otros casos análogos, observa que las autoridades nacionales son las más indicadas para valorar la existencia de proporcionalidad de la sanción impuesta, llegando a la conclusión de que el Estado no se ha excedido en su margen de apreciación y que, por lo tanto, en aras de la neutralidad religiosa, la limitación del derecho a manifestar sus propias convicciones de la trabajadora estaba ajustada a Derecho, al cumplir con los requisitos establecidos en el artículo 9.2 del Convenio.

A continuación, haremos referencia a los supuestos en que dicha restricción se ha planteado en el ámbito judicial, más concretamente en las salas de los tribunales de justicia.

En la sentencia en el caso *Lachiri contra Bélgica,* de 18 de septiembre de 2018[162], el Tribunal resuelve la demanda planteada por una ciudadana belga, que alega la vulneración del derecho a manifestar sus convicciones religiosas, tras haber sido expulsada de la sala de un tribunal, por haberse negado a quitarse el pañuelo islámico[163].

En la fundamentación jurídica de la sentencia, el Tribunal admite que la exclusión de la demandante de la sala del tribunal, por su negativa a retirarse el velo, constituyó una restricción del

---

162 Núm. 3413/2009 (2018).

163 En concreto, la demandante había sido expulsada de la sala en el proceso contra el acusado del homicidio de su hermano, al que se había unido como parte civil, ante el Tribunal de Apelación de Bruselas.

derecho a manifestar su religión[164], por lo que, al igual que ocurre en los casos precedentes, la existencia de vulneración o no del artículo 9 del Convenio queda a expensas del cumplimiento de los requisitos previstos en el apartado 2 de dicho precepto.

Por lo que se refiere al fin de la medida adoptada por el tribunal, la Corte europea constata que la obligación de comparecer descubierto ante el órgano jurisdiccional tiene por objeto evitar comportamientos irrespetuosos hacia la institución judicial, así como que se perturbe el buen funcionamiento de una audiencia, y concede que tales fines estén vinculados al objetivo legítimo de la protección del orden, recogido en el artículo 9.2 del Convenio[165].

A la hora de valorar la proporcionalidad de la restricción aplicada, la Corte llama la atención sobre el hecho que la demandante es una ciudadana privada, no una representante del Estado en el ejercicio de una función pública y que, por lo tanto, no puede estar sujeta, por razón de un estatuto oficial, a una obligación de discreción en la expresión pública de sus creencias religiosas[166]. A partir de ahí, circunscribe su juicio de valoración acerca de la proporcionalidad de la medida a comprobar si la misma estaba justificada por el mantenimiento del orden, que es el objetivo legítimo perseguido en este asunto, llegando a la conclusión de que, de los hechos del caso, no se desprende que la conducta del demandante al entrar en la sala del tribunal fuera irrespetuosa o constituyera una amenaza para el buen desarrollo de la audiencia. De ello se deduce que, a criterio del Tribunal, no queda constatada la necesidad de la limitación impugnada y que, por lo tanto, la

164 Apdo. 32.

165 Apdo. 38.

166 En palabras del Tribunal, "dans son évaluation des circonstances de l'affaire, la Cour relève ensuite que la requérante est une simple citoyenne: elle n'est pas representante de l'État dans l'exercice d'une fonction publique et ne peut donc être soumise, en raison d'un statut officiel, à une obligation de discrétion dans l'expression publique de ses convictions religieuses" (Apdo. 44).

restricción del derecho de la demandante manifestar su religión no estaba justificada en una sociedad democrática[167].

En consecuencia, al no quedar acreditada la proporcionalidad de la medida restrictiva adoptada, el Tribunal estima que existe violación del artículo 9 del Convenio, estipulando una indemnización de 1.000 euros para la demandante en concepto de daños morales[168].

Llama la atención en esta sentencia que el Tribunal parece reprochar al Gobierno que no justificara la medida adoptada en la preservación de la neutralidad religiosa. Así, a la hora de analizar la concurrencia del objetivo legítimo, parece mostrarse sorprendido por el hecho de que el Gobierno no justificara la restricción en la salvaguarda de los valores laicos y democráticos, vinculados al fin de proteger los derechos y libertades de los demás, tal y como ocurre en la mayoría de los casos que implican una restricción del uso de un símbolo religioso. Y ello de un modo todavía más evidente, al realizar el juicio de proporcionalidad, cuando subraya que un tribunal es un establecimiento público en el que el respeto de la neutralidad religiosa puede prevalecer sobre el libre ejercicio del derecho a manifestar la propia religión, tal y como sucede en los centros docentes públicos, pero advierte que, dado que de los autos del procedimiento no se desprende que el objetivo perseguido en el presente asunto fuera la preservación de la neutralidad del espacio público, limitaría su examen de proporcionalidad a si dicha medida estaba justificada por el mantenimiento del orden[169]. Con ello, el Tribunal da a entender que, de haberse alegado que la medida restrictiva estaba dirigida a salvaguardar la neutralidad en el ámbito público, la misma se hubiera considerado necesaria en una sociedad democrática, y no hubiera apreciado vulneración del artículo 9 del Convenio.

---

167 Apdos. 46-47.

168 Apdo. 52.

169 Apdos. 45-46.

La sentencia en el caso *Hamidović contra Bosnia y Herzegovina*, de 5 de diciembre de 2017[170], resuelve la demanda planteada por un testigo en un juicio penal, que reclama la vulneración del artículo 9 del Convenio, tras haber sido expulsado de la sala de un tribunal, condenado por desacato y multado por negarse a quitarse el casquete que identifica a los miembros de las comunidades wahabita y salafista. En relación con los supuestos analizados hasta el momento, debe subrayarse que, en este supuesto, la eventual restricción del derecho de libertad religiosa basada en la vestimenta afecta a un varón de religión musulmana, y no a una mujer, que es lo más habitual.

En este caso, la Corte aprecia que existe una vulneración del derecho a manifestar las propias convicciones religiosas del demandante puesto que, aunque la limitación del derecho está dirigida a salvaguardar el principio de laicidad y, por tanto, es subsumible dentro del objetivo legítimo que alude a la protección de los derechos y libertades de los demás[171], según su criterio, la medida restrictiva no es necesaria en una sociedad democrática.

A la hora de realizar el juicio de proporcionalidad, aunque el TEDH, coherentemente con su jurisprudencia, recuerda el carácter subsidiario del mecanismo del Convenio y la especial consideración que merece el criterio de los estados a la hora de evaluar la necesidad de las medidas adoptadas en un supuesto como el presente, valora que este caso debe distinguirse de otros, analizados por el Tribunal, en los que las restricciones tienen lugar en el ámbito laboral, en particular cuando afectan a funcionarios públicos, dado que éstos, a diferencia de los ciudadanos privados como el demandante, pueden estar vinculados a un deber de discreción, neutralidad e imparcialidad, que puede comprender el

---

170 Núm. 57792/2015 (2017).

171 Apdo. 35.

de no llevar símbolos o prendas religiosas en el ejercicio de sus funciones[172].

La situación planteada en los dos casos precedentes, que afectan a una parte y a un testigo, respectivamente, difiere de aquellos en los que la persona que es excluida de la sala, o desplazada, ejerce ante el tribunal la profesión de abogado, como ocurre en el caso *Barik Edidi contra España*, resuelto mediante decisión de 26 de abril de 2016[173]. Este pronunciamiento tiene su origen en una demanda interpuesta por una abogada de nacionalidad española que, por llevar velo islámico, fue requerida por el presidente de un tribunal para regresar al área reservada para el público, alegando que los abogados que comparecen ante un tribunal únicamente pueden cubrirse la cabeza con el birrete. La demandante alegaba la vulneración de los artículos 8 y 9 del Convenio y del artículo 1 del Protocolo núm. 12, que establece la prohibición general de discriminación[174], pero el Tribunal no admite a trámite la demanda por cuestiones de índole procesal[175].

---

172 Según sus propias palabras, "the present case must be distinguished from cases concerning the wearing of religious symbols and clothing at the workplace, notably by public officials who may be put under a duty of discretion, neutrality and impartiality, including a duty not to wear such symbols and clothing while exercising official authority" (Apdo. 40).

173 Núm. 21780/13 (2016).

174 El tenor literal de este precepto es el siguiente: "1. El goce de todos los derechos reconocidos por la ley han de ser asegurados sin discriminación alguna, en particular por razones de sexo, raza, color, lengua, religión, opiniones políticas o de otro carácter, origen nacional o social, pertenencia a una minoría nacional, fortuna, nacimiento o cualquier otra situación. 2. Nadie podrá ser objeto de discriminación por parte de cualquier autoridad pública, basada en particular en los motivos mencionados en el apartado 1".

175 Concretamente, por no haber agotado los recursos internos, en cumplimiento de las formalidades establecidas en la legislación nacional para la interposición de recursos.
Además, también reclamaba la vulneración del artículo 6.1 del Convenio (derecho a un juicio justo), pero el Tribunal también lo desestima

Aunque el Tribunal no se haya pronunciado sobre el fondo del asunto en este caso, se ha puesto de relieve que en este tipo de situaciones concurren bienes constitucionales que deben ser tenidos en cuenta a la hora de valorar la posibilidad de limitar los derechos fundamentales concernidos, tales como el correcto funcionamiento de la Administración de Justicia y el derecho a la tutela judicial efectiva de los ciudadanos[176].

Por último, nos referimos a la sentencia en el caso *Sodan contra Turquía,* de 2 de febrero de 2016[177], en el que el Tribunal aprecia vulneración del artículo 8 del Convenio, tras constatar que en la decisión de trasladar a un funcionario público[178] se tuvo en cuenta el hecho de que su mujer llevara el pañuelo islámico, al objeto de salvaguardar la neutralidad del servicio, al tratarse de un asunto concerniente a la esfera privada de los interesados[179]. Aun suponiendo que la injerencia en cuestión hubiera sido prescrita

---

por infundado, al tener en cuenta que la demandante interpuso su recurso de alzada ante la Audiencia Nacional fuera de plazo, lo que la convierte en responsable de la situación que denunciaba.

176 Aunque se refiere a las prendas que cubren totalmente el rostro, Benito Aláez Corral entiende que tales bienes "se verían comprometidos por la merma en la capacidad comunicativa con el órgano jurisdiccional y con las propias partes —incluido su defendido— que experimentarían las abogadas ataviadas con un velo integral". "Reflexiones jurídico-constitucionales sobre la prohibición del velo islámico integral en Europa", cit., pág. 518. En contra de este planteamiento, vid. CANO RUIZ, Isabel, "Vestimenta y símbolos religiosos en el ámbito laboral", en MOTILLA, Agustín (coord.), *La jurisprudencia del Tribunal Europeo de Derechos Humanos en torno al derecho de libertad religiosa en el ámbito laboral,* Granada, Comares, 2016, pp. 59-60.

177 Núm. 18650/2005 (2016).

178 Se le trasladó a un puesto equivalente en una ciudad de menor importancia en términos administrativos.

179 En palabras de la Corte, "le souci de preserver la neutralité du service public ne pouvait justifier l'entrée en compte, dans la décision de muter le requérant, de la circonstance que son épouse portait le voile, élément qui relevait de la vie privée des intéressés et ne faisait par ailleurs l'objet d'aucune réglementation" (Apdo. 57).

por la ley y persiguiera alguno de los objetivos legítimos establecidos en el referido precepto, el TEDH subraya que la medida no habría superado el juicio de proporcionalidad[180].

V. CONSIDERACIONES CONCLUSIVAS

La prohibición de la utilización de las prendas que conllevan la ocultación total o parcial del rostro –como el *burka* o el *niqab*– en el ámbito público se ha abierto paso en las legislaciones de los estados europeos en el último decenio. Así, tras las leyes francesa y belga, que fueron declaradas ajustadas a Derecho por el TEDH desde la perspectiva del Convenio de Roma, han sobrevenido regulaciones restrictivas del uso del velo integral en ese ámbito en otros países, como Bulgaria, Austria, Dinamarca, Países Bajos y Suiza. Aunque el denominador común de estas normas sea el de establecer una prohibición genérica de endosar prendas o accesorios que suponen la ocultación del rostro –que, por ejemplo, abarcarían también el casco integral o el pasamontañas–, sin mencionar siquiera el *burka* o el *niqab*, resulta patente que la restricción en cuestión tiene por objeto prohibir ese tipo de prendas utilizadas por las mujeres de religión musulmana. Así se desprende del proceso de gestación de muchas de esas normas, el debate que se ha generado en torno a ellas, antes y después de su aprobación, y la contestación que las mismas han recibido por parte de la comunidad musulmana, ya sea por la vía de la movilización social o por la vía judicial, dando lugar, en este último caso a pronunciamientos por parte de los tribunales nacionales que, en algunos casos, como hemos visto, han sido objeto de revisión por parte de la Corte de Estrasburgo. Además, ello queda constatado en el caso de Francia, por cuanto su Código penal, en virtud de la modifica-

---

180 "À supposer que cette ingérence était prévue par la loi et qu'elle poursuivait l'un des buts légitimes énoncés à l'alinéa 2 de l'article 8, la Cour considère que celle-ci n'était pas nécessaire dans une société démocratique" (Apdo. 59).

ción que introduce la prohibición en cuestión, prevé importantes penas –mucho más graves, de hecho, que las establecidas para las personas que se cubren el rostro– para aquellos que impongan dicha conducta debido a su género.

El simple hecho de contemplar, nada menos que en una norma penal, que las mujeres musulmanas puedan vestir ese tipo de prendas, no por voluntad propia, sino porque su esposo o su padre así se lo impone, debe ponerse en relación con la tesis que avala dichas restricciones en base a al carácter denigrante del símbolo para la mujer que lo porta. Según esta línea argumental, la utilización de este tipo de atuendos pone en peligro la dignidad de la mujer, lo que básicamente supone reconducir a la moral pública –basada, no lo olvidemos, en los valores de la mayoría– el fundamento de la prohibición de ese tipo de prendas en el ámbito público. Debe alertarse que este planteamiento de la cuestión conlleva un peligro desde la perspectiva de la libertad y la autonomía de la mujer que utiliza esta vestimenta basándose únicamente en sus convicciones religiosas o culturales, sin tener en cuenta ningún tipo de injerencia ajena[181].

Como hemos visto, el TEDH ha considerado en sus sentencias en los casos *S. A. S.*, *Dakir* y *Belcacemi y Oussar*, que tales medidas limitativas de los derechos a la vida personal y familiar y a la libertad religiosa no conllevan una vulneración de los artículos 8 y 9 del Convenio, por cuanto la restricción está dirigida a tutelar la convivencia, concediendo la Corte que el rostro juega un papel importante en la interacción social y que el hecho de ocul-

---

181 Como advierte Agustín MOTILLA, si atendiéramos a tales argumentos, "¿no estaríamos cayendo en actitudes paternalistas, o a la imposición del criterio de las mayorías, lo que nos parece justo y acertado dentro de nuestras componentes culturales, contra lo que nos prevenía Stuart Mill en su estudio sobre la libertad? ¿No debe prevalecer el principio de la autonomía de la voluntad, elemento constitutivo del ser y del existir, cuando no se cause daño a un tercero?". "La prohibición del burqa islámico en Europa y en España: Reflexiones *de iure codendo*", *Anuario de Derecho Eclesiástico del Estado*, núm. 28, 2012, p. 189.

tarlo puede suponer una dificultad para articular las relaciones interpersonales. Sin embargo, desde otra perspectiva, que es la de nuestro Tribunal Supremo, este tipo de prohibiciones puede obtener el efecto justamente opuesto al que se pretende, puesto que se corre el riesgo de que favorezcan el enclaustramiento de las mujeres musulmanes en su ámbito estrictamente doméstico, al verse privadas de utilizar en el ámbito público esa vestimenta que le imponen sus convicciones religiosas, limitando, por lo tanto, las relaciones subjetivas entre los individuos, que era precisamente lo que se pretendía evitar con la medida adoptada.

El Tribunal de Estrasburgo también ha tenido ocasión de pronunciarse acerca de otras prohibiciones que afectan a la vestimenta de las mujeres musulmanes, en el ejercicio del derecho a manifestar sus propias convicciones religiosas, en el ámbito público, por ejemplo, en el docente, afectando tanto a las profesoras –casos *Dahlab* y *Kurtulmuş*–, como las alumnas –*Sahin*, *Dogru* y *Kervanci*, entre otros–. En estos supuestos, las restricciones abarcan, no sólo las prendas que conllevan la ocultación del rostro, sino también las que se limitan a cubrir la cabeza, como el pañuelo o *hiyab*. En sus pronunciamientos, los órganos jurisdiccionales del Consejo de Europa han considerado ajustadas a Derecho tales restricciones, básicamente teniendo en cuenta la relevancia que alcanzan los principios de laicidad y neutralidad en los ordenamientos francés, belga y turco, en el momento en que los hechos de las demandas tuvieron lugar.

Desde la perspectiva de la proporcionalidad, a la hora de valorar si las medidas restrictivas de los derechos fundamentales – en particular del derecho a manifestar las propias convicciones religiosas– de las mujeres musulmanas son necesarias en una sociedad democrática, a los efectos de tutelar los fines considerados legítimos por el TEDH, este se ha remitido con frecuencia al cierto margen de apreciación de que disponen los estados a la hora de valorar los intereses en conflicto, que resulta ser mucho mayor cuando no hay consenso entre los miembros del Consejo de Europa acerca de la importancia relativa de los mismos y de cuáles sean los mejores medios para protegerlos –que es lo que suele ocurrir en este tipo de conflictos–, limitándose el tribunal a ejercer una labor de control dirigida a comprobar si las medidas adoptadas por las autoridades nacionales están o no justificadas, teniendo en cuenta la necesidad de mantener el equilibrio entre los intereses del individuo y los de la comunidad en su conjunto. Sólo atendiendo a este planteamiento, puede entenderse que un pañuelo cubriendo la cabeza de una profesora –o incluso de una alumna– se haya considerado incompatible con el carácter laico de la escuela pública francesa o suiza, mientras que un crucifijo colgado de la pared de un aula de un colegio público italiano, se haya juzgado compatible con el principio de neutralidad que debe regir en el ámbito educativo público.

Por último, debe subrayarse que, aunque las normas estatales que restringen la utilización de la vestimenta de las mujeres musulmanas en el ámbito público, toman en consideración el argumento de su carácter discriminatorio por razón de sexo, en los casos en los que el Tribunal de Estrasburgo o la Comisión se han pronunciado acerca de esta cuestión, con las excepciones de *Dahlab contra Suiza* y *Sahin contra Turquía*, han prescindido de dicho argumento, en algún caso descartándolo expresamente, como en *S.A.S. contra Francia.*

JURISPRUDENCIA DEL TEDH

Decisión [Comisión Europea de Derechos Humanos] Karaduman contra Turquía, de 3 de mayo de 1993 (Núm. 16278/90)

Decisión [Comisión Europea de Derechos Humanos] Bulut contra Turquía, de 3 de mayo de 1993 (Núm. 18783/91)

Decisión Dahlab contra Suiza, de 15 de febrero de 2001 (Núm. 42393/92)

Sentencia Leyla Şahin contra Turquía, de 29 de junio de 2004 (Núm. 44774/1998)

Decisión Phull contra Francia, de 11 de enero de 2005 (Núm. 35753/03)

Sentencia [GS] Leyla Şahin contra Turquía, de 10 de noviembre de 2005 (Núm. 44774/1998)

Decisión Kurtulmuş contra Turquía, de 24 de enero de 2006 (Núm. 65500/01)

Decisión Köse y otros 93 contra Turquía, de 24 de enero de 2006 (Núm. 26625/02)

Sentencia Kosteski contra Macedonia, de 13 de abril de 2006 (Núm. 55170/2000)

Sentencia Alexandridis contra Grecia, de 21 de febrero de 2008 (Núm. 19516/2006)

Decisión El Morsli contra Francia, de 4 de marzo de 2008 (Núm. 15585/06)

Decisión Mann Singh contra Francia, de 13 de noviembre de 2008 (Núm. 24479/07)

Sentencia Kervanci contra Francia, de 4 de diciembre de 2008 (Núm. 31645/2004)

Sentencia Dogru contra Francia, de 4 de diciembre de 2008 (Núm. 27058/2005)

Decisiones Aktas contra Francia, Bayrak contra Francia, Gamaleddyn contra Francia, Ghazal contra Francia, J. Singh contra Francia y R. Singh contra Francia, de 30 de junio de 2009 (Núms. 43563/08 14308/08, 18527/08, 29134/08, 25463/08 y 27561/08)

Sentencia Ahmet Arslan y otros contra Turquía, de 23 de febrero de 2010 (Núm. 41135/1998)

Sentencia Dimitras y otros contra Grecia, de 3 de junio de 2010 (Núms. 42837/2006, 3237/2007, 3269/2007, 35793/2007 y 6099/2008)

Sentencia Wasmuth contra Alemania, de 17 de febrero de 2011 (Núm. 12884/2003)

Sentencia Lautsi contra Italia, de 3 de noviembre de 2009 (Núm. 30814/2006)

Sentencia [GS] Lautsi contra Italia, de 18 de marzo de 2011 (Núm. 30814/2006)

Sentencia [GS] S. A. S. contra Francia, de 26 de junio de 2014 (Núm. 43835/2011)

Sentencia Ebrahimian contra Francia, de 26 de noviembre de 2015 (Núm. 64846/2011)

Sentencia Sodan contra Turquía, de 2 de febrero de 2016 (Núm. 18650/2005)

Decisión Barik Edidi contra España, de 26 de abril de 2016 (Núm. 21780/13)

Sentencia Dakir contra Bélgica, de 11 de julio de 2017 (Núm. 4619/2012)

Sentencia Belcacemi y Oussar contra Bélgica, de 11 de julio de 2017 (Núm. 37798/2013)

Sentencia Hamidović contra Bosnia y Herzegovina, de 5 de diciembre de 2017 (Núm. 57792/2015)

Sentencia Lachiri contra Bélgica, de 18 de septiembre de 2018 (Núm. 3413/2009)

BIBLIOGRAFÍA

ABU SALEM, Miriam, "Il velo integrale: una questione di sicurezza reale o di insicurezza presunta?", *Quaderni di diritto e politica ecclesiastica*, vol. 28, núm. 2, 2020, pp. 381-393.

ALÁEZ CORRAL, Benito, "Neutralidad del Estado y símbolos religiosos en el espacio público", *Anuario de Derecho Eclesiástico del Estado*, Vol. XXXIII, 2017, pp.217-256.

ALÁEZ CORRAL, Benito, "Reflexiones jurídico-constitucionales sobre la prohibición del velo islámico integral en Europa", *Teoría y Realidad Constitucional*, núm.28, 2011, p. 514.

ARENAS RAMIRO, Mónica, "Corramos un tupido velo. A propósito de la sentencia del Tribunal Supremo de 14 de febrero de 2013 sobre el caso del burka", *Anuario de Derecho Eclesiástico del Estado*, vol. XXX, 2014, pp. 101-146.

BARRERO ORTEGA, Abraham, "El vía crucis judicial de unos padres quisquillosos", en REVENGA SÁNCHEZ, Miguel, RUIZ-RICO, Gerardo José y RUIZ RUIZ, Juan José (dirs.), *Símbolos religiosos en el espacio público*, Madrid, Centro de Estudios Políticos y Constitucionales, 2011, pp. 217-232.

BASDEVANT-GAUDEMET, Brigitte, "Commentaire de la loi du 15 mars 2004", *Quaderni di diritto e politica ecclesiastica*, vol. 12, núm. 2, 2004, pp. 407-420.

CAÑAMARES ARRIBAS, Santiago, "El empleo de la simbología religiosa en Francia. Las propuestas de la Comisión para la reflexión sobre la aplicación del principio de laicidad", *Anuario de Derecho Eclesiástico del Estado*, núm. 22, 2006, pp. 249-344.

CAÑAMARES ARRIBAS, Santiago, "La inclusión de los otros: la simbología religiosa en el espacio público", en GUTIÉRREZ, Ignacio y PRESNO, Miguel Ángel (eds.), *La inclusión de los otros: símbolos y espacios de la multiculturalidad*, Granada, Comares, 2012, pp. 99-120.

CANO RUIZ, Isabel, "Vestimenta y símbolos religiosos en el ámbito laboral", en MOTILLA, Agustín (coord.), *La jurisprudencia del Tribunal Europeo de Derechos Humanos en torno al derecho de libertad religiosa en el ámbito laboral*, Granada, Comares, 2016, pp. 41-70.

CHRISTOFFERSEN, Lisbet, "A Quest for Open Helmets. On the Danish Burqa-Affair", *Quaderni di diritto e politica ecclesiastica,* Vol. 20, núm. 1, 2012, pp. 193-210.

EISENRIG, Gabriela, "La neutralidad del Estado en el ámbito escolar suizo. Una especial consideración del Cantón de Ginebra", *Revista Electrónica de Derecho de la Universidad de La Rioja,* núm. 4, 2006, pp. 65-74.

ELÓSEGUI ITXASO, María, "La vuelta del concepto de Deutsche Leitkultur a raíz de los actuales planes de integración de los inmigrantes en Alemania", *Estudios de Deusto. Revista de Derecho Público,* Vol.63, núm.1, 2015, pp. 267-286.

FAGGIANI, Valentina, "La Constitución suiza «velada»: La prohibición del burka en el contexto de las tendencias regresivas de la democracia en Europa", *Anuario de Derecho Eclesiástico del Estado,* vol. XXXVIII, 2022, pp. 535-586.

FAGGIANI, Valentina, La controvertida cuestión del velo islámico. Una perspectiva de género desde el espacio europeo, Valencia, Tirant lo Blanch, 2020.

FERRARI, Silvio, "Il «burqa» e la sfera pubblica in Europa", *Quaderni di diritto e politica ecclesiastica,* vol. 20, núm. 1, 2012, pp. 3-12.

GAJARDO FALCÓN, Jaime, "La prohibición del velo integral en los espacios públicos y el margen de apreciación de los estados. Un análisis crítico de la sentencia del TEDH de 01.07.2014, S.A.S. c. Francia, 43835/11", *Revista de Derecho Comunitario Europeo,* Año n.º 19, n.º 51, 2015, pp.769-783.

GARCÍA-PARDO, David, "El velo islámico en la jurisprudencia del Tribunal Europeo de Derechos Humanos: El caso turco", MOTILLA, Agustín, (coord.), *El pañuelo islámico en Europa,* Madrid, Marcial Pons, 2009, pp. 63-89.

GARCÍA-PARDO, David, "La discriminación religiosa en el ámbito laboral en la jurisprudencia de Estrasburgo", *Derecho y Religión,* núm. 11, 2016, pp. 11-50.

GÓMEZ SÁNCHEZ, Yolanda, "El pañuelo islámico: la respuesta europea", *Anuario de Derecho Eclesiástico del Estado,* núm. 28, 2012, pp.143-169.

GUNN, Jeremy, "Fearful Symbols: The Islamic Headscarf and the European Court of Human Rights in *Sahin v. Turkey*", *Annuaire Droit et Religions,* Vol.3, 2008-2009, pp. 339-367.

LÓPEZ-JACOISTE DÍAZ, M.ª Eugenia, "Sentencia del Tribunal Europeo de Derechos Humanos en el caso Refah Partisi y otros contra Turquía: Legítima disolución de un partido político", *Anuario Español de Derecho Internacional,* Vol. XIX, 2003, pp. 443-464.

LÓPEZ-SIDRO, Ángel, "Breve comentario sobre la sentencia del Tribunal Constitucional Federal de Alemania, de 24 de septiembre de 2003 (2 BvR 1436/02), sobre el velo islámico de una profesora en centro escolar público", *Revista General de Derecho Canónico y de Derecho Eclesiástico del Estado*, núm.3, 2003.

LORETEAN, Adrian y SAHFELD, Konrad W., "L'Islam pone nuove sfide alla Svizzera. La Corte europea dei Diritti umani in due casi contro la Svizzera", *Quaderni di Diritto e Politica Ecclesiastica*, núm. 3, 2002, pp. 825-845.

MANCINI, Letizia, "Burqa, Niqab and Women`s Rights", en FERRARI, Alessandro y PASTORELLI, Sabrina (eds.), *The burqa affair across Europe. Between Public and Private State*, London, Ashgate, 2013, pp. 25-36.

MARGIOTTA-BROGLIO, Francesco, La protezione internazionale della libertà religiosa nella Convenzione Europea dei diritti dell'uomo, Giuffrè, Milano, 1967.

MARTÍ SÁNCHEZ, José M.ª, "Los conflictos por el uso de las vestimentas religiosas en las relaciones escolares y laborales. Derecho europeo y español", *Anuario de Derecho Eclesiástico del Estado*, núm. 28, 2012, pp. 103-141.

MARTÍN SÁNCHEZ, Isidoro, "El caso Lautsi ante el Tribunal Europeo de Derechos Humanos", *Anuario de Derecho Eclesiástico del Estado*, núm. 28, 2012, pp. 215-252.

MARTÍN VIDA, M.ª Ángeles y MÜLLER-GRUNE, Sven, "¿Puede una maestra portar durante las clases en una escuela pública un pañuelo en la cabeza por motivos religiosos? (Comentario a la Sentencia del Tribunal Constitucional Federal Alemán de 24 de septiembre de 2003, caso *Ludin*)", *Revista Española de Derecho Constitucional*, núm. 70, 2004, pp. 313-337

MARTÍN-RETORTILLO BAQUER, Lorenzo, "Símbolos religiosos en aulas y espacios institucionales", *Anuario de Derecho Eclesiástico del Estado*, núm. 28, 2012, pp.49-75.

MARTÍNEZ-TORRÓN, Javier, "El derecho de libertad religiosa en la jurisprudencia en torno al Convenio Europeo de derechos humanos", *Anuario de Derecho Eclesiástico del Estado*, núm. II, 1986, pp. 403-496.

MARTÍNEZ-TORRÓN, Javier, "La cuestión del velo islámico en la jurisprudencia de Estrasburgo", *Derecho y Religión*, núm. 4, 2009, pp. 87-109.

MELÉNDEZ VALDÉS NAVAS, Marina, "El velo islámico: contexto y significado", *Anuario de Derecho Eclesiástico del Estado*, vol. XXVI, 2010, pp. 835-857.

MORVIDUCCI, Claudia, "Libertà di religione o di convinzioni (dir. int.)", en VV. AA., *Enciclopedia giuridica*, Roma, Istituto della Enciclopedia Italiana fondata da Giovanni Treccani, 1990.

MOTILLA DE LA CALLE, Agustín, "La libertad de vestimenta. El velo islámico", en CIÁURRIZ LABIANO, M.ª José, GARCÍA-PARDO, David, LORENZO, Paloma, ROSSELL GRANADOS, Jaime, MOTILLA DE LA CALLE, Agustín (ed.), *Los musulmanes en España. Libertad religiosa e identidad cultural,* Madrid, Trotta, 2004, pp.107-135.

MOTILLA DE LA CALLE, Agustín, "La prohibición del burqa islámico en Europa y en España: Reflexiones *de iure codendo*", *Anuario de Derecho Eclesiástico del Estado,* núm. 28, 2012, p. 171-196.

MOTILLA, Agustín, "El problema del velo islámico en Europa y en España", *Anuario de Derecho Eclesiástico del Estado,* núm. 20, 2004, pp.87-130.

MOTILLA, Agustín, "Suiza y el veto al burqa", *Stato, Chiese e plualismo confessionale (Rivista telematica: https://statoechiese.it/),* 2021/6.

OVERBEEKE, Adriaan, "Verso un divieto generale del «burqa» nei Paesi Bassi", *Quaderni di diritto e política ecclesiastica,* vol. 20, núm.1, 2012, pp. 107-132.

PAROLARI, Paola, "Velo integrale e rispetto per le differenze nella giurisprudenza della Corte europea dei diritti umani: il caso "S.A.S. c. Francia", *Diritti umani e diritto internazionale,* vol. 1, 2015, pp. 85-100.

PRIETO ÁLVAREZ, Tomás, "El crucifijo como símbolo religioso y como símbolo cultural e histórico", *Anuario de Derecho Eclesiástico del Estado,* núm. 28, 2012, pp. 197-214.

RELAÑO PASTOR, Eugenia, "El asunto del crucifijo en el Tribunal Europeo de Derechos Humanos: hacia una solución de compromiso", *Anuario de Derecho Eclesiástico del Estado,* núm. 27, 2011, pp. 393-431.

ROSSELL GRANADOS, Jaime, "La cuestión del velo islámico y la vestimenta religiosa en la República Federal de Alemania", en MOTILLA, Agustín (coord.), *El pañuelo islámico en Europa, op.cit.,* pp. 171-204.

ROSSELL GRANADOS, Jaime, "La cuestión del velo islámico y la vestimenta religiosa en la República Federal de Alemania", en MOTILLA, Agustín, (coord.), *El pañuelo islámico en Europa,* Madrid, Marcial Pons, 2009, pp. 171-204.

RUANO ESPINA, Lourdes, "Derecho e Islam en España", *Ius Canonicum,* XLIII, núm. 86, 2003, pp.465-543.

RUIZ MIGUEL, Alfonso, "Libertad religiosa, símbolos religiosos y laicidad estatal", en GUTIÉRREZ, Ignacio y PRESNO, Miguel Ángel (eds.), *La inclusión de los otros: símbolos y espacios de la multiculturalidad,* Granada, Comares, 2012, pp.79-97.

RUIZ RUIZ, Juan José, "Leyes de prohibición del velo integral en el espacio público: entre juicio de constitucionalidad y juicio de convencionalidad

(a propósito de la Sentencia del Tribunal Constitucional belga 145/2012, de 6 de diciembre de 2012)", *Revista General de Derecho Canónico y Derecho Eclesiástico del Estado,* n.º 33, 2013.

SOLANES CORELLA, Ángeles, "Límites a los derechos de las mujeres en el espacio público: mujeres, velos y convivencia", *Cuadernos Electrónicos de Filosofía del Derecho,* núm. 31, 2015, pp.62-91.

THORSON PLESNER, Ingvill, "The European Court on Human Rights between fundamentalist and liberal secularism", en DURHAM, W. Cole, TORFS, Rik, KIRKHAM David M. y SCOTT, Christine (eds.), *Islam, Europe and Emerging Legal Issues,* New York, Routledge, 2016.

TORREKENS, Corinne, "La prohibición del velo integral en Bélgica: entre histeria colectiva y política simbólica", *Revista CIDOB d'Afers Internacionals,* núm.115, 2017, pp. 81-93.

VALENCIA CANDALIJA, Rafael, "La prohibición del velo integral en Italia y España: el caso lombardo y el catalán", *Stato, Chiese e pluralismo confessionale (Rivista telematica: https://statoechiese.it),* 2020/1, pp. 86-155.

VIDAL GALLARDO, M.ª Mercedes, "Símbolos religiosos y señas de identidad", *Anuario de Derecho Eclesiástico del Estado,* núm. 31, 2015, pp.321-351.

VRIELINK, Jogchum, BREMS, Eva y OUALD-CHAIB, Saila, "Il divieto del «burqa» nel sistema giuridico belga", *Quaderni di diritto e politica ecclesiastica,* Vol. 20, núm. 1, 2012 pp. 161-192.